D1735602

Steven Lee Beeber

DIE HEEBIE-JEEBIES IM CBGB'S

Die jüdischen Wurzeln des Punk

Aus dem Englischen von Doris Akrap

ventil

Zum Autor: *Während er in Atlanta aufwuchs, betrauerte Steven Lee Beeber nicht nur die Tatsache, dass keiner der Beatles jüdisch war, sondern auch, dass dafür Barry Manilow und Neil Sedaka es waren. Hätte es nicht Lou »the Jew« Reed und Joey »Jewy« Ramone gegeben, wäre er wohl Buchhalter geworden. Beeber ist Herausgeber der Anthologie AWAKE! A Reader for the Sleepless (mit Beiträgen von Margaret Atwood, Joyce Carol Oates, Lydia Lunch, Shannon Wheeler u.a.) und Mitherausgeber des Magazins Conduit (www.conduit.org). Seine Texte erschienen in The Paris Review, The New York Times, Spin, MOJO und anderswo. Er spielt außerdem Saxophon bei der Gospel-Punkband The Chowder Shouters aus Atlanta – ab und an zumindest. Seine Webseite ist www.jewpunk.com*

Der Dank der Übersetzerin gilt Tilman Clauß, ohne dessen leidenschaftliches Engagement die deutsche Fassung nicht zustandegekommen wäre.

 Diese Publikation wurde gefördert von der Stiftung Rheinland-Pfalz für Kultur.

1. Auflage 2008
ISBN 978-3-930559-64-1

Lektorat der Übersetzung: Jonas Engelmann, Daniela Berner
Layout: Oliver Schmitt
Druck: Fuldaer Verlagsagentur, Fulda

Ventil Verlag, Augustinerstraße 18, 55116 Mainz
www.ventil-verlag.de

»**hee•bie-jee•bies** (Plur., ugs.), ein Gefühl von Unruhe oder Nervosität; Bammel«
– *The American Heritage Dictionary of the English Language*

»Viele wundern sich, woher diese ununterbrochene Flut von musikalischem Kitsch kommt, die bis in anständige Familien dringt und junge Leute der Gegenwart dazu bringt, das Gelalle von Buschnegern nachzuahmen. Nun, mit einem Wort: Jazz ist jüdisches Machwerk. Das Fade, Schleimige, die Masche, die ausschweifende Sinnlichkeit – es ist jüdischen Ursprungs.«
– Henry Ford, *Der internationale Jude*, Kapitel 11, »Was ist Jazz?«

»Betrachtet man die jüdische Geschichte als Ganzes aus dem Blickwinkel des ausgehenden 20. Jahrhunderts, scheint Jehuda ha-Levis Ausdruck ›Gefangener der Hoffnung‹ voll und ganz angebracht zu sein. Der Gefangene der Hoffnung wird von seiner Hoffnung unterstützt und ermutigt, auch wenn er von ihr eingesperrt ist.«
– Nicholas de Lange, *The Illustrated History of the Jewish People*

Für meine Eltern, die mich zu einem Juden machten
Und für Danny, wegen dem ich Punk blieb

INHALT

DIE JÜDISCHEN PUNKS, DIE KABBALISTEN DES ROCK

Vorwort von Peter Waldmann

Im Traum wird alles zum Bild. Und da im Surrealismus alles zum Traum werden soll, überträgt Walter Benjamin[1] den Einfluss des Surrealismus auf die deutsche Intelligenz in ein Bild. Dabei kommt ihm der Umstand zu Hilfe, dass die Sprache selbst aus verblassten Metaphern und Metonymien besteht. So spricht er von einem erheblichen Niveauunterschied, der zwischen Paris, der Stadt von Aragon und Breton, und den Städten in Deutschland herrscht und macht daraus eine Metapher. Den angedeuteten Niveauunterschied verwandelt Benjamin in einen räumlichen Höhenunterschied. Während durch diesen Kunstgriff Paris gleichsam auf einem Hochplateau weit über dem Meeresspiegel liegt, ist Deutschland in die nebligen Ebenen eines Tieflands verbannt. Ein ähnlicher Niveauunterschied ist auch zwischen New York, der Stadt des frühen Punk, und den Städten der Bundesrepublik auszumachen.

Benjamin betont in seinem Essay, dass solche Höhenunterschiede weder den Strömen der Avantgarde noch deren Rezipienten im Tiefland schaden. Ganz im Gegenteil, Niveauunterschiede vermögen es, langsam fließende Gewässer in reißende Ströme zu verwandeln; und diese reißenden Ströme können dann Turbinen des Denkens antreiben. Eine solche Wirkung kann man sich vielleicht auch von Beebers Buch *Die Heebie-Jeebies im CBGB's* erhoffen. Denn dieses Buch stellt die Frage nach einer jüdischen Identität nach der Shoah völlig neu.

Und ebenso, so zumindest die Hoffnung, wie der Surrealismus der Zwanzigerjahre die Vorstellung eines autonomen Subjekts durch Traum-

und Rauschexperimente zum Einsturz brachte, vermag es auch die Bewegung des Punk, eine problematisch gewordene jüdische Identität im Land der Täter in ihren Fundamenten zu unterspülen.

Zu Beginn seines Buches vertritt Beeber eine zugleich erstaunliche als auch provokante These: Der Punk als Subkultur lässt sich aus einem Phänomen begreifen, das er Jüdischsein, *Jewishness*, nennt. Beeber belegt diese These, indem er den überraschenden Befund anführt, dass der Punk als Kunstsystem auf allen Ebenen von jüdischen Menschen dominiert wird. Beispiele sind Musiker wie Lou Reed alias Rabinowitz oder Richard Hell, der eigentlich Meyers heißt. Auch sind die Manager und Produzenten Danny Fields und Malcolm McLaren, sowie die Mitglieder von Bands wie Suicide oder den Ramones Juden. Ebenso gehören zu dieser illustren Reihe Jonathan Richman und Lenny Kaye, der Gitarrist und programmatische Kopf von Patti Smith. Beeber schließt aus diesem Sachverhalt: *Punk is Jewish. Not Judaic.*

Die Frage, die man sich nach einer solchen Aussage stellt, lautet, was *Jewishness*, Jüdischsein, im Gegensatz zu *Judaic*, Judentum, bedeutet?

Die von Beeber getroffene Unterscheidung geht auf Hannah Arendt[2] zurück, die diese Differenz zur Erklärung des rassischen Antisemitismus verwendet. Für sie ist das Jüdischsein der Endpunkt einer unheilvollen Entwicklung im Judentum, die aus ihm ein natürliches statt ein kulturelles, religiöses Phänomen macht. Wegen der Versprechungen der Aufklärung begannen die Juden mit ihrer Tradition zu brechen, um sich an die Umwelt der Gastvölker zu assimilieren. Sie wurden für ihre Nachbarn ununterscheidbar, bis auf eine Tatsache: ihr Herkommen, das Arendt *Jüdischsein* nennt. Jüdischsein wäre also ein *dejudaisiertes* Judentum, eine natürliche Fatalität, die nur noch rassisch zu bestimmen ist.

Ab jetzt, so Arendt weiter, sind die Attribute, die man Juden zuzubilligen glaubt, Teil ihrer Natur. Das Judentum wirkt wie eine Krankheit, von der man nicht geheilt werden kann und die man nicht los wird.

Dass sich gerade Punk gegen jegliche Definitionsmacht der Identitätspolitik massiv zur Wehr gesetzt hat, wird auch von Beeber betont, der in diesem Zusammenhang auf die Bedeutung von Richard Hells »Blank Generation« verweist: Der Mensch wird in dieser Hymne des Punk als absolut unbestimmt verstanden; das Selbst gleicht einer unbeschriebenen Tafel, auf der täglich neue Linien der Identität gezogen werden können.

Obwohl Beeber manchmal in einen essentialistischen Diskurs zu verfallen droht und vom ausgeprägt analytischen, verstandesmäßigen Charakter der Juden spricht, als ob es eine natürliche Tatsache wäre, will er seinen Begriff des Jüdischseins keinesfalls rassistisch verstanden wissen. Gleichzeitig steht er vor dem Problem, dass sich eine Reihe der Protagonisten des

Punks nicht religiös gebunden fühlen, ja wie Richard Hell sogar Atheisten sind. Wie soll man also das Jüdischsein definieren? Und was hat dieses angenommene Jüdischsein mit dem Punk zu tun?

Für Beeber ist die subkulturelle Bewegung des Punk deshalb so interessant, weil in ihr eine verborgene Tradition des Judentums wiederentdeckt wird. Er spricht von der Identität des Smartass und meint damit die anarchistische Lebensform des Schlemihls, des Parias. Die Kraft des Schlemihls scheint der Punk, wie noch zu zeigen sein wird, für das Judentum zu erretten.

Neben den Protagonisten des Punk, die ihre Verbindung zum Judentum leugnen, gibt es jedoch auch von Beeber interviewte Musiker, die überraschend direkte Linien zu ihrer kulturellen und religiösen Herkunft ziehen. So bezeichnet sich Lenny Kaye selbst als Gelehrter in der Tradition des Talmuds und fordert dazu auf, die Popkultur aus dem jüdischen Erbe zu verstehen: »In gewisser Weise betrachte ich mich selbst gerne als Gelehrter des Talmuds des Rock'n'Roll; ich löse verwickelte Fragen und die kleinen Geheimnisse der B-Seite und diskutiere sie mit meinen Jeschiwa-Studenten.«

Indem sich Lenny Kaye auf den Talmud und auf die Jeschiwa als spezifisch jüdische Form einer Akademie bezieht, vergleicht er seinen fast philologischen Umgang mit der Popkultur, der sich in der Suche nach unbekannten Stücken auf B-Seiten ausdrückt, mit der Traditionspflege im Judentum.

Gershom Scholem stellt in seinen *Grundbegriffen zum Judentum* fest, dass der Umgang mit den heiligen Schriften der Tora stets durch zwei sich eigentlich ausschließende Tendenzen geprägt ist: Zum einen geht es bei der Pflege des kulturellen Gedächtnisses stets um die möglichst genaue Überlieferung. Kein Wort, kein Detail darf verloren gehen. Der Kanon der heiligen Schriften muss möglichst unversehrt den nächsten Generationen übergeben werden. Diese Intention der Diskurspraktik wird schon am Wort *Mischna*, der Bezeichnung für das Kernstück des Talmuds, deutlich. Das Wort *Mischna* leitet sich vom Stamm *shana* ab, wörtlich wiederholen, durch Wiederholen lernen und lehren.[3] In dieser konservativen Praktik der bloßen Überlieferung liegt jedoch die Gefahr, dass die Traditionen nicht mehr mit der Gegenwart kompatibel sind. Das Erbe der Vergangenheit droht zu einem entleerten Ritual zu erstarren. Es kommt also stets darauf an, Traditionen durch Interpretationen zu erneuern. Hier liegt das revolutionäre Element in der jüdischen Diskurspraktik der Gedächtnispflege.

Eine ähnliche Diskurspraktik wendet interessanterweise auch Lenny Kaye für die Tradition des Rock'n'Roll an.

Bevor Lenny Kaye Patti Smith kennenlernte, arbeitete er als Journalist und Theoretiker, der in den unterschiedlichsten Magazinen der Popkultur veröffentlichte und dort die Tendenzen der Subkultur interpretierte. Während dieser Zeit gab er eine einflussreiche Sammlung mit dem Titel *Nuggets* heraus, die er mit einem Beiheft philologisch genau kommentieren wollte. Auf diesem Album waren Gruppen wie The 13th Floor Elevators versammelt, die man heute unter das Sujet *Garage Rock* subsumiert. Diese Musik ist zum einen so einfach, dass jeder sie zum kreativen Ausdruck verwenden kann. Zum anderen besitzt sie, obwohl sie den Wurzeln des Rock 'n' Roll nahe ist, viele innovative, psychedelische Momente. Zusammenfassend kann man sagen, dass Lenny Kaye mit konservativer Intention eine unbekannte amerikanische Subkultur für neue Hörerkreise erschließt. Neben dieser konservativen Tendenz besitzt jedoch diese Sammlung eine innovative, revolutionäre Intention: Die Programmatik des Garage Rock lädt zur Produktivität ein und nimmt damit die Ideale des Punks nach Befreiung von kreativen Potentialen vorweg. Wie in der jüdischen Diskurspraktik sind auch bei Kaye konservatives Bewahren und die Suche nach neuen Entwicklungen die beiden Bestandteile einer Intention.

Dieses Wissen um die Notwendigkeit, Traditionen durch Interpretationen zu transformieren, führt dazu, dass der Leser wie der Text im Judentum neu bewertet wird. Dem traditionellen Judentum war es stets bewusst, dass der heilige Ursprungstext unvollständig ist. Der Inhalt einer Schrift ist nicht einfach gegeben und kann, wenn es Not tut, mit einem Wörterbuch erschlossen werden. Um einen Text angemessen zu verstehen, muss man seine Unbestimmtheitsstellen interpretierend ergänzen; dazu ist ein Lector in fabula unbedingt von Nöten, wie schon Efraim aus Sedylkov, einer der klassischen Autoren der chassidischen Literatur, weiß: »Bis die Weisen [die Schriftgelehrten] sie erforschen, heißt die Tora nicht vollständig, sondern bildet nur eine Hälfte; aber durch ihre Forschungen wird die Tora zu einem vollständigen Buch. Denn die Tora wird in jeder Generation nach den Bedürfnissen eben dieser Generation erforscht, und Gott erleuchtet die Augen der Weisen der betreffenden Generation, so daß sie in seiner Tora das entsprechende wahrnehmen.«[4]

Auch die Einschätzung über den Wert einer Schrift ist durch die innovative Tendenz der Diskurspraktik bestimmt. Der ideale Text ist derjenige, der die meisten Lesarten ermöglicht. So ist es für Maimonides[5] ein Zeichen der Heiligkeit der Tora, dass sie so viele verborgene, esoterische Bedeutungen enthält. Die Kabbalisten des Mittelalters und der Renaissance hielten ebenso daran fest, dass die Tora für unendliche Interpretationen offen sei, weil sie auf unendliche Weisen durch das Kombinieren ihrer Buchstaben umgeschrieben werden könne.

Indem Lenny Kaye seine Weise der Rezeption mit der rabbinischen Interpretationskunst vergleicht, sagt er ganz entscheidend Neues über die

Funktionsweise und den Mechanismus von Subkulturen. Aus passiven Konsumenten werden aktive Akteure, die die Produkte der Kulturindustrie decodieren. Um diesen Gedanken in seiner Tragweite für die *Cultural Studies* zu verstehen, muss hier kurz ein Abriss zur Kulturindustrie, wie sie die *Frankfurter Schule* einschätzt, gegeben werden.

Adorno und Horkheimer entwickeln ihr Modell der Kulturindustrie vor den Erfahrungen mit dem Nationalsozialismus und dem Stalinismus. In diesen totalitären Systemen sehen sie den Endpunkt einer Entwicklung, die sie als eine Transformation vom liberalen Kapitalismus in den Staatskapitalismus interpretieren. Der Staatskapitalismus, dessen Analyse auf die Arbeiten Friedrich Pollocks zurückgeht, will die ökonomischen Krisen dadurch meistern, dass er auf geplante staatliche Arbeitsprogramme setzt. Mit der Arbeitsbeschaffung durch die gezielte Planwirtschaft soll dem Verelendungsprinzip vorgebeugt werden. Der Kapitalismus vermag sich auf diese Weise zu stabilisieren. Diese Form der Herrschaft zeichnet sich dadurch aus, dass sie die Regeln und Verfahren der Institutionen der Disziplinierung, wie Fabriken oder Gefängnisse, auf die gesamte Gesellschaft überträgt. Wie in den Zukunftsromanen von Orwell oder Huxley werden die Menschen normiert und stetig überwacht. Repressive Staatsapparate terrorisieren die Bevölkerung und erzeugen Angst. Die Kulturindustrie als Element totaler Herrschaft hat die Aufgabe, zum Konformismus zu erziehen: »Die herrschende Minderheit im totalitären Staat hält sich nicht nur durch ihren Terror am Ruder, sondern auch durch ihre Kontrolle über die Produktionsmittel und dadurch, daß sie die unterjochte Mehrheit in vollständiger geistiger Abhängigkeit hält.«[6]

Die von Pollock erwähnte vollständige geistige Abhängigkeit wird durch den ewigen Kreislauf der Reproduktion der Kulturindustrie geschaffen. Diese Professionalität der Reproduktion zeigt sich am Zerrbild des Stils der Unterhaltungsprodukte. Paradoxerweise besitzen diese nicht ein Zuwenig, sondern ein Zuviel an Stil, wie der überraschende Befund Adornos lautet. Alles wird dem Ganzen untergeordnet. Mensch und Natur werden zum bloßen Mittel degradiert, das allein der Karriere des Helden dient.

Der Stil der radikalen Teleologie wirkt so dominant, dass in den Geschichten nichts mehr wirklich sinnvoll motiviert sein muss. Die Macher der Unterhaltungsindustrie können sich ganz auf die Wirkung von vorgefertigten Signalen verlassen. Sie arbeiten mit Typisierungen, wie beispielsweise der in England sogenannten Jezebel, das hemmungslose Luder, das nichts anderes im Sinn hat, als glückliche Ehen zu zerstören. Die Stoffe und Plots, die verwendet werden, sind sich so ähnlich, dass man sie wie Hoggart, der Kurzgeschichten in Magazinen der Fünfzigerjahre untersucht hat, leicht zusammenfassen kann: »So erweist sich ein junger Mann unerwartet als

wohlhabend oder ein junges Mädchen gewinnt plötzlich einen Schönheits-
wettbewerb, obwohl sie sich immer für eine unscheinbare, graue Maus
gehalten hat.«[7]

Diese schematisierten Handlungseinheiten belegen, dass in der Kulturindustrie alles unter dem Zeichen der Wiederaufarbeitung steht. Ihre schematisierten Formen gleichen den Produkten aller anderen Industrien: »Daß
der Unterschied der Chrysler- von der General-Motors-Serie im Grunde
illusionär ist, weiß schon jedes Kind, das sich für Unterschiede begeistert.«[8]

Der gesellschaftspolitische Sinn der Kulturindustrie für den Staatskapitalismus ist für die Autoren der *Dialektik der Aufklärung* eindeutig auf den
schieren Machterhalt ausgerichtet. Dabei – und diese Einsicht ist entscheidend – geht es nicht darum, eine Flucht in eine utopische Traumwelt zu
schaffen. Ganz im Gegenteil: Die Produkte der Kulturindustrie zeigen in
ihrer Tendenz zur Wiederholung und Wiederverwertung, dass es keine Welt
jenseits der bestehenden gibt. Man tritt auf der Stelle des Status quo. Den
Menschen die Träume und Utopien zu nehmen, es könnte anders sein, ist
der große Massenbetrug der Kulturindustrie. Selbst auf einer einsamen
Insel, fern jeglicher Zivilisation, so Adornos Interpretation von *Robinson
Crusoe*, herrscht das immergleiche Verwertungsprinzip des Kapitalismus.

Die Frage, die man sich nach der Lektüre zu stellen hat, lautet, warum
sich Menschen diese Produkte der Kulturindustrie überhaupt antun? Dass
Adorno für diese Lust kein Verständnis hat, wird am Bild der müden Arbei-
terin aus der *Dialektik der Aufklärung* deutlich, die am Film im Kino nicht
interessiert ist. Ihre eigentliche Lust, so Adorno, ist es, unbeobachtet und
ruhig in der Dunkelheit des Kinos zu sitzen und in Ruhe gelassen zu werden. Aber was treibt die vielen anderen Menschen an, die die Produkte der
Kulturindustrie in großen Stückzahlen kaufen und rezipieren? Die Antwort,
die Adorno und Horkheimer geben können, liegt im Verweis auf die Psycho-
pathologie des modernen Menschen. Das moderne, neurotische Individuum flüchtet sich in die Konformität des Immergleichen, um scheinbar der
eigenen, individuellen Ohnmacht zu entkommen.

Hier setzt die Kritik der *Cultural Studies* an:[9] Die Theoretiker der Cultural Studies werfen Adorno und anderen elitären Intellektuellen zu Recht
vor, dass sie die Konsumenten, aber auch die Akteure der Subkultur als sadomasochistische Neurotiker abwerten. Was diese dabei aber nicht erkennen,
sind die Widerstandspotentiale, die in den subkulturellen Bewegungen ste-
cken. Es ist so eine geschichtliche Tatsache, dass die Subkulturen im 20. Jahrhundert nicht nur am Sturz totalitärer Systeme maßgeblich beteiligt waren,
sondern dass sie auch im Westen die gesellschaftlichen Normen veränderten. Wie sind diese Widerstandspotentiale zu erklären, wenn man nach wie

vor mit Adorno davon ausgeht, dass die Kulturindustrie ein hegemoniales Machtinstrument ist? Der von Beeber zitierte Ausspruch von Lenny Kaye, der sich mit den Gelehrten des Talmuds identifiziert, kann uns bei der Beantwortung eine entscheidende Hilfestellung geben. Wie an den Kommentatoren, den Empfängern der heiligen Schriften, gesehen, wurde das Lesen im Judentum stets als eine aktive Tätigkeit verstanden. Es gibt keine Werkimmanenz, sondern ein Text, vor allem ein guter, verlangt geradezu nach einem Lector in fabula, der immer neue Bedeutungen aufzuspüren vermag. Und das Vermögen, neue Bedeutungen zu finden, erzeugt eine subversive Lust, die jenseits einer neurotischen Flucht in die Konformität liegt.

Die Akteure der Subkulturen treten nun wie die Rabbiner des Talmuds durch ihr Decodieren in den gesellschaftlichen Kampf um Bedeutungen ein. Um diesen Kampf, der ein Spiel zwischen Codieren und Decodieren ist, in seiner Tragweite zu verstehen, bezieht sich Stuart Hall[10] auf die Unterscheidung von Denotation und Konnotation, die Roland Barthes in den *Mythen des Alltags* entwickelte. Das Bild eines Zeichens mit einer stabilen Verbindung zwischen Signifikant und Signifikat muss mit dieser Unterscheidung von Denotation und Konnotation teilweise aufgegeben werden.

Nach Barthes spricht man von Denotation, wenn man sich direkt mit der Bedeutung auf einen Referenten in der Außenwelt beziehen will. Die Sprache der Denotation ist die naive Sprache des bloßen Umgangs mit der Welt; man zeigt auf einen Baum, den man schlagen will. Doch der Baum kann über seinen Bedeutungskern, eine große holzige Pflanze zu sein, noch weitere, vielfältige Bedeutungen besitzen. Dieser erweiterte Bedeutungshof wird Konnotation genannt: So steht der Baum für Natur, freies Leben, Gesundheit, Heimat und kann sogar als politisches Symbol gegen Umweltverschmutzung verwendet werden. Diese Inhalte der Konnotation haben keinen direkten Referenten, sondern sind im gesellschaftlichen Diskurs entstanden; das heißt, um diese Bedeutungen wurde und wird intensiv gekämpft. Die Popkultur nimmt in diesen Kämpfen der Weltanschauungen eine prominente Rolle ein. Sie transformiert die symbolischen Formen und verändert damit die Wirklichkeit.

Dieser Umweg über Adorno und seine Deutung der Kulturindustrie als Herrschaftsinstrument und ihre Kritik durch die Vertreter der Cultural Studies war notwendig, um die Verfahrensweise der subversiven Bedeutungsverschiebung im frühen amerikanischen Punk zu verstehen. Im Kapitel *Hotsy-Totsy Nazi Schatzis* geht es Beeber darum, darzustellen, wie eine jüdische Identität nach dem historischen Einschnitt der Shoah aussehen kann. Dabei zeigt sich, dass sich die jüdischen Repräsentanten des Punk durch die Verwendung von Nazisymbolen gegen die Gedächtniskultur des Holocaust wehren. Beeber spricht so von der *Endlösung der Endlösung*. Die Frage, mit der dieses zentrale Kapitel eingeleitet wird, lautet, warum ein bedeutender Teil der Popkultur auf solch belastete Symbole wie die des Nationalsozialismus zurückgreift? Welche Taktik der Decodierung steckt hinter dieser scheinbar naiven Übernahme?

Ein Beispiel, das Beeber zum Beleg für diesen Sachverhalt wählt, ist die Gruppe Blue Öyster Cult, die sich auf einem Cover mit einer ME 262, einer sogenannten Wunderwaffe der Nazis, abbilden lässt. Bezeichnend für diesen Gebrauch von Symbolen des Faschismus ist auch die Darstellung der Rolling Stones im Bildband *Rock Dreams* von Guy Peellaert und Nik Cohn. Dort werden die Stones in SS-Uniformen gezeigt. Welche Konnotation diese Uniformen nun haben, wird durch die Darstellung der Pädophilie als schlimmste sexuelle Perversion in diesem Bild unterstrichen. Die Verwendung der Nazisymbole stellt den Bruch mit jeglicher Ordnung dar. Dieser Bruch mit der Zivilisation wird auch durch ein Zitat, das Ringo Starr zugeschrieben wird, belegt. Auf eine Äußerung eines älteren Herren, er habe auch für ihn den Krieg gewonnen, antwortet Ringo: »Ich wette, Sie wünschten, Sie hätten nicht gewonnen.«

Diese Äußerung ist deshalb für die Generation der Väter so vernichtend, weil sie das konstruierte Selbstverständnis von Großbritannien nach dem Krieg zerstört. Großbritannien hat zwar sein Empire, seine Kolonien, und damit seine Stellung als Weltmacht verloren, aber es hat das Böse in Gestalt von Hitler in einem heroischen Akt besiegt.

Indem die Popkultur die Zeichen und Symbole des Feindes verwendet, will sie zeigen, dass sie den Generationsvertrag mit den Eltern kündigt.

Diese Tradition der Verwendung von Nazisymbolen als radikaler Ausdruck des Widerstands wird nun auch vom frühen amerikanischen Punk übernommen. Diese Verwendung erscheint unverständlich, da viele Protagonisten dieser Bewegung Juden sind. So lässt sich beispielsweise Lou Reed ein Eisernes Kreuz in die Haare rasieren. Chris Stein, Mitglied von Blondie, sammelt, wie Beeber berichtet, Devotionalien des Dritten Reiches. In die gleiche Richtung zielt die Faszination von Lou Reed oder Iggy Pop für Berlin. Auch das Logo der Ramones ist der Symbolik des Faschismus nachempfunden; dazu kommen noch Titel wie »Blitzkrieg Bop«. Welche Konnotation besitzt der Gebrauch dieser Symbolik?

Wie schon oben beschrieben, spielt der Kampf gegen den Nationalsozialismus für das Selbstverständnis und damit für die nationale Identität in England und Amerika eine ganz entscheidende Rolle. Doch diese Erinnerungskultur, die ihren Ausdruck in Museen, Denkmälern und Ritualen findet, erfährt eine riesige Erweiterung. Wie Daniel Levy und Nathan Szneider schreiben, ist die Erinnerung an die Ermordung der europäischen Juden zu dem zentralen Bestandteil der transnationalen und globalisierten Erinnerungskultur geworden. Die Erinnerung an den Holocaust vermag es, den Europäern ein gemeinsames Selbstverständnis im »Nie wieder« zu verleihen: »Die Erinnerung an den Holocaust wird zu einer europäischen Erinnerung, die Europa dazu verhelfen kann, ein eigenes (wenn auch negatives) Wertesystem zu entwickeln. Der Preis, der dafür gezahlt wird, ist die Entkontextualisierung der Geschichte.«[11] Der Holocaust bietet sich für eine neue globalisierte Gedächtniskultur geradezu an, weil an ihm zu zeigen ist, welche Verbrechen der rassistische Nationalismus provoziert.

Durch die Theorien des Poststrukturalismus ist es möglich, die Funktionsweisen von Gesetzen und Ordnungen neu zu verstehen. Man könnte diese neue Sicht dahingehend beschreiben, dass man versteht, Verbote und Tabus nicht als primäre Funktionen von Ordnungen anzusehen. Paradoxerweise sind Gesetze eher dafür da, überschritten zu werden: »Eines der grundlegendsten Themen des Buches von Foucault besteht in der Ersetzung dieser allzu groben Gegenüberstellung von Gesetz und Ungesetzlichkeit durch den feinen Zusammenhang von *Gesetzesübertretung* und *Gesetzen*.«[12]

Diese feinen Zusammenhänge zwischen dem Gesetz und dem Verbrechen hat schon Freud in seiner Vorstellung des obszönen, sadistischen Über-Ich aufgedeckt. Das Über-Ich ist so rigide in seinen Anforderungen, dass es den Gesetzesübertritt geradezu fordert. Wenn man davon ausgeht, dass jegliche Ordnung solche obszönen Bestandteile besitzt wie der Anteil des Über-Ichs am Ideal-Ich, so muss auch die globalisierte Erinnerungskultur, die sich auf den Holocaust beruft, solche Eigenschaften der Obszönität besitzen. Wie Levy und Szneider oben leider nur andeuten, ist der zu zahlende Preis für eine transnationale, globalisierte Erinnerungskultur die historische Dekontextualisierung. Diese Dekontextualisierung bedeutet jedoch, dass alle Ereignisse mit der Shoah identifiziert werden können. Die historische Dekontextualisierung, die das Ereignis der Shoah allen Zugriffen öffnet, kann dazu führen, dass der Holocaust in einem obszönen Prozess durch Institutionen instrumentalisiert wird. Die Denkmäler zur Shoah werden dann zu mächtigen Monumenten der eigenen ethischen Vollkommenheit. Dieser Prozess kann dazu führen, dass aus den Tätern bußfertige Richter werden, um einen polemischen Begriff von Alain Finkielkraut[13] zu verwenden. Aus dieser Position, »Auschwitz verarbeitet zu haben«, wird den Juden mangelndes moralisches Verhalten vorgeworfen.

Vor diesem Hintergrund ist die Verwendung der Nazi-Symbolik durch den amerikanischen Punk allzu verständlich. Die Punks übernehmen mit dem Tragen solcher Symbole die Taktik der englischen Subkultur. Sie stellen sich mit diesem symbolischen Akt gegen die Obszönität, sich mittels der Shoah zu rechtfertigen und damit den millionenfachen Mord zu instrumentalisieren. Zum anderen wird das Tragen und Sammeln dieser Devotionalien zum ironischen Symbol, das ihre Souveränität konnotiert. Sie bestimmen über die Bedeutung der Zeichen; so schreibt Beeber: »Demnach wäre die Nazi-Symbolik im Punk alles andere als respektlos – das heißt, nicht respektlos gegenüber Juden, stattdessen respektlos gegenüber den Nazis. Sie ist die Verkörperung jüdischer Rache, die in der Tradition der Komödie steht.«

Der frühe amerikanische Punk mit seinen jüdischen Protagonisten ist eine hoch reflexive Bewegung, deren Mitglieder schon früh bemerkten, wie historische Ereignisse zur Stärkung der eigenen Identität instrumentalisiert werden. Herausgestellt zu haben, dass ein solches Handeln im Falle der Shoah verwerflich ist, ist ihr Verdienst. An der ironischen Verwendung der Symbole des Nationalsozialismus wird auch deutlich, dass der Punk Teil einer vergessenen jüdischen Tradition ist, die im Untergrund um Bedeutungen und damit um Souveränität kämpft. Diese Tradition nennt Beeber *Jewishness*, und davon ist der Punk, trotz Atheismus, voll.

Peter Waldmann, Literaturwissenschaftler,
Vorsitzender der Jüdischen Gemeinden in Rheinland Pfalz

1   Siehe: Walter Benjamin: Der Sürrealismus. Die letzte Momentaufnahme der europäischen Intelligenz. In: Angelus novus. Ausgewählte Schriften 2. Frankfurt a. M.: Suhrkamp 1966, S. 200.
2   Hannah Arendt: Elemente und Ursprünge totaler Herrschaft. Antisemitismus, Imperialismus, totale Herrschaft. München: Piper 2001, S. 193.
3   Siehe dazu: Michael Krupp: Einführung in die Mischna. Frankfurt: Verlag der Weltreligionen 2007, S. 23.
4   Zit. in: Gershom Scholem: Offenbarung und Tradition als religiöse Kategorien im Judentum. In: Gershom Scholem: Über einige Grundbegriffe des Judentums. Frankfurt a. M.: Suhrkamp 1996, S. 101.
5   Moses Maimonides: Der Brief in den Jemen. Texte zum Messias. Berlin: Parerga 2005, S. 37 ff.
6   Friedrich Pollock: Staatskapitalismus. In: Friedrich Pollock: Stadien des Kapitalismus. München: Beck 1975, S. 94.
7   Richard Hoggart: Die ›wirkliche‹ Welt der Leute. Beispiele aus der populären Kunst. In: Roger Bromley u. a. (Hg.): Cultural Studies. Grundlagentexte zur Einführung. Lüneburg: zu Klampen 1999, S. 48.
8   Max Horkheimer/Theodor W. Adorno: Dialektik der Aufklärung. Philosophische Fragmente. Gesammelte Schriften Bd. 3., Frankfurt a. M.: Suhrkamp 1981, S. 144.
9   Siehe: Christina Lutter/Markus Reisenleitner: Cultural Studies. Eine Einführung. Wien: Turia + Kant 2005, S. 67.
10   Siehe: Stuart Hall: Kodieren/Dekodieren. In: Roger Bromley u. a. (Hg.): Cultural Studies. Grundlagentexte zur Einführung. Lüneburg: zu Klampen 1999, S. 113 ff.
11   Daniel Levy/Nathan Sznaider: Vom Holocaust zur kosmopolitischen Erinnerungskultur. In: U. Beck (Hg.): Generation Global. Ein Crashkurs. Frankfurt a. M.: Suhrkamp 2007, 190.
12   Gilles Deleuze: Foucault. Frankfurt a. M.: Suhrkamp 1987, S. 45.
13   Siehe: Alain Finkielkraut: Im Namen des Anderen. Reflexionen über den kommenden Antisemitismus. In: Doron Rabinovici (Hg.): Neuer Antisemitismus? Eine globale Debatte. Frankfurt a. M: Suhrkamp 2004, S. 123.

EINLEITUNG

»Die Punks waren *jüdisch*?!«
– Eine Frage, die mir, während ich dieses Buch schrieb, immer wieder gestellt wurde

Punk ist jüdisch. Nicht judaisch. Punk reflektiert eine Kultur, die mittlerweile drei Jahrtausende alt ist. Eine Kultur voller Humor und Ironie, in der sich ständig alles um die Nazis dreht. In der es um die Außenseiter im Schtetl von New York geht, die »einer von uns« sind. Die jüdische Kultur ist voll nervöser Energie, die von Abraham, Isaac und Jacob, über die Chassidim bis zu den Stücken von David Mamet gleichermaßen zu ihrem Kennzeichen geworden ist. Punks wie Juden identifizieren sich mit den Kranken und Perversen, die Hitler als »dekadent« bezeichnete. Die Heimat der Punks ist die Heimat der Juden: New York. Insbesondere Downtown New York, die Lower East Side und East Village, ist der Geburtsort dieser neuen Musik, die bekannt ist für ihren einpeitschenden Stil, ihre revolutionären Haltungen und ihre wie ein Mantra wiederholte Aufforderung zum Do-it-yourself.

Diese Beziehung von Punk und Judentum ist nicht einzig damit zu erklären, dass große Teile der Musiker wie auch der Szene jüdisch waren, unter ihnen Lou Reed, Joey und Tommy Ramone, The Dictators, Richard Hell, Malcolm McLaren, Lenny Kaye, Genya Ravan, Chris Stein, Jonathan Richman und Helen Wheels. Punk reflektiert die gesamte jüdische Geschichte von Unterdrückung und Unsicherheit, Flucht und Wanderschaft, Dazugehören und Nicht-Dazugehören, immer zerrissen zu sein, gleichzeitig drinnen und draußen, gut und schlecht, Teil und nicht Teil zu sein. Shpilkes, die nervöse Energie des Punk, ist jüdisch. Mit Shpilkes – das »Heebie Jeebies« aus Little Richards gleichnamigem Song – lässt sich das beschreiben, was in der Bowery passierte, als die erste Generation amerikanischer Juden nach dem Holocaust erwachsen wurde und ihre Spuren in der populären Musik hinterließ. Ausgangspunkt war ein kleiner, von einem Juden geführter Club, der CBGB hieß.

Zusammen mit ihren nichtjüdischen Freunden schufen sie eine jüdisch-amerikanische Tradition, die zugleich optimistisch wie zynisch war. Wie ihre Vorläufer, George Gershwin, Aaron Copland, Leonard Bernstein und Philip Glass (ganz zu schweigen von Irving Berlin, Jerome Kern, Carole King und Bob Dylan), vereinigten sie die Hochkultur der amerikanischen Elite und die Populärkultur der Straße und schufen damit einen »hybriden« Kunst-Rock, eine Konzeptmusik, die von Amateuren gespielt wurde, die kaum wussten, was ein Akkordwechsel ist – oder falls sie es doch wussten, alles dran setzten, es zu verbergen.

Dieses Schwanken zwischen Können und Authentizität, Schwermut und Hoffnung, jüdisch und nichtjüdisch ist für Punk so grundlegend, wie es auch grundlegend für die jüdische Erfahrung war. In diesem Zwischenraum, in dem der Humor das Zerrissensein erträglich machte, war die Jewishness des Punk nur für den unsichtbar, der das Drehbuch nicht kannte. Punks waren sarkastisch bis auf die Knochen. Ihr Smartass-Humor brachte einen zum Nachdenken – und vielleicht dazu, seine Ansichten zu ändern –, wenn man es am wenigsten erwartete. Ironischerweise waren sie sich dessen damals kaum bewusst, obwohl ihre persönliche »Politik« zu einem Teil ihrer Botschaft wurde, ihre Verbindung mit den »Freaks« und Ausgestoßenen. Dies änderte auch die Wahrnehmung der Öffentlichkeit: Nicht der sexy Hengst, der vor Coolness strotzt, war jetzt noch der König der Hipster. Stattdessen wurde der Verlierer zum Gewinner. Der Letzte wurde der Erste. Frauen fielen wegen Woody Allen, dem Inbegriff des New Yorker Juden in Ohnmacht, während Männer angesichts des Erfolgs des neurotischen Komikers über die Definition von Männlichkeit nachzudenken hatten. Die Eltern der Punks hatten New York verlassen, die Punks kamen zurück und hauchten den ausgestorbenen Mietskasernen und armseligen Baracken der Lower East Side neues Leben ein und brachten eine mitreißende Musik in die heruntergekommene Bowery; sie strömten ins CBGB, wo die Botschaften einer musikalische Revolution ausgerufen wurden:

> »We are the blank generation, and we can take it or leave it each time ... «
> »We're a happy family, we're a happy family, we're a happy family ... «
> »Gabba gabba hey, gabba gabba hey ... «
> »Jesus died for somebody's sins, but not mine ... «
> »Cause you know baby / I'm the next big thing.«

Und ihre Bedeutung wuchs. Ja, sie waren die »blank generation«, aber wie Richard Hell erklärte, bedeutete das nicht, dass ihnen alles egal war. Sie suchten nach einem Weg, wie man die Leere füllen und neue Identitäten und Welten schaffen konnte. An diesem Nullpunkt der jüdisch-amerikanischen Erfahrung erfanden sie im alten jiddischen Theaterbezirk den Sound des Punk, den man bis heute hört. Dieses Buch will zeigen, dass dieser Sound nicht von ihrer Jewishness zu trennen ist.

DIE PROTOKOLLE DER WEISEN DES PUNK

Lenny Bruce: Der Schutzheilige des jüdischen New York

»Es gibt wirklich eine Gemeinsamkeit zwischen dem Geist des Punk und der jüdischen Showbusiness-Kultur eines Lenny Bruce. Es steckt etwas grundsätzlich Punkiges in der ganzen Sache – ich meine, worum geht es bei Punk, wenn man ihn wirklich aufschlüsselt? Er ist irgendwie gegen das Establishment gerichtet. Manches erinnert mich an die typischen jüdischen Komiker. Vielleicht ist das teilweise der Grund, warum Punk aus New York kam. Es ist eine Smartass-Stadt. Mir scheint da ein Zusammenhang zu bestehen.«
– Chris Stein, 2004

Am Anfang war das Wort und das Wort war *fuck*.
Nein, warte, es war *nigger*.
Nein, *niggerlover*.
Motherfucker!
Cocksucker!!
Chickenfucker!!!
Fangen wir von vorne an. Am Anfang war Lenny Bruce, der Komiker der schmutzigen Wörter, der Tabu brechende Gesellschaftskritiker. Ein perfekter New Yorker, ein perfekter Jude, der aus *Streetsmart* eine beißende Kunst machte. Der Schutzheilige des Punk. Viele der fast 150 Leute, die für dieses

Buch interviewt wurden, bezeichneten Bruce als wichtigsten Einfluss in ihrem Leben, noch wichtiger als die Beatles. Bruce zeigte Joey Ramone, Chris Stein und Handsome Dick Manitoba, wie sich coole Kids benehmen. Er war der einzige Erwachsene, den sie respektierten.

Bruce, der 1925 unter dem Namen Leonard Alfred Schneider als Sohn einer unbekannten Bühnenschauspielerin geboren wurde, verkörpert die Tradition des Showbusiness der amerikanisch-jüdischen Kultur, insbesondere der jüdischen Kultur New Yorks. Juden dominierten die Tin Pan Alley, den Broadway, die ersten Nickelodeons (die Vorläufer der Filmtheater), die Comicbücher, das Radio, das Fernsehen, das Brill Building, The Velvet Underground und Punk. Bruce schärfte seine Fähigkeiten als wahrsagender Halunke in Striplokalen, Ginbars und heruntergekommenen Varietéhäusern, wo der Komiker ein Pausenfüller zwischen den Auftritten war, ein schmutziger Witzemacher, der das Publikum auf seinen Plätzen halten sollte, während die Mädchen nach draußen gingen, um eine Zigarette zu rauchen und sich einen Schluck zu genehmigen. In den Fünfzigerjahren war er soweit, dass er in die höheren Ligen wechseln konnte; doch so wie die Punkrocker, die ihm folgten, behielt er die Derbheit der Straße bei. Schließlich etablierte er die Figur des *Smartass,* die in der Gesellschaft für einigen Missmut sorgte.

»Er war so sarkastisch«, sagt Chris Stein. »Er war cool und kompromisslos und er war streetsmart.« Stein erzählt, dass ihm erst als er schon weit über vierzig war, bewusst wurde, wie sehr das von Bruce in der Carnegie Hall aufgeführte Stück über seine Frau, die »Shiksa Goddess« Honey, »mir und Debbie [Harry] ähnelte«.

Es ist nicht verwunderlich, dass die frühen Punkrocker Bruce anhimmelten. Sie wuchsen auf, als Bruce auf dem Höhepunkt seiner Karriere war. Zur selben Zeit tauchten innerhalb der größten Einwanderergruppe New Yorks neue Figuren auf, aufgewachsen im Schatten des Holocaust und voller nervöser Energie, Shpilkes und Heebie-Jeebies. Sie waren bereit, das auszutreiben, was Elie Wiesel in seinem Roman *Die Nacht* beschrieben hatte. Jüdische Stars wie Dustin Hoffman, Elliott Gould und George Segal beherrschten die Leinwände. Philip Roth, Norman Mailer und Bernard Malamud bestimmten die Bestsellerlisten. Jüdische Musiker wie Philip Glass führten die Avantgarde in eine Richtung, die vom klassischen Establishment als gefährlich nah an der Popmusik attackiert wurde, während jüdische Künstler wie Diane Arbus Freaks fotografierten; ihr Foto mit dem Titel »A Jewish Giant at Home with His Parents« scheint sowohl die Entwicklung Israels als unterdrückende Besatzungsmacht vorauszusehen als auch jene des riesigen Jeffry Hyman/Joey Ramone zum Star.

Lenny Bruce: Eine der wichtigsten Einflussgrößen des Punk. Er zeigte Joey Ramone, Chris Stein und Handsome Dick Manitoba, wie sich coole Kids benehmen.

»Es gibt wirklich eine Gemeinsamkeit zwischen dem Geist des Punk und der jüdischen Showbusiness-Kultur eines Lenny Bruce«, sagt Chris Stein. »Es steckt etwas grundsätzlich Punkiges in der ganzen Sache – ich meine, worum geht es bei Punk, wenn man ihn wirklich aufschlüsselt? Er ist irgendwie gegen das Establishment gerichtet. Manches erinnert mich an die typischen jüdischen Komiker. Vielleicht ist das teilweise der Grund, warum Punk aus New York kam. Es ist eine Smartass-Stadt. Mir scheint da ein Zusammenhang zu bestehen.«

Und tatsächlich, es gibt einen. Von dem Tag im Jahre 1654, als 23 sephardische *Judíos*, die vor der Verfolgung durch die brasilianische Inquisition in New Amsterdam um Asyl baten, über den fast 200 Jahre später beginnenden großen Zustrom aufgeklärter, liberaler *Juden* aus Deutschland bis zu dem weniger als fünfzig Jahre später noch größeren und kulturell signifikanteren Zuzug von *Yidn* aus Osteuropa, (die kamen und kamen, fast drei Millionen bis in die Zwanzigerjahre, von denen zwei Drittel in New York blieben) gab es immer ein Tauziehen zwischen den netten jüdischen Jungs, die Respekt und Akzeptanz forderten und den jüdischen »Bad Ass Heebs«, die nichts anderes wollten, als mit kranken Witzen zu schockieren. Auf jeden Haym Solomon, Finanzier der Amerikanischen Revolution, auf jeden Solomon Schechter, jüdischer Erzieher, und auf jeden Louis Brandeis, Richter am Supreme Court, kam ein politischer Aufrührer wie Samuel Gompers

(Gründer der American Federation of Labour), ein Gangster wie Benjamin »Bugsy« Siegel oder ein Entertainer wie Eddie Iskowiz (Eddie Cantor). Durch ihr Wirken am Rande der Gesellschaft schufen diese Männer das, was wir heute unter Coolness verstehen. Eddie Cantor führte direkt zu Woody Allen und Ali G, Samuel Gompers bereitete den Weg für Abbie Hoffman und Jerry Rubin; Bugsy Siegel und vor allem sein eigentlicher Boss und Ideengeber Arnold Rothstein kreierten das elegant gekleidete, bedrohlich wirkende Sexsymbol. Lucky Luciano sagte über Rothstein: »Er brachte mir bei, wie man sich anzieht. Er brachte mir bei, dass man keine aufdringliche Kleidung trägt und was guter Geschmack ist ... er sah ... wirklich gut aus.« Lucky hätte auf diese Weise genauso den Einfluss von Richard Meyers Hell auf Malcolm McLaren und die Sex Pistols beschreiben können. Genauso hätte er über jeden beliebigen Rockstar reden können.

Die prominentesten jüdischen Amerikaner bewegten sich irgendwo in der Mitte. Unter ihnen waren die Hollywood-Mogule Samuel Goldwyn (Samuel Goldfish), Jack Warner (John Leonard Eichelbaum) und Louis B. Mayer (Elizer Meir). Al Jolson (Asa Jolson) war ein New Yorker der ersten Generation, der wie die Hauptfigur, die er im ersten Tonfilm *The Jazz Singer* (1927) darstellte, das Tauziehen zwischen der alten und der neuen Welt verkörperte. Um populäre Musik spielen zu können, widersetzte er sich seinem Vater, der Kantor war, und ebnete so zahlreichen anderen wie Fanny Brice (Fanny Borach), John Garfield (Julius Garfinkle), Molly Picon (Margaret Pyekoon) und den Borscht-Belt-Komikern den Weg; sie alle verkörperten den kulturellen Konflikt, der im Zentrum des überwiegend autobiographischen Films von Jolson stand.

Fanny Brice, der Liebling der aus dem Vaudeville entstandenen Tin Pan Alley, machte sich über die alten Gewohnheiten lustig und würzte ihre Vorführungen mit einer Sexualität, die auf die Rezeption der »Jüdin« als exotische, sinnliche »Andere« anspielte. Das charakteristische Merkmal des Schauspielers John Garfield war mit seiner Herkunft aus der »East Side« (ein Code für ethnisch/jüdisch) verbunden und durch eine wütende, fast punkige Haltung gekennzeichnet, die er einnahm, um sich gegen Ausschlussversuche zu wehren. Er war sogar bereit, die Fäuste einzusetzen, um jegliche Beleidigung zu bestrafen. Molly Picon zog sich in eine sentimentale Welt zurück, die zusammen mit den vielen jiddischen Theatern der East Side verschwunden war, während die Komiker des Borsch Belt, unter ihnen Henry Youngman, Buddy Hacett (Leonard Hacker) und Jerry Lewis (Jerome Levitch), eine neue, beißende, sich selbst abwertende jüdische Identität schufen, die sich über die Machtverhältnisse hätte lustig machen können, aber stattdessen die Wut gegen sich selbst richtete.

Als *Tumler* (Alleinunterhalter) hatte Lewis in den Catskills begonnen und sich in die Personifizierung ohnmächtiger Wut und Selbsthass verwandelt. B. Kite schreibt, dass Lewis zwar in erster Linie ein Komiker war, der mit seinem Körper agierte, aber anders als Chaplin eher die Entfremdung von seinem Körper als dessen Reize dargestellt habe. Eine Folge davon, so Kite, sei gewesen, dass die Kritiker ihn oft dafür angegriffen hätten »zu ›ethnisch‹« (sprich: jüdisch) zu sein und »eine ungesunde Tendenz zum Weichling« zu haben. Kite fügt hinzu: »Jewishness und Mädchenhaftigkeit wurden oft

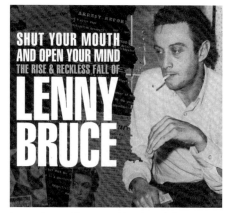

Lenny Bruce: Shut your Mouth and Open your Mind, 2006

als Äquivalente gesehen.« Schließlich wich er diesem Trotteldasein des ewigen Kindes aus und spielte in der Verwechslungskomödie *Der verrückte Professor* (1963) gleichzeitig Julius Kelp, den Wissenschaftler mit dem vorstehenden Zahn und Buddy Love, einen Punk-Vorläufer im Stile des Rat Pack. Auf diese Verwandlung vom Schlemihl zum Hipster bezog sich Mickey Leigh (Mitchel Hyman), als er über seinen Bruder Joey Ramone sagte, dieser habe sich, »als er auf die Bühne trat, so verwandelt wie Jerry Lewis in *Der verrückte Professor*.« In einer Fernsehversion von *The Jazz Singer* (1961) und einem unveröffentlichten Film, *The Day the Clown Cried*, bei dem Lewis Regie führte und einen Clown spielte, der Kinder auf dem Weg in die Gaskammer unterhalten muss, verwies er auch direkt auf seine *Jewishness*.

Kurz, obwohl fast alle Komiker ihren Ausschluss internalisiert und akzeptiert hatten, unterhielten sie sowohl das jüdische als auch das nichtjüdische Publikum. Bis Lenny Bruce auftauchte.

Als hartnäckiger Außenseiter, der nicht nur mit Strippern, Junkies und Jazzern verkehrte, war Bruce auch Gesellschaftskritiker, während er gleichzeitig ganz offen auf seine Jewishness verwies. Jiddische Phrasen, Witze und ein Humor im Kamikaze-Stil, dem sogar der Holocaust als Material diente, kennzeichneten die Auftritte von Bruce – tatsächlich waren dies die Komponenten, mit denen er oftmals die größten Lacher erzielte und weswegen er Jahrzehnte später vom aufkommenden Punk gefeiert wurde.

Vom konfrontativen Bruce führt eine direkte Linie zu Bob Dylan, der die Gesellschaft kritisierte, zu Tuli Kupferberg, der die Gesellschaft verspottete und zu Lou Reed, der der Gesellschaft ihre Schwachstellen vorführte. Dylan, der ein Loblied auf Bruce sang (»He was the brother that you never had …«), ist der Inbegriff des Außenseiters mit moralischem Gewissen, die »Stimme einer Generation«, der die Schwarzen verteidigte (»The Lonesome Death of Hattie Carol«), die Einwanderer (»I Pity the Poor Immigrant«), die Sträflinge (»Hurricane«) und sogar Israel (»The Neighboorhood Bully«), während er wie ein Prophet des Alten Testaments die Menschen vor unmittelbarer (»A Hard Rain's Gonna Fall«) und moralischer (»Frankie Lee and Judas Priest«) Zerstörung warnte. Es ist nicht allzu schwer, sich vorzustellen, wie Dylan auf der Bühne Gerichtsprotokolle vorliest, so wie Lenny Bruce es am Ende seiner Karriere getan hatte; es ist nicht allzu schwierig, sich vorzustellen, wie Tuli (kurz für den hebräischen Namen »Naphtali«) Kupferberg, Mitgründer der Fugs und selbsternannter »alter jüdischer Anarchist«, dafür geächtet wird, gut gelaunt die berüchtigten schmutzigen Wörter von Bruce in die Welt zu posaunen. Es ist tatsächlich sehr einfach, sich Lou Reed vorzustellen, wie er Tuli bei den frühen Fugs an der Gitarre begleitet und ab und zu ins Mikro brüllt, dass er ein weißer Junge aus den Außenbezirken ist, der auf seinen Dealer wartet. Genauso gut kann man sich vorstellen, wie wütend er auf die Scheinheiligkeit des ehemaligen Präsidentschaftskandidaten Jesse Jackson gewesen ist, der New York City als »Hymietown« bezeichnet hatte.

Alle diese Figuren schufen die musikalische und lyrische Vorlage für das, was bald Punkrock werden sollte. Sie reichen von Jonathan Richman, einem aus Boston stammenden, glühenden Verehrer von Velvet Underground, der die coole, nerdige Außenseiter-Haltung mit den Modern Lovers nach New York brachte, bis zu Eric Bloom (Sänger), Sandy Pearlman (Manager/Texter) und Richard Meltzer (Texter) von Blue Öyster Cult, die Nazimetaphorik, brachiale Akkorde und Komik in ihrer Musik vereinigten und damit eine ironische Spielart von »light metal« schufen, die starke Ähnlichkeit mit Punk hatte.* Pearlman und Meltzer spielten später eine wichtige Rolle bei der Entstehung des New Yorker Punk, indem sie ihn als Kritiker definierten und verteidigten, wie es auch zahlreiche andere jüdische Kom-

---

* Man könnte ein eigenes Buch über die große Zahl jüdischer Künstler im Heavy Metal schreiben, unter ihnen: Geddy Lee von Rush, der seinen Künstlernamen seiner Großmutter verdankte, die aufgrund ihres starken jüdischen Akzents nicht in der Lage war, »Gary« auszusprechen; Leslie West (Leslie Weinstein) von Mountain, berühmt für »Mississippi Queen«; Scott Ian (Scott Ian Rosenfeld) von Anthrax und Gene Simmons (Chaim Witz) und Paul Stanley (Stanley Harvey Eisen) von KISS. Allein bei Twisted Sister gibt es Jay Jay French (John Segal), der mit Simmons und Stanley angeblich bei Rainbow, einer Vorgängerband von KISS, gespielt hat; Mark »the Animal« Mendoza, der Twisted Sister von einer Glam-Band nach Art der New York Dolls in eine Metal-Band verwandelte, nachdem er von den komplett jüdischen Dictators kam; und Dee Snider, der zwar nicht Jude ist, aber einen jüdischen Großvater hat.

ponisten und Musikjournalisten wie Lenny Kaye, Lisa Robinson, Jon Landau und Billy Altman taten.

Tommy Erdélyi würdigt diese und andere Bands: »Blue Öyster Cult war so etwas wie die intellektuelle Version einer Heavy-Metal-Band und sie inspirierten mich in vielfacher Hinsicht – so wie es Leslie West von Mountain tat. Als ich in Forest Hills aufwuchs, spielte West immer noch mit den Vagrants, eine frühe Band aus der New Yorker Szene. Ich meine, es gab die Rascals aus Long Island, aber die Vagrants waren viel eher das wahre Ding – eine Garage-Band mit einem monströsen Sound. Und sie sahen aus wie wir, wie die Kinder in meiner größtenteils jüdischen Nachbarschaft. Durch sie kam ich auf die Idee, eine Band zu gründen.«

Andere teilten diese Gefühle. Richard »Handsome Dick Manitoba« Blum kommentiert die Erfindung der ironischen Dictators: »Ich bin ein Jude. Ich wuchs zwischen jeder Menge Italiener und Juden in der Bronx auf und ich verstand, dass wir ein unterdrücktes Volk waren, das zurückschlagen musste, um zu überleben und dass wir das meist mit viel Humor taten. Die Dictators waren lustig – so wie es in unterschiedlichem Maße alle frühen Punkbands waren. Man könnte tatsächlich sagen, dass ich zwischen den Songs Stand-up-Comedy auf der Bühne machte – das ist auch der Grund, warum wir die gesprochenen Teile zwischen den Tracks auf unserem ersten Album nicht herausgeschnitten haben, in denen ich darüber rede, richtig groß zu werden und in Florida in Rente zu gehen. Ich meine, schau dir doch nur unseren Namen an in Gottes Namen! The Dictators! Verstehst du?«

Der musikalische Kopf der Patti Smith Group, Lenny Kaye, ursprünglich ein Rockkritiker, der durch die Zusammenstellung von *Nuggets* berühmt wurde, einer Sammlung von Garage-Songs aus den Sechzigerjahren, die später viele Punkbands beeinflusste, sagt: »Juden haben immer schon geschrieben ... was ist die Bibel anderes als eine Explikation der Implikationen von Kunst ... und was sind Bibelforscher anderes als Bibelkritiker? Ich betrachte mich selbst gerne als Teil dieser Tradition ... Ich sehe mich selbst gerne als Forscher des Rock-'n'-Roll-Talmuds.«

Letztlich beeinflusste die jüdische Seite der New Yorker Kultur auf unterschiedliche Weise sogar nichtjüdische Bands wie die Dead Boys – genauso wie die nichtjüdische Seite der Kultur dieser Stadt sich auf viele der jüdischen Bands auswirkte. Die Dictators (zu fünf Sechsteln jüdisch), die Ramones (wenigstens zur Hälfte jüdisch) und zahlreiche andere Bands konnten auf einer Tradition der kulturellen »Kollaboration« aufbauen, die mindestens bis zu Irving Berlins Vereinigung der jüdischen Folk Music (bzw. Klezmer) mit dem amerikanischen Jazz zurückreicht (einer seiner frühen Hits war »Yiddle on Your Fiddle Play Some Ragtime« von 1909). Die Dead

Boys, »Immigranten« aus Cleveland, einer Industriestadt mit einer großen deutschen und slawischen Bevölkerung, klangen wie eine Heavy-Metal-Band und sahen auch so aus als sie nach New York kamen. Schnell verwandelten sie sich in wahnsinnige, kranke, auf komische Weise schwachsinnige Possenreißer, die sich gerne Nazi-Klamotten anzogen und hinter den Kulissen fast ausschließlich mit jüdischen Mädchen schliefen, oft auf einer Nazifahne, ein Hakenkreuz tragend. Gyda Gash, die halb-jüdische Ex-Freundin des Leadgitarristen Cheetah Chrome, hat auf einem Arm das Wort »Stigmata« eintätowiert und einen Davidstern auf dem anderen. Sie kommentiert: »Was erwartest du von einer sich selbst hassenden Halb-Jüdin?«

Kein Zweifel, die »sich selbst hassende« Gash beschreibt hier, halb im Spaß, den New York Punk. Für diesen war der Machtzuwachs Israels* und das Bewusstsein über den Holocaust von höchster Bedeutung. Teile des Publikums, Künstler und Figuren hinter den Kulissen haben in Interviews erklärt, dass diese beiden Elemente zu einem gespaltenen jüdischen Bewusstsein führten, das auf die neue Stärke Israels stolz war, während es gleichzeitig Scham und Wut über die Geschichte der Verfolgung in Europa empfand.

Diese Verwandlung des jüdischen Bewusstseins musste einen Einfluss auf den Punk haben, denn das New Yorker Publikum, das diese Musik zuerst entdeckte, war entweder jüdisch oder zumindest in Jewishness geschult. Das waren auch die Musikkritiker (Meltzer etc.), Produzenten (das Kind von Holocaust-Überlebenden Genya Ravan etc.), Deejays (Alan Freed erfand den Begriff »Rock'n'Roll«), Manager (Danny Fields, der Entdecker von Iggy Pop und MC5), Direktoren (Seymour Stein, Präsident von Sire Records), Clubbesitzer (Hilly Kristal, Gründer des CBGB), Publizisten (die orthodoxe Jüdin Ida Langsam, die, bevor sie sich mit den Ramones beschäftigte, als Präsidentin des New Yorker Beatles-Fanclubs das Mitteilungsblatt *Apple Juice* gegründet hatte), Roadies (Monte Melnick, »Tourdirektor« der Ramones), Groupies (Nancy Spungen), »Übersetzer« (Malcolm McLaren, »Schöpfer« der Sex Pistols) und viele viele andere.

Sie alle begrüßten diese neue Musik und den neuen Lebensstil, beides lag außerhalb des Mainstreams, war aber miteinander so eng verflochten (besonders im East Village) wie ein Schtetl. Es war eine Feier des »Entarteten« (wie Hitler die jüdische Kunst nannte), des Kranken (wie Kritiker

---

* Ein Ergebnis der Siege im Sechs-Tage-Krieg von 1967 und des Yom-Kippur-Krieges von 1974. Allerdings sollte man beachten, dass der erste Sieg ein neues Bild vom Juden als starken Kämpfer hervorbrachte, während der zweite zu der noch nie da gewesenen Assoziation der Juden mit Besatzung und Herrschaft führte.

Lenny Bruce nannten) und des Entfremdeten (das der jüdische Schriftsteller Franz Kafka in seinen Texten darstellte), ganz zu schweigen von dem gesellschaftlich Anstößigen (man denke an die Marx Brothers mit den zerrissenen T-Shirts) und dem Humor (»Wenn es nicht lustig war, war es nicht Punk«, sagt Snooky Bellomo).

Eine »populäre« Kunstform wie Punk konnte nur in New York geboren werden, einer Stadt, über die Lenny Bruce sagte: »Es ist egal, ob du katholisch bist ... hier bist du jüdisch.« Hier, auf dieser Insel der Einwanderer, wo Juden einen derart großen Teil der Bevölkerung stellten, wurden ihre Jewishness und ihre intellektuellen, gewaltfreien und humorvollen Eigenschaften als selbstverständlich betrachtet. Joey Ramone, eine Figur wie aus Kafkas *Verwandlung*, Richard Hell, der schlimmste Albtraum einer jüdischen Mutter, und Lenny Kaye, eine Art jüdischer Mystiker der Post-Sixties, wurden erwachsen und waren bereit, die Welt zu erobern. Das taten sie natürlich nicht – zumindest nicht damals. Aber für einige Jahre herrschten sie wie Götter auf dieser Insel, wo sie geboren, aufgewachsen und ernährt worden waren, in dieser Stadt, die sie hervorgebracht hat, Hymietown.

Kitty, die Tochter von Lenny Bruce, die in den späten Siebzigerjahren mit ihrer Band The Great Must Ache (The Great Mistake) im CBGB auftrat, kommentiert: »Mein Vater war ein sehr spiritueller Mann, zutiefst spirituell. Religiös? Nein. Aber Teil seiner Jewishness war, dass er in Long Island aufgewachsen war und in Brooklyn lebte – und er verglich das gojische Mirakel Whip mit dem jüdischen Senf. Also, das ist eine Lebensweise ... Und Punk? Ich denke mein Vater hätte ihn *sehr* interessant gefunden. Es ist eine Subkultur, die zur Kultur wurde. Und er wurde *ebenfalls* zu einer Lebensweise.«

Mit anderen Worten, es war egal, ob es Punk genannt wurde. Solange er diese Komponenten der New Yorker Kultur hatte, die Lenny Bruce verkörperte, war er jüdisch.

DER ZEYDE DES PUNK

Lou Reed: Der Pate des (jüdischen) Punk

»I wanna be a Panther / have a girlfriend named Samantha /
keep a stable of foxy whores / and fuck up the Jews.«
– Lou Reed, »I wanna be black«

»Nico fragte gerne: ›Are there any Jewwwwwwwwwwwwwwws
in the audience?‹«
– Richard Witt, *Nico: The life and lies of an icon*

Freitag Nachmittag, kurz vor Pessach 2004, klingelt zum wiederholten Mal
ein Telefon in der Eigentumswohnung von Michael Dorf in Tribeca. Dorf,
der frühere Betreiber der Knitting Factory, die für viele Jahre New Yorks
angesagtester Treffpunkt für Avantgardemusik war, rollt mit den Augen.
Während er seine Teppichbrücken entlang wandert, fragt er sich, was der
Grund für diesen weiteren Anruf ist. Dorf ist der Gastgeber des Downtown
Seder am nächsten Tag, einem Treffen von Künstlern, Schriftstellern, Musikern und anderen hippen Juden, die zusammen den Feiertag begehen
wollen, er ist nervös, erschöpft und die Anrufe leid.

»Michael, kannst du mir Plätze für den Seder besorgen? Lauries Verwandte sind in der Stadt. Wir brauchen vier Plätze.«

Dorf braucht eine Sekunde, um die unverwechselbare Stimme zu erkennen.

»Lou?«

»Ja. Du wolltest, dass ich bei diesem Seder dabei bin, richtig? Ich brauche ein paar Plätze.«

Zwei Monate zuvor hatte Dorf versucht, Reed zur Teilnahme zu bewegen, aber seitdem nichts mehr von ihm gehört. Jetzt sind es nur noch Stunden bis zu dem Ereignis und Dorf ist völlig kraftlos. Aber das am anderen Ende der Leitung ist Lou Reed, Mitgründer der ultimativen New Yorker Band, der Songwriter, der die Plattenspieler der amerikanischen Jugend für Masochisten, Drogenabhängige, Lederfetischisten und Straßenpunks klar machte.

»Natürlich kannst du kommen, kein Problem.«

Eine halbe Stunde später ruft Reed wieder an.

Lou Reed beim Downtown Seder 2004.

»Michael«, sagt Reed, »Mich-a-el. Wir müssen unseren Hund mitbringen.«

»Du machst Witze, stimmt's?«

»Nein. Aber es ist ein kleiner Hund.«

Reed legt auf.

Zwanzig Minuten später kommt eine E-Mail.

»Nur damit du es weißt, unser Hund ist wirklich klein. Wirklich klein, und es ist ein jüdischer Hund. Also komm schon, lass den Hund am Seder teilnehmen.«

Dorf verbringt den restlichen Tag damit, das Museum, wo die Feier stattfinden soll, davon zu überzeugen, dass ein Hund in die Räumlichkeiten darf. Nachdem dies geschafft ist, gibt er Reed eine Aufgabe. Er soll »vier andere Fragen« stellen, die zusätzlich zu den vier traditionellen Fragen vorgetragen werden, die zum Ritual des Seder gehören und vom jüngsten Anwesenden gestellt werden: Weshalb das Eintauchen? Warum nur Mazza? Wozu die bitteren Kräuter? Warum entspannen wir uns und essen auf der linken Seite wie die Könige? Reeds Fragen beschäftigen sich mit seinem letzten Album, einer Neuinterpretation von Edgar Allen Poes »Der Rabe«.

Wenn der *alte kocker* (alte scheiß) Musiker darum bittet, teilnehmen zu dürfen, sollte man die Gelegenheit ergreifen, solange sie sich bietet. Denn der *Zeyde* des Punk spielt gewöhnlich nicht den verlorenen Sohn. Im Gegenteil, er nimmt äußerst selten Bezug auf seine *Jewishness*. Und wenn man ihn dazu kriegen kann, den Raben mit dem jüdischen Gott zu verbinden, dann sollte man das nutzen, *putz*.

* * *

Als sich Lou Reed zum Paten des Punk machte, schien es, als würde er alles daransetzen, sich von seiner Jewishness zu distanzieren. Er hatte seinen »Jewfro« entkräuselt – wie die schwarzen Künstler Little Richard oder James Brown ihre Afros, in der Hoffnung, dadurch weißer zu wirken – und hatte Songs geschrieben, deren Sadomasochismus das Gegenteil der gesellschaftlich verantwortungsvollen, säkularen, jüdisch-amerikanischen Moral darstellte. Er hatte die Welt von Andy Warhols Factory betreten, die so blaublütig, nicht-jüdisch und wohlhabend war wie das Social Register oder die Daughters of the American Revolution und betrachtete Warhol fast als eine Art Adoptivvater. Dort verliebte er sich auch »Hals über Kopf«, wie John Cale es ausdrückt, in die aus Deutschland stammende unterkühlte Schönheit Nico, deren Bruder im Zweiten Weltkrieg Mitglied der Hitlerjugend gewesen war. Nico trieb Reed letztendlich zu dem, was als Selbstmordversuch zu interpretieren ist, indem sie ihm in Anwesenheit der anderen Mitglieder von Velvet Underground sagte: »Ich kann nicht mehr mit Juden schlafen.«

In diesen Tagen war Reed nicht gerade das, was man einen netten jüdischen Jungen nennt. Oberflächlich betrachtet jedenfalls. Und doch, wenn man Reeds Werdegang betrachtet, wird deutlich, dass er im Grunde niemals den Bezug zum Judentum verloren hat. Er war so jüdisch wie Lenny Bruce, den sich Reed als Teenager zum Vorbild genommen hatte.

* * *

1942 als Sohn von George Sidney Reed, einem Buchhalter, und Toby Futterman Reed, einer früheren Schönheitskönigin, in Brooklyn geboren, war Lewis Allan Reed in vielen Beziehungen ein typisch jüdisch-amerikanisches Kind. Reed wuchs in Freeport, Long Island, auf, einem Ort, von dem seine Eltern glaubten, dass sie dort die entscheidenden Voraussetzungen für eine bessere Zukunft finden würden – Ansehen und sozialen Aufstieg. Stattdessen traf er dort in der Vorstadt, wie viele andere seiner Generation, auf Vorurteile und Entfremdung.

Weniger als ein Jahr nachdem die Reeds nach Freeport gezogen waren, machte der zwölfjährige Lou, zum Bedauern seiner Eltern, mit der Welt des Rock'n'Roll in Form von Rythm'n'Blues Bekanntschaft. Victor Bockris schreibt in seiner Reed-Biographie *Transformer* (dt. Titel: *Lou Reed. Eine Biographie*), dass sich die beunruhigten Eltern darum sorgten, ob Reeds Interesse für Musik ihren Plan beeinträchtigen könnte, aus ihm einen Arzt zu machen oder einen Buchhalter wie der Vater einer war. Die Eltern beobachteten aufmerksam die wachsende Launenhaftigkeit ihres Sohnes, erfüllten ihm in bester Absicht selbst seine ausgefallensten Wünsche und schenkten ihm eine elektrische Gitarre und ein paar Jahre später sogar ein Motorrad.

In »Standing on Ceremony«, ein Song, von dem Reed behauptet, er habe ihn für seine Mutter geschrieben, begegnet er den Ängsten der Eltern mit einem Angriff: »Remember your manners, will you please take your hat off, your mother is dying, listen to her cough. We were always standing on ceremony« (*Growing Up in Public*, 1980). Die sterile Welt der Manieren und des Anstands sorgte bei Reed, wie bei vielen anderen seiner Generation, für Verdruss. Die Ursache für den Generationenkonflikt lag zu einem großen Teil an dem Gegensatz, den die kurz nach dem Zweiten Weltkrieg geborenen Kinder des sogenannten jüdischen Babybooms zwischen ihrer komfortablen Situation und der Geschichte ihrer Vorfahren empfanden. So wie Reed, ein Enkel russischer Juden, die vor dem Antisemitismus geflohen waren, wussten die Kinder des jüdischen Babybooms, dass ihre Großeltern und in geringerem Maße auch ihre Eltern harte Zeiten hinter sich hatten. Diese junge Generation war sich darüber bewusst, dass das Leben, dem ihre Vorfahren entflohen waren, aus Ghettos, Pogromen und sogar Todeslagern bestanden hatte. Gleichzeitig war ihnen klar, dass diese Biographien auch aus einer Vielzahl positiver Erfahrungen bestanden, die ihren amerikanischen Nachkommen für alle Zeit verloren waren. Selbst Stalin hatte einmal bemerkt, wenn auch mit Verachtung, dass jüdische »Kosmopoliten« die europäischen Städte zu lebendigen, kulturellen Zentren gemacht hatten.

Reed hatte genug erlebt, was ihn hätte wütend machen oder zumindest aufregen können: Er wuchs in der Vorstadt auf, wurde seiner Vergangenheit beraubt (sein Vater hatte den Familiennamen Rabinowitz geändert, als Lou ein Jahr alt war) und wusste, dass Kinder wie er in Europa zusammengetrieben und vergast worden waren. Nur wenige Jahre zuvor hatten prominente Antisemiten wie der Radioprediger Father Coughlin und der Automagnat Henry Ford die in der amerikanischen Bevölkerung weit verbreitete Abneigung gegen Juden offen ausgesprochen. Bei Bockris kann man nachlesen, dass Reed schon als Kind eine Heebie-Jeebie-Unruhe in sich trug, diesen Shpilkes. Vielleicht litt das »kleine, schmächtige Kind mit unordentlichem

Haar« unter dem überfürsorglichen »jüdischen Mutter-Syndrom«, wie ein Freund der Familie erzählt, oder er war durch den »sarkastisch jüdischen Humor«* seines Vaters verletzt worden, den Reed auf dem Album *Take No Prisoners: Live*, selbst einsetzte. Vielleicht war er aber auch nur ein Tabu brechender Bisexueller. Wahrscheinlicher ist jedoch, dass er ein Opfer dessen war, was Albert Goldman in seiner Biographie über Lenny Bruce »jüdische Liebe« nannte: »Jüdische Liebe ist Liebe, das ist schon richtig, aber sie ist so voller Mitleid, mit so viel Herablassung durchtränkt und dermaßen angereichert mit schweigender Missbilligung, stummem Tadel und sogar Abscheu, dass man als Objekt dieser Liebe ebenso gut ein Objekt des Hasses sein könnte. Jüdische Liebe brachte Kafka dazu, sich wie eine Küchenschabe zu fühlen.«

Was auch immer davon wahr sein mag, eines ist sicher: Als Reed begann, auf seinem Motorrad, mit einer Gitarre auf dem Rücken, durch sein Viertel zu fahren und dabei das Grinsen von Lenny Bruce oder Marlon Brando nachahmte, glaubten seine Eltern handeln zu müssen. Sie hatten genug von den Musiker-Plänen ihres Sohnes und waren fest entschlossen, ihn »in Ordnung« zu bringen. Sie wollten nicht dabei zusehen, wie er sich in einen halbstarken, schwulen Folksänger verwandelte. Sie wollten diese Entwicklung im Keim ersticken, auch wenn das bedeutete, dass ihr jugendlicher Sohn einer Behandlung ausgesetzt wurde, die an die Methoden Dr. Frankensteins erinnerte. In der Blüte seiner Jugend gestatteten die Eltern den Ärzten, ihren Sohn 25 Mal mit Elektroschocks zu behandeln. Um seine Seele zu retten, erlaubten sie diesen Medizinern, mit seinem Gehirn zu spielen.

* * *

Die Schockbehandlungen sind für Reed eines der zentralen Ereignisse in seinem Leben. Einerseits, so sagt er, klärten sie ihn über die Kraft der Elektrizität auf und damit über die Kraft der elektrischen Musik, andererseits löschten sie große Teile seines Gedächtnisses, und ließen ihn daran zweifeln, jemals Schriftsteller werden zu können. Jim (Antonicello) Marshall, ein

---

* Lawrence Epstein schreibt in seiner Studie über den jüdischen Humor *The Haunted Smile* (Public Affairs, 2001): »Die Kinder der [jüdischen] Einwanderer waren weder Insider, an der Macht beteiligt, oder kamen einfach durch das amerikanische Leben; noch waren sie Außenseiter, die in einem fremden Land lebten und von Amerika als Paradies träumten. Diese prekäre Identität lieferte eine besondere Perspektive, einen Skeptizismus gegenüber dem Leben im Allgemeinen, ein Misstrauen gegenüber den Institutionen und eine ausgeprägte Angst, die manchmal ihren Weg in den Humor fand.«

Autor bei *Village Voice* und Freund von Reeds Gitarristen Robert Quine, erzählt, dass die Ärzte in der Klinik Lou Reed »Bilder von nackten Männern zeigten, und wenn er dabei einen Steifen bekam, wurde er mit einem elektrischen Stromstoß gegart.« Marshall berichtet außerdem, dass Reeds Mutter eine »ehemalige Schönheitskönigin … und wirklich verklemmt« war. Bockris betont, dass Reed weder seiner Mutter noch seinem Vater jemals den »Verrat« verziehen hat, den Behandlungen zugestimmt zu haben. In dem Song »Kill Your Sons« (*Sally Can't Dance*, 1974) geht Reed darauf ein:

All your two-bit psychiatrists
are giving you electroshock …
Don't you know they're gonna kill your sons …

Laut Bockris glaubte Reed, dass seine Eltern, hätten sie ihn wirklich geliebt, diese Behandlungen niemals zugelassen hätten.

Freilich, die Behandlungen gingen nach hinten los. Zwar schrieb sich Reed wenige Monate später an der Syracuse Universität ein, doch dort begann er, mit seiner Vergangenheit zu brechen. Trotzdem konnte er, weil er eben auch ein netter jüdischer Junge war, sein altes Leben nicht einfach so hinter sich lassen. Stattdessen pendelte er zwischen seiner alten und seiner neuen Welt hin und her. Statt etwas Vernünftiges zu studieren, was später zu einem ordentlichen Beruf führen würde, wählte er als Hauptfach lieber Englisch, doch immerhin *ging* er aufs College. Er weigerte sich allerdings, einer Studentenverbindung beizutreten – erst recht einer *jüdischen*. Schließlich ließ er es jedoch zu, dass die laut Bockris »eher sozial progressive« jüdische Studentenvereinigung Sigma Alpha Mu, genannt »The Sammies«, ihn zu ihrem Maskottchen machte. Bockris erläutert, dass die jüdischen Studentenvereinigungen zu dieser Zeit nicht nur »eher sozial progressiv«, sondern auch »während Lous gesamter Karriere ein besonders empfänglicher Teil seiner Fangemeinde« waren.

Aufschlussreich in diesem Zusammenhang ist, dass Reed, obwohl er die Schule schwänzte und in schwarzen Bars mit seiner Band LA and the Eldorados spielte, den sehr jüdischen New Yorker Lincoln Swados als Mitbewohner und die aus dem Mittleren Westen stammende, ebenfalls jüdische Shelly Albin zur Freundin wählte. Bockris schreibt, dass Lincoln, der aus einer »klassisch jüdischen New Yorker Intellektuellenfamilie« stammte, der Meinung war, dass Reeds Eltern für ihre Bemühungen um soziale Akzeptanz sehr gelitten haben mussten. Auf der anderen Seite waren die Eltern von Shelly denen von Reed sehr ähnlich. Als Lou sie schließlich an einem Wochenende mit nach Hause nahm, ein Ereignis, vor dem er sich monatelang gedrückt hatte, sahen seine Eltern in ihr die perfekte Partie für ihren Sohn. Shelly verstand, dass Lou seinen Eltern gegenüber gemischte Gefühle hatte. Er wollte ihnen einerseits gefallen und beweisen, dass er ihren Respekt verdiente, aber andererseits verachtete er sie, nicht nur wegen der Elektroschocks, sondern auch, weil sie sein musikalisches Talent nicht anerkannten. Shelly verstand auch, dass ihre Bemühungen, in der Familie aufgenommen zu werden, zum Scheitern verurteilt waren, weil Lou sich entschlossen hatte, seine Eltern gegen sich aufzubringen, egal um was es dabei ging. »Er war einfach unmöglich«, so Shelly. »Ich habe nie in meinem Leben so viel Wut gesehen, und das machte mir Angst.« Als sie und Lou mehr als zwei Jahre später die Familie Reed ein zweites Mal besuchten, nahm Lou »Rache«, wie sie es nennt. Shelly hatte jetzt gefärbte Haare und war gekleidet wie »Miss Trash«, was Lous neuer Kosename für sie war. Sie erzählt, dass Reeds Eltern »sahen, wie sich dieses nette, gesunde Mädchen in Trash verwandelt hatte und sie sagten ›Oh mein Gott, Lou hat es schon wieder getan. Er hat jemanden ruiniert, er hat gewonnen.‹«

Lous musikalische Karriere wurde von Delmore Schwartz, seinem Englischlehrer an der Syracuse Universität, mindestens genauso stark, wenn nicht sogar stärker wie durch seinen Mitbewohner und seine Freundin beeinflusst. Lou beschrieb Schwartz als »den wandernden Juden« und verglich ihr Verhältnis mit der väterlichen Beziehung von Bloom zu Dädalus in James Joyces *Ulysses*. Schwartz ist eine tragische Figur der jüdisch-amerikanischen Literaturgeschichte und heute wahrscheinlich vor allem durch das nur wenig verschleierte Porträt in Saul Bellows Roman *Humboldts Vermächtnis* bekannt. Bellow, selbst ein jüdischer Amerikaner, erzählt die Geschichte eines begnadeten Jugendlichen in den Dreißigerjahren, der als literarischer Star gefeiert wird, obwohl er Jude ist. Humboldt wird für seine Poesie und seine Erzählungen hoch gelobt, vertraut aber seinem eigenen Talent immer weniger. Während andere in seine literarischen Fußstapfen treten, fühlt sich Humboldt überall von Antisemitismus umgeben. Bellow beschreibt, wie Humboldt zunehmend verrückt wird, weil er glaubt, dass die Einwohner New Yorks in den Fünfzigerjahren aus Nazis, antisemitischen Agenten des FBI und Opfern des Holocausts bestünden, die vor seiner Tür lauerten.

Die Karriere von Schwartz begann so wie die von Humboldt. Er wurde für seine Lyrik und Kurzgeschichten gefeiert, begann aber selber ziemlich schnell an seinen eigenen Fähigkeiten zu zweifeln. Auch er reagierte darauf mit Verbitterung und verfiel in Paranoia und Wahnsinn. Anders jedoch als Humboldt plagten Schwartz schon zu Beginn seiner Karriere große Sorgen. In »Der Traum vom Leben«, einer seiner ersten Kurzgeschichten, die auch eine seiner besten ist, träumt der Erzähler davon, wie er ins Kino geht und während des Films langsam zu verstehen beginnt, dass darin die Geschichte der jungen Liebe seiner Eltern erzählt wird. Er erlebt den Film als Albtraum, der die Schrecken darstellt, die seine Eltern durchgemacht haben, ihre psychische Verwirrung als jüdische Einwanderer, seine eigene Geburt und sein unstetes Leben. In der Erzählung »America! America!«, die Schwartz kurz darauf als eine Art Fortsetzung verfasste, geht er nochmals stärker auf die gestörte Verbindung zwischen den Juden seiner Generation und deren Eltern ein. »Shenandoah war von der Geschichte seiner Mutter ganz erschöpft. Die Stimmung, in der er war, während er zuhörte, das Gefühl von ironischer Verachtung, das ihn bei jedem neuen Ereignis überkam, das alles machte ihn ganz krank. Er hatte aus einer solchen Entfernung zugehört, dass ihm das alles wie eine flüchtige Zeichnung, eine Karikatur, etwas vollkommen Abstraktes erschien. ... aber eine unauflösliche Einheit mit ihnen war dennoch spürbar. So wie das Radio den Äther anfüllt mit unsichtbaren Stimmen, so war die Luft, die er einatmete, voll von diesen Leuten, ihrem Handeln in den verschiedenen Zeiten, in denen sie gelebt und gelitten hatten.«

Nur sechs Jahre bevor Schwartz in einem Obdachlosenheim in der Bowery starb, das ironischerweise in der Nähe des späteren CBGB lag, traf er Lou Reed. Schwartz teilte die düstere Weltsicht von Reed, erkannte sein Talent und ermutigte ihn, subversiver zu schreiben. Reed hat immer wieder über seine enge »Freundschaft« mit »Delmore« gesprochen und die gemeinsame Zeit in der örtlichen Kneipe als wichtige Begegnung zweier zutiefst intellektueller Köpfe beschrieben. Mindestens zwei Mal erwies er seinem früheren Lehrer die Hochachtung. Zum einen widmete er ihm auf dem Debüt-Album von The Velvet Underground den Song »European Son« und auf seinem »Comeback«-Album *The Blue Mask* von 1982 hielt er eine Art Lobrede auf ihn. Diese und andere Lieder belegen, dass Reed nicht aufgehört hat, sich mit seinem Hintergrund als Jude und als New Yorker zu beschäftigten. Und so ging er auch, kurz nachdem er das College verlassen hatte, zurück in die Stadt, der seine Eltern entflohen waren.

* * *

Am Ende seiner Zeit an der Syracuse Universität war Reed sowohl zu seinem Mitbewohner Lincoln Swados, der einen Nervenzusammenbruch erlitten hatte, als auch zu seiner Freundin Shelly auf Distanz gegangen, die sich wegen Reeds wiederholten sexuellen Treuebrüchen mit einem anderen traf. Obwohl er die beiden wahrscheinlich geliebt hat – vor allem Shelly, über die Bockris sagt, sie sei »die Liebe seines Lebens« gewesen –, wusste Reed,

dass er seinen eigenen Weg zu gehen hatte. Er musste in die Stadt zurückkehren, in der seine Großeltern vor fast einem Jahrhundert ihr Leben im
Goldenen Land begonnen hatten. Zumindest wenn er der rebellische Künstler werden wollte, der ihm vorschwebte – eine Kombination aus »white
negro«, Dädalus und Delmore Schwartz.

So wie unzählige jüdische Kinder vor ihm wollte Reed Songwriter werden, weil er darin einen respektablen Beruf sah – seine Eltern würden
sehen, dass er einen Gehaltsscheck nach Hause brachte. Gleichzeitig war er
realistisch, da Juden traditionell eher hinter den Kulissen als auf der Bühne
agieren konnten. Carole King, Neil Diamond und Joey Levine, der Komponist von Joey Ramones Lieblings-Bubblegumhit »Yummy Yummy«, arbeiteten im Brill Building, einem ehemaligen Bekleidungslager am Broadway, das
damals mehr als 150 Popmusik-Unternehmen beherbergte. Reed ging dagegen zum weniger renommierten Label Pickwick Records am anderen Ende
der Stadt. Während die Autoren aus dem Brill Building versuchten, neue
Hits zu schreiben, um die Charts zu stürmen, wurden die Autoren von Pickwick angewiesen, Songs in dem Stil zu produzieren, der gerade angesagt
war. In diesem Job komponierte Reed Songs, die von Garage über Bubble-
gum bis zu seinem geliebten Doo Wop reichten. So begann seine Karriere,
indem er das gute alte, jüdische Handwerk des Songwriting lernte. Bei dem
Versuch, eine Garage-Melodie mit Tiernamen aufzupeppen, imitierte er
Hits wie »Do The Monkey« und »Do The Bird« und komponierte einen
Song, der sein Leben verändern sollte. »(Do) The Ostrich« war kein großes
Kunstwerk, aber als eine Fernsehshow anfragte, ob die Band mit dem Song
auftreten würde, beauftragte Pickwick Records Reed damit, eine Band zu
gründen, die später als »The Primitives« auch auf Tour geschickt wurde.
Glücklich darüber, auf die andere Seite des Vorhangs zu gelangen, rekrutie-
te Reed eine Gruppe talentierter Studiomusiker, unter ihnen John Cale, den
zukünftigen Mitgründer von The Velvet Underground.

Cale, ein in Tanglewood ausgebildeter, klassischer Musiker aus Wales,
der von seiner Avantgarde-Musik, die er in den Lofts des East Village spielte, kaum leben konnte, erwies sich als überraschend gute Ergänzung zu
Reed. Reed wollte die Grenzen des Rock ausdehnen, um aus ihm eine Kunst
zu machen, und Cale wollte die Kunst der Avantgarde um den primitiven
und wilden Rock-Beat erweitern. Tatsächlich wurde The Velvet Underground zur ersten Artrock-Band. Sie absorbierten die Lehren der innovativen, klassischen Komponisten wie John Cage und La Monte Young, besonders dessen Technik der ausgedehnten Drones, so wie zuvor in einem
ähnlich gewagten Konzept die jüdischen Komponisten George Gershwin,
Leonard Bernstein und Aaron Copland – der Cales Lehrer in Tanglewood

war – populäre Formen amerikanischer Musik mit Klassik verbunden hatten. Auch Philip Glass, der jüdische Zeitgenosse von Reed und Cale, war gerade dabei, das gleiche zu tun.

Unter den ersten Mitgliedern von The Velvet Underground – zu diesem Zeitpunkt noch bekannt als The Warlocks – war Sterling Morrison, ein Bassist aus Long Island, den Reed kannte und mit dem er gelegentlich am College gespielt hatte. Morrison, der während der ersten Monate der Band am City College studierte, später in Englisch promovierte und Professor an der Universität von Texas wurde, schloss sich dem Englisch-Hauptfächler Reed und dem Musikhochschulabsolventen Cale an, um das zu gründen, was seitdem als »die gelehrteste Band der Geschichte« gilt. Angus MacLise, der die intellektuelle Tradition dieses frühen Line-ups ergänzte, unternahm eine Art persönliches Weltmusikstudium des Trommelns, während er sich mit Ira Cohen ein Appartement im East Village teilte. Ira, ein Hippie-Poet, der später für seine Plattencover-Photographien bekannt wurde – beispielsweise für das Spirits-Album *Twelve Dreams of Dr. Sardonicus* –, hatte tiefe jüdische Wurzeln in New York. Sein Cousin, Bürgermeister Ed Koch, regierte die Stadt von 1977 bis 1989.

MacLise war ein wahrer Bohèmien. Er fügte der Musik einen tranceartigen Loop hinzu, stieg allerdings aus der Band aus, als er erfuhr, dass sie für ihren ersten Auftritt bezahlt werden würden. An seine Stelle holten Velvet Underground Maureen »Moe« Tucker, die keinerlei musikalische Ausbildung hatte, aber nichtsdestoweniger einen starken, ebenso tranceartigen Beat in die Musik einbrachte.

Für intellektuelle Qualifikation und die Verbindung von hoher und niederer Kunst, eine Tradition, die insbesondere von Juden in Amerika verkörpert wurde, standen The Velvet Underground genauso wie für die Einführung einer neuen, bedrohlichen Ästhetik. Frühere Rockstars wie Gene Vincent, Jerry Lee Lewis und sogar Elvis Presley spielten mit der Angst vor sexualisierten, jugendlichen Delinquenten mit hohem Gewaltpotential. The Velvet Underground erweiterten dieses Spiel und schufen eine psychisch und physisch bedrohliche Form, die durch die dahinterstehende Intelligenz beunruhigte. The Velvet Underground verfeinerten das coole Image, den ironischen Hochmut und die Liebe zur Kunst, die über warme und verschwommene Gefühle hinausging. Die Band war der Inbegriff des Unsentimentalen, und Reed, der Dichter und Bandleader, verkörperte das am besten. Wie viel davon seiner Kindheit in der jüdischen Siedlung von Freeport geschuldet war und wie viel davon aus nächtlichen Lektüren von de Sade und Céline während seiner College-Zeit stammte, ist reine Spekulation; aber eines ist sicher – es gab einen Zusammenhang mit seinem Verhalten als Student und Teenager. Und es machte ihn für die kühl kalkulierenden Abenteuersucher in Andy Warhols Factory zu einer aufregenden und interessanten Figur.

Reed traf die Leute aus der Factory 1965, als seine Band im Café Bizarre auftrat. Warhol verliebte sich in Reeds schwarzen Lederlook, während seine Begleiter vor allem von der Musik begeistert waren. Sie war laut, hypnotisch, treibend genug, um dazu zu tanzen, eine Mischung aus primitiven Beats, elektrischen Viola-Loops und einfachen Trommelmustern, die den Zuhörer in einen Sog hineinzog, textlich so absichtlich böse und manchmal komisch wie die Literatur von Delmore Schwartz oder Jean Genet. Warhol ermutigte die Band, in der Factory zu spielen und hatte ihnen lange davon erzählt, dass er sie gerne managen und in seine reisende Multimedia-Show, The Exploding Plastic Inevitable, aufnehmen wolle. Andy Warhol war einer der coolsten Namen der Stadt und die Band konnte es sich nicht erlauben, ihm einen Korb zu geben.

Cale machte das Ganze eher aus pragmatischen Gründen mit. Er fand die Szene um Warhols Factory »belanglos« und »gehässig«. Reed jedoch fühlte sich zweifellos von der beißenden, campartigen Atmosphäre angezogen, die dort herrschte. Er stand im Zentrum der Aufmerksamkeit, wie auch Danny Fields, einer der ersten Talentsucher des Rock, beschreibt: »Er war schön, jeder wollte mit Lou schlafen.« Und dort wurden Reeds literarische oder wenigstens »künstlerische« Ambitionen von einer respektierten »Vater«-Figur unterstützt. Warhol, obwohl nur 14 Jahre älter als Reed, war in der Kunstwelt bekannt und mehr als glücklich darüber, Reeds Ego zu schmeicheln.

Dennoch, trotz seiner wachsenden Macht und Bedeutung in der Factory, wirkte Reed dort manchmal ziemlich verloren. Die Menschen um ihn herum beobachteten, dass er ohne ersichtlichen Grund unruhig und nervös wurde, als wüsste er nicht, wie er sich selbst in den Griff kriegen sollte. Vielleicht ist das die Erklärung dafür, warum er sich von der germanischen Göttin, bekannt als Nico, angezogen fühlte, obwohl sie überhaupt nicht zu ihm zu passen schien.

Auch wenn viele Biographien und Erinnerungen betonen, Reed habe Nico dafür gehasst, dass sie die Sängerin der Band wurde – der damalige Manager Warhol hatte auf den Wechsel bestanden –, war ihre Beziehung viel komplizierter und basierte sowohl auf Liebe als auch auf Hass. Obwohl Reed sich also darüber ärgerte, dass Nico Mitglied der Band wurde, »verliebte er sich wahnsinnig in die große Europäerin mit dem langen flachsartigen Haar«, wie Bockris schreibt. Reeds Kinderfreund Richard Mishkin, ein weiteres Mitglied seiner früheren Band LA and the Eldorados, berichtet, dass Reed ihm gesagt habe: »Nico ist die Art von Mensch, die man trifft und nachher ist man nicht mehr derselbe. Sie hat einen erstaunlichen Verstand.« Lange hatte Reed in Nicos Appartement gelebt und Songs für sie komponiert. »Femme Fatale« (1967) ist einer seiner freizügigsten. Wenn Nico seine »Femme Fatale« war, die »[ihn] aufbaute nur um [ihn] zu demütigen«*, warum fühlte er sich dann von ihr angezogen? Wieder hat Reeds Freund Richard Mishkin eine Antwort parat. Ihm zufolge liebte Reed Nicos Körpergröße. Joe Harvard, der Biograph von The Velvet Underground sagt: »Leute, die nur ein Foto von ihr gesehen haben, wissen nicht, was für eine große Frau Nico wirklich war. Sie war riesig, fast männlich und imponierte durch ihren eisigen Blick und ihr Auftreten. Reed fühlte sich offensichtlich von ihr angezogen, weil sie eine überragende Präsenz hatte, die er bewältigen musste. Zieht man die Tatsache in Betracht, dass er ein kleiner Jude aus New York war, [Reed ist 1,72 Meter groß] und sie eine große Frau aus Deutschland mit einer – zumindest in ihrer Familie vorhandenen – Nazi-Vergangenheit, kann man sich seinen Teil dazu denken. Das brauche ich nicht weiter auszuführen.«

Auch wenn Harvard mit seinen Unterstellungen danebenzuliegen scheint, sollte man sich das Ende der Beziehung zwischen Reed und Nico genauer anschauen. Obwohl Reed Nico in der Öffentlichkeit beleidigte, da er sich permanent von der Möglichkeit bedroht sah, dass sie ihm das Scheinwerferlicht stahl, traf er sie weiterhin privat. Für die meisten sah es so aus, als würde Nico das gefallen. Später erzählte sie, dass sie ihn deshalb geliebt habe, weil er »sehr sanft und reizend [war]. Niemals aggressiv. Er war einfach zum Knuddeln ... er war sehr niedlich ... und er sagte lustige Dinge.« Mit anderen Worten, er war ein netter jüdischer Junge. Dann, eines Tages, nach einer von Lous strategisch platzierten Spitzen, feuerte Nico zurück. Sie wartete darauf, dass die anderen Bandmitglieder und einige Leute aus der Factory anwesend waren und verkündete in einer starken, ruhigen, deutlich hörbaren Stimme: »Ich kann nicht mehr mit Juden schlafen.« Es geht hier nicht darum, ob Nicos Kommentar antisemitisch war, denn allem Anschein nach war er nicht so gemeint. Viel interessanter sind Reeds Reaktionen darauf. Cale erzählt, dass es schwierig war, »Lou danach wieder zu beruhigen. Ich glaube, er ging mittags zu einem Doktor und bekam eine volle Flasche Placidyl, eine volle Flasche Kodein und um neun Uhr abends war er sternhagelvoll. Er konnte sich nicht bewegen. Jeder konnte das sehen, und irgendjemand nahm ihm die Flaschen ab, was nur zu seinem Besten war«.

---

* Zeile aus dem Song »Femme Fatale«: »She builds you up to just put you down«

Reed machte mit Nico Schluss. Abgesehen von einem gemeinsamen Auftritt mit ihr und Cale 1972 in Paris und einem kurzen Aufenthalt von Nico bei Reed 1974 in New York hat er kaum je wieder mit ihr gesprochen, auch nicht in späteren Jahren, als sie heroinabhängig und pleite war und sich nach den Songs sehnte, die er für sie hätte schreiben können. Cale, der bis zu Nicos frühem Tod durch einen Fahrradunfall Songs für sie schrieb und produzierte, erzählt weiter: »Während der Siebzigerjahre hoffte ich, Lou würde ihr einen weiteren Song schreiben ... aber er tat es nie.« Dennoch verstand Cale, wie tief Reed verletzt worden war. »Andy und Nico waren gerne zusammen. Es hatte etwas Komplizenhaftes, wie sie mit Lou umgingen. Lou war streng jüdisches New York, während Nico und Andy irgendwie europäisch waren ... Lou war von Nico und Andy geblendet. Sie fingen ihn ein. Sie sagten ihm Dinge, denen er nicht widersprechen konnte. Lous Affäre mit Nico hielt den Januar durch und ging bis Mitte Februar. Dann war sie fertig mit ihm. Nico schlug ihn einfach wie eine Fliege tot.«

War Reed deswegen so anfällig für Nicos Attacke, weil er ein Jude aus Long Island war und ihm Selbstzweifel beigebracht worden waren? War es diese Atmosphäre, die ihn an der Factory faszinierte, die zwar nicht projüdisch, aber auch nicht antisemitisch war? Die meisten Mitglieder der Factory kamen aus wohlhabenden Familien, nach denen sich Warhol, ein aus der Arbeiterklasse stammender, katholischer Außenseiter, zu sehnen schien. Nat Finkelstein, ein Fotograf und Stammgast in der Blütezeit der Factory, erinnert sich: »Andy sprach weder viel mit mir, noch schien er von meiner Gegenwart sonderlich beeindruckt zu sein. Aber eines Tages fragte er mich, ob ich mit ihm Uptown mittagessen gehe; er müsse dort einige Frauen treffen, die daran interessiert seien, seine Gemälde zu kaufen. Es stellte sich heraus, dass diese Frauen nette jüdische Damen von der Sorte waren, wie man sie in Upper West Side trifft, und Andy tat alles, was er konnte, um ihnen zu schmeicheln, während er mich neben sich sitzen hatte. Nachdem die Frauen gegangen waren und wir schweigend da saßen, fragte ich ihn ganz direkt, ob er mich mitgenommen hatte, weil er diesen Frauen damit imponieren wollte, dass er einen offensichtlich jüdischen ›Freund‹ habe. ›Oh ja‹, sagte er. ›Du magst Juden nicht allzu sehr, nicht wahr Andy‹, erwiderte ich. ›Oh nein‹, lachte er. Aber er machte keine Witze, er meinte das ernst.«

Warhol war sein ganzes Leben lang für seine Rätselhaftigkeit berüchtigt und beantwortete Fragen nur selten direkt. Seine Aktionen sprechen eine deutlichere Sprache als seine Worte. Dafür, dass die Factory ursprünglich in der Lower East Side von New York lag, war sie ein sehr unjüdischer Ort. Obwohl es eine Reihe jüdischer Stammgäste wie Nat Finkelstein, Danny Fields und die Autorin Lynne Tillman gab, waren Juden bloß Nebendarstel-

Nico und Lou Reed: »I cannot make love to Jews anymore.«

ler. Und auch Tillman war im Grunde nur in der Factory, weil sie mit Cale befreundet war. Warhol erlaubte nur solchen Juden, eine prominente Rolle in der Factory zu spielen, die entweder etablierte Berühmtheiten wie Bob Dylan waren – über den sich die Factory-Stammgäste hinter seinem Rücken erbarmungslos lustig machten – oder pathetische Typen, die als »Unterhaltung« dienten, wie der »Superstar« Andrea »Warhola Whips« Feldman, die für ihren speziellen Striptease in Max's Kansas City berühmt war, und später aus ihrem Apartment in der Fifth Avenue in den Tod sprang. Als Warhol erfolgreich wurde, zog er mit der Factory Uptown, wo er diesen Verrückten entkommen und sich mit »reinrassigeren Arten« wie Cornelia Guest befassen konnte.

*   *   *

Ob nun mit Nico oder ohne, Reed stellte das erste Album mit der Band fertig und war bereit, alles zu tun, was er konnte, um es zu bewerben. Obwohl Warhol nominell *The Velvet Underground and Nico* produziert hatte, gibt es viele Stimmen, die behaupten, dass er lediglich im Studio saß und alles, was die Band tat, abnickte. Seine Zustimmung gab er, indem er die künstlerische Gestaltung des Covers übernahm – die berühmte Banane, die unter der abziehbaren Schale pink ist. Aber das Album floppte. Dies war zugleich Pech (Factory-Stammgast Eric Emerson forderte vor Gericht eine Entschädigung oder die Entfernung seines Bildes von der Rückseite des Covers) und ein Ergebnis des unmotivierten Managements (Warhol interessierte sich zu diesem Zeitpunkt mehr für Filme), lag aber auch am Widerstand der Hörer.

Tatsächlich hätte das Album sich gar nicht noch stärker von »California Dreamin'« unterscheiden können, das zu dieser Zeit die Nation mit dem Soundtrack zum Summer of Love berauschte. Während die Jugendlichen in Frisco Blumen im Haar trugen und wie Jesus aussahen, verhielt man sich in New York – vor allem im New York von The Velvet Underground – wie ein wahrer »European Son« und diskutierte de Sade, wie Reed in dem gleichnamigen Song schrieb. *The Velvet Underground and Nico* war eine Mischung aus Romantik und Finsternis, ein akustischer und psychologischer Angriff, der außerhalb New Yorks nicht wirklich ankam. In der Stadt selbst war die Botschaft klar und deutlich. Hier war eine Band, mit der man ins Geschäft kommen konnte. Eine Band, die einem in den Arsch trat und cool war.

Es war, als hätte man Lenny Bruce, mit seiner Lederjacke und seinem knurrenden, sarkastischen, jüdischen Auftreten, in einen Rock-Kontext gestellt. Wie Bruce konnte auch Reed gleichzeitig lustig und düster sein. In dem späteren Song »The Gift« (*White Light/White Heat*, 1967), den Reed an eine Kurzgeschichte anlehnte, die er in Syracuse geschrieben hatte, schickt sich ein College-Student während der Sommerferien selbst in einem Paket zu seiner Freundin, mit dem Ergebnis, dass sein Kopf gespalten wird, als sie versucht, den Karton mit einem Metallschneider zu öffnen. Reed konnte auch im Stil von Lenny Bruce kommentieren. Die Songs, in denen er von Figuren aus New York erzählt, wie dem »white boy«, der Uptown auf seinen Drogendealer wartet (»I'm Waiting for the Man«), weisen auf sein Interesse an den Gestalten und dem Milieu von New York hin, das seine ganze Karriere begleiten sollte. Elizabeth Gold, eine Kritikerin der größten jiddischen Tageszeitung Amerikas *The Forward (Forverts)*, verglich die Fähigkeit Reeds, die kleinen Leute an den Rändern der Gesellschaft zu beschreiben, mit der von Grace Paley, einer frühen feministischen Autorin, deren Arbeiten zu großen Teilen von ihrer Jewishness erfüllt waren. Reed krönte sein Album mit einer der schönsten Balladen, die je auf Vinyl gepresst wurden (»I'll Be Your Mirror«), gleichzeitig aber auch mit Songs wie »Heroin« (»All the dead bodies piled up in mounds«) und »The Black Angel's Death Song« (»Sacrificial remains make it hard to forget / where you come from«), der an die Beschäftigung seiner Generation mit dem Holocaust anknüpft.

Das zweite Album von The Velvet Underground, das 1967 erschienene *White Light/White Heat*, nahm eine scharfe Wendung in Richtung Avantgarde. Ohne Nico und mit nur einer Ballade, gab es den manisch treibenden Gitarren (»I Heard Her Call My Name«, »White Light/White Heat«) den Vorzug vor den erzählenden Songs und wurde durch das fast zwanzigminütige Instrumentalstück »Sister Ray« gekrönt, das so ziemlich alles im psychedelischen Kanon an Kraft, Energie und Phantasie übertraf. In der Tat ist es dieses Album und insbesondere dieses Stück, mit dem Velvet Underground ihr definitives Avantgarde-Statement verwirklichten.

The Velvet Underground: White Light/White Heat, *1968*

Ihre Mischung aus Rock, Trance, gewagten Texten und einer wie von Speed getriebenen Gitarre führte Pop zu Extremen, die nie zuvor erreicht worden war. Ein Extrem, das Reed nicht weiter ausdehnen wollte.

Die Kritik hasste das Album und die Öffentlichkeit lehnte es noch hartnäckiger ab als das erste. Reed erfuhr die Härte des Business. Ihm war wichtig, dass er ein Rocker, ein Mann des Volkes war. Er komponierte nicht für ein Elitepublikum, sondern wollte die Ausgestoßenen erreichen, über die er in seinen Songs schrieb, das *kleine menschele*, wie der jüdische Kritiker Irving Howe sie bezeichnete, *den kleinen Mann,* der bei jiddischen Autoren und jüdischen Sozialisten schon Jahrzehnte vor Reeds Stücken beliebt war. Ungeachtet seines früheren Bündnisses mit dem Coolen, Distanzierten und Ironischen, schien es nach *White Light/White Heat* so, als wolle Reed die Herzen und die Köpfe erreichen, um sein Publikum auf fast religiöse Weise anzurühren. »Lou wollte nicht länger einen auf Künstler machen. Er wollte purer Rock 'n' Roll sein. Genug war genug«, erzählt Factory-Mitglied Ronnie Cutrone in *Please Kill Me*.

Einer Wiedergeburt gleich, feuerte Reed Cale und dampfte die Avantgarde ein, indem er das nächste Velvet-Underground-Album einfach *The Velvet Underground* (1969) nannte, als sei auch die Band wiedergeboren worden. Damit wollte Reed darauf hindeuten, dass Velvet Underground von Anfang an seine Band gewesen war, lange bevor sie sich eine Frau als Leadsängerin, einen Anti-Künstler als Produzenten und einen Avantgarde-Musiker als Komponisten zugelegt hatte. Reeds Band, die *wahren* Velvet Underground, spielten in schlichtem und lässigem Stil, der einen unverhohlen religiösen

Gehalt transportierte. Was soll man von Liedzeilen halten wie: »I saw my head laughing, rolling on the ground ... I'm set free to find a new illusion« (»I'm Set Free«), »Jesus help me find my proper place« (»Jesus«), »It's truly ... a sin« (»Pale Blue Eyes«), »The difference between wrong and right« (»That's the Story of My Life«) und »Wine in the morning, and some breakfast at night, well, I'm beginning to see the light« (»Beginning to See the Light«).

Man kann diese Songs nicht im Sinne von Bob Dylans Wiedergeburts-Alben interpretieren. Ein ironischer Humor konterkariert die Gefühle, die in den Songs zur Sprache kommen. Welche Religion würde Wein am Morgen und Frühstück zur Nacht verlangen? Das klingt vielmehr nach der Kirche – oder der Shul – des Rock 'n' Roll. Derart klingt eine Kirche oder eine »Illusion«, die es einem ermöglicht, den ausgeschalteten Kopf zu betrachten, der wie eine Bowlingkugel auf dem Boden rollt.

Nein, es geht um Ironie. Und die muss aus Reeds Stellung in der Factory erwachsen sein. Warhol tobte, als Reed dessen Rolle als Finanzmanager der Gruppe in Frage stellte und ekelte den Sohn eines jüdischen Geschäftsmannes hinaus; kurz danach distanzierte Reed sich seinerseits von Warhol. Reed musste von der Anspielung angestachelt worden sein, dass es ihm nur um das Geld gehen würde. Selbst wenn es nicht antisemitisch gemeint war, hat diese Aussage bei Reed sicherlich die Alarmglocken schrillen lassen. Ist das der Grund, warum sich Reed auf dem neuen Album an religiösen Themen von eindeutig nichtjüdischer Natur festklammerte? Ist das der Grund, warum die Witze auf derart subtile Weise in den Songs verankert sind, als wären sie Zeitbomben, die nur darauf warten, inmitten der sanften Arrangements zu explodieren? Der ergreifendste Song auf dem Album ist die schmerzvolle Ballade über eine verlorene Geliebte und verweilt bei dem, neben dem blonden Haar, eindeutigsten Zeichen der gojischen Schönheit, den »Pale Blue Eyes«. »I thought of you as my mountaintop, I thought of you as my peak / I thought of you as my peak / I thought of you as everything / I had, but couldn't keep, I had, but couldn't keep.« Das Bedauern, die Liebe und der Selbstekel (oder ist es Verbitterung?) sind in diesem Song ähnlich tief verwurzelt wie in Philip Roths Roman *Portnoys Beschwerden* von 1968. Reed will Sehnsucht ausdrücken, aber auch seine Unzufriedenheit mit sich selbst. Er kann die Figur mit den blassen, blauen Augen nicht festhalten, den Künstler, die Sängerin, den Gott oder die »Göttin mit dem flachsartigen Haar«, die auf blaublütigen Füßen auf der Erdoberfläche wandelt. Noch bevor der Song zu Ende ist, wiederholt er seinen Wunsch, den er in der früheren Ballade »I'll Be Your Mirror« schon genannt hatte, nämlich die Widerspiegelung seiner/seines Geliebten sein zu wollen (»If I could make the world as pure and strange as what I see / I'd put you in the mirror / I put in front of me«), aber das »if« stellt klar, dass er dazu nicht mehr in der Lage ist. Nein, seine Geliebte / sein Geliebter hat ihn jetzt darüber informiert oder ihn beschuldigt, etwas nicht verstanden zu haben: »Money is like us in time / it lies, but can't stand up«. Die zwischen den Zeilen geäußerten Andeutungen von Warhols Zurückweisung verraten auch, dass der Sänger seine Geliebte / seinen Geliebten hin und wieder noch »hat«, aber im Geheimen, als »Sünde«, abseits von ihrem/seinem Ehepartner. Nur in dieser Form ist es der verbannten Figur, zu der in monetären Begriffen gesprochen wird, erlaubt, in das Leben seiner/seines früheren Geliebten zu treten. Er hält sich an den Rändern auf, im Reich der Sünde, aber er wird niemals mehr in den Spiegel treten können.

Das gleichnamige dritte Album von Reeds Velvet Underground war eine melancholische, bitter-süße Reise schlecht gewordener Spiritualität. Das nächste, *Loaded* (1970) hörte sich beschwingter und melodischer an. Mit Songs wie »Sweet Jane« brachte *Loaded* Reed nicht nur zu den einfachen Leuten zurück, sondern auch zu *seinen* Leuten, vielleicht nicht zu den Juden insgesamt, aber zu den Songwritern der Brill-Building-Tradition. In »Rock & Roll« singt er: »One fine morning, she puts on a New York station ... / She started dancing to that fine, fine music / you know her life was saved by rock 'n'roll.« Ja, der New-York-Rock-'n'-Roll, der Rock'n'Roll, den Reed als Teenager geliebt hatte, als die Hits aus dem Brill-Building mit Doo-Wop-Aroma das Einzige waren, was man im Radio hören konnte – hören musste.

Reed verfeinerte seine Songwriting-Technik bis hin zu seinem Solo-Album *New York* (1989), über die Stadt seiner Geburt. Hier kamen alle zu Wort, von Romeo und Julia aus dem Ghetto über die Königinnen der Halloween Parade bis zum wütenden Lou selbst, der einen davongekommenen Nazi wie Kurt Waldheim, einen antisemitischen Kandidaten wie Jesse Jackson und eine noch stärker antisemitische Figur wie den damaligen Papst Johannes Paul II. satt hatte.

Loaded wurde zum dritten Misserfolg beim Publikum. Reed, der als Flüchtling aus der Vorstadt nach New York gekommen war, wurde wieder ins Exil geschickt. Oder er fühlte sich, als sei er im Exil, was auf dasselbe hinausläuft. Das Empfinden, das Innere der Haut habe sich nach außen gewendet, sodass die Gefühle bei jedem Nadelstich bluten, bei jeder Verletzung absterben, ist zutiefst jüdisch. Es entstand durch die Jahrhunderte lange Unterdrückung seitens der Kirche in Europa, sowie aus der eigenen Isolierung im Schtetl der Seele. Das Gefühl ist ständig da und frisst dich auf – so wie es Reed auffraß, kurz nachdem das Publikum sich weigerte, sein Album *Loaded* ins Herz zu schließen.

Nach *Loaded* schien Reed ein geschlagener Mann zu sein. Für kurze Zeit schleppte er sich mit der Band dahin und überließ sie nach und nach seinem neuen Gitarristen Doug Yule. Dann, nach einer Show in Max's Kansas City, erlitt er auf dem Weg zu seinen Eltern nach Long Island entweder einen Nervenzusammenbruch, oder er begann für die Buchhaltungsfirma seines Vaters zu arbeiten, oder beides. Einer seiner zentralen Konflikte während dieser Zeit war seine Angst, zu seltsam zu werden, zu sonderbar, zu sehr der Rock'n'Roller, der niemals den einfachen Stolz und die Freude verstehen würde, die ein Arbeiter wie sein Vater in der Welt der geregelten Arbeitstage hat. Zurück in Long Island schrieb Reed ein Stück über Brian Epstein, in dem es sowohl um die existenzielle Wichtigkeit der Musik als auch um den wahnsinnigen Lebensstil des Rock'n'Roll ging. Schließlich kehrte Reed mit einer neuen Wertschätzung für seinen Vater in die Stadt und zur Musik zurück, um eine Solokarriere zu beginnen. Als würde er es auf sich selbst beziehen, begann er direkt oder indirekt auf seine Jewishness zu verweisen, indem er über seinen »friend and teacher ... Delmore ... the wandering Jew« auf *The Blue Mask* von 1982, von »Harry's Circumcision – Reverie Gone Astray« auf *Magic and Loss* von 1992 und »that New York Jewish elixir the egg cream«, wie Robert Christgau es nennt, auf *Set the Twighlight Reeling* von 1996 sang.

Doch erst 2004, als Reed die »vier Fragen« auf dem als Downtown Seder bekannten Treffen der Rocker, Klezmer-Musiker, Poeten und anderen hippen Mitgliedern der jüdischen Szene New Yorks stellte, schien er wirklich nach Hause gekommen zu sein. Dort, wo er vor seinem Hund, seiner Partnerin und hundert jüdischen Gefährten Edgar Allen Poe mit Jewishness verband, klang er genauso angekotzt und gelangweilt wie Jahrzehnte zuvor, als er über die Herrin Severin und »shiny boots of leather« sang.

EIN NETTER JÜDISCHER JUNGE

Danny Fields schafft den Schamanen, den Außenseiter und den Punk

»Detroit ist das gojischste Zentrum der Zivilisation ... deshalb habe ich es so sehr geliebt. [The MC5] waren schmächtig, groß und maskulin, nicht wie die New Yorker Juden ... Sie waren Machos. Es war so, als würden sie marschieren, weißt du? Und sie waren buchstäblich die Söhne der Autoarbeiter, die aus den Appalachen kamen ... Ich fand einfach, dass ihre Männlichkeit etwas hatte – ich meine, Männlichkeit ist kein, sagen wir, Kennzeichen der jüdischen Community ... In der jüdischen [Kultur] sind die Frauen das Wichtigste ... [diese Typen] waren *echte** Amerikaner.«
– Danny Fields, 2003

Als wäre er Woody Allens »Zelig«, taucht in den Bildzeugnissen des Punk immer wieder das Gesicht eines Mannes auf. Man sieht ihn zwischen Lou Reed und Andy Warhol auf der Rückseite von *Transformer*, der Biographie Reeds, die dessen Jüdischsein ins Zentrum stellt. Und da ist er schon wieder, dieses Mal neben Joey »Hyman« Ramone, der ihn später in einem Song verewigte (»Danny says«, *End of the Century*, 1980). Und siehe, da ist er

---

* Deutsch im Original

noch mal mit Iggy Stooge, bevor dieser zu Iggy Pop wurde, und da ist er wieder mit Fred »Sonic« Smith, als der noch Gitarrist bei den MC5 und noch nicht Mister Patti Smith war. Mein Gott, man kann ihn sogar mit dem jungen Jonathan Richman sehen, Jahre bevor dieser ihn den Modern Lovers als »Jojo« vorstellte, und mit der jungen Edie Sedgwick, die bei ihm wohnte, als sie nach New York kam. Er ist überall, der Mann der Stunde, der Mann in der Mitte, der große und mächtige Zauberer von Oz. Legs McNeil, der vermutlich der Bewegung den Namen gab, die er selbst mit erschaffen hatte, beschrieb ihn in seiner Widmung des Buches *Please Kill me! Die unzensierte Geschichte des Punk* mit den Worten: »To Danny Fields, forever the coolest guy in the room«.

Ja, Danny Fields war immer der coolste Typ im Raum. Er war ein Meister hinter den Kulissen, der Schlüsseltalente entdeckte, unterstützte und promotete. Im Herzen blieb er aber immer ein netter jüdischer Junge, der die zwiespältige Haltung des Punk verkörperte, die sich einerseits gegen die New Yorker Jewishness wehrte und diese andererseits umschloss. Wenn wir auf das Jahr 1951 blicken, können wir den zehn Jahre alten Fields im Haus seiner Eltern in Richmond Hill, Queens sehen, der sein pausbäckiges Gesicht an das Fenster drückt, während Nachbarn auf ihrem Weg zur Arbeit an ihm vorbeilaufen. Es ist ein seltsamer Anblick, wenn man weiß, wo dieser Junge einmal landen wird, und auch ein trauriger. Auf unseren Gruß würde Danny wohl nicht zurückwinken. Er ist weit weg, in seiner eigenen Welt, zu der wir keinen Zugang haben.

Seine Mitschüler in der Edgar Dubbs Junior High School empfanden es genauso. Sie sahen Danny, wie er beim Mittagessen in der Schlange stand und zwischen den Unterrichtsstunden die Flure entlangwanderte, aber sie kamen kaum mit ihm in Kontakt. Sie nahmen ihn erst wahr, als er zwei Klassen übersprang und mit elf Jahren die Schule verließ, um als jüngster Schüler die zweite Klasse der John Adams High School zu besuchen.

Sein Vater, Dr. Fienberg (Danny änderte seinen Namen nach dem College), und die Nachbarn glaubten, dass dies alles im Einklang mit dem vorhergesehenen Plan stünde und der junge Danny eine anständige Karriere in der Tradition seines Vaters, dem Arzt des Viertels, vorbereite. Doch unter der Oberfläche wuchsen die Spannungen. Die anderen Kinder ignorierten Danny, wenn sie neben ihm standen und auf den Bus warteten, besonders die jüdischen Kinder.

»Sie waren einfach so klein und erbärmlich«, sagt der mittlerweile 65 Jahre alte Fields, während er in seinem Appartement im achten Stock sitzt und auf den Hudson River blickt, und dorthin, wo die Twin Towers standen. »Ich las den *Fänger im Roggen*. Ich ging mit Mädchen aus, die in der Central

Park West und der Park Avenue wohnten. Ich nutzte jede Gelegenheit, um aus Richmond Hill rauszukommen.«

Dadurch, dass Fields Partys in Brooklyn besuchte und Verabredungen in Manhattan hatte, wurde er immer mehr Teil von New Yorks Elite. »Das waren meine Leute. Weißt du, sie fuhren im Sommer auf die Hamptons, und sie waren cool. Und dann gingen sie alle nach Harvard und Cornell und Radcliffe und so weiter, und dort fühlte ich mich einfach mehr zu Hause.«

In der Tat war Fields, als er im Alter von 15 Jahren die Schule mit einer Empfehlung für die Universität Pennsylvania beendete, bereit, endgültig mit Richmond Hill zu

Danny Fields bei seiner Bar Mitzwah 1954: Forever the coolest guy in the room.

brechen. »Als meine Freundin mir zum Geburtstag Bachs Messe schenkte, spielte ich sie Tag und Nacht. Mein Vater wurde zum Berserker. ›Er ist Christ geworden, er ist Goj geworden. Was ist das für eine *gojische* Musik?‹ ›Papa, das ist eine katholische Messe, aber er war Lutheraner. Es ist nur Musik.‹ Ich entfremdete mich von ihm, so wie ich mich von den Werten der Vorstädte und von meiner jüdischen Herkunft entfremdet hatte. Ich verachtete alles, was mit dem zu tun hatte, von wo ich herkam und ich musste da weg.«

In Pennsylvania freundete sich Fields mit »den reichsten, coolsten und intelligentesten Kindern« seiner Klasse an, besuchte ihre Sommerhäuser in der Schweiz und ihre Winterhäuser in Italien und plante seinen nächsten Schritt. Er fand immer ein paar »verrückte, jüdische Leute wie Bill Meyers«, mit denen er sich anfreundete. »Weißt du, verrückte, verrückte Juden«, sagt Fields. »Und ich lernte die jüdische Gesellschaft in Providence durch meinen Mitbewohner Billy kennen … Seine Mutter war wirklich hübsch und hatte blondes Haar, sein Vater war vornehm und hatte graue Locken. Sie sahen nicht aus wie Juden … Ich meine, in der Welt des New Yorker Judentums gibt es so etwas nicht. Meine Tante Jane hatte einen Süßwarenladen und zählte jede Nacht die Groschen … deshalb war ich so begierig darauf, in der juristischen Fakultät von Harvard aufgenommen zu werden.«

Als Fünftbester seiner Klasse war es kein Problem für Fields, in Harvard aufgenommen zu werden und so immatrikulierte er sich dort sofort, nachdem er 1959 das College beendet hatte. Selbstverständlich hatte er nicht die Absicht, den Unterricht zu besuchen, geschweige denn Rechtsanwalt zu werden. Er wollte sich einfach nur in Harvards intellektuellem Milieu aufhalten und insbesondere in der dazugehörigen Gesellschaft in Cambridge.

»Oh Gott, diese Leute in Harvard waren erbärmlich«, erzählt Fields. »Sie studierten, wenn sie auf der Toilette waren, und brüteten über Fragestellungen, während sie kackten. Ich verbrachte die ganze Zeit trinkend, vögelnd und klauend auf der anderen Seite von Cambridge. Das war genau das, was ich von Harvard erwartet hatte.«

Und so überrascht es nicht sonderlich, dass Fields nach wenigen Monaten beschloss, das Studium abzubrechen, obwohl er die meisten Kurse bestanden hatte. Seine Eltern waren am Boden zerstört, aber Fields war glücklich damit. Er blieb noch eine Weile in Cambridge, um weiter trinken, vögeln und klauen zu können, während er regelmäßig runter nach Greenwich Village fuhr.

Als seine Eltern schließlich entschieden, dass er wenigstens *etwas* tun sollte, schrieb sich Danny an der New York University ein, vorgeblich um einen Master in Literatur zu machen, aber in Wahrheit, um mehr an den außerschulischen Aktivitäten in Greenwich Village teilnehmen zu können. Hier kam er endlich in die sozialen Kreise, nach denen er sich immer gesehnt hatte, und wurde zunächst Mitglied der »schwulen Elite«, die sich rund um die Bar San Remo versammelte; über Schriftsteller und Dramatiker, die er dort traf, wurde er dann Teil von Andy Warhols Factory, dem Kunststudio und Privatclub.

»Ich war dort nur eine kleine Nummer, lernte aber viele Freunde kennen und stellte den Warhol-Leuten die Harvard-Leute vor«, erzählt Fields. »Edie [Sedgwick] zog aus Cambridge rüber und in meinen Loft ein.«

Fields hätte es wahrscheinlich nicht viel ausgemacht, wenn er eine kleine Nummer geblieben wäre, trotzdem änderte sich sein Status in der Factory ziemlich schnell, als er die New York University verließ und zu arbeiten begann, zuerst beim *Liquor Store Magazine* (»sehr glamourös«) und dann im gerade neu entstandenen Monatsmagazin *Datebook* (»Wer ist dein Lieblings-Beatle?«). »Plötzlich arbeitete ich bei der Presse und konnte über sie schreiben«, sagt Fields. »Nun gab es immer einen Platz für mich in der Limousine und Einladungen zu den besten Partys. Sie wollten in die Presse kommen, und ich sorgte dafür.«

Fields hatte keinerlei Erfahrung im Journalismus, stürzte sich aber darauf, *Datebook* zu einer aufregenden Publikation zu machen. Er druckte

Artikel über The Velvet Underground und durchforstete die ausländische Presse nach Neuigkeiten außerhalb der Vereinigten Staaten. Und doch übertrieb er es vielleicht ein bisschen mit der aufregenden Gestaltung von *Datebook*. Zumindest was die Beatles betraf.

»Bei der zweiten Ausgabe von *Datebook*, an der ich mitarbeitete, erfuhr ich, dass die Verleger die amerikanischen Rechte an zwei Interviews gekauft hatten, eines mit Paul und eines mit John. Sie waren schon lange vorher in Großbritannien veröffentlicht, aber kaum beachtet worden. Ich fand zwei Zitate in den Interviews, von denen ich glaubte, dass sie mehr Aufmerksamkeit verdienten, deshalb brachte ich sie aufs Titelbild. Eines war von Paul, der feststellte: ›Es ist ein lausiges Land, wo jeder Schwarze ein dreckiger Nigger ist‹, und das andere stammte von John, der prophezeite: ›Ich weiß nicht, wer gewinnen wird, Rock and Roll oder das Christentum.‹ Dieses Zitat war Teil eines längeren Statements von John aus dem gedruckten Interview, das die geistreiche Bemerkung enthielt: ›Wir sind schon jetzt populärer als Jesus.‹

Der Verkauf der »Jesus«-Ausgabe von *Datebook* begann im Juli 1966 und erregte die Aufmerksamkeit eines DJs in Alabama, der über diese Pietätlosigkeit schier wahnsinnig wurde. Er spornte Kinder an, ihre Beatles-Platten auf den Straßen zu verbrennen, und schon bald war der Bible Belt vom Beatles-Feuer erleuchtet. »Goebbels wäre stolz auf die Schlagkraft der beleidigten ›Christen‹ gewesen«, sagt Fields.

Dieses Chaos fand gerade zu dem Zeitpunkt statt, als die Beatles ihre Stadiontour durch die Vereinigten Staaten begannen. Beim Konzert in Memphis wurden sie, statt der dort eine Dekade zuvor entstandenen Musik Tribut zollen zu können, mit dem Ku Klux Klan konfrontiert, der den Parkplatz und das Stadion mit einer »dieser Hasskundgebungen [füllte], die sie so gut beherrschten«. Fields erinnert sich weiter: »Es gab Morddrohungen und während eines Soundchecks brachte der Lärm eines umfallenden Abfalleimers aus den nahe gelegenen Verkaufsständen Ringo dazu, hinter sein Schlagzeug zu springen, da er glaubte, es sei ein Gewehrschuss gewesen.«

Man könnte fast behaupten, dass sowohl die Entscheidung der Beatles am Ende der Tour, nie wieder live zu spielen, als auch der Mord an John Lennon 14 Jahre später, ein Ergebnis der *Datebook*-Episode gewesen sind. Lennons Mörder Mark David Chapman war ein gestörtes Produkt der fundamentalistischen, christlichen Gebetsgruppen, die sich wie Schläferzellen im ganzen Süden ausbreiteten. In *Mark David Chapman: The Man Who Killed John Lennon* schreibt Fred McGunagle: »Zwei Ereignisse beeinflussten den wiedergeborenen Mark. Als John Lennon mit dem Spruch ›Wir sind schon jetzt populärer als Jesus‹ zitiert wurde, brachte ihn das gegen seinen ehemaligen Helden auf … Und zum anderen empfahl ihm sein Freund Michael McFarland ein Buch.« Es handelte sich dabei um das Buch, das Chapman unmittelbar nachdem er auf Lennon geschossen hatte, noch einmal zu lesen begann: *Der Fänger im Roggen.* Ein halbjüdischer New Yorker, der beschlossen hatte, sich von seiner jüdischen Herkunft abzuwenden, hatte dieses Buch geschrieben, das für alles Erdenkliche verantwortlich gemacht wurde, vom Anstieg der Jugendkriminalität in den Fünfzigerjahren bis zur Ausbreitung der freakigen »alternativen Lebensformen« in den Sechzigerjahren. Jerome David Salinger platzierte nicht nur seinen Holden, sondern auch spätere literarische Figuren wie Seymour, Franny und Miriam inmitten der Jewishness in der liberalen Upper West Side. Doch abgesehen von ihren Namen deutete er kaum an – im Fall von Holden nie –, ob sie vom Stamme Abrahams sein könnten. Der jüdische New Yorker Intellektuelle Maxwell Geismar machte die berühmte Beobachtung: »Der Schauplatz der New Yorker Abschnitte [in *Der Fänger im Roggen*] ist offensichtlich die wohlhabende Mittelklasse der urbanen, jüdischen Gesellschaft, wo jedoch alle tonangebenden Figuren brav anglisiert wurden. Holden und Phoebe Caulfield: was für perfekte Namen aus dem amerikanischen Sozialregister, die in einer sozialen und psychologischen Leerstelle präsentiert werden!«

Paul McCartney sagte später zu Fields, als er von dessen Rolle bei der Veröffentlichung des Jesus-Artikels erfuhr: »*Du* warst das also.« Ja, dieser schwule, jüdische Outsider aus Richmond Hill in Queens, dieser Schulabgänger und Warhol-Ergebene, der fast so wie Holden Caulfield vor seiner Herkunft geflohen war, war tatsächlich der »Punk«, der dazu beitrug, dass die Beatles nie mehr live auftraten.

Es machte Fields nichts aus, dass er gefeuert wurde. Wie er selbst sagt, war er ein erklärter Fan der Rolling Stones und ihm wurde an anderer Stelle ein viel aufregenderer Job angeboten. »Elektra stellte mich ein, um die Abteilung für Öffentlichkeitsarbeit aufzubauen, was aber nicht bedeutete, dass ich nicht genauso Empfehlungen für Bands abgeben konnte, von denen ich glaubte, sie seien einen Vertrag wert. Das Unternehmen hatte gerade mit ›Light My Fire‹ von den Doors einen Hit gelandet, und sie wollten sich in der Goldmine des Rock weiter im großen Stil ausbreiten. Natürlich bestand die Geschäftsführung aus geradlinigen Typen und Elektra war zuvor ein Folk-Label gewesen, deshalb hatten sie keine Ahnung davon, was gut laufen würde. Das war der Grund, warum Leute wie ich später als ›Hofnarren‹ der Plattenunternehmen bekannt wurden.«

In diesen wechselhaften Zeiten der späten Sechzigerjahre, als »Identitätspolitik« immer wichtiger wurde und Antikriegsaktivisten wie Abbie

Hoffman, Jerry Rubin und Paul Krassner (alles Juden) eine kulturelle Revolution vorantrieben, war es kaum verwunderlich, dass die Geschäftsführer in Anzügen ihr Personal um »Freaks« erweiterten, die von der Firma bezahlt wurden. »Ich weiß nicht, ob mein Jüdischsein irgendwas damit zu tun hatte«, sagt Fields. »Immerhin waren die meisten Geschäftsführer der Firmen, für die ich gearbeitet habe, jüdisch. Juden waren im amerikanischen Entertainment schon immer zahlreich vertreten. Und ich würde immer noch einräumen, dass ich wahrscheinlich andere Neigungen hatte als jemand aus dem Süden oder dem Mittleren Westen. Ich weiß nicht. Als schwuler, jüdischer, Bach liebender Intellektueller aus einer Familie, die auf Chopin schwor, war ich schon immer ein Außenseiter gewesen und bin es immer noch. Ich denke, es ist nicht übertrieben, mich in traditionell amerikanischer Form nicht nur als Outsider, sondern als ›Alternative Being‹ zu bezeichnen.«

Als wollte er genau dies illustrieren, begann Fields sofort einige der düstersten und bedrohlichsten Bands der Zeit zu vertreten: die Doors, gefolgt von MC5, den Stooges und Nico. Alle diese Musiker sollten eines Tages als Wegbereiter des Punk gelten – und alle wurden von der Geschäftsführung bei Elektra verschmäht und nur deshalb nicht rausgeworfen, weil Fields darauf beharrte, dass man mit ihnen eines Tages Profit würde machen können.*

»Glaubte ich das wirklich?«, fragt sich Fields heute. »Auf keinen Fall, mal abgesehen von den Doors. Mir gefiel eben einfach, was diese Bands machten. Mir gefiel es überaus gut. Es war wild und bedrohlich und unterhaltsam. Es war großes Theater. Und *so* amerikanisch.«

Fields verweist zuerst auf den lebendigen, unvorhersehbaren Charakter von Jim Morrisons Auftritten mit den Doors, der eindeutig den Reiz der Band ausmachte. »Es gab da dieses Gefühl, dass jederzeit irgendwas passieren konnte«, sagt er. »Man wusste nie, was einen erwartet.«

Aber erst mit den Bands aus Detroit, den MC5 und den Stooges, entdeckte Fields eine wahrhaft revolutionäre Musik – eine Musik, von der er glaubte, dass er sie größtenteils aufgrund seiner seltsamen Perspektive als New Yorker Jude verstand.

»Detroit ist das gojischste Zentrum der Zivilisation ... deshalb habe ich es so sehr geliebt«, sagt Fields. »Die Typen da waren schmächtig, groß und maskulin, nicht wie die New Yorker Juden ... Sie waren *Machos*. Sie schie-

---

* Tatsächlich machten die Doors das längst, trotzdem war ein Großteil der Geschäftsleitung von Elektra der Doors – oder vielmehr Jim Morrisons kontroverser Mätzchen – überdrüssig geworden.

nen zu marschieren, weißt du? Und sie waren buchstäblich die Söhne der Autoarbeiter, die aus den Appalachen kamen … Ich fand einfach, dass ihre Männlichkeit etwas hatte – ich meine, Männlichkeit ist kein, sagen wir, Kennzeichen der jüdischen Community … In der jüdischen Kultur sind die Frauen das Wichtigste … diese Typen waren *echte* Amerikaner.«

Diese »*echten*« Amerikaner unterschieden sich stark von den eher Woody Allen ähnelnden New Yorkern wie Fields, nicht jedoch vom Rest der Vereinigten Staaten. Dass die Fans damals dennoch nicht bereit waren, sie zu feiern, lag vielleicht daran, dass MC5 und die Stooges noch zu deutlich ein Abbild des Innenlebens der Fans waren. Wie Neil Gabler in *An Empire of their Own* schreibt, seiner von Kritikern hoch gelobten Studie über das jüdische Hollywood im Goldenen Zeitalter des Films, begann der amerikanische Traum als Projektion dessen, was die jüdischen Einwanderer für amerikanisch hielten … oder was es sein sollte. Als das Publikum diese Bilder sah, machte es sie sich zu Eigen, und es fiel schwer zu sagen, was zuerst da war – die Henne (Juden) oder das Ei (Traum).

Die amerikanische Gesellschaft war vielleicht noch nicht in der Lage, zuzugeben, dass sie vor allen Dingen weiß, wütend und in Klassen geteilt war. Wenn man allerdings den begrenzten Erfolg dieser unheimlichen Bands aus Detroit – im Gegensatz zu ihren ungefährlicheren Cousins Grand Funk Railroad – und die wachsende Zahl von Fans in den darauffolgenden Jahren in Betracht zieht, sieht es doch so aus, als sei das Land dafür zumindest *empfänglich* gewesen.

Fields hatte eine neue Musik-Bewegung in Gang gebracht, die da weiter machte, wo Lou Reeds Velvet Underground aufgehört hatte. Damit gelangte die amerikanische Straßenatmosphäre in das künstlerische, jüdische Milieu von New York. Durch die Aufnahme der *echten* Stimmung in Amerika, schuf Fields die Vorlage für kommende Punkbands, ob es das von Iggy inspirierte, jüdische Duo der Prä-Punkband Suicide war, das Garage Rock liebende Duo Lenny Kaye und Patti Smith oder die ultimative Punkband, die erste und in den Augen vieler die größte, die »Bruddahs« aus Forest Hills, die Danny unter Vertrag nahm und managte, die Ramones.

Fields traf die Ramones zum ersten Mal kurz nachdem er von Detroit nach New York zurückkehrt war. Er befand sich in einer Art Übergangszeit zwischen seinem Leben als Manager von den Stooges und MC5 – die genauso wie er selbst von Elektra entlassen worden waren, weil sie »Ärger machten«, so hatten sie beispielsweise das Wort »Motherfucker« in einem offenen Brief gegen ihre Plattenfirma benutzt – und seiner Rückkehr nach New York, wo sich in der Zwischenzeit einiges verändert hatte. Während seiner Abwesenheit war das Max's Kansas City vom zentralen Ort der Szene zu einer verblassten Erinnerung geworden. Es hatte sogar im oberen Stockwerk eine Live-Disco eröffnet, ein sicheres Zeichen für die Apokalypse. Das Mercer Arts Center und seine Hauptattraktion, die New York Dolls, fielen buchstäblich auseinander: Dem Haus brach das Dach zusammen und die Band zerbrach in Folge des Drogenkonsums.

Die »echten« Amerikaner. Von links nach rechts: Steve Paul, Danny Fields, Ron Asheton.

Glam Rock schien auf der Strecke zu bleiben. Egal welche Orte es betraf, sie veränderten sich ständig, da überall Clubs aufmachten und, wenn sie scheiterten, wieder geschlossen wurden; es blieb kaum noch Platz für Live-Bands.

Ungefähr zu dieser Zeit begann ein kleiner Club in der Bowery lokale Bands zu buchen, von denen man vorher kaum gehört hatte. Darunter war eine, die Fields, der jetzt bei den *Soho Weekly News* arbeitete, und seiner Kollegin, der Musikjournalistin Lisa Robinson, mehrmals empfohlen worden war. Um zu entscheiden, wer auf das Konzert gehen sollte, warfen sie eine Münze – Robinson gewann. Als sie zurückkam, schwärmte sie Fields von der erstaunlichen Band vor. Die Ramones, wie sie sich nannten, würden ganz groß werden, sagte Robinson. Am nächsten Abend sah sich Fields die Band selbst an.

* * *

Als Fields das CBGB betrat, traf ihn die Wucht der Ramones wie eine Offenbarung. Es war, als wäre er zurück in Detroit, dem »*gojischen* Zentrum der Zivilisation«, dem Ort, an dem sein »lustiges, kleines, jüdisches« Selbst von den »*echten* Amerikanern« akzeptiert worden war. Doch dieses Mal sah er eine Band in dem einst jüdischsten Teil der jüdischsten aller Städte.

»Als die Ramones auf die Bühne traten, waren sie das, auf was ich unbewusst gewartet hatte«, erzählt Fields. »Sie waren perfekt. Ich wollte nichts an ihnen verändern. Sie waren wie MC5 und die Stooges, bloß dass sie außerdem noch komisch und ironisch waren. Und so wie die Juden standen sie in der Tradition des Showbusiness.«

Diese jüdisch-amerikanischen Eigenschaften wurden erst vor der Kulisse des ehemaligen jiddischen Theaterbezirks sichtbar, in dem sich das CBGB befand. Sie wurden außerdem in den witzigen und beißenden Texten, in der dazu passenden Kostümierung und der übertriebenen Performance der Ramones offenbar.

»Du willst die Ramones mit Vaudeville vergleichen?«, fragt Fields. »Ich glaube, das kann man machen.«

Trotz all der ihnen innewohnenden Jewishness unterschieden sich die Ramones nicht gänzlich von ihren *echten* amerikanischen Vorfahren in Detroit. So wie MC5 und die Stooges funktionierten die Ramones sowohl über die Wut wie über die Musik. Und so wie diese Machos und kompromisslosen Rebellen hatten sie Erfolg, weil man sie wegen ihrer finsteren Blicke und dazu passenden Lederjacken für hart hielt. Sie kleideten sich wie eine Straßengang, eine puertoricanische vielleicht, das jedenfalls suggerierte ihr Name. Mit Songs, in denen sie über »storm troopers« sangen, machten sie klar, dass sie wütend, düster und angepisst waren.

Und doch steckte in all dem eine Ironie. Ihren Namen beispielsweise, der so sehr nach einer Straßengang klang, hatten sie von Paul Ramon übernommen, Paul McCartneys Pseudonym aus der Ära der Beatlemania. Dazu kommt, dass das Aussehen der Band, eine durch die Lederjacken gestiftete Konformität, nicht nur an Straßengangs, sondern auch an die Girlgroups aus den frühen Sechzigerjahren erinnerte. Girlgroups? Was könnte weniger Macho sein? Nun, vielleicht Songtitel wie »I Wanna Be Your Boyfriend« oder die Erscheinung des Leadsängers mit seiner schmächtigen, schlaksigen, schmerzhaft dünnen Figur einer Gottesanbeterin, der sich über das Mikrofon krümmte, als würde er ohne es zusammenbrechen.

»Sie wirkten wie die Karikatur einer Gruppe«, sagt Fields. »Darin lag ein Teil ihres Reizes.«

Die Ramones formten aus dem Macho- und Mackertheater der Jungs aus Detroit ein Konzept, das einem netten jüdischen Jungen wie Fields wesentlich besser gefiel. Sie veränderten die ganze Idee des Machismo und verwandelten sie in Komik oder zumindest Ironie und schufen damit eine Distanz, durch die sich der Betrachter mit den Musikern identifizieren konnte, so wie sich der schwule, jüdische New Yorker Außenseiter Danny Fields mit den *echten* Amerikanern, der Hakenkreuze tragenden Band, die hinter Iggy Osterberg Pop spielte, identifiziert hatte. Es war dieselbe Ironie, die damals auch andere CBGB-Bands kennzeichnete: die Dictators mit ihren

Einzeilern im Stile von Henny Youngman, und Television mit den komischen Textzeilen von Richard Hell wie »Love Comes in Spurts«. Es war die Ironie New Yorks. Für New Yorker Punks.

✳ ✳ ✳

Fields hatte anfangs die Ramones gemanagt und versucht, sie den Amerikanern zu verkaufen, weil er daran glaubte, dass er dieses Mal richtig lag. Er bat seine Freundin Linda Stein, die zu dem Zeitpunkt mit dem Sire-Begründer Seymour Stein verheiratet war, sich die Band anzuschauen. Weil sie anschließend dafür gesorgt hatte, dass die Ramones von dem Unternehmen unter Vertrag genommen wurden, bot Fields ihr an, die Band gemeinsam zu managen. Zusammen brachten die beiden das mit vergleichsweise kleinem Budget ausgestattete Sire-Label dazu, ihre Bemühungen zu unterstützen. Seymour Stein gab ihnen das nötige Kapital, um nach England zu reisen, wo die Ramones einen legendären Auftritt im Roundhouse absolvierten, der so gut wie jeden der zukünftigen Punk-Acts im Vereinigten Königreich beeinflussen sollte, die Sex Pistols und The Clash eingeschlossen. Als die Gruppe in die Staaten zurückkehrte, stellten sie fest, dass sich immer noch niemand für sie interessierte, doch Fields tat weiter, was er konnte. Er versuchte Journalisten, mit denen er sich während seiner Zeit als Redakteur angefreundet hatte, von der Band zu überzeugen und verpflichtete sie zu einer anstrengenden Blitztour durch ganz Amerika, von der Fields glaubte, dass sie ihnen endlich zum Durchbruch verhelfen würde.

»Es war mehr als ich jemals für die Bands in Detroit getan hatte, denn jetzt war ich der Manager und hatte eine wirkliche Verpflichtung gegenüber der Plattenfirma«, sagt Fields. »Kennst du den Song ›Danny says we gotta go / gotta go to Idaho‹? Das war eine Erfindung, wir waren nie in Idaho, aber wir waren überall sonst. Ins Radio kamen wir nicht, also mussten wir selbst dafür sorgen, dass das Publikum unsere Musik hörte.«

Damit waren die Ramones bis zu einem gewissen Punkt erfolgreich und erreichten fast von Beginn an einen gewissen Kultstatus, doch Fields merkte schnell, dass irgend etwas nicht stimmte. Als sie ihren ersten großen Auftritt außerhalb New Yorks hatten, als Vorband für Johnny Winter in Westbury, Connecticut, wurden sie derart ausgebuht, dass sie ihren Auftritt abbrechen mussten. Fields realisierte, dass sie von Johnny Winters Publikum, einer Menge mit der altmodischen Vorliebe für Blues und schnelle Gitarrenläufe, gehasst wurden. »Sie spielten einfach über die Köpfe dieses bekloppten Publikums hinweg«, erzählt Fields. Derselbe Vorfall wiederholte sich mehrmals im ganzen Land.

Linda Stein erklärt, dass die Band für die Leute außerhalb New Yorks einfach zu viel war. »Aus New York kommen und jüdisch sein gehört zusammen und sie kamen eindeutig aus New York«, sagt Stein. »Jetzt verstehe ich, dass es in meinem Fall genauso war. Es ist so als wäre ich ein Alkoholiker und könnte endlich die Wahrheit zugeben: ›Ich bin ein New Yorker, ich bin ein Punk.‹« Stein steht auf, streckt die Faust in die Luft und ruft scherzend: »Und ich bin ein Juuudeee!«

Jüdische New Yorker Punks hin oder her, Fields tat, was er konnte. Er hielt weiter an dem anstrengenden Tourplan der Band fest, brachte Radiostationen dazu, die Ramones zu spielen und versuchte weitere Auftrittsmöglichkeiten für die Gruppe zu finden. Aber als die Medien die Aufmerksamkeit auf den von Gewalt und Wut begleiteten britischen Punk lenkten, fürchtete sich das amerikanische Publikum vor jeder Band, die mit Punk in Verbindung stand, sogar vor den einheimischen, die das Genre ursprünglich geschaffen hatten. Gleichzeitig sah Fields, dass Sire nicht genug tat, um die Band im Radio zu bewerben. Für *Leave Home* (1977), das zweite Album der Ramones, brachte er Sire dazu, tausende von kleinen Baseballschlägern zu produzieren, eine pfiffige Referenz an den Baseballschläger, den der kahle Adler im Logo der Band mit seinen Krallen festhält. Diese Baseballschläger bezogen sich auch auf einen Song des ersten Albums, die von Joey geschriebene Rachephantasie »Beat on the Brat«, in dem der einst gepeinigte Außenseiter darüber sang, wie er seinen früheren Feinden Schläge versetzte, die an jene des Baseballspielers Babe Ruth erinnerten. Doch auch diese Gimmicks sorgten nicht dafür, dass mehr Stücke im Radio gespielt wurden und auch das Logo selbst wurde zu einem Problem. Der kahle Adler, den sich Arturo Vega, ein Freund der Ramones, ausgedacht hatte, erinnerte weniger an das Präsidentensiegel als an das faschistische Symbol Nazi-Deutschlands, was nicht sonderlich überraschend ist, wenn man weiß, dass Vega gerne und oft Hakenkreuze einsetzte, von ultraviolett bis zu hellen Pastelltönen.

Diese hoch konzeptionellen, überlegt entworfenen Motive wurden vom Publikum entweder nicht verstanden oder als störend empfunden. »Die Ramones waren bedrohlich oder sahen zumindest so aus, obwohl sie im Grunde nur Babys waren. Abgesehen von Johnny konnten sie keiner Fliege was zu Leide tun – auch der paranoide Dee Dee nicht. Aber sie sahen unheimlich aus. Sie erinnerten irgendwie an die SS. Sie sahen nicht aus wie Hippies und waren nicht knuffig oder niedlich. Für den Rest des Landes waren sie einfach zu viel. Die Amerikaner verstanden sie einfach nicht – obwohl in jeder Stadt, in der sie spielten, immer ein paar Kids waren, die sie liebten, Kids, die sich schnell daran machten, ihre eigenen Bands zu gründen«, erzählt Fields.

Danny Fields zu Hause 2003. Jahrelang versuchte er die Ramones aus dem Abseits des Musikgeschäfts herauszuholen. Auch er selbst blieb trotz seiner zahlreichen Connections ein ewiger Außenseiter in New York.

Doch diese wenigen Nachfolger reichten nicht aus, den Ramones gelang einfach nicht der Durchbruch. Der Grund dafür erschloss sich Fields zu diesem Zeitpunkt noch nicht. Die Ramones feuerten ihn und nun war er nicht mehr Teil der Szene. Er verstand es auch später nicht, als er zum Journalismus zurückgekehrt war und zunächst *Country Rythms*, dann *Rock Video* herausgab und als Kolumnist bei *Soho Weekly News* und *Hits* arbeitete. Jahrelang versuchte Fields, wieder zurück ins Geschäft zu kommen. Er tat alles dafür, etwas aus der Musik zu machen, die er liebte, und wurde Publicity-Manager und V.I.P.-Host für das Ritz, sowie Ghostwriter von *Dream On*, der Autobiographie von Cyrinda Foxe, die ein Warhol-Superstar und die Inspiration für David Bowies »Jean Genie« gewesen war. Außerdem leitete er eine Rock-'n'-Roll-Bustour, auf der er bedeutsame Orte der Rock-Geschichte durch ein Megaphon schreiend erklärte. Diese Erfahrung beschreibt Fields in einem Wort als »furchtbar«. Und trotzdem hatte er selbst mit über 60 Jahren noch nicht das damalige Problem der Ramones herausgefunden.

Heute glaubt er, eine Erklärung gefunden zu haben.

»Ich verstehe die Ramones jetzt viel besser, weil ich gemerkt habe, dass sie und ich die gleiche Reise gemacht haben«, sagt er, während er aus dem Fenster starrt. »Diesen Fluss zu überqueren« – er zeigt auf den Hudson River, der New York vom Festland trennt –, »ist wesentlich einfacher als *jenen* Fluss«, den East River, der Manhattan von den Bezirken Brooklyn und Queens trennt. »Wenn man aus Potato Salad, Idaho über den Hudson

River kommt, ist man eine kleine amerikanische Infusion, damit können wir umgehen. Aber wenn man aus Brooklyn oder Queens über den East River kommt, so wie ich oder die Ramones, ist man *bridge and tunnel*. Dieser Übergang ist nicht leicht. Barbara Streisand und Woody Allen und tausende andere haben ihn passiert, aber er bleibt ein Makel, und den abzuschütteln, ist nicht einfach. Die Ramones waren die absoluten Außenseiter. Sie waren einfach zu viel für Amerika und fast zu viel für New York. Sie standen einfach zu sehr im Abseits.«

Natürlich werden Songs der Ramones heute von der Werbung benutzt, und Leute, die mit ihnen und anderen von Fields entdeckten Bands gearbeitet haben, sind mittlerweile Millionäre.

»Aber wo bin ich?«, fragt er. »Ich kann von dem was ich habe, kaum leben und das ist, wenn man auf die 70 zugeht, ein bisschen unheimlich. Ich war also 25 Jahre vor dem großen Hype. Wow! Großartig! Und was hat mir das heute gebracht? Die Bandmitglieder wurden groß. Ich schreibe meine Memoiren.«

Trotz seiner Verbindungen zu Warhol und der Factory, der schwulen Elite und den reichsten jüdischen Familien des Landes ist Fields immer noch ein Außenseiter, ein Verstoßener, ein Unangepasster, sogar in seiner eigenen Stadt. Er ist immer noch das Kind aus Richmond Hill, von dem man große Dinge erwartet, genauso wie man erwartet hatte, dass er andere hinter sich lassen würde.

Fields schließt: »Musik? Dafür habe ich keine Zeit. Dieses ganze Christina-Aguilera-bitch-Ding und Metal und Rap. Ich weigere mich, so was anzuhören.«

Stattdessen umgibt er sich mit Stille. Einer monumentalen Stille, die wie ein Anti-Soundtrack anschwillt, wenn er aus dem Fenster starrt, insbesondere wenn sein Blick auf die Brücke fällt, die Queens mit Manhattan verbindet – dieselbe Brücke, die er vor langer Zeit, auf der Suche nach einem neuen Leben, überquert hat.

SUICIDE IS PAINFUL

Martin Rev und Alan Vega bringen die
jüdische Straße auf die Bühne

»Eigentlich waren wir eher eine CBGB-Band als eine Band des Max's Kansas City. Aber die Betreiber von Max's machten mehr so einen auf italienisch-jüdischen Las-Vegas-Underground. Das war so ähnlich wie der Ort, an dem wir aufgewachsen waren. Es war so ein New-York-Ding.«
– Martin Rev, 2004

»Es heißt, ›Frankie Teardrop‹ sei der Song, den Lou Reed gerne geschrieben hätte.«
– Alan Vega, 2004

Im Max's Kansas City, dem Veranstaltungsort des Prä-Punk, der Bar, wo einst The Velvet Underground Hof hielten und sich die Warhol-Gesellschaft mit den Freaks gemischt hatte, ist jetzt eine neue, noch schroffere Avantgarde-Band am Werk. Diese Band, eine Art post-apokalytische Velvet Underground während ihrer *White Light/White Heat*-Ära, präsentiert dem Publikum mehr als nur ein Konzert. Sie tritt ihm aggressiv gegenüber, beschimpft es und reißt die Wand zwischen Bühne und Zuschauerraum ein. Mit ihrer gebrauchten Farfisa-Orgel und dem verrückten Sänger, der sich sein Mikro so lange gegen den Kopf schlägt, bis er blutet, sind Suicide ebenso sehr Performance-Kunst wie Performer, eine Verknüpfung von Danny Fields *echtem* Amerikaner Iggy Pop und Lou Reed.

»Wir waren nicht theatralisch, wir waren Theater«, berichtet der einst blutende Sänger Alan Vega, während er in seiner Wohnung in Brooklyn sitzt. »Und wir waren keine Entertainer, wir waren Künstler, die das Publikum vor den Kopf stießen. Die Leute kamen rein, um der Straße zu entkommen und wir warfen ihnen die Straße zurück ins Gesicht.«

Den Prä-Punks waren Suicide musikalisch zu weit entfernt von ihrem Rockhorizont und auch die Punks hassten sie, als sie Teil der Szene wurden. Sie waren derart New York, dass es sogar für die New Yorker zu viel war. Sie waren smartass. Wenn Besucher versuchten, nach Konzertbeginn den Raum zu verlassen, blockierte Alan Vega die Ausgänge. Martin Rev schuf einen repetitiven, dröhnenden Sound, der mit dem verwandt war, den John Cale auf dem Keyboard oder der Viola produziert hatte. Die tranceartigen Loops ließen die Spannung ansteigen, während der Sänger schrie, brüllte, das Publikum beschimpfte und dabei in Straßengang-Manier mit Ketten oder Springmessern spielte. Regelmäßig wurde bei den Shows Blut vergossen, wenn auch immer das des Sängers Alan Vega. Er stand im Zentrum des Stromes, der von der Straße ins Theater floss. Er war das ultimative Zeichen des Horrors, der sich in New York und der Welt nach dem Holocaust widerspiegelte. Er schien für das Publikum seinen Selbstmord zu inszenieren. Zumindest beging er mit seinem Partner auf der Bühne kommerziellen Selbstmord. Das, was sie auf der Bühne präsentierten, wollten sie einfach präsentieren. Sie konnten nicht anders.

Doch trotz all ihrer Ehrlichkeit gab es einen Aspekt, den sie niemals ansprachen, weder auf, noch hinter der Bühne, nicht mal Jahrzehnte später, als sie ihre erste offizielle Biographie *No Exit* autorisierten, die 2004 erschien. Zwar sprachen sie offen und ehrlich über ihr Leben auf der Straße, ihre Herkunft aus der Arbeiterklasse, ihre Schwierigkeiten mit Mädchen, dem Publikum und Clubmanagern, aber nicht ein einziges Mal erwähnten sie den zentralen Aspekt ihrer Herkunft. Sie waren beide zutiefst jüdisch. Vega, Alan Bermowitz, wuchs in einem halb-orthodoxen Elternhaus auf und Rev, Martin Reverby, war später in einen orthodoxen Zweig des Judentums involviert, der von seiner säkularen, sozialistischen Erziehung weit entfernt war.

Sie waren beide jüdisch, doch es brauchte zahlreiche Interviews, um das ans Tageslicht zu bringen. Nachdem er seine jüdische Herkunft zunächst abgestritten hatte, gab Vega schließlich zu, dass beide Elternteile osteuropäische Juden waren. Rev verweigerte die Teilnahme an einem Interview und sagte, dass er es vorziehe, solche Fragen unbeantwortet zu lassen.

∗ ∗ ∗

Warum so unbestimmt? Vega erzählt, dass sie beide es hassen, wie die organisierten Religionen Feindschaften erschaffen, Gruppen voneinander trennen, und das so entstandene »Wir gegen sie« letztlich zu Krieg, Elend und Tod führe. Sie wollen in keiner Weise mit irgendetwas identifiziert werden, sondern so frei sein, sich selbst zu definieren. Sie wollen die äußerste Freiheit genießen, die Fähigkeit, sich ein eigenes Selbst zu schaffen oder zu erneuern. Richard Meyers Hell behauptete, dass seine Punkhymne »Blank Generation« kein Lobgesang auf den Nihilismus gewesen sei, sondern eine Aufforderung an das Publikum, die Leere selbst zu füllen. So wie Alan Bermowitz Vega und Martin Reverby Rev waren all diese Punk- und Prä-Punk-Rocker, die ihre Namen änderten, sei es Joey Hyman Ramone, Dick Richard Blum Manitoba oder Bob Robert Zimmerman Dylan, fest entschlossen, aus dem Gefängnis der konstruierten ethnischen Kategorien auszubrechen.

Trotz ihrem Ausweichen in dieser Frage scheinen aber beide bereit gewesen zu sein, sich mit Schwarzen zu identifizieren, wie sie es in Interviews häufig taten. Damit stehen sie in einer jüdischen Tradition, die sie mit Lenny Bruce, Leiber und Stoller, dem Brill Building und unzähligen anderen verbindet. Leiber, der zusammen mit Stoller wesentlich mehr Elvis-Hits verfasst hatte, als es schwarze Autoren getan haben, beschrieb einem Reporter seine ethnische Herkunft folgendermaßen: »Ich fühlte mich nicht nur schwarz. Ich *war* es, davon war ich fast überzeugt.«

Wollten sie für alles andere, nur nicht für jüdisch gehalten werden, oder war es nicht doch das jüdische Anliegen, sich mit der Gruppe zu identifizieren, die in der amerikanischen Hierarchie ganz unten stand, einer Minorität, die Jahrhunderte lang unterdrückt und geschmäht wurde, so wie es die Juden ein Jahrtausend lang in Europa erlebt hatten?

Nachdem Alan Vega seine jüdische Herkunft einmal zugegeben hat, kann er den Stolz darauf kaum verbergen und berichtet: »Es waren größtenteils Juden, die sich an der Bürgerrechtsbewegung beteiligten. Beim Kampf um das Wahlrecht starben in Mississippi zwei jüdische Jungs zusammen mit einem schwarzen Jungen. Die NAACP und viele andere schwarze Organisationen dieser Epoche hätten niemals ohne die Teilnahme und das Geld von Juden ihre Arbeit aufnehmen können. Darum macht es mich wahnsinnig, wenn die Kids heute Farrakhan zuhören und über die Juden herziehen. Das zerreißt mir das Herz.«

Tatsächlich, so Vega weiter, seien dieses historische Mitgefühl und Verständnis der Grund dafür gewesen, warum so viele seiner jüdischen Freunde schwarze Frauen geheiratet hätten – unter ihnen auch sein Suicide-Partner Martin Rev.

Oder wie Lenny Bruce es ausdrückte: »Meine mündliche und schriftliche Konversation ist für gewöhnlich mit dem Jargon des Hipster gewürzt … Alle Neger sind Juden.«

* * *

Damals war dies Rev und Vega jedoch noch nicht bewusst. Als sie zum ersten Mal zusammentrafen und beschlossen, eine Band zu gründen, war dies einerseits Zufall, andererseits aber auch Ergebnis ihrer ähnlichen Herkunft und Erfahrungen.

Das soll nicht heißen, dass Rev und Vega ähnliche Charaktere waren – ganz und gar nicht. Sie waren eher zwei entgegengesetzte Enden eines Spektrums, zwei unterschiedliche Reaktionen auf eine klassisch jüdische New Yorker Erfahrung, die den wesentlichen Grund dafür bildete, warum sie als Duo so perfekt waren.

Vega wuchs in Bensonhurst als Sohn eines Diamanten-Setzers aus der Arbeiterklasse auf. Revs Vater stammte ebenfalls aus der Arbeiterklasse und war ein sozialistisch orientierter Linker und Gewerkschafter. Während Vegas Eltern das strenge Regiment der orthodoxen Großeltern in nur leicht modifizierter Weise fortführten, waren Revs Eltern säkular orientiert und glaubten, dass die Zukunft im Klassenkampf der Massen und in der politischen Aktion läge.

Sie teilten die Erfahrung des New Yorker Schmelztiegels, in dem die Kulturen, ob sie es wollten oder nicht, zusammengewürfelt wurden. Vega berichtet: »Es herrschte immer noch eine Ghetto-Mentalität. Man war dazu verdonnert, bei den eigenen Leuten zu bleiben, genau wie die anderen bei ihren. Meine Nachbarschaft war größtenteils jüdisch und italienisch, es gab auch ein paar Polen. Ich mochte die italienischen Kinder, weil sie härter waren und ich hing viel mit ihnen herum, obwohl ich das nicht durfte. Aber ich bemerkte, dass ihre Eltern nicht von ihnen erwarteten, aufs College zu gehen oder Akademiker zu werden, während es mir von Gott verboten worden war, mit unanständigen Zensuren nach Hause zu kommen. Ich sollte es einmal besser haben als meine Eltern. Ich sollte ein Akademiker werden, der nicht mit seinen Händen arbeiten muss.«

Vega zufolge erging es Rev in der Bronx ähnlich, obwohl dessen Begegnung mit den anderen Kulturen nicht von einer derartigen Erfahrung des Unterschieds gekennzeichnet war. Vega berichtet, dass sich Rev schon als Kind in den Sound des Rock'n'Roll verliebt und begonnen hatte, Musik zu machen. Als er gerade mal zehn Jahre alt war, nahm er bei lokalen Jazzmusikern Unterricht und fing an, Klavier zu spielen.

Suicide: Vega und Rev. »Wir waren keine Entertainer, wir waren Künstler, die das Publikum vor den Kopf stießen. Die Leute kamen rein, um der Straße zu entkommen und wir warfen ihnen die Straße zurück ins Gesicht.«

Kurz bevor sich Rev und Vega kennenlernten, repräsentierten sie zwei miteinander konkurrierende Aspekte der New Yorker Musikkultur. Rev, der damals die Avantgarde-Jazzband Reverend B anführte, war in Albert Aylers, John Coltranes und Cecil Taylors Experimente des Free Jazz verliebt, genauso wie Lenny Bruce deren Vorfahren aus dem Bebop anbetete. Vega hingegen war ein visueller Künstler und Bildhauer, der über seine Liebe zu Doo Wop und den musikalischen und theatralischen Stil Iggy Pops zum elektronischen Sound fand. Er berichtet, dass es zuerst der Doo Wop war, die Musik der Straße, die ihn zu dem Sound führte, und ein Konzert von Iggy 1969 in Queens, das ihn vom visuellen Künstler zum Musiker werden ließ.

Er verschweigt jedoch, dass bereits Lou Reed lange vor ihm Doo Wop verehrte, ebenso wie zahllose, zumeist jüdische New Yorker Punks nach ihm, sei es Joey Ramone, Tommy Ramone oder Chris Stein. Doo Wop, der unter dem Einfluss der jüdischen, italienischen und schwarzen Kultur New Yorks auf der Straße entstanden war, spielte für Punk eine ebenso zentrale Rolle wie für die Ära des Brill Building. Er vermischte sich mit Vegas künstlerischem Einfühlungsvermögen und Revs Vorliebe für Avantgarde-Jazz und verhalf Suicide zu ihrem Sound.

* * *

Als sich Rev und Vega im Sommer 1969 trafen, nagten beide am Hunger-tuch, weil sie all ihre Energie in die Kunst steckten. Um über die Runden zu kommen, arbeitete Vega als Hausmeister für das Project of Living Artists, einem staatlich geförderten Zentrum für Bildhauer und Maler, das ihm auch als Studio und Wohnsitz diente. Rev leitete Reverend B und lernte seine zukünftige Frau Mary, heute Mari, kennen. Sie war damals Mitglied von New Yorks bahnbrechendem Living Theater, das Grenzen zwischen Publi-kum und Künstler verwischte, die sogenannte Vierte Mauer einriss, ähnlich wie es später für Vegas Verständnis von einem Rockkonzert charakteristisch wurde. Mari war faktisch das einzige schwarze Mitglied des Living Theater, was Vega zufolge »eine enorme Leistung für diese Zeit« war. »Es war schon hart genug, eine Frau zu sein und in ein kulturelles Wahrzeichen wie dieses zu gelangen, als schwarze Frau dabei zu sein, zeigt das Ausmaß ihres Talents und ihres Engagements.« So wie ihr Ehemann war interessanterweise auch der Mitgründer und Direktor des Theaters, Julien Beck, ein Jude aus einer progressiven Familie, dessen Produktionen in der Regel seine anarchisti-schen Positionen reflektierten.

Eines Tages, als Vega gerade mit der Bildhauerei pausierte, die zu diesem Zeitpunkt in angesehenen Galerien wie OK Harris ausgestellt wurde, be-gann er mit einigen aus Experimenten entstandenen Tape-Loops und aufge-nommen Sounds herumzuspielen. Rev hörte diesen futuristischen Krach, als er gerade einen anderen Künstler im gleichen Gebäude besuchte. Ohne etwas zu sagen, setzte sich Rev Vega gegenüber und begann heftig auf den Deckel einer Farbdose einzuschlagen. Nach einer Stunde, in der keiner von beiden auch nur ein Wort gesprochen hatte, blickte Vega zu Rev auf und grinste ihn an.

Nachdem Rev mit seiner Band Reverend B beim Project of Living Artists aufgetreten war und Vega mit seiner Kombination aus elektrischen Key-boards und Blechinstrumenten verblüfft hatte, trafen sich die beiden mit Mari und schufen eine ungewöhnliche Mischung aus Free Jazz, Velvet-Rock, Iggy Pop und Urschreien. Es war eine Verschmelzung von hoher und nie-derer Kunst, wie es die beiden in ihrer Kindheit in der multikulturellen Nachbarschaft erlebt hatten. Es war eine Hochzeit des Erhabenen mit dem Verdorbenen. Als Rev und Vega sich darauf vorbereiteten, ihre Musik in den Clubs und Konzerthallen der Stadt vorzuführen, ahnten sie noch nicht, wie verstörend sie auf das Publikum wirken würde.

* * *

Ihre erste Show fand 1972 mit dem Gitarristen Paul Liebgott beim Project of Living Artists statt. Das wütende Publikum warf mit Stühlen nach ihnen. Ihre zweite Show, etwas später im gleichen Jahr im Cafe Au Go Go, wo Jimi Hendrix vor seiner Entdeckung durch Chas Chandler aufgetreten war, lief nicht besser. Suicide, jetzt nur noch der innere Kern mit Rev und Vega, bekamen nach weniger als drei Minuten des ersten Songs vom Club-Manager den Strom abgestellt. Bei der dritten Show im Ugano's in Greenwich Village, wo kurz vorher durchgedrehte Prominente wie Iggy Pop und Captain Beefheart aufgetreten waren, spielten sie ihr komplettes Programm, aber nach dem Konzert kam einer der Clubbesitzer und sagte zu Rev und Vega: »Hört zu, ich kann Typen wie euch hier nicht mehr auftreten lassen, es ist ja so, als wären 99 Iggys hier gewesen … die Leute hatten Angst.«

Natürlich war der Laden proppenvoll, nachdem der Clubbesitzer nachgegeben und eine zweite Show erlaubt hatte. Obwohl die Reaktionen wieder nicht besonders positiv ausfielen – Vega erinnert sich, dass erneut Sachen auf die Bühne geworfen wurden –, konnten Suicide diese zweite Show im Ugano's zu Ende bringen. Es war offensichtlich, dass ihre Kunst, das Publikum zu verstören, verführerisch war und Neugierige anzog.

* * *

Alles an Suicide war Konfrontation – Konfrontation mit dem Publikum, dem Horror der Straße, der Realität und sich selbst. Ihr Name stammte aus einer Ausgabe des Comics *Ghostrider* mit dem Titel »Satan Suicide« und spiegelte Vegas und Revs Ansicht wider, dass die Welt um sie herum zur Selbstzerstörung entschlossen sei. Amerika war in Vietnam, die Gegenkultur im Niedergang und viel zu viele Leute, die sie kannten, nahmen Heroin, das die Stadt seit einem Jahr überschwemmte. Vega trug zu der Zeit noch den Namen Alan Suicide, seinen ersten Künstlernamen Nasty Cut hatte er bereits abgelegt, als Rev sich von Marty Maniac losgesagt hatte. Und er trug eine Lederjacke, auf deren Rückseite »Suicide« geschrieben stand, was dazu führte, dass ihm auf der Straße abschätzige Bemerkungen hinterher gerufen wurden. Unterdessen kleidete sich Rev in einer Weise, die an seine Jugend im New York der Fünfzigerjahre erinnerte, als Gangs enorm populär waren und ein Image als Lederjacken-Schläger unerlässlich war. Rev erklärt: »… das war wirklich Teil meiner Kultur, aber zu der Zeit, als Alan und ich zusammenkamen, hatte ich das alles schon hinter mir. Doch als Suicide sich nach ihrer Gründung intensiver mit Rock'n'Roll beschäftigten, inspirierte mich diese Zeit erneut. Es war so, als würde man ganz von vorne anfangen.«

Das Duo verarbeitete die konfrontative Straßenkultur und den Punk-look in ihrer Bühnenshow. Wenn das Publikum mit Stühlen schmiss, antwortete Vega mit Beleidigungen, Aufrufen zum Widerstand oder Mahnungen an Obdachlosigkeit und andere Übel der Straße. Als die Band zusammen mit den New York Dolls und den Modern Lovers zum Stammgast im Mercer Arts Center wurde, trieb Vega die Konfrontationen auf die Spitze. In diesem Theater, das in einen nächtlichen Rockclub verwandelt worden war, spielten die Bands in Räumen, die nach großen Dramatikern benannt waren. Während die Kleider und Lippenstift tragenden Dolls, das Bindeglied zwischen Glam und Punk, vor dicht gedrängtem und glücklich im Oscar-Wilde-Raum tanzenden Publikum spielten und die Modern Lovers ihren dissonanten, aber tanzbaren Rockbeat vorführten, betrieben Suicide ihre schwarze Magie in dem kleinen und treffend als Blue Room bezeichneten Bereich. Die nervöse Farfisa von Rev und Vegas an Yoko Ono erinnernde Intonation brachten die meisten Anwesenden dazu, sich schnell in Richtung Tür zu bewegen. Wenn Vega daraufhin von der Bühne sprang, um sie daran zu hindern, hatten die Anwesenden nicht nur Angst davor, dass er die unsichtbare Wand einreißen würde, die das Publikum von den Künstlern trennte. Auch nicht der wilde Blick in Vegas Augen oder seine dem Bewusstseinsstrom entstammenden Texte machten die Bedrohung aus. Auch wenn er nie jemanden anderes als sich selbst verletzte, war es die Tatsache, dass er wie ein Gangmitglied eine Kette schwang und ein Springmesser in seiner Tasche vorzeigte, die das Publikum in Angst und Schrecken versetzte.

Nach dem Ende des Mercer Arts Center wurde das CBGB geboren. Lange bevor dort Television oder die Ramones auftraten, spielten Suicide in diesem Club, doch das dortige Publikum brachte ihnen sogar noch mehr Hass entgegen, als es im Max's und im Mercer Arts Center der Fall gewesen war. Auf dem Höhepunkt von Punk, als The Clash 1978 mit Suicide als Vorband durch England tourten, lief Vega nicht nur Gefahr, sich selbst zu verwunden, sondern von dem immer gewalttätiger und antisemitischer werdenden Publikum dort noch viel schwerer verletzt zu werden. »An einem Abend kam ein Haufen beschissener Nazis zum Konzert«, erzählt Vega. »Ich war in der Garderobe, als diese Nazi-Arschlöcher mit ihren Hakenkreuzen und dem ganzen Kram reinkamen. Ich glaube, sie wollten mich töten. Nach der Show kamen alle hinter die Bühne und verjagten die Nazis. Das war echt ein unheimlicher Anblick, Mann, es war so, als würde ich ungefähr 1936 von einigen Braunhemden nach Berlin deportiert werden. Die Geschichte blitzte direkt vor meinen Augen auf.«

Vega wurde während dieser Tour fast jede Nacht von brutalen Typen

aus dem Publikum blutig geschlagen, einmal wurde ihm sogar die Nase gebrochen,
aber er gab seine konfrontative Haltung
nicht auf. Fortan trug er ein ungewöhn-
liches Kostüm, eine klassische Marschalls-
uniform mit einer schwarzen Armbinde,
um gegen das Verhalten der faschistischen
National Front und ihrer Sympathisanten
zu protestieren. Dieses Mal blitzte die Geschichte vor den Augen des *Publikums* auf.
Vega, das aufsässige, jüdische Kind aus
Brooklyn, das durch den Holocaust mehrere Familienmitglieder verloren hatte, lief
mit dem schwarzen Band über die Bühne
und hob hin und wieder seinen Arm, um

Suicide: s/t, 1977

den Hitlergruß zu imitieren. Suicide nannten ihre Show ab jetzt eine
»Punkmesse«. »Es fing als Poesie an und war sechs Jahre später eine Bewegung«, konstatiert Vega.

✳ ✳ ✳

So wie die späteren Punkbands, die Patti Smith Group, die Voidoids und
sogar die Ramones, erreichten Suicide mit ihrer wuchtigen Avantgarde-
Kunst ein Massenpublikum. Damit stellten sich Suicide in die Tradition
von Lou Reeds Velvet Underground und nahmen kommende Bands vorweg.
Es war nicht nur der Sound, sondern auch die Geschichten, die Lyrik der
Straße, die für eine Konfrontation mit dem Publikum sorgten, das so
gezwungen wurde, sich mit Themen wie Obdachlosigkeit auseinanderzusetzen.

»Alan beschrieb gerne Charaktere«, antwortet Martin Rev auf die Frage,
wie die Tracks auf Suicides gleichnamigem Debutalbum von 1977 entstanden sind. »In Songs wie ›Johnny‹, ›Frankie Teadrop‹ und ›Cheree‹ ging es
um Leute von der Straße.« Oder wie Vega es ausdrückt: »Es heißt, ›Frankie
Teardrop‹ sei der Song, den Lou Reed gerne geschrieben hätte.«

Kein Wunder, dass Rev von Bands wie Blondie und den Voidoids, ganz
zu schweigen von Malcolm McLaren, umworben wurde. Der sah in Rev
einen ausgezeichneten Partner für Debbie Harry. Kein Wunder, dass Suicide
von Marty Thau, dem ehemaligen Manager der New York Dolls, betreut
wurden, von dem zum Brill Building gehörenden Richard Gottehrer unter
Vertrag genommen und von Gottehrer und Craig Leon produziert wurden.

Letzterer war zu diesem Zeitpunkt auch der Produzent der Ramones. Ebenfalls kann nicht verwundern, dass der rebellische deutsche Regisseur Rainer Werner Fassbinder Songs für einen Film (*Ein Jahr mit 13 Monden*, 1978) bei Suicide bestellte, deren Sound von den Silver Apples aus New York und der deutschen Band Kraftwerk beeinflusst war.

Thurston Moore berichtet, dass »alle Künstler in New York Suicides erstes Album besaßen«, unter ihnen Joey Ramone, Willy DeVille, der Wiederentdecker des Doo Wop, und David Johansen, der Frontmann der New York Dolls. »Ihr erstes Album begeisterte die Schattenseite der Stadt«, berichtet der Journalist und Musiker Kris Needs. Steve Barker, Kritiker des *Wire*-Magazins fügt hinzu, dass Revs Soloarbeiten nun dadurch zum »erkennbaren Markenzeichen wurden, dass sie vom Rhythmus des Doo Wop beeinflusst und in das Rumpeln, Zischen und Brummen der Stadt eingebunden war.«

Diese urbanen Melodien und Dissonanzen, dieser Beat der Straße, der von den früheren jüdischen Autoren wie Lou Reed und Jerry Leiber und den späteren wie Joey Ramone und Jonathan Richman verkörpert wurde, war von der Stadt nicht zu trennen, insbesondere nicht vom jüdischen Teil der Stadt. Dieser Beat entstand irgendwo an einer Straßenecke, zwischen den Doo-Wop-Gruppen und den sich bekriegenden Banden; und später ließ er sich irgendwo zwischen dem Brill Building und den Drückerstuben der Lower East Side nieder. Möglicherweise schuf er sowohl die Haltung als auch das Bewusstsein des Punkrock, das in dem doppelten Verlangen nach Konfrontation und Romantik, wütender Rebellion und Liebe um der Liebe willen bestand.

Während sich Rev auf einen stark religiösen Zweig des orthodoxen Judentums einließ und damit die Band während der Achtzigerjahre praktisch zum Erliegen brachte, tourte Vega als Solokünstler weiter, nahm Platten auf und entfernte sich immer mehr von seiner religiösen Erziehung, obwohl er trotz mehrerer Anläufe seinen Namen nie offiziell geändert hat.

»Ich war mehrmals kurz davor, es zu tun, aber irgendwie hat mich dieser Wunsch, meine Eltern zu ehren, immer zurückgehalten«, berichtet er. »Ich denke, es ist diese ganze jüdische Angelegenheit. So sehr ich auch kollektive Identitäten hasse und mich selbst als amerikanisches Individuum begreife, passiert es mir immer wieder, dass ich Juden, die etwas Gutes getan haben, verteidige. So wie Sandy Koufax, der sich weigerte, an Jom Kippur zu spielen oder Einstein, der den Krieg gegen Hitler gewann, nachdem er dazu gezwungen wurde, aus Deutschland zu fliehen und selbst Israel, als es die Araber im Jom-Kippur-Krieg geschlagen hatte. Tatsächlich hätte ich mich beinahe freiwillig gemeldet, um in diesem Krieg zu kämpfen. Es war einfach unfair, dieser Überraschungsangriff, als die arabischen Staaten drohten, ›die Juden ins Meer zu treiben‹.«

Wegen dieser Gemeinsamkeiten der jüdischen New Yorker glaubte Vega, dass Lou Reed von der Arbeit Suicides beeinflusst wurde. Als der Pate des Punk 1974 mit *Sally Can't Dance* seinen kommerziellen Durchbruch hatte und das Doppelalbum *Metal Machine Music* 1975 folgen ließ, auf dem er Feedbacks und elektrische Signale benutzte, was entweder als Meisterwerk oder als Abrechnung mit seiner Plattenfirma gefeiert wurde, fand Vega, dass die Ähnlichkeiten zu Suicide deutlich hörbar waren. Sowohl das Album von Reed als auch das von Suicide hatten sehr großen Einfluss auf die Industrial-Bands der späten Siebzigerjahre wie Throbbing Gristle und Cabaret Voltaire. Und Vega weist darauf hin, dass Reed in den frühen Siebzigerjahren sehr gut über Suicide informiert war. Reed habe ihn sogar um seine Meinung zu einigen Produzenten gebeten, die er für seine Solo-Alben engagieren wollte. Es ist sicher möglich, dass Reed und Suicide in ihrer musikalischen und lyrischen Tradition verbunden waren. Beide Bands verbanden lärmende Avantgarde-Elemente mit konfrontativen Songs, die von den kleinen Leuten erzählten, den Leuten der Straße, die von den grellen Klängen der Stadt umgeben waren. Und beide Bands waren zu ihrer Zeit kommerziell erfolglos und wurden höchstens als wichtige Erneuerer anerkannt; erst in den Neunzigerjahren wurde der Einfluss von Suicide auf das Spektrum von Industrial bis Synthiepop gewürdigt. Es wäre also nur allzu passend, wenn der spirituelle Vater seinem spirituellen Sohn die Ehre erwiesen und sich seinerseits von ihm hätte beeinflussen lassen.

Andererseits ist es nicht so, dass Reed nur *einen* spirituellen Sohn gehabt hätte. Der *Zeyde* des Punkrock hat auch ein anderes jüdisches Kind aus der jüngeren Generation beeinflusst, ein jüdisches Kind, das am selben Ort wie Vega begann, aber an einem ganz anderen Ort landete.

I'M STRAIGHT

Jonathan Richman: Der coole Nerd

»Als ich zwei oder drei Jahre alt war, sangen mir meine Eltern kleine Melodien vor. Die Lieblingsmelodien meiner Mutter und ihr Gefühl für Witz und lustige Reime haben ihren Weg in meine Musik gefunden.«
Jonathan Richman, 1993

»Well the old world may be dead / Our parents can't understand / But I still have parents / And I still love the old world.«
»The Old World«, Modern Lovers

»They were wild like the USA / A mystery band in a New York way / Rock and roll, but not like the rest / … Biker boys meet the college kind.«
Jonathan Richman, »Velvet Underground«

Es ist der Summer of Love und Jonathan Richman hat schlechte Laune. Während er auf dem Harvard Square sitzt, eine Gitarre in seinem Schoß, sieht er nichts als Batik, lange Haare und Perlen. Schlimmer noch, die Blicke der so kostümierten Kids verraten, dass sie nicht ganz da sind. Mit blutunterlaufenen, glasigen Augen und großen, finsteren Pupillen starren sie ins Leere, als gäbe es nichts um sie herum.

Er kann diese Abwesenheit nicht ertragen, dieses vorsätzliche Sich-Entfernen, diese Sehnsucht danach, das eigene Bewusstsein auszuschalten und sich von der Realität zu trennen. Er hält ihr ständig gleiches Grinsen im

Gesicht nicht aus, so als ob sie sich alle lieben würden. Dabei lieben sie niemanden. Und insbesondere das Grinsen der Männer wirkt so offensichtlich falsch. Jonathan sieht auf einen Blick, dass diese langhaarigen Wildleder-Typen nicht das sind, was sie vorgeben: erfüllt von Liebe und dem Wunsch, diese Liebe durch Lieder zu verbreiten. Wenn sie die Straße mit ihren akustischen oder elektrischen Gitarren entlang laufen, möchte Jonathan zu ihnen gehen und ihnen in die Augen schauen. Er will, dass sie begreifen, wer hier der Gute ist. Er will, dass sie begreifen, wer hier der Trottel ist.

Er verlässt seinen Platz gegenüber der Bahnstation, wo sich die Musiker versammeln und geht zur großen Wiese, die an Harvard angrenzt. Er wird seine eigene Performance geben. Er wird ihnen zeigen, um was es bei Musik wirklich geht.

Ist es verwunderlich, dass diese Performance nicht so gut läuft, wie Jonathan es erwartet hatte? Verblüfft es irgendjemanden, dass die Hippies und die durch Acid glücklich gewordenen College-Kids sich nicht für seine Songs interessieren, die von Nervenkliniken, aussichtsloser Liebe und dem Respekt für die Eltern handeln? Jonathan hat einen kurzen Haarschnitt, der auch gut zu einem Arzt oder Buchhalter gepasst hätte und trägt ein Hemd mit Knopfleiste zu perfekt gebügelten Hosen. Er ist ein ansehnlicher junger Mann, abgesehen von dem etwas vertrottelten Ausdruck in seinem Gesicht. Sein leicht anzügliches Lächeln lässt ihn ein wenig verrückt aussehen; oder wie einen Eigenbrötler, zumindest wie einen Trottel. Was wollte er mit diesem Aussehen erreichen? Und warum glaubte er, dass die Hippies und Freaks darauf reagieren würden?

Sich so zu kleiden wie der anständigste aller netten Jungs war Jonathans Weg, gegen die Rebellion zu rebellieren. Es war eine Art, der alten Welt die Ehre zu erweisen, auch wenn er in der neuen lebte und sie liebte. Danny Fields und insbesondere Jonathans Idol Lou Reed rebellierten gegen ihre Herkunft aus der Mittelschicht, indem sie den Look und das Image des Punk kultivierten. Jonathans Rebellion war ein bisschen komplizierter.

Er war zwar in Boston geboren und aufgewachsen, aber im Herzen war er ein New Yorker. Bevor er seine Band gründete, zog er in diese Stadt, damit er näher bei Lou Reed und der Atmosphäre sein konnte, nach der er sich sehnte. Seine Band, die Modern Lovers, sollten in New York bekannt und einflussreich werden. Der Inbegriff von New York, The Velvet Underground, dienten den Modern Lovers als Vorlage und Richman selbst orientierte sich an Reed. Jerry Harrison, der Keyboarder der Modern Lovers, prägte später als Mitglied der Talking Heads deren charakteristischen Sound und Image.

Dieses New York – zumindest das New York von Lou Reed – war *sehr* weit von Richmans Boston entfernt. In Natick, ein Vorort im Bostoner Norden, der mindestens genauso jüdisch wie Reeds Freeport in Long Island war, wurde Richman 1951 geboren und, wie Reed, überwiegend säkular erzogen.* Die jüdischen Kids lernten von ihren Eltern, dass die sichersten und konventionellsten Berufe die Besten seien. Sie taten alles, um ihre Kinder auf Schulen schicken zu können, mit denen sie den Weg nach oben schaffen würden. So wie in Freeport neigten die meisten Einwohner von Natick zu liberalen politischen Einstellungen. Ein großer Teil der Bevölkerung wählte demokratisch und unterstützte unmissverständlich den Staat Israel.

Die Unterschiede zwischen Richmans und Reeds Herkunft sind so grundlegend wie ihre Gemeinsamkeiten. Zwar war die Besucherzahl der Synagoge in Richmans Viertel im Allgemeinen so niedrig wie in Freeport, jedoch gingen seine Eltern jeden Freitag zum Schabbat in die Schul und nach Auskunft von Richmans Nachbar John Felice, seinem Freund von der Highschool und Mitgründer der Modern Lovers, nahmen sie Jonathan oft mit. Noch wichtiger ist vielleicht, dass Richmans Familie weniger wohlhabend als Reeds Familie war. Zwar hatten Jonathans Eltern genug, um ihn und seinen älteren Bruder zu unterstützen, doch den Grad des sozialen und ökonomischen Erfolgs, auf den Reeds Eltern so stolz waren, erreichten sie nie. Saul Richman besaß kein Geschäft und hatte auch keinen akademischen Beruf, sondern arbeitete als Angestellter. Er war ein Handlungsreisender, so wie Willy Loman, der ruinierte jüdische Amerikaner in *Tod eines Handlungsreisenden.*

Richman ist bekanntlich zurückhaltend, wenn es um seine Vergangenheit und sein persönliches Leben geht. Er stand auf und ging, als ich ihn hinter der Bühne traf und ihm erzählte, ihn in diesem Buch porträtieren zu wollen. Dabei hat er in Interviews immer wieder betont, dass ihm die Idee zu seinem berühmtesten Song »Roadrunner« kam, als er mit seinem Vater,

---

* Damals wie heute sind die meisten Juden säkular. Jüngste Erhebungen ergeben, dass 79 Prozent der Amerikaner an Gott glauben, während es zehn Prozent der Katholiken, 21 Prozent der Protestanten und 52 Prozent der Juden *nicht* tun. Sigmund Freud sagte: »Ich habe mich der Tatsache ergeben, dass ich ein von Gott verlassener ungläubiger Jude bin.«

der geschäftlich unterwegs war, durch die Gegend fuhr. In »Roadrunner« werden die verstopften Straßen beschrieben, die mit Neonschildern von Firmen wie der Lebensmittelkette Stop&Shop zugekleistert sind. Die Sex Pistols coverten den Song später, wahrscheinlich ohne sich über seine Ursprünge im Leben eines Handlungsreisenden bewusst zu sein.

Der junge Jonathan wurde von seinem Vater geprägt, auch wenn er dessen Einfluss erst umgestalten musste, um ihn für sein späteres Leben nutzbar zu machen. »Roadrunner« handelt nicht nur von den Gewerbegebieten, die sich auf die amerikanischen Vororte ausdehnen. Der Song feiert die gestalterische Kraft der Phantasie, mit deren Hilfe die Neonschilder und Lebensmittelläden in Richmans Vorstellung zu einer Vision von Schönheit werden. Man kann fast hören, wie Richman zwischen den Zeilen sagt: *Hey, mein Alter war nicht so schlecht, auch wenn er so leben musste wie ein Handlungsreisender mit dem Hut in der Hand.* Trotz all dem ist die Kluft zwischen Richman und seiner Familie sehr tief, vielleicht unüberbrückbar. Richman hat im Laufe seiner Karriere immer wieder betont, wie sehr er die Unterstützung seiner Eltern zu würdigen und zu schätzen wusste, aber von »Liebe« sprach er nie. Felice berichtet: »Ich war ein paar Mal mit Jonathan und seinen Eltern essen und seine Eltern sprachen wenig und zeigten kaum Gefühle. Jonathan ist ein lebhafter Charakter, er liebt das Leben. Es machte nicht den Eindruck, als stammten sie aus derselben Familie.«

Man kann auch Biff Loman, den von seinem Vater Willy Loman entfremdeten Sohn, hinzuziehen. Biff erklärt seinem Bruder Happy, warum er von zu Hause fliehen möchte: »Wir gehören nicht in diese Klapsmühle … Wir sollten irgendwo auf dem Land Zementmischer werden – oder Zimmermänner. Einem Zimmermann ist es wenigstens erlaubt, zu pfeifen!«

Lou Reed, alias Lewis Allan Rabinowitz, mit seinen nervösen, von Shpilkes getriebenen Augen, war deshalb attraktiv, weil er in klassisch jüdischer Weise gegen eine bestimmte Jewishness rebellierte – eine Jewishness, die ihn dazu brachte, wütend, spottend und hart zu sein. In Velvet Underground im Allgemeinen und in Reed im Besonderen, fand Richman den Ersatzvater, den er brauchte, einen, den er stellvertretend bewundern, wenn nicht sogar lieben konnte.

Jedes Mal, wenn Velvet Underground Boston besuchten, war Jonathan da, hing nach den Shows hinter der Bühne rum und hoffte inständig, seine Idole zu treffen. Monat für Monat war er dort, seine gesamte Highschoolzeit; und Monat für Monat fiel der Band diese ungeschickte Figur auf, dieser kurzhaarige, idiotisch guckende Richman, der in den späten Sechzigerjahren einen noch verstörenderen Anblick bot als die Band in ihren schwarzen Lederklamotten. The Velvet Underground sahen zu wütend und ernst aus, um Hippies zu sein. Richman hingegen grenzte sich durch seinen wahrhaft einzigartigen Look ab, der zeigte, dass er auf seine Anständigkeit zutiefst stolz war.

»Jonathan war ein sonderbares Kind«, berichtet der Bostoner Rockhistoriker Joe Harvard, der Autor einer ausführlichen Studie über das erste Album von Velvet Underground. »Soweit ich gehört habe, fühlte er sich völlig entfremdet und allein, so sehr, dass seine Eltern sich fragten, was bloß aus ihm werden sollte. Doch anders als im Fall von Reed ließen Jonathans Eltern ihren Sohn nicht mit Elektroschocks behandeln. Sie waren einfach nur glücklich, dass er nichts mit Drogen zu tun hatte. Sie können sich nicht vorstellen, wie ungewöhnlich das damals für einen Jugendlichen war.«

Vor allem für einen jüdischen Jugendlichen. Es ist ausführlich dokumentiert, dass die Kinder aus Jonathans Generation, die eine ähnliche Herkunft hatten wie er, wesentlich häufiger als die Kinder der WASP an den sozialen Aufständen und Rebellionen beteiligt waren, die das Land damals erschütterten. Die Anführer der studentischen Protestbewegung waren mehrheitlich jüdisch, unter ihnen Abbie Hoffmann, Jerry Rubin und Allen Ginsberg. Es war sogar so, wie Reeds Biograph Victor Bockris betont, dass Lou von der jüdischen Studentenverbindungen an der Syracuse Universität als Maskottchen aufgenommen wurde – obwohl er gar nichts mit ihnen zu tun haben wollte – weil »die Verbindungen noch immer den amerikanischen Campus dominierten … und ein tiefer kultureller Graben zwischen den jüdischen und den nichtjüdischen Verbindungen bestand. Die jüdischen Bruderschaften waren zumeist moderner, neuen Entwicklungen und einer neuen Art zu leben gegenüber aufgeschlossener.«

Richman war eine Wiederkehr, ein jüdisches Kind wie aus einer früheren Generation, ein »netter jüdischer Junge«. Auch aus seinen Songs ging eindeutig hervor, dass er die Vergangenheit so sehr wie die moderne Welt liebte. So wie Ray Davies in England wollte Jonathan die Dorfwiese als Symbol beschützen, auch wenn in seinem Fall die Wiese eher wie ein einfaches Halbgeschosshaus in Natick aussah, vor dem das Auto eines Handlungsreisenden in der Auffahrt stand.

Von »Modern World« über »Dignified and Old« zu »I'm Straight«, hören wir Jonathans Sehnsucht, dass ein Mädchen ihre »Zigarette weglegt«, damit sie sich im »Regen des Vororts« in einen Jungen wie ihn verliebt, der sich nicht dafür »schämen« muss, dass er »alt und ehrwürdig« und

»anständig, nicht wie Johnny der Hippie« sein möchte. Er sehnte sich nach einer Zeit und einem Ort zurück, an dem Werte hochgehalten und Kids wie er dafür ausgezeichnet wurden, dass sie hart arbeiteten, studierten, und selbstverständlich ihren Eltern gefielen. Eine Zeit, in der es besser war, ein Schüler zu sein – oder sogar ein Handlungsreisender, der seine Familie unterstützt – als ein rebellischer Träumer, der alles hinschmeißt, um alleine seinen Weg zu gehen.

✳ ✳ ✳

Anständig. Anders als die von ihm geliebten Velvet Underground. Anständig, aber mit leidenschaftlicher Sehnsucht, die vom hypnotischen Trommeln dieser Band entfacht wurde. Anständig, aber »lebhaft«, beschreibt ihn John Felice. »Ein Charakter« nannte ihn Joe Harvard. Als »Poet« bezeichnet ihn Ernie Brooks, Mitglied der Modern Lovers.

Anständig, aber gequält, wie dieser definitiv unanständige Lou Reed. Jonathans Ersatzvater, sein Gegenteil und doch seine Reflektion.

✳ ✳ ✳

Als es Richman schließlich gelang, seine Idole bei einem Gig in Boston zu treffen, zwang er Reed seine Gedichte und Songtexte auf. Die frühen Kompositionen von Richman, wie »Hospital« und »She Cracked«, sind verstörender als alles, was Reed jemals zu Papier gebracht hat. Obwohl der Text des ersten Liedes teilweise ironisch und in einem weinerlichen Ton verfasst ist, und der andere im Stil einer wilden Party, handeln beide von Einsamkeit und Wahnsinn. Sie porträtieren den wahren Liebhaber, der dazu gezwungen ist, sich entweder aus dem sozialen Leben zurückzuziehen oder zusammenzubrechen. Dies sind Themen, mit denen Reed sich erst später befasste, und vor denen er damals wohl noch zurückschreckte.

Während Reed Sadomasochismus (»Venus in Furs«) und Verfall (»European Son«, »Sister Ray«) mythologisierte, ging Richman direkt zum Nervenzentrum und nahm sich der Jungs und Mädchen aus den Vororten an, die in Nervenkliniken geschickt wurden oder einsam in ihren Zimmern saßen. Gleichzeitig bescheinigte er der romantischen Liebe heilende Kräfte, wie in »Hospital« oder in »Someone I Care About«, genauso wie Reed in vielen seiner Kompositionen. In der Geschichte der Rockmusik wurde die romantische Liebe vielleicht nie besser als in Reeds »I'll Be Your Mirror« ausgedrückt und in seinen naiven Lobgesängen auf die »alte Welt« wie »Sweet Jane« (»And those ladies, they rolled their eyes …«) und »New

Age« (»And when you kissed Robert Mitchum / gee, but I thought you'd never catch him«).

* * *

Als Kinder einer Geschichte von Unterdrückung und Exil, wie auch als Kinder der Hollywood-Märchenwelt, waren Reed und Richman in ihrem Glauben an die romantische Liebe genauso gespalten wie in ihrem Glauben an den Menschen im Allgemeinen. Sofort nach seinem Highschool-Abschluss, den zu machen seine Eltern ihn angefleht hatten, verließ Richman Boston Richtung New York und brach vollständig mit seiner alten Welt.

In New York versuchte Richman tiefer in das Leben von Velvet Underground und deren Umfeld einzutauchen. Zuerst wurde er Botenjunge, dann einer von denen, die die Kleiderständer durch die Boutiquen im »Garment District« schoben, und schließlich sicherte er sich einen Job als Hilfskellner in Max's Kansas City. Dieses Bar-Restaurant diente der Warhol-Clique als Club und war der berühmteste Szene-Treffpunkt, bevor es das CBGB gab.

Mickey Ruskin, der seit den späten Fünfzigerjahren Beatnik-Bars im Village betrieb, eröffnete im Dezember 1965 das Max's, wo sich die Elite aus Downtown traf, um zu sehen und gesehen zu werden. Nicht nur um Bands wie Velvet Underground spielen zu sehen oder in den privaten Partyräumen Kokain-Lines zu ziehen, ging man ins Max's, sondern in erster Linie, um andere zu beobachten und anderen zu imponieren. In einer beliebigen Nacht konnte der Besucher sich mit dem Warhol-Superstar Warhola Whips (Andrea Feldman) vergnügen, die auf den Tisch sprang, um sich auszuziehen und zu tanzen, während Warhol gelassen ein paar Fotos machte und der Künstler Larry Rivers mit dem Autor Terry Southern darüber diskutierte, ob sie möglicherweise wahnsinnig war – tatsächlich sprang Feldman 1972 aus dem Fenster ihres Appartements im 15. Stock in den Tod. Das Max's war einer der Orte, die in den ahnungslosen Hollywoodfilmen der damaligen Zeit als »verrückt« und »wild« portraitiert wurden.

Richman sog alles auf und genoss es. Der tiefen Unzufriedenheit mit seinen bisherigen Erfahrungen wurde hier Ausdruck verliehen. Der fünf Jahre jüngere Felice, der in Boston geblieben war, um die Highschool zu beenden, erinnert sich daran, dass er jede Woche mindestens drei Briefe von seinem Freund bekam. Richman war begeistert, Warhol persönlich getroffen zu haben und als gelegentlicher Besucher der Factory zugelassen zu werden. Doch ihn störte die distanzierte Art des berühmten Künstlers, wie er sich von den Menschen fernhielt und mit ihren Gefühlen spielte, um sie dann zu beobachten.

Noch schlimmer sei, so erzählte Richman Felice, dass sein Idol Lou Reed das Gleiche zu tun schien. Dieser hielt sich nicht nur von Richman fern, sondern auch vom Rest der Band und den anderen Gefährten Warhols, als fühlte er sich ihnen überlegen.

Richman ahnte nicht, dass Reed zu dieser Zeit eine Krise durchmachte, und, nachdem er John Cale gefeuert hatte, mit dem neuen Gitarristen um die Vorherrschaft in der Band kämpfte. Dabei merkte Reed, dass er nicht nur diese Schlacht verlor, sondern auch die Kontrolle über sich selbst, über seine Identität.

»Als Velvet Underground auseinanderbrachen, schien Reed völlig haltlos«, erzählt Bockris. »Bald darauf ging er zurück nach Long Island, um sich bei seinen Eltern zu verstecken. Es stellte sich heraus, dass er für seinen Vater arbeitete.«

Ein Artikel, den Reed während dieser Zeit über die Bedeutung des Rock'n'Roll schrieb, ist äußerst vielsagend. Darin lobt er immer wieder die Macht der Musik, unterhöhlt dies aber mit der Aussage, dass es »sich für einen Erwachsenen nicht gehört, seine Zeit damit zu verbringen« und dass es für jemanden in seinem Alter angemessener sei, einen wirklichen Job zu haben – »das ist die wahre Herausforderung«, schreibt Reed und klingt dabei wie das Echo seiner Eltern.

Richman hat den Artikel wahrscheinlich nicht gelesen, wohl aber Reeds Rückzug wahrgenommen. Das half ihm nicht gerade dabei, selber durchzuhalten. Wochenlang erhielt Felice Briefe von Jonathan, in denen dieser seine Entfremdung von der Stadt beschrieb und die Einsamkeit, die er in seiner Mietwohnung verspürte. »Ich besuchte ihn damals an einem Wochenende. Er war umgeben von Pizzaschachteln und dreckigen Klamotten und er sah nicht wirklich gut aus«, berichtet Felice.

Weniger als einen Monat später entschied Richman, alles hinzuschmeißen und den Rat seiner Eltern, nach Boston zurückzukehren, zu beherzigen. Doch bevor er das tat, reiste er zunächst nach Europa. Und nach Israel.

✳ ✳ ✳

Wenn es einen entscheidenden Einschnitt in Richmans Leben gibt, einen Vorher-Nachher-Moment, eine kathartische Erfahrung, die zu einer Offenbarung führte, dann war es diese Reise nach Israel. Richman dokumentierte sie sowohl für sich selbst als auch für Felice. Es gibt keinen Zweifel daran, dass dort etwas ganz Besonderes geschehen war.

»Jonathan schickte mir diese Briefe, die voll waren mit Bildern von antiken Ruinen und Schauplätzen, um mir die Schönheit der Wüste zu beschreiben«, berichtet Felice. »Ich meine, Mann, der Typ sagte, er habe Visionen. Spirituelle Visionen. Das hat mich umgehauen.«

Felice und andere spielen die Bedeutung des Judaismus in diesen Visionen herunter und betonen, dass Richman, wie viele zu der Zeit, zahlreichen östlichen Philosophien anhing. Und doch scheint die Verbindung offensichtlich. Warum fuhr Richman überhaupt nach Israel? Auch wenn Felice sagt, dass es nur ein Teil seiner Europa-Reise war, steckt wohl mehr dahinter. Auch Jonathans Cousin in Israel, den er hatte besuchen wollen, erwähnte er Felice gegenüber nie wieder, nachdem er in dem Land angekommen war, beschwerte sich stattdessen über seine Einsamkeit. Selbst wenn er in erster Linie nach Israel gegangen war, weil seine Eltern ihm die Reise bezahlten, war die jüdische Heimat für ihn sicherlich mit Assoziationen verbunden, die außerhalb seines Interesses für östliches und anderes religiöses Denken lagen. Der deutlichste Beweis dafür ist die Beschreibung seiner Visionen und seine Erklärungen über deren Bedeutung.

»Jonathan sagte, dass er am meisten bereute, niemanden gehabt zu haben, mit dem er die Schönheit der Wüste teilen konnte«, berichtet Felice. »Er entschied sich, das zu ändern und eine Band zu gründen. Er wollte Leute um sich haben.«

Felice macht eine Pause und wiederholt dann das, was er gerade gesagt hat, um zu betonen, wie wichtig es ist.

»Er sagte, dass er eine Band gründen wolle. Über Jahre hatte ich ihn dazu ermutigt. Ich nervte ihn jeden Tag. ›Lass uns eine Band gründen, lass uns eine Band gründen. Komm schon, wir sollten eine Band gründen.‹ Aber er musste erst in die beschissene Wüste gehen und sich einsam fühlen, bis er seine Meinung änderte. Plötzlich wollte er es tun. ›Lass uns eine Band gründen‹, sagte er. Und sobald er zurück war, haben wir das gemacht.«

*   *   *

Ist es überzogen, zu behaupten, dass Jonathans Visionen in der Wüste – so schön sie gewesen sein mögen – zuallererst seine eigene Einsamkeit reflektierten? Seine Offenbarung bestand nicht darin, dass er sich weiter mit Musik beschäftigen, Songs schreiben oder sie singen sollte – das hatte er schon seit Jahren als Solomusiker getan. Sondern er erkannte, dass er eine Gruppe schaffen musste, eine Gemeinschaft, einen Ort, an dem er sich zu Hause fühlte. Und zu dieser Einsicht gelangte er an dem Ort, von dem die traditionelle jüdische Weisheit sagt, er sei der einzige, an dem sich entfremdete Juden akzeptiert fühlen, wo das wandernde Volk der Diaspora seinen Frieden findet, und wo selbst ein jüdischer Nerd ruhig wird: in Israel.

The Modern Lovers.
Die Traumband
eines Intellektuellen.
Auch bei dieser
Konstellation hatte
Danny Fields seine
Finger mit im Spiel.
Von links nach rechts:
Richman, Brooks,
Robinson, Felice und
Harrison.

Wahrscheinlich hat Jonathan die Tiefe seiner Entfremdung erst verstanden, als er die jüdische Heimat besuchte und sich sogar dort deplaziert fühlte. Er litt umso mehr, als er erkannte, dass er keine Verbindung zu dem »Land seiner Väter« herstellen konnte. Seine Qualen zwangen ihn zum Handeln. Statt in Israel weiterhin der Außenseiter zu sein, der er in New York und der größtenteils jüdischen Nachbarschaft seiner Kindheit gewesen war, entschloss er sich, seine eigene, äußerst moderne Welt der Liebe zu schaffen. In diese Welt würde er passen, denn er würde ihr Schöpfer sein. Wie ein Gott könnte er dort den richtigen Weg weisen. Er wäre der ultimative Modern Lover.

✳   ✳   ✳

Zurück in Boston begannen Richman und Felice eine Band zusammenzustellen. Unter ihren ersten Mitgliedern waren David Robinson – ein Schlagzeuger, den Jonathan kennengelernt hatte, als er gerade eine Suchanzeige für einen Schlagzeuger aufhängte – und Rolfe Anderson, ein Bekannter von Robinson, der Bass spielte. Während sie probten, trat Richman weiter auf dem Harvard Square auf, wie er es als Teenager getan hatte, bevor er nach New York gezogen war. Dort traf er Danny Fields, der ihm die Harvard-Studenten Jerry Harrison und Ernie Brooks vorstellte. Anfangs war Harrison mehr daran interessiert, Jonathan für einen Film zu gewinnen, den er für seine Doktorarbeit produzierte, als Musik zu spielen. »Es war eine Dokumentation über drei Ausgestoßene: eine Frau, die auf der Straße lebte und glaubte, dass alle hinter ihr her seien; ein Mann, der Zeitungen sammelte und nicht wusste, wie er auf andere Menschen zugehen sollte; und Jonathan, dieses verrückte Kind, das darüber glücklich zu sein schien, seine eigene Realität geschaffen zu haben. Jonathan war die einzige glückliche Person.«

Doch vorher ließen sich Harris und Brooks von »dem verrückten Kind mit der weißen Lederjacke« inspirieren und stiegen bei seiner Band ein. Als sich Felice entschied, auszusteigen und Anderson entlassen wurde, war das klassische Line-up der Modern Lovers vollständig.

Wie Velvet Underground waren die ursprünglichen Modern Lovers die Traumband eines Intellektuellen. Bestehend aus zwei Harvard-Absolventen, einem Highschool-Studenten und einem jüdischen Kid, das klares Denken und finstere Themen der guten Stimmung und der kalifornischen Sonne vorzog, produzierten sie Songs mit subtilen Texten und sonderbar bewegender Musik, die zwar stilistisch Garage Rock, aber dennoch viel komplizierter war.

Richmans Texte handelten anfangs von Mädchen, die einen Nervenzusammenbruch erlitten hatten, und Autos, die auf den neonbeleuchteten Highways der Vororte fuhren. Mit der Entstehung neuer Songs erweiterten sich auch die Themen und weitere ungemütliche Charaktere wie scheinheilige Hippies (»Old World«) und Macho-Arschlöcher (»Pablo Picasso«) tauchten auf. Damit ging Jonathan Richman über das Aufzeichnen von Zusammenbrüchen und Kapitulationen hinaus, er reagierte vielmehr auf die Leute, die ihn als Teenager hatten leiden lassen. (Es gibt Leute, die behaupten, dass Richmans Probleme mit Mädchen in der Highschool nicht daher kamen, dass er schüchtern war, sondern weil er unerträglich war. Das würde die Interpretation zulassen, dass er sich in seinen Songs selbst anklagt.)

Während die Textzeilen das Laute, Unausstehliche und Aggressive attackierten, machte die Musik etwas ganz anderes. Mit der Mischung aus dem Velvet-Underground-Stil der Wiederholung (man achte einfach auf die beharrliche Eintönigkeit des Beats in »Roadrunner«) und den einfachen Akkordmustern des Garage, arbeiteten die Modern Lovers die wilden, primitiven Bestandteile des Sounds von Velvet Underground heraus und reduzierten deren verrückte Avantgarde-Elemente. Gleichzeitig führten sie die Orgel wieder ein, das Instrument, mit dem Cale die fantastische und aufwühlende Wirkung in Velvet Undergrounds Meisterwerk »Sister Ray« erzielte. Die Orgel war nun weniger auf den Avantgarde-Stil von Downtown

New York eingestimmt, als auf die klassischen Garage-Bands aus den Sechzigerjahren. Lenny Kaye, Rockkritiker und Gitarrist der Patti Smith Group, würde bald in den *Nuggets*, seiner Sammlung von psychedelischen Garage-Melodien aus dieser Zeit, notieren, dass dieser Orgelsound zwar »altmodisch« war, aber das »Skelett« des Rocks bildete. Man höre sich einfach den Hit »96 Tears« von den Mysterians an, dann »She Cracked« von den Modern Lovers, und man wird die Gemeinsamkeiten feststellen. Nein? OK, dann höre man sich »96 Tears« bei 78 rpm an. Dann hat man den Sound der Modern Lovers, eine Mischung aus der bedrohlichen Aggression im Velvet-Underground-Stil und von Hysterie getriebenem Garage Rock, beschleunigt auf das Ausmaß einer Fieberphantasie.

Dieser Sound und der Stil der Texte, die später für Punk zentral wurden, erwuchsen aus Richmans gespaltenem Bewusstsein. So wie viele kommende Punks schien Richman zwischen der Verachtung für die Macht und der Sehnsucht danach zerrissen. Er schien auch unter den Kräften zu leiden, die ihn dazu getrieben hatten, sich aus der Welt zurückzuziehen; die selben Kräfte, die Juden wie ihn, historisch betrachtet, schon immer dazu gebracht hatten, sich von einer Machtposition zu entfernen, wenn sie sie nicht verteidigen konnten.

Je mehr die Band sich in ihrer Karriere nach vorne (oder zurück?) entwickelte, desto sichtbarer wurde die destruktive Kraft dieser Spaltung. Als die Modern Lovers anfingen, in der Gegend von Boston aufzutreten, weckte die Band praktisch sofort Interesse, Vertreter verschiedener Labels lockten mit Plattenverträgen. Aber mit dem nahenden Erfolg trat bei Richman eine große Stagnation ein, die die Band auseinandertrieb, bevor auch nur eine Platte erschienen war. Tatsächlich wurde nie ein richtiges Album aufgenommen – was wir heute von den Original Modern Lovers kennen, ist das Ergebnis einer Reihe »informeller« Demoaufnahmen.

Die erste davon fand 1971 statt, ergab aber nur einen brauchbaren Song. Im Frühjahr 1972 fanden die beiden Sessions statt (eine mit John Cale, die andere mit Alan Mason), die den Kern des Albums ausmachen – einschließlich dem Klassiker »Roadrunner«. Kim Fowley, der Svengali der Runaways, arrangierte im Sommer 1972 eine dritte Session (hat sie aber nicht produziert – das war Dinky Dawson) und eine zweite mit Cale und noch eine mit ihm selbst im Sommer 1973. Aber zwischen den ersten Sessions mit Cale und Mason und den fast ein Jahr später folgenden gab es einen deutlichen Unterschied. Als die Band versuchte, einige ihrer früheren Songs neu aufzunehmen, zeigte Richman dieselben Zeichen von Desillusionierung, die die Bandmitglieder während der Konzerte bei ihm bemerkt hatten. Seine Auftritte waren glanzlos und halbherzig, manchmal kaum hörbar. Die neuen

Songs, die er machte, waren ruhiger und schrulliger als die alten und kündigten die wunderlichen Hymnen auf Moskitos und Schneemenschen an, deren Drolligkeit die Band schnell zur Verzweiflung brachte. Sogar die Anwesenheit von Cale half nicht. Richman lehnte mehrmals die Bemühungen des älteren Rockstars ab, zu Tempo und Lautstärke zurückzukehren. Tatsächlich machte Cale alles nur noch schlimmer, denn Richman stellte jetzt seine Rolle als Rockstar grundsätzlich in Frage und wollte keine so aggressive und gewalttätige Musik mehr singen.

Das Gleiche hatte er eigentlich schon von Anfang an in seinen Texten gesagt.

Rückblickend scheint der Bruch im Herbst 1972 stattgefunden zu haben, als Miss Christine – Mitglied der von Zappa geschaffenen Frauenband GTO (Girls Together Outrageously) – im Haus, in dem die Modern Lovers während ihrer Vorbereitungen für die nächsten Sessions wohnten, an einer Überdosis starb. Richman war von der Verschwendung ihres Lebens angewidert. Nachdem er während der Cale-Sessions in passiven Widerstand getreten war, gab er bekannt, dass er bestimmte Songs nicht mehr spielen werde, dass in Zukunft die Lautstärke runtergedreht werden musste, und dass er nicht sicher sei, mit welchem Label er einen Vertrag eingehen wollte. Felice, der kurzzeitig zurückgekehrt war, brachte das derart aus der Fassung, dass er auf der Stelle ausstieg und seine eigene Punkband, die Real Kids, gründete. Harrison, Robinson und Brooks versuchten das Ganze durchzustehen, aber 1974 war die Band am Ende. Harrison ging für ein Jahr nach Harvard, um dort zu unterrichten, und schloss sich 1976 den Talking Heads an. Robinson wechselte zur Bostoner Band The Cars und Brooks spielte in verschiedenen lokalen Gruppen, bis Richman schließlich Mitte der Siebzigerjahre eine neue Inkarnation der Modern Lovers gründete, die in Europa sehr populär wurde.

Zu der Zeit war das von Cale 1972 produzierte Album mit den Demos unter Beifall der Kritiker und zur Freude eines ausgewählten Publikums veröffentlicht worden. Songs wie »Roadrunner« und »Pablo Picasso« wurden neben »White Light/White Heat« von Velvet Underground, »Gloria« von der Patti Smith Group und »96 Tears« von ? and the Mysterians zum Renner in der Jukebox des CBGB.

Die Songs, die die Modern Lovers während dieser Zeit schufen, sind einige der aufregendsten in der Rock-Geschichte und für die Entwicklung von Punk so wichtig wie alles von Velvet Underground, den Stooges, MC5 oder den Doors. Tatsächlich waren diese Songs – Oden auf die Ausbreitung der Vororte, Attacken auf Macho-Arschlöcher, Lobgesänge auf Mädchen, die einen Nervenzusammenbruch hatten – eine Blaupause für Punk. Und die

Texte von Jonathan Richman, der in Natick geboren und aus Israel zurückgekehrt war, bildeten die Vorlage für die emotionalen Bedürfnisse der jüdischen New Yorker Punkbands.

Die Verurteilung des Macho, die Identifikation mit dem Geisteskranken und die Zurückweisung des Anti-Intellektualismus der Hippies waren integraler Bestandteil des New Yorker Punk und mit seinem jüdischen Milieu verbunden. In der Fokussierung auf die gebrochene und verletzte Psyche ihrer Zeit oder in der Verbindung der traditionellen Vorstellungen von Liebe mit der gänzlich modernen Enttäuschung und Angst waren beispielsweise die Ramones von Richman nicht weit entfernt. So wie Richman ein »girlfren« wollte, sangen die Ramones »I wanna be your boyfriend«. Und so wie Richman eines Tages darauf insistierte, dass seine Band zu laut war und keine Musik spielen dürfe, die »den Ohren von Kindern weh tut«, so milderten die beiden jüdischen Bandmitglieder Joey und Tommy Ramone ihre massiven Gitarrenattacken oft durch beruhigende Melodien des fröhlichsten und romantischsten Pop aus dem Brill Building.

Jonathans Jewishness kann von seiner Musik nicht getrennt werden. Wie erst 1994 mit der Veröffentlichung von *Precise Modern Lovers Order* bekannt wurde, leitete Richman während der ruhmreichen Tage der Band den Song »Hospital« manchmal folgendermaßen ein: »Jemand hat mich neulich gefragt, ob ich das Konzept der Jewish American Princess verstanden hätte, und zum Beweis erzählte ich ihm, wie ich diesen Song geschrieben hatte.« Und wie Ernie Brooks mir erzählt hat, haben die Modern Lovers in den ersten Jahren einen Song mit dem Titel »There Is No Such Place as Scarsdale or New Rochelle« gespielt und aufgenommen. Obwohl der Song – »ein echt guter sogar« – inzwischen verloren gegangen ist, berichtet Brooks, dass er textlich sehr interessant war. »Ich kann mich jetzt nicht mehr ganz genau an die Wörter erinnern, aber es hatte etwas mit dem Nahverkehrszug zu tun, der an die Züge erinnerte, die während des Holocaust in die Todeslager fuhren. Wie du weißt, werden Scarsdale und New Rochelle zweifellos als jüdische Vororte betrachtet. Jonathan wusste das auch.«

Ja, alle diese New Yorker Juden in den Vororten nördlich von New York City betrachteten die Welt wie Jonathan Richman. Das Kind aus dem jüdischen Vorort nördlich von Boston sah in den Zügen, die an den Häusern vorbei fuhren, die Finsternis – auch wenn diese Finsternis schon längst für überwunden gehalten wurde.

THE TEN NUGGETS

Lenny Kaye und die Compilation der Zehn Gebote des Punk

»In gewisser Weise betrachte ich mich selbst gerne als Gelehrten des Rock-’n’-Roll-Talmuds; ich löse verzwickte Fragen und die kleinen Geheimnisse der B-Seiten und diskutiere sie mit meinen Jeschiwa-Studenten«
– Lenny Kaye, 2004

»Jesus died for somebody’s sins, but not mine.«
– Patti Smith, 1974

Etwa zur gleichen Zeit, als Richman mit der Auflösung der Modern Lovers begann, softere, weniger aggressive Musik zu machen, die auch Kinderohren nicht weh tat, erschuf ein anderes jüdisches Kind etwas Neues, Provokatives und Aggressives aus seiner Liebe zur alten Welt.

Dieses Kind hieß Lenny Kaye und sah mindestens so trottelig wie der frühe Richman aus. Er stellte die Zehn Gebote des Punk auf, er war der Rockkritiker, der zum Propheten des Punk wurde. Als redaktioneller Kopf hinter der essentiellen Prä-Punk-Sammlung *Nuggets* und als musikalischer Kopf hinter der frühen, Quasi-Punkband Patti Smith Group, war Kaye so etwas wie das Bindeglied zwischen Wort und Tat, Denken und Handeln, jüdischer Kritik und jüdischer Performance und sorgte dafür, dass Juden endlich nicht mehr nur hinter den Kulissen agierten, sondern auch auf die Bühne gelangten.

Nichts deutete darauf hin, dass Kaye diese Sonderstellung zufallen würde. Obwohl er in Washington Heights geboren und in Queens und Brooklyn (in der vornehmlich jüdischen Gegend von Flatbush) aufgewachsen war, verbrachte er seine wichtigsten Teenagerjahre im »fremden« New Brunswick in New Jersey. »Als ich mit 13 nach New Jersey zog, waren dort nicht so viele Juden. Zum ersten Mal fühlte ich mich nicht als Teil einer dominanten ethnischen Gruppe. Es war sogar ein bisschen gespenstisch für mich, weil ich glaube, dass ich, bevor ich 13 oder 14 wurde, nicht ein einziges Mal in einer christlichen Kirche gewesen war. Ich habe das nie gesehen. Das war eine andere Welt.«

Obgleich Kaye sein Bestes gab, sich mit dieser neuen Welt zu arrangieren, blieb er im Abseits. Er umgab sich mit einem Kreis von Außenseitern, einem Quartett, das neben Kaye aus einem Italiener, einem Araber und einem weiteren Juden bestand, las Science Fiction und gestaltete Sci-Fi-Fanzines, obwohl er eigentlich davon träumte, Musik zu machen.

Natürlich war die Musik, insbesondere Rockmusik, keine gängige Beschäftigung für jüdische Kids aus Jersey. »Ich war vermutlich auf ›Besseres‹ eingestellt«, berichtet Kaye. »Ich fand nicht, dass ich für die Musik besonders geeignet war … Ich habe wirklich nicht daran geglaubt. Ich meine, rückblickend ist es offensichtlich, dass es das Einzige war, was ich machen wollte. Aber vor dem Hintergrund, dass ich aus dem Mittelstand kam, habe ich es nicht begriffen… Ich sah es nicht.«

Stattdessen ging Kaye aufs College, wo er zunächst das tat, was von ihm erwartet wurde und sich auf sein Studium konzentrierte, in dem er sich mit der europäischen Geschichte und der sich verändernden Distribution des Kapitals beschäftigte. Nebenbei machte er Musik und hing seinen Träumen nach, ein berühmter Rockstar zu werden. Er war wie dutzende, hunderte, wahrscheinlich tausende Jugendliche, die alle dasselbe taten. Jedoch mit einem Unterschied: Kaye hatte einen Onkel, der in der Musikindustrie arbeitete und Songs schrieb. Als Kaye Junior am College war, überließ sein Onkel ihm den Song »Crazy Like a Fox«, ein Folkrock-Protestsongt, den Kaye mit seiner Hilfe aufnahm. Es wurde ein kleiner Hit und plötzlich war Kaye ein Star. Oder wenigstens so was in der Art. Den Ruhm erntete nämlich ein Typ mit einem anderen Namen. Kaye blieb im Hintergrund, ein Niemand, ein Geheimnis.

Als Lenny ein Jahr alt war, hatte sein Vater den Familiennamen von Kusikoff in Kaye ändern lassen. Lennys Onkel und seine Vorgesetzten änderten ihn ein zweites Mal. Auf der Platte gaben sie Lenny Kaye den Namen Link

Cromwell, ein falscher British-Invasion-Rocker. Ein klassisches Beispiel dafür, wie zwar jiddisch geschrieben, aber britisch gecastet wurde. »Sie glaubten wohl, dass sie mit dem Namen mehr Platten als mit meinem echten verkaufen würden«, erklärt Kaye.

Kaye war das nicht so wichtig. Er hatte jetzt Fuß gefasst, war kein dürrer Mittelstandsjunge mehr, für den Musik als Lebensweg nicht in Frage kam.

Er konnte ein Star sein. Er konnte Link Cromwells »Umhang anziehen«, wie Kaye es beschreibt. So wie der in Superman versteckte Krypto-Jude, konnte er sich ganz einfach in jemand anderen verwandeln.

Als er bei The Zoo einstieg, einer beliebten Studenten-Band der Rutgers-Universität, die von der Tänzerinnengruppe Zulu Girls begleitet auf Studentenpartys spielte, trug er tatsächlich eine Tierhaut, die er wie ein afrikanischer Eingeborener um die Schultern warf. Er fühlte sich als »edler Wilder«, genauso wenig jüdisch wie der falsche britische Rocker Link Cromwell. Wenigstens wollte er das glauben. In Wahrheit hatte einer seiner Bandkollegen diese Kostüme von seinem Vater bekommen, einem Pelzhändler aus dem Garment District. Mit anderen Worten, sie hatten sie auf die klassisch jüdische Art erhalten: über eine *gonnegtion in de bidness*, die ihnen der Großhandel bot.

* * *

So sehr Kaye auch die Idee gefiel, eine Musik-Karriere zu verfolgen, erschien diese ihm zugleich unmöglich. Er war ein jüdischer Junge, von dem erwartet wurde, dass er studierte und niemand wollte ihn auf der Bühne sehen. Vielleicht noch als Link Cromwell, aber selbst das war eine Überschreitung der Grenzen. Was sollte er stattdessen machen? Er war sich nicht sicher, aber er wusste, dass er in die Stadt zurück musste. Dort passierten die wichtigen Dinge – im East Village, bei Ratner's, den Picklemen und im Fillmore East. Kaye wurde in den Masterstudiengang Geschichte an der NYU aufgenommen, so dass er zurück nach New York gehen konnte.

Kaye wollte einfach nur in der Stadt leben, doch einmal dort angekommen, wurde er doch wieder in die Musikszene verstrickt. Es war der Herbst nach dem Summer of Love und Veränderung lag in der Luft, revolutionäre Veränderung, von der Kaye genauso sehr ergriffen wurde wie jeder andere auch. Er war schon auf dem College ein Mitglied der SDS (Students for a Democratic Society) gewesen und hatte gegen den Vietnamkrieg demonstriert. Zwar lehnte er die Gewalt von SDS-Splittergruppen wie den Weathermen ab, verschrieb sich aber entschieden der Revolution des Bewusstseins, die Yippies wie Abbie Hoffman und Jerry Rubin versprachen. Er war der Überzeugung, dass der Materialismus hinter die Selbstverwirklichung und dem Mitgefühl zurücktreten und die Kunst den Kommerz ersetzen würde – eine Revolution für eine neue Generation. Wie so viele andere seiner Generation hatte er das Gefühl, dass Musik ein zentraler Bestandteil dieser Veränderung sein sollte.

»Als der Garage Rock aufkam und den Progressive Rock, eine Sache der Hippies, durchdrang, gab es dem Ganzen den Rest, und plötzlich stand die Musik an der Spitze der kulturellen Revolution«, erzählt Kaye. »Zumindest aus meiner Perspektive beförderte die Musik und insbesondere die Rockmusik die Utopien der Sechziger, denen ich hoffnungslos ergeben war. Ich übernahm die Philosophie der Hippies und integrierte sie in mein Leben… glaubte daran, dass Liebe die Welt verändern könnte. Das klingt heute völlig naiv, aber bei einem Zwanzigjährigen dreht sich alles um die Liebe und es hat mich einfach zu einem guten Zeitpunkt erwischt.«

Obwohl er Musik liebte und seine Freizeit auf Konzerten verbrachte, unternahm er zunächst nichts, um selber Teil der Musikwelt zu werden. Er war immer noch ein Mann des Buches und nicht der Gitarre und des Verstärkers. Was tat Kaye also? Er schrieb. Sogar in der Highschool hatte ihn das Schreiben genauso stark interessiert wie die Musik; und nicht nur Science Fiction oder das Songwriting, wie es sein Onkel betrieb, sondern das Schreiben *über* Musik. Mit anderen Worten: Rockkritik.

»Eine der Sachen, die ich als Kind, das von Musik und insbesondere Rock 'n' Roll fasziniert war, an *Crawdaddy* wirklich mochte: das Schreiben über Musik war dort so intensiv wie die Musik selbst. Wenn man Sandy Pearlman und seine Geschichte über Los Angeles gelesen hatte, verstand man den Geist der Doors oder den von Love wesentlich besser als wenn man ein normales Interview oder eine Konzertbesprechung las.«

Kayes Hobby, das er sich wie so viele andere clevere, sprachbegabte Menschen zugelegt hatte, verwandelte sich, eher versehentlich, in einen Beruf.

»Auf dem College hatte ich ein paar Sachen für die Schülerzeitung geschrieben, und als ich die Graduate School an der NYU besuchte (was wirklich nur geschah, um in die Stadt zu ziehen), machte ich damit weiter … Eine Folge davon war, dass mich eine Freundin jemandem vorstellte, der mir meinen ersten Job als Kritiker verschaffte. Das geschah alles einfach so.«

Vielleicht auch nicht. Denn wie Kaye selbst sagt, haben »Juden immer schon geschrieben … was ist die Bibel anderes als eine Explikation der Implikationen von Kunst … Und was sind Bibelforscher anderes als Bibelkritiker? Ich betrachte mich selbst als Teil dieser Tradition … Ich sehe mich selbst gerne als Gelehrten des Rock-'n'-Roll-Talmuds.«

Kaye begann als Freelancer und wurde bald – auf Empfehlung von Danny Fields – monatlicher Kolumnist des Magazins *Cavalier*. Damit gehörte er zur ersten Generation von Rockkritikern, die in den neuen Musikmagazinen wie *Crawdaddy* (Meltzer, Pearlman, Paul Williams) und *Creem* (Jon Landau, Ken Fowley, Lisa Robinson) arbeiteten, bald auch im *Rolling Stone* (Greil Marcus, Nik Cohn) und im *New York Rocker* (Andy Schwartz, Alan Betrock). Kaye beschreibt diese Kritiker als einen neuen Typus, eine neue Gruppe, die »versuchte, so musikalisch wie ihr Gegenstand zu schreiben.« Sie waren unterbezahlt, getrieben, bis zu einem gewissen Grad messianisch, und sie sahen in ihren neuen Bemühungen eine Fortsetzung der revolutionären Politik, für die sie sich in den Sechzigerjahren eingesetzt hatten.

Ach ja, und es gab noch einen anderen Punkt: Alle außer Fowley waren jüdisch.

»Ich ging zu meiner ersten Presseparty und wurde sozusagen in die Welt des Musikjournalismus eingeführt. Es war eine sehr eng verbundene Gruppe, Richard Meltzer und Sandy [Pearlman], Bobby Abrams, ein weiterer Jude, und ein Haufen anderer Leute, die irgendwie zu ihrem Umfeld gehörten ... Dann drang ich immer weiter vor und freundete mich mit Lillian Roxon an, die einen Riesenwirbel um mich veranstaltete, mit Danny Goldberg und Ronnie Finkelstein. Da hast du wieder drei Juden, drei Rockautoren ... die Medien waren immer ein nettes Zuhause für die Juden.«

Sogar Lester Bangs, der berüchtigte Punkkritiker und Performer, der zusammen mit Joey Ramones Bruder Mickey in der Band Birdland spielte und ein Album aufgenommen hatte, das Mickey 1998 schließlich selbst veröffentlichte, verdankt diesen Pionieren enorm viel. Der frühere Generaldirektor von Sire erinnert sich: »Ich besuchte regelmäßig Meltzers Appartement im Village und er erzählte mir: ›Es gibt da diesen verrückten Jungen, ein Stalker von irgendwo aus dem Mittleren Westen, der mir diese ganze Fanpost schickt‹. Er holte sie raus und las sie mir vor. Es war Lester Bangs, von dem damals noch niemand etwas gehört hatte. Bangs imitierte Meltzers Schreibstil, was ihm auch sehr gut gelang.«

Ich will die Geschichten der anderen Kritiker an dieser Stelle nicht weiter vertiefen – einschließlich derer, die schon sehr viel früher zu einem eigenen Stil gefunden hatten, wie Danny Fields aus der *Datebook*-Ära. Von Kayes persönlichen »größten Fünf« – Meltzer, Pearlman, Landau, Williams und Richard Goldstein (der vor allem für den *Herald Tribune* schrieb) – wird von den zwei wichtigsten, Meltzer und Pearlman, in Kapitel 8 die Rede sein. An dieser Stelle soll es zunächst nur um Lenny Kaye und seine Verwandlung vom Autor zum Performer gehen. Seine Geschichte illustriert vortrefflich, wie tief und anhaltend der Einfluss all dieser Kritiker auf die Musik war, die bald als Punk bekannt wurde. Sie zeigt, wie diese Kritiker das Genre sowohl direkt als auch indirekt hervorbrachten, sei es durch ihre Konzepte, mit denen sie die theoretische Grundlage für die neue Ästhetik des Punk schufen, oder als Songwriter, wodurch sie sich einen weiteren Schritt von ihren Schreibmaschinen und Tischen entfernten.

*   *   *

Während Kaye bei *Cavalier* arbeitete, favorisierte er den einfachen Rock 'n' Roll, der ihn an seine Zeit bei The Zoo erinnerte. Diese ursprüngliche, kurze, ehrliche Drei-Akkord-Musik war, so glaubte er, dem Rock abhanden gekommen. Diese Meinung teilte er mit anderen Kritikern seiner Zeit, die von der zunehmenden Protzigkeit und dem Weg ihrer früheren Idole in Progressive-Rock-Gefilde angewidert waren.

»Es lag etwas in der Luft«, berichtet Kaye. »Man redete über diese Dinge. Die Idee von Punkrock wurde irgendwo erwähnt, obwohl niemand wirklich wusste, was das genau bedeuten sollte.«

Doch so viel Anerkennung Kaye auch den anderen zuteil werden lässt, er war es, der schließlich die Zehn Gebote des Punk aufschrieb, die die neuen Rocker an ihre Vergangenheit erinnern und dazu inspirieren sollten, sie wieder auferstehen zu lassen. Innerhalb weniger Monate tauchte zum ersten Mal das auf, was schließlich Punk genannt werden sollte.

»1970 rief mich Jac Holzman von Elektra an, der fragte, ob ich für sie als Talent-Scout arbeiten wolle, was ich dann auch tat«, berichtet Kaye. »Unglücklicherweise erging es mir wie meinem Vorgänger Danny Fields – keine der Gruppen, die ich ihnen vorstellte, gefiel ihnen. Doch Jac hatte die Idee für ein Album mit dem Titel *Nuggets*, das aus Stücken bestehen sollte, die auf Alben erschienen waren, die nur einen einzigen großen Song hervorgebracht hatten … Die Aufgabe übergab er an mich und im Laufe eines Jahres erstellte ich eine Hommage an die Musik, die einfach und bodenständig war, aber jede Menge Energie enthielt.«

»Ich baute es auf zwei Dingen auf«, erzählt Kaye. »Ich mochte die Oldies-Alben von Mr. Maestro aus den Sechzigern, auf denen Songs aus den Fünfzigern zusammengestellt waren, mit Motorradtypen auf dem Cover und zwölf tollen Songs. Ich mochte aber auch Yazoos Blues-Platten, so was wie *Music of Georgia from 1927 to '32* und die gelehrten Textbeilagen. Ich habe mir *Nuggets* immer als eine Kombination aus diesen beiden Stilen vorgestellt.«

Durch die Kombination dieser beiden Ansätze verfolgte Kaye die revolutionären Vorstellungen weiter, die ihn seit dem College antrieben. Wäh-

Nuggets: Original Artyfacts from the First Psychedelic Era, 1965–1968, *1972*

rend er sich für die kleinen Leute seiner eigenen Generation einsetzte – die Irving Howe als *dos kleyne menschele* bezeichnen würde – bot er ihnen gleichzeitig eine bessere Welt an, in der sie sich von ihrer bedrückenden Vergangenheit befreien konnten, und es ihnen erlaubt war, sich selbst so zu verwirklichen, wie sie es wollten. Auch wenn er für sie gegenwärtig keine politischen Veränderungen erzielen konnte, so verlieh er ihnen zumindest eine Stimme. Seine Compilation von Klassikern des Garage Rock transportierte nicht nur einen Sound, sondern auch ein Lebensgefühl.

Dieses Album verwandelte die Wut der Teenager in einen künstlerischen Ausdruck der Freude, der Sehnsucht und der Hoffnung. Die Bands auf *Nuggets* suchten weder nach großen philosophischen Wahrheiten, noch ging es ihnen um Eskapismus oder Negativität. Wie Jonathan Richman, der Sohn eines Handlungsreisenden aus der unteren Mittelschicht, wollten auch sie sich einfach nur einen Platz in der Welt sichern. Ihre Songs schrieen: *Hier bin ich!*

Dabei waren die Musiker auf *Nuggets* sehr darauf bedacht, die großen Gesten der Ernsthaftigkeit zu vermeiden. Das war die Domäne der pseudokünstlerischen Rocker, die nur ihre kulturellen Referenzen unter Beweis stellen wollten (man denke an die Post-Syd-Barrett Pink Floyd). Die von Garage geprägten Freaks waren sich mit ihren Punk-Nachfolgern darin einig, dass man es entschieden ablehnen sollte, prätentiös und zurückhaltend zu sein. Wenn sie, wie die Punks auch, hin und wieder nach dem Bombastischen strebten, wie in »Journey to the Center of Your Mind« von Ted Nugents erster Band Amboy Dukes oder in »Psychotic Reaction« von den Dracula-Mäntel tragenden Count Five, dann geschah das spöttisch und in Form von Satire oder Farce. Heute mag die Compilation recht zahm wirken, aber man muss sich vergegenwärtigen, dass diese Musik vor dem Durchbruch von Punk entstand.

Mit *Nuggets*, das 1972 erschien, schuf Kaye die Zehn Gebote des Punk, eine Schablone für das Genre, dem sich Jonathan Richman und Lou Reed – ganz zu schweigen von anderen Kritikern, die zu dem Zeitpunkt eine Zukunftsvision propagierten – aus ganzem Herzen verschreiben konnten. Hier sind sie:

Du sollst zum Wesentlichen zurückkehren.

Du sollst das mit furchtbarer Energie tun.

Du sollst jung sein.

Du sollst krank sein.

Du sollst rotzig sein.

Du sollst hart sein und alle Tabus brechen.

Du sollst keine anderen Götter – vor allem beschissene Dinosaurier wie Eric Clapton und die sogenannten »Progressiven« wie Emerson, Lake & Palmer – neben dir haben.

Du sollst revolutionär sein.

Du sollst karikaturhaft sein.

Du sollst dich an die Vergangenheit des Rock erinnern und sie ehren.

Patti Smith, die Rebellin aus der Arbeiterklasse New Jerseys, feierte Kaye danach als Seher. Smith war eine Mischung aus Keith Richards, Bob Dylan und Janis Joplin und damit genau das, wonach Kaye gesucht hatte.

Smith und Kaye lernten sich über das Schreiben kennen. Sie las einen Text von Kaye über die Entwicklung des Doo Wop («The Best of Acapella«, der mittlerweile in der Anthologie *The Penguin Book of Rock and Roll Writing* von 1992 erschienen ist) und suchte ihn bei seinem neuen Job im Plattenladen Village Oldies auf. Smith, die zu dieser Zeit als freie Journalistin arbeitete, war Dichterin und Songwriterin für Blue Öyster Cult. BÖC hatten sogar diskutiert, ob sie Smith zu ihrer Leadsängerin machen sollten, aber die meisten Mitglieder der Band waren dagegen, eine »Puppe« singen zu lassen und lehnten die Idee ab, noch bevor Manager Sandy Pearlman und Songwriter Richard Meltzer sie lancieren konnten. Daher musste Smith weiter nach Wegen suchen, wie sie ihre musikalische Seite ausdrücken, ihre Texte mit Hilfe der Musik einem großen Publikum vorführen konnte. Sie bewegte sich als Frau in einer Männerwelt und war wie Kaye von Jersey nach New York gekommen. Sie suchte nach einem Weg, von den Büchern auf die Bühne zu wechseln. Als sie Kaye traf, fügten sich die Dinge endlich.

Niemand weiß genau, wie sich die Freundschaft zwischen Kaye und Smith in eine Partnerschaft verwandelte. Während Smith mehr und mehr als Schauspielerin arbeitete und in einer Reihe von Stücken auftrat, sogar einem, das sie mit ihrem damaligen Geliebten Sam Shephard geschrieben hatte, wurde Kaye allmählich vom Musikkritiker zum Musikmacher und spielte in einer Band mit seinem Kollegen Bob Palmer.

Anfangs war ihre Zusammenarbeit noch etwas diffus. Smith trug ihre Gedichte vor und Kaye lieferte dazwischen schallende Attacken. Bald darauf spielte Kaye *während* Smith las und dann spielte er während sie *sang*. Ein Jahr nach ihrem ersten Auftritt in der Saint Mark's Church im East Village am 10. Februar 1971 beschlossen die beiden, eine Band zu gründen, in der Kaye vor allem als Arrangeur der Gedichte von Smith diente.

Nach einigen Vorspielterminen einigten sie sich auf drei Mitspieler: Richard Sohl, der bereits mit ihnen gespielt hatte, am Piano; Jay Dee Daughtery, Drums, und Ivan Kral, Gitarre und Bass. Dann begannen sie, einige Songs zusammenzustellen, bei denen Smith in erster Linie ihre Texte über die Riffs von Kayes Leadgitarre sang. Auf diese Weise kamen sie zu Erkennungsmelodien wie »Birdland« und »Land«, die später auf ihrem Debüt-Album erscheinen sollten. Noch wichtiger war, dass sie den Weg weitergingen, den Smith und Kaye auf ihrer ersten Single »Piss Factory« eingeschlagen hatten. Der Song war eine Tirade gegen die eingeschränkten Wahlmöglichkeiten, denen Smith als Teenagerin aus der Arbeiterklasse ausgesetzt war, und die sie dazu gezwungen hatten, trotz ihrer künstlerischen Neigungen am Fließband zu arbeiten.

Diese frühe Zusammenarbeit verband die Wut der Arbeiterklasse mit dem zumeist linken Politikverständnis jüdischer Einwanderer in diesem Land. Der Sozialismus hatte viele der Punk-Protagonisten beeinflusst. Chris Steins Vater schrieb für linke Publikationen wie *The Masses*. Richard Hell wurde von seinem jüdischen Vater in den Fünfzigerjahren in Kentucky als »Kommunist und Atheist« erzogen. Ebenso Mark Suall (von den Revelons), dessen Vater Irwin Suall als Jugendlicher Mitglied bei der Young People's Socialist League war. Später wurde Suall, desillusioniert vom Antisemitismus der Linken, Direktor des Untersuchungsausschusses der Anti-Defamation League. Kayes Wurzeln lagen ebenfalls in der linken Politik, und in seinem späteren Leben unterstützte er liberale Angelegenheiten jeglicher Art. Kaye sagt über die amerikanischen Juden: »Man spricht über eine ethnische Gruppe, die definitiv links eingestellt war. Und trotz des doktrinären Aspekts im amerikanischen Kommunismus und Sozialismus und seiner Sympathisanten, sind viele der Themen wie Gleichheit, Fairness, Wahrheit und Gerechtigkeit für die Arbeiter, die Einschränkung unternehmerischer Maßlosigkeit, für Juden seit Jahrhunderten relevant. Anfang der Siebzigerjahre fing ich an zu begreifen, wie sehr mich diese Einstellung beeinflusst hatte; was ich geworden bin, worüber ich schreibe, welche Musik mich fasziniert und welche Musik ich mache. Besonders als ich mit dem gleichen hohen politischen Bewusstsein wie Patti Musik zu machen begann.«

Lenny Kaye und Patti Smith im Le Jardin, Roosevelt Hotel 1973: Die Prä-Patti-Smith-Group verband die Wut der Arbeiterklasse mit dem zumeist linken Politikverständnis jüdischer Einwanderer.

Natürlich spielte Parteipolitik für Smith und Kaye, so wie für die meisten Musiker der frühen Punkbewegung, keine Rolle. Viel wichtiger war das politische Moment der persönlichen Freiheit, das in einer Vielzahl musikalischer Formen unter dem Banner von Punk ausgedrückt wurde.

So unterschiedliche Bands wie die Patti Smith Group, Television und die Ramones widersprachen den doktrinären, überformatierten, elitären Formen des Rock 'n' Roll, die den Äther beherrschten. Sie gaben dem Rock seinen originär demokratischen Impuls zurück, der es jedem Jugendlichen mit ausreichend Mumm und Haltung erlaubte, die Bühne zu erobern und sich einen Namen zu machen. In der Tat öffneten sie die Türen weiter, als es die frühere Rockrevolution getan hatte, denn jetzt wurden auch Frauen, Intellektuelle, Schwächlinge und Juden akzeptiert. Hätte Punk nicht auch gegen die choreographierten Rhythmen von Disco rebelliert, wäre er vielleicht auch in der Lage gewesen, dieselbe Offenheit gegenüber schwarzen Künstlern an den Tag zu legen.

Punk feierte den Außenseiter, den Rebellen und jene Individuen, die, um Dylan zu paraphrasieren, außerhalb des Gesetzes leben mussten, um ehrlich zu sein. Er zog die geistigen Kinder von Verlaine und Rimbaud an (Tom Verlaine, Richard Hell, Patti Smith) und populistische Gruppen wie die Ramones (Trash-TV), die Dictators (Autos und Mädchen) und Blondie (Comicbücher und das Brill Building). Weil Smith und Kaye nicht eindeutig Punk waren, konnte ihre Band in der Szene allerdings nicht richtig Fuß fassen, was nach ihrem ersten Album in zunehmendem Maße deutlich wurde.

Zusammen mit dem perfekten Punk-Produzenten, dem ehemaligen Velvet-Underground-Mitglied John Cale, machten sich Smith, Kaye und ihre Kollegen an ihr Debüt. Cale hatte bereits die ersten Platten der Stooges und der Modern Lovers produziert. Als er mit der Patti Smith Group ins Studio ging, war er gerade dabei, sein eigenes, pulsierend melodisches und beißendes Soloalbum *Fear* zu veröffentlichen. Obwohl die Geschichten, die über die Entstehung von *Horses* (1975) im Umlauf sind, auf Schwierigkeiten zwischen Cale und der Band hindeuten, ist dieses erste Album in vielerlei Hinsicht ihr bestes, auch wenn die Musik kein reiner Punk ist. Cale mag den Songs das »Live«-Gefühl genommen haben, das die Band haben wollte. Aber er lieferte die Struktur und die Kraft, brachte die Gruppe dazu, ihren Sound zu finden und fügte seine eigene Produktionstechnik hinzu, um die Instrumentierung hervorzuheben. Die Geräuschschichten auf *Horses*, dissonant und melodisch, einfach und verworren, sind wunderschön. Cale mag mit den Musikern gekämpft haben, aber er holte die besten Leistungen aus ihnen heraus, trotz der Anschuldigungen von Smith und in geringerem Maße von Kaye, dass er ihren Sound verfälscht habe.

Vor allem Kaye war für die Momente verantwortlich, die das Album zu einem Wegbereiter des Punk machten. Smiths Deklaration »Jesus died for somebody's sins, but not mine« schien genauso in den Punk-Kontext zu passen wie die Betonung der Gewalt in der Geschichte der Vergewaltigung, auf die der Titel *Horses* anspielt. Doch ihre literarische Ernsthaftigkeit und ihre Inszenierung als erhabene Poetin passten nicht ganz zur Punk-Haltung.

Tatsächlich wäre die Patti Smith Group ohne Kayes »Zehn Gebote des Punk« niemals als Punkband betrachtet worden. Cale erweiterte den Sound der Gruppe und versuchte, die längeren Songs zu zügeln. Aber es war Kaye, der eine Coverversion von »Gloria« hinzufügte, dem Klassiker aus der *Nuggets*-Ära von Van Morrisons früherer Band Them. Außerdem baute er Punk-Referenzen ein, wie im Zitat des alten Garage-Rock-Hits »Land of a Thousand Dances« im Song »Land«. Zudem beharrte Kaye darauf, die Akkordfolgen einfach und den Beat eindringlich zu halten und den Sound am klassischen Rock der Doors, Stones und Who zu orientieren.

Eine wichtige Eigenschaft, die fast jede der auf *Nuggets* vertretenen Bands besaß, nämlich ein greller und karikaturhafter Sound und ein entsprechendes Image, hat nicht auf *Horses* abgefärbt. Aber das schadete nicht dem Verkauf der Platte. Kayes Referenzen an alte Songs sollten ihr Publikum finden. Tatsächlich wäre das Album wohl ohne »Gloria«, »Kimberley«, »Free Money« (das sich nach einem Outtake von Alice Cooper aus der *Killer*-Zeit anhört) und vielleicht »Redondo Beach« (eine Art falscher Reggae) gefloppt.

»Gloria« war der Song, der Patti Smith am stärksten mit der entstehenden Punkbewegung verband. So wie die Musik auf *Nuggets* war es direkter, nach vorne gehender Garage Rock, der von einfachen Akkorden und Beats angetrieben wurde. Dazu handelte der Song von sexueller Erregung. Smith beschreibt, wie sie ein Mädchen auf der Straße sieht und sie verzaubert, so dass diese um Mitternacht die Treppen hoch und in sein (ihr?) Zimmer läuft. Er hört sich an wie eine Schundroman-Version des Songs »Pretty Woman« von Roy Orbison – oder wie eine überhitzte Comic-Geilheit im Stile der Erzählung

Patti Smith: Horses, 1975

von Michael Leigh, die The Velvet Underground ihren Namen gab. Weil eine Frau diesen Song sang, wurde »Gloria« zu einem halb anzüglichen Kommentar über die Geschlechterpolitik, der mit dem Tabu der lesbischen Liebe spielte. Kurz, Smith und Kaye traten ihr Album in reiner Punk-Fashion los, und spielten provokativ und sexy den alten Rock'n'Roll, der für die neue Generation verstärkt und verdreht worden war.

* * *

Natürlich war der Anblick von Patti Smith, die vor all ihren männlichen Mitmusikern stand, für Teile des Publikums etwas zu viel; eine Frau an der Macht, die weniger sexy als vielmehr mächtig aussah, eine unabhängige Frau mit fast männlichen Zügen. Aber eigentlich ist männlich das falsche Wort für die androgyne Smith. Sie war eindeutig eine Frau, hatte jedoch ein jungenhaft schmales Gesicht. Sie sah aus wie eine Mischung aus dem obdachlosen Dichter Arthur Rimbaud und dem dreckigen, Gitarre spielenden, straßenjungenhaften Keith Richards. Und dabei hatte sie lediglich die Rollen im Rock vertauscht. Denn sowohl Rimbaud, ein Rockstar, bevor es Rock gab, und Richards, ein erwachsen gewordenes, talentiertes Schlitzohr, waren männliche Versionen von Androgynität. Sie nahmen den alten Look der machistischen, muskulösen Kraft, verwandelten ihn durch die bedrohliche Zwitterhaftigkeit und schufen eine Art Ultra-Sexualität.

Letzten Endes ging es bei Smith nur um Sex. In einem Interview hat sie behauptet, dass es ihr egal sei, wenn kleine Jungs zu ihrem Bild masturbierten, da sie das selbst auch tun würde. Als sie das sagte, war sie nicht einfach nur eine Frau, die ihre Sexualität einforderte (und verkündete). Sie war eine Frau, die wie ein Mann klang, der nach einer Frau lechzt. Sie hatte beide Seiten und war die Verkörperung der Lust.

∗ ∗ ∗

In der Welt des jüdischen New Yorker Punk hätte Smith diese Geschlechterverschmelzung niemals ohne ihren Partner Kaye verwirklichen können. Im Amerika der Siebzigerjahre waren Männer grundsätzlich nicht daran interessiert, Frauen den Rücken freizuhalten und sie als Frontmusikerinnen im Rampenlicht zu unterstützen. Doch Kaye, ein langhaariger jüdischer Mann, dürr und ohne Muskeln, war ein Spiegelbild von Smith. Auch er wirkte sowohl physisch als auch von seinem Temperament her androgyn. Immer schon hatte Kaye etwas dagegen, auf die Bühne zu gehen, wo er »nicht hingehörte«, und nahm von Anfang an eine Rolle ein, die manche als passiv beschrieben: Kaye stand eher vor der Bühne als auf ihr, schrieb eher über den Auftritt als ihn selbst zu gestalten. Als er schließlich begann, Musik zu machen, hatte er überhaupt kein Interesse daran, der Leadsänger zu sein. So laut und rockig die Patti Smith Group manchmal auch wirkte, im Wesentlichen war es Kopfmusik, geschrieben um den Zuhörer auf eine innere Reise mitzunehmen und nicht, um ihn aus dem Sessel zu reißen und zum Tanzen zu animieren. Während die Dictators, die Ramones, Blondie und die Talking Heads ihre Zuhörer zum Tanzen brachten (oder zumindest zum Pogen), wollte die Patti Smith Group, dass der Zuhörer auf die Bühne starrte und zur Energie der Musik die Zähne zusammenpresste, während dabei vor seinem geistigen Auge die Bilder vorbeizogen, die Smith mit ihrem Gesang über abgeschlagene Köpfe, starrende weiße Opale und arabische Seepferde hervorrief. Das war eine innere, intellektuelle Praxis, die dem Science Fiction lesenden, nach innen gerichteten Kaye entgegen kam.

∗ ∗ ∗

Kaye und Smith verbanden Gegensätze, die einander perfekt ergänzten und sich gegenseitig beflügelten. Durch Kaye konnte Smith ihre Liebe zu den Wörtern und Bildern im Dreiakkord-Rock ausdrücken. Umgekehrt konnte Kaye durch Smith einfachen Rock mit künstlerischem Anspruch verbinden. Am wichtigsten ist vielleicht, dass Kaye auf einem Gebiet der Musik agierte, das für Juden vorher nicht zugänglich gewesen war. Beide fanden in dem anderen einen Mitreisenden, der in eine andere Richtung unterwegs war, aber zur gleichen Zeit dieselbe Kreuzung erreicht hatte.

So wie Gershwin, Berlin und Jolson in die schwarze Kultur eintauchten, um mit ihrem eigenen Gefühl der Andersartigkeit in Verbindung zu treten, tauchten Smith und Kaye in den Hintergrund des jeweils anderen ein. Kaye erklärt sein fast mystisches Verhältnis zur Musik, das er im Laufe seiner 32-jährigen Zusammenarbeit mit Smith entwickelt hat, so:

»Als ich mit Patti zu spielen begann und wir ihr Gedicht bearbeiteten, das mit der Zeile »Jesus died for somebody's sins, but not mine« anfing, bemerkte ich, dass ihre Texte jede Menge christliche Metaphorik enthielten. Daraus kann man mehr oder weniger machen, je nach Anschauung. Aber im Grunde habe ich mich nicht gefühlt, als würde ich das Jüdische verehren. Ich hatte meine eigene Vorstellung von Außenseitertum, in der das Jüdische ein Teil ist, in der der Hippie ein Teil ist und in der die Person ein Teil ist, die extreme Musik mag.
Ich meine, die ganze Sache mit der Patti Smith Group war wirklich jenseits jeglicher Definition. Patti hielt sich weder für eine Frau noch für einen Mann. Um mit ihr zu spielen, durfte auch ich mich weder für einen Mann noch für eine Frau halten. Ich durfte nicht mal unsere Musik für Rock 'n' Roll halten.
Ich glaube, dass wir bewusst versucht haben, mit unserer Gruppe neue Wege zu beschreiten, auf denen wir wachsen konnten. Ich meine, eine Menge Bands, insbesondere, wenn sie sich zu sehr definieren, sind erledigt, sobald sie ihr Statement gemacht haben. Ich beschreibe uns, meine eigene Kunst, meine eigene Vorstellung von Größe und die vielen Sachen, die ich im Laufe der Jahre gemacht habe, gerne als einen Weg, den ich ging, um meine eigenen stereotypen Vorstellungen über mich selbst loszuwerden.
Ich meine, Jüdisch zu sein schafft eine gewisse Erwartung an das, was du sein *kannst*. Und ich glaube, dass ich all das hinter mir gelassen habe … dass ich in der Lage war, ich selbst zu werden; dass ich in kein Rock-'n'-Roll-Klischee gerutscht bin. Und ich glaube, dass die Zusammenarbeit mit Patti über all diese Jahre sehr viel damit zu tun hat. Und ich denke, dass es für sie wahrscheinlich genauso ist.«

Smith hatte Kaye einmal erzählt, dass sie als Kind zum Judentum konvertieren wollte und sogar versucht hatte, einen Rabbi zu finden. Das Verschwimmen der Grenzen zwischen ihren Welten – ob sie auf Geschlecht, Kultur, Religion oder Ethnie basierten – zeigt die Offenheit für Neues, die Bereitschaft, niemanden auszuschließen, und ihren Weg zur Selbstbestimmung. Das alles sind Teile des klassisch jüdisch-amerikanischen Traums. In Amerika hat man eine Chance, zu werden, was immer man will. Wenn Patti eine Jüdin werden will, geht das in Ordnung, genauso wie es in Ordnung geht, dass Kaye ein Rocker werden will. Letzten Endes, was bedeutet es eigentlich, ein Jude oder ein Rocker oder eine Frau zu sein? Was bringt die Zukunft in der Hauptstadt des Punk im East Village? Worum ging es bei Punk in erster Linie?

Das war die grundlegende Frage für jene jüdischen Außenseiter, die rund um eine kleine Biker-Bar in der Bowery mit dem mysteriösen Namen CBGB eine neue Szene schufen.

DER FIEDLER
IN DER BOWERY

Hilly Kristal eröffnet das CBGB OMFUG

»Die Geige stand, vielleicht weil man sie wegen ihrer Größe einfach transportieren konnte, immer sinnbildlich für das Judentum. In jedem jüdischen Haus spielte irgendjemand Geige. Wenn man kein Land besitzen darf, sollte man irgendetwas anderes besitzen. Und alles, was man mit sich herumtragen kann, ist etwas wert, denn wenn man geht, wenn man weggejagt wird, kann man es mitnehmen. Man kann seine Möbel nicht mitnehmen. Man kann sein Haus nicht mitnehmen. Man besitzt kein Land, aber dafür eben Geld. Und das Gleiche gilt für die Geige. Die Geige ist ziemlich klein. Man kann kein Klavier mitnehmen. Man nimmt kein Cello mit. Aber die Geige ist sehr klein, wirklich klein. Und sie birgt eine große Schönheit. Die Geige ist ein menschlich klingendes Instrument, sie bringt menschliche Töne hervor.«
– Hilly Kristal, 2005

Es ist eine kalte Dezembernacht 1973 in New York. Auf dem Broadway hebt Zero Mostel – ein Schauspieler, der den *Tevye* verkörpert hat, den jüdischen Milchbauern, der von Antisemitismus und Pogromen gequält wird – ein Glas Brandy, um auf die Verlobung seiner Tochter mit einem wohlhabenden örtlichen Metzger anzustoßen. Unterdessen hebt Downtown, in der Gegend, die als Bowery bekannt ist, ein anderer muskulöser Jude mit einer bäuerlichen Vergangenheit ebenfalls ein Glas und prostet einem Obdachlosen auf dem Gehweg zu, der eine Flasche an seine zitternden Lippen führt.

»Auf dein Wohl«, sagt der Mann mit der Flasche.

»Nein, auf deins«, sagt der stehende Mann und ein gequälter, unheilvoller Blick huscht über sein Gesicht.

Wer ist dieser zweite ehemalige Bauer? Wie Danny Fields steht er in der Tradition der Juden, die im Musikbusiness hinter den Kulissen arbeiten. Aber Fields schöpfte, wie zahllose Produzenten und Promoter vor ihm, aus seinem kulturell ererbten Verständnis des Mittelwegs zwischen hoher und populärer Kultur, um damit den Zeitgeist zu treffen. Der zweite ehemalige Bauer dagegen ist ganz den Gefühlen des *Folk* (jiddisch für »Volk«), der gewöhnlichen Menschen, verhaftet und damit beschäftigt, diese in die Welt hinaus zu tragen. Er hat zwar ein ähnliches Verständnis von hoher und populärer Kultur wie Fields, ist aber mehr der persönlichen, von Individuen gemachten Musik zugeneigt als der von Künstlern: *Fuck art, let's dance.*

Hillel »Hilly« Kristal gründete nicht nur den Club, in dem Kunstbands wie Television und Patti Smith Entertainern wie den Shirts und den Miamis zahlenmäßig mindestens 2:1 unterlegen waren, sondern förderte und managte auch die Dead Boys. Sie waren der ultimative Ausdruck von Tanz und Spaß – auch wenn besagter Spaß Stechschritt und Hitlergruß beinhaltete.

Kristals Position zwischen hoher und populärer Kultur gab ihm tiefe Einsichten in die Mentalität des *echten* Amerikaners, den Fields einst gesucht hatte. Seine Erziehung auf dem Land hatte aus ihm eine Art umgekehrten Danny Fields gemacht. Kristal war ein Jude, der vom Land in die Stadt gekommen war, aber seine Härte nicht verloren hatte.

Kristals Geschichte beginnt Jahre vor seiner Geburt, als um 1900 sowohl sein Vater als auch der Onkel seiner Mutter von Russland nach Amerika emigrierten. Während Fields Vorfahren aus Osteuropa nach Amerika gekommen waren, um bürgerliche Berufe wie den des Mediziners zu ergreifen, wollten die Vorfahren von Kristal, insbesondere sein Onkel, in den USA die Bodenrechte geltend machen, die ihnen durch die Jahrhunderte während europäische Unterdrückung verweigert worden waren.

»Mein Onkel Benjamin Brown gründete eine genossenschaftliche Farm bei Hightstown in New Jersey, die als Jersey Homestead bekannt ist«, berichtet Kristal. »Es war ein Ort, an den man jüdische Leute aus der Stadt, aus Philadelphia, New York und den umliegenden Gebieten aufs Land brachte. Albert Einstein war einer der bekanntesten Unterstützer – ich erinnere mich daran, wie er mir sogar einmal den Kopf tätschelte.«

Diese Zurück-zur-Erde-Bewegung der entrechteten Juden hatte wenig mit den sozialistischen Landwirtschaftsbewegungen zu tun, die damals das Land überschwemmten, sondern mit einer spezifisch jüdischen Bewegung, die sich zu der Zeit im Mittleren Osten entwickelte. Browns Jersey Home-

Benjamin Brown (ganz rechts) beim Heumachen auf seiner Farm in der Nähe des Jersey Homestead 1932.

stead hatte viel mit dem zionistischen Traum von Israel gemeinsam. Obwohl einige frühe jüdische Einwanderer aus religiösen Gründen nach Palästina gingen, war die große Mehrheit von dem romantischen Wunsch motiviert, durch die Nutzbarmachung des Landes physisch stark zu werden und geistig mit der Natur verbunden zu sein.* Von dieser Haltung ist es nur ein kleiner Schritt zum Nationalismus – was sonst ist die Liebe zum »Heimatland«? Die Einwanderer in Palästina und auch die Farmer in Jersey, die dem Beispiel von Kristals Onkel folgten, suchten jedoch eher etwas, das der von Rousseau beschriebenen verlorenen Unschuld entsprach. Sie wollten zurück zur Natur und gleichzeitig natürlicher werden. In gewisser Hinsicht waren sie Proto-Hippies, und so wie sie waren später viele barttragende Anhänger der Zurück-zur-Erde-Bewegung jüdischer Herkunft.

Als der junge Hillel – ein Namensvetter des Talmudgelehrten zur Zeit von König Herodes – erwachsen wurde, trat neben die Liebe seines Vaters zum Land eine weitere Erkenntnis in sein Leben. Wie in einer tragikomischen Version der Fernsehserie Green Acres erkannte Kristal, dass seine Mutter Jersey Homestead mit ganz anderen Augen betrachtete. Durch das Leben auf der Farm wurde sie vom intellektuellen Leben und dessen künst-

---

* Heute existieren solche Farmen immer noch, obwohl sie nicht mehr exklusiv jüdisch sind. Jersey Homestead, jetzt als Gemeinde von Roosevelt bekannt (benannt nach dem Präsidenten des New Deal, der so wichtig für das Überleben gewesen war), zählte zu ihren bekanntesten Unterstützern. Nicht nur Albert Einstein, zahlreiche Künstler waren dort ebenfalls zu Hause. Kristals zionistischer Vater wusste über die Parallelen zum Zionismus allzu gut Bescheid, da er mit den Briten in Palästina gekämpft hatte, bevor Amerika in den Ersten Weltkrieg eingetreten war. Nach dem Zweiten Weltkrieg unterstützte er die Gründung von Fonds für den neuen Staat.

lerischen und kulturellen Erzeugnissen abgeschnitten. Kristals Mutter war eine Art Bohemien, als sie seinen Vater in Greenwich Village traf. Während Kristal senior ein Versicherungskaufmann war, der gerne im Park Schach spielte, liebte sie die Kunst und die Clubs, in denen man Jazz hören und Künstler treffen konnte. Obwohl sie Jersey Homestead und die Schönheit der Natur mochte, fühlte sie sich dort niemals richtig zu Hause. Sie vermisste die Aufregung und den Reiz ihres früheren Lebens immer mehr. Sie sehnte sich zutiefst nach der Stadt und Hilly stellte fest, dass es ihm genauso ging.

Hilly war ein geborener Künstler. Schon früh zeigte sich sein musikalisches Talent. Noch bevor er sprechen konnte, begleitete er Toscanini am Radio, und mit seiner Einschulung begann er, Geige zu spielen.

»Meine Mutter unterstützte mich mehr als mein Vater«, erzählt Kristal. »Mein Vater hatte kein so großes Interesse an Musik ... Ich ging ein oder zwei Mal die Woche auf die Settlement School in Philadelphia, wo ich mit Johann Grolle studierte und hintrampte oder den Bus nahm ... aber ich musste auf der Farm sehr viel und schwer arbeiten und das passte nicht so gut zu einem Geiger ... Es war schlecht für die Hände.«

Kristal sitzt im vorderen Teil des CBGB an seinem Schreibtisch und das graue Morgenlicht fällt herein. Er macht eine Pause, starrt geradeaus und runzelt die Stirn, als hätte er Schmerzen.

»Weißt du, es gab Zeiten, da war außer meinem Vater und mir niemand auf der Farm. Wir mussten den Weizen selbst ernten ... Das war schon in Ordnung, ich mochte es sogar, aber es war sehr schwer ... Ich musste schließlich sechs Stunden am Tag üben, um ernsthafte Fortschritte an meinem Instrument zu machen. Es war sehr schwer.«

Plötzlich fängt Kristal an zu erzählen, wie er zum ersten Mal von zu Hause abgehauen ist, und diese Geschichte belebt seinen Geist, wie es ein solches Zwischenspiel bei Zuschauern in einem Theater bewirken würde. Mit 16 ging Kristal nach Montreal, dann nach Chicago und Arizona und verbrachte sechs Monate auf Reisen, bevor er nach New Jersey zurückkehrte. Unterwegs nahm er jede Gelegenheitsarbeit an, die er kriegen konnte, und versuchte alles, um von der Musik leben zu können. In Montreal hatte er seinen ersten professionellen Auftritt, allerdings nicht als Geiger, sondern als Schnulzensänger, der die üblichen Popsongs dieser Tage zum Besten gab. Er sang auf Hochzeiten und bei einer Reihe anderer gesellschaftlicher Anlässe, und war dabei weniger ein Toscanini als ein Frank Sinatra oder ein Mel Tormé – die Popstars seiner Generation.

»Oh, die Mädchen liebten die Sänger«, sagt er augenzwinkernd. »Ich hatte damals jede Menge Spaß und viele Abenteuer.«

Das Abenteuer führte Kristal bis nach Mexiko, aber als seine Eltern schließlich Wind davon bekamen, und ihn anflehten, nach Hause zurück zu kommen, ließ er sich erweichen, auch wenn er wusste, dass er dieses Opfer den Rest seines Lebens bedauern würde.

»Meine Schwester hatte eine Gehirnlähmung. Sie wurde immer kränker und meine Eltern brauchten meine Hilfe«, sagt er. »Ich liebte sie, wir alle liebten sie, und es war eine harte Zeit. Aber ich bin trotzdem froh, dass ich weggegangen bin. Man muss solche Dinge einfach tun.«

Nichtsdestotrotz versuchte Kristal, der Musik treu zu bleiben und fuhr mindestens ein Mal pro Woche nach New York, wo er Oper studierte und Gesangsunterricht nahm, da ihm klar geworden war, dass ihm zu viele Hindernisse im Weg standen, um ein Konzertviolonist zu werden. Als er zwanzig Jahre alt war, wollte er in die Stadt ziehen und nur auf die Farm zurückkommen, wenn seine Hilfe benötigt wurde. Zwar war er gerade mal dem Teenager-Alter entwachsen, doch die Arbeit, das Proben und die aufgeschobenen Träume hatten ihm eine harte Schale verpasst. Und wenn er schon keine Berühmtheit werden konnte, dann wollte er wenigstens ein aufregendes – Heebie-Jeebies – Leben führen.

* * *

Seine kommenden Jahre bestanden aus Unterrichtsstunden, Vorspielen, Auftritten und Gelegenheitsjobs. Eine Zeit lang war er Platzanweiser in einem Kino, wo die Club-Sänger sein Interesse weckten, die seit dem Zweiten Weltkrieg an Schauplätzen wie dem Paramount, dem Capital oder dem Roxy auftraten. Er sah so gut wie jeden, von Tony Bennett über Nat King Cole zu Velvet Dog und Lady Day. Aber er erzählt: »Das Rumstehen in Uniform war nicht mein Stil.« Ungefähr ein Jahr später bekam er einen Job beim Musikverlag von Carl Fischer, der nur wenige Blocks von dem Ort entfernt war, wo später das CBGB entstehen sollte. Er war ein »Regaljobber«, also jemand, der die Regale im Warenhaus mit Notenblättern auffüllte. Damit hatte auch Seymour Stein angefangen, ein weiterer Heiliger der Kirche des CBGB und Gründer des Labels, bei dem unter anderem die Ramones, Talking Heads und Blondie unter Vertrag waren.

Nachdem er Carl Fischer verlassen hatte, arbeitete Kristal auf einer Armeebasis in Brooklyn und wurde bald darauf im Marinekorps aufgenommen. Dort blieb er ein paar Jahre. Er war zwar nie an einem Gefecht beteiligt, lernte aber alles übers Radio und wurde DJ bei der zur Marine gehörenden Radiostation. Es war eine wunderschöne Zeit, die sein musikalisches Training ergänzte – abgesehen von einer Ausnahme. Kristal erinnert sich an ein unangenehmes Ereignis, in dem das einzige weitere jüdische Mitglied seines Korps eine Rolle spielte:

»Auf Parris Island gab es einen dicklichen kleinen Mann, Bill Boy. Wie er ins Marinekorps gekommen ist, weiß ich nicht. Er war aus einem Konzentrationslager geflohen, einem Konzentrationslager der Nazis. Ich weiß, dass es dort brutal zuging, um es freundlich auszudrücken … Er prahlte damit, dass man ihm mit aller Kraft in den Magen schlagen könne und er dabei nicht mal blinzeln würde. Er hatte in den Konzentrationslagern gelernt, seine Gefühle zu kontrollieren, er zeigte keine Gefühle. Und ich glaube nicht, dass sie ihn mit aller Kraft schlugen. Ich weiß nicht, was sie taten. Ich sah es nie, aber ich weiß, dass sie ihn schlugen, sie taten es, und er wurde weg verlegt.«

Nachdem er seine Zeit abgeleistet hatte, kehrte Kristal nach New York zurück, wo er alle möglichen Jobs annahm, Taxi fuhr, in Restaurants wie dem Four Seasons arbeitete und Handelsvertreter eines Lagerunternehmens war, das ihm das Territorium unterhalb der 14. Straße überlassen hatte.

»Da war die Lower East Side mit all den Prostituierten an der Straße«, berichtet Kristal. »Ich meine, so hatte man sich das Manhattan aus den guten alten Tagen vorgestellt, aber es sah dort nach wie vor so aus. Der Bezirk zerfiel immer noch in viele kleine Teile. Ich ging von Ort zu Ort und lernte wirklich ziemlich viel über Menschen und andere Sachen.«

Ungefähr zu dieser Zeit erlebte Kristal den musikalischen Durchbruch, auf den er so lange gewartet hatte. Nach einem Auftritt in einem Café bekam er das Angebot, für eine Show in der Radio City Music Hall vorzusingen. Mit seinem Bassbariton stellte er sich als perfekte Besetzung für die Nummer heraus, die er singen sollte: das jüdische Gebet Kol Nidre.

Fast drei Jahre lang sang Kristal im Chor der Radio City Music Hall und freundete sich mit dem Orchester und den Produzenten an. Es war eine schöne Zeit und er konnte vom Singen leben, doch letztlich wurde der ganze Chor entlassen und er musste wieder zurück zu seinem Restaurantjob.

Kristal spielte gelegentliche Gigs, die sein Agent Irvin Arthur ihm besorgte, und fuhr für größere Auftritte als Solist bis nach Texas. Er machte deutliche Fortschritte und eine Reihe von Agenten und Managern waren durch sein Engagement bei Radio City auf ihn aufmerksam geworden. Doch er war nicht mehr der Jüngste und vom Reisen und Siebzig-Stunden-Wochen immer weniger begeistert. Als ihm Irvin Arthur ein Angebot machte, mit dem er seine Musik und seine Geschäfstüchtigkeit verbinden konnte, ging er sofort darauf ein und wurde Manager des berühmten Clubs Village Vanguard.

Ab 1959 arbeitete Kristal jede Nacht mit den größten Namen des Business, unter ihnen Miles Davis, Charles Mingus, Thelonious Monk und Lenny Bruce. Und jede Nacht nahm er am Leben im Village teil, dessen Atmosphäre und vor allem dessen Musik ihn mitrissen. Er lebte das Leben, das seine Mutter hinter sich gelassen hatte, wurde Teil des musikalischen Herzens der Stadt und alsbald einer ihrer Hauptakteure.

Hilly Kristal: Mad Mordechai, *1999*

Als der Laden pleite ging und er plötzlich wieder arbeitslos wurde, ärgerte ihn das nicht sonderlich.

»Mein Vater hatte immer gesagt, dass ich froh sein könne, auf dem Land gearbeitet zu haben, weil man dadurch lernt, stark zu sein«, sagt Kristal. »Als meine Zeit im Village Vanguard endete und ich auf der Suche nach etwas war, was ich als nächstes machen konnte, wusste ich, dass er Recht hatte und dass ich in gewisser Weise froh sein konnte.«

Er war es leid, für andere zu arbeiten, einen Beruf auszuüben, in dem er keinen Erfolg hatte, und von Job zu Job zu wechseln. Er würde seinen eigenen Club gründen, ein Unternehmen, auf das sich nur die härtesten Typen der Stadt einließen. Er würde die Musik von der anderen Seite unterstützen und er würde seine harte Schale, die er zum Überleben ausgebildet hatte, dazu benutzen.

*   *   *

Die Welt der Clubs war tatsächlich ziemlich hart, und sie war ein Schmelztiegel. In einem Interview erklärte der Autor von *Tough Jews,* Rich Cohen, wie Juden und Italiener in der Welt der populären Musik zusammenwuchsen. Sie waren gleichzeitig Gangster, Clubbesitzer und Musiker. Diese Dynamik bildete die Grundlage der Musikkultur in New York.* Nicht nur in der

---

* Man kann diese Dynamik filmisch umgesetzt sehen in *Der Pate II* (Hyman Roth, der Betreiber des Kasinos Havana, basiert auf Meyer Lansky), in *Goodfellas* (Sam »Ace« Goldstein, der Manager des Kasinos Las Vegas, basiert auf Franky »Lefty« Rosenthal) und in *The Sopranos* (der ehemalige Rockpromoter Herman »Hesh« Rabkin basiert auf Morris Levy).

Clublandschaft, sondern später auch auf der Straße und im Brill Building entstand aus dieser Dynamik der Doo Wop als Inbegriff ihres künstlerischen Ausdrucks. Richard Meltzer witzelte einmal über Doo Wop: »Weißt du, wie man eine perfekte Gruppe zusammenstellt? Du nimmst einen Schwarzen, der den Rhythmus liefert, einen Italiener, der den Song singt, und einen Juden, der die Texte schreibt und arrangiert.«

Vor HipHop war Doo Wop die Musik der Straße, die so demokratisch und D.I.Y. war, wie es nur ging. Kids, die zu arm waren, um sich Instrumente zu kaufen, trafen sich an den Straßenecken, um A-capella-Arrangements zu singen, die aus Gospel, Schnulzen und Pop aus der Tin Pan Alley bestanden. In der Musik überschritten sie kulturelle oder ethnische Grenzen und erschufen eine Vision von Amerika, in der Kids jeglicher Herkunft mit der Musik der anderen Spaß haben konnten. All das schlug sich in *West Side Story* oder Filmen wie *The Wanderers* nieder, in denen italienische, schwarze und puertoricanische Gangs sich gegenseitig bekämpfen, auch wenn sie dabei Songs mit fast identischem Inhalt singen.

Man kann auch den Jazz als Beispiel heranziehen, in dem fast alle nichtschwarzen Künstler entweder italienisch oder jüdisch waren, unter ihnen Stan Getz, Art Pepper, Eddie Land und Artie Shaw. Lenny Bruce beschrieb das so: »Jeder Jude oder Italiener wollte Benny Goodman oder Gene Krupa sein.« Sam Raphaelson, Autor des Stücks, das dem Film *The Singer* zugrunde lag, drückte es folgendermaßen aus: »Ich machte einen jüdischen Jugendlichen zur Hauptfigur, weil die Juden das Wesen und die Reichweite von Jazz mehr als jede andere ethnische Gruppe beeinflusst haben – mehr als die Neger, denen sie den Jazz stahlen und ihm eine neue Nuance, eine neue Bedeutung gaben. Jazz ist Irving Berlin, Al Jolson, George Gershwin, Sophie Tucker. Das sind Juden, deren Wurzeln in der Synagoge liegen.«

Raphaelsons Behauptung, die »Neger« seien aus dem Jazz verschwunden, ergibt nur dann Sinn, wenn man Jazz mit Popsongs gleichsetzt – und selbst dann ist sie fragwürdig. Aber Raphaelson hatte die große Bedeutung von Juden für die amerikanische Popmusik erkannt, genauso wie Lenny Bruce den beidseitigen Einfluss von Juden und Italienern auf den Jazz bemerkt hatte. Das Gleiche gilt für Punk, in dem die Schwarzen von der Bildfläche verschwunden waren und Juden und Italiener dominierten, die von ihrer Herkunft aus dem Doo Wop zehrten. Die fünf jüdischen Typen der Dictators aus Queens und Brooklyn, die in unterschiedlichem Maße versuchten, als Italiener durchzugehen und die vier Kids der Ramones aus dem jüdischen Forest Hills, die sich am Modell der italienischen oder puertoricanischen Gangs orientierten, bezogen sich auf die Kultur der Straße und den Sound des Doo Wop, um einen neuen kulturellen Austausch zu schaffen.

Zahlreiche andere Gruppen aus der Epoche des Punk machten das Gleiche. Alles drehte sich um die Synthese und die Zusammenarbeit von Leuten unterschiedlicher Herkunft, obwohl Juden in fast allen Fällen irgendwie dabei waren.

Auch Hilly Kristal ging es um Synthese. In seinem neuen Club – Hilly's on Ninth Street – schuf er eine Atmosphäre, in der sich alte Nachtschwärmer aus der jüdisch-italienischen Epoche des Rat Pack trafen und nostalgisch in den guten alten Zeiten des Gangstertums schwelgen konnten. An den Folkabenden sorgte Kristal für den echten *Folk*, der aus einer Welt stammte, die seiner eigenen sehr ähnelte. Eine Welt, die sich nach einem einfachen Leben auf dem Land sehnte, und das gleichzeitig mit fortschrittlichen gesellschaftlichen Ideen und individueller – und ökonomischer – Gerechtigkeit verbunden war. Als Erbe von beidem, des Künstlerischen und des Bäuerlichen, des Intellektuellen und des Durchschnitts, der Alten und der Neuen Welt, verstärkte Hilly diese Impulse in Hilly's on Ninth Street, um zu testen, ob sie sich für eine neue Generation übersetzen ließen, die beide verpasst hatte.

Mehr als zehn Jahre nachdem er das Village Vanguard verlassen hatte, und fast eine Dekade nach dem New Yorker Folk-Boom und weißen, jüdischen Blueskünstlern wie Mike Bloomfield, Al Kooper und Barry Goldberg, gründete Hilly 1973 einen zweiten Club im East Village, wo die Mieten billiger waren.

Immer noch weit davon entfernt, das Paradies der Hipster zu sein, das es einmal werden sollte, wuchs das East Village – vor allem die Gegend der Bowery, wo Kristal seinen Club eröffnete – ununterbrochen, seit Warhol dort in den späten Sechzigerjahren die Zelte abgebrochen hatte. Es hatte erste Siedler wie Tuli Kupferberg von den Fugs gegeben, der zusammen mit dem Rest seiner Beatnik-Freunde in der Band radikal politische Songs aufführte, die von jiddischen Melodien genauso wie von jüdischem Humor geprägt waren; Lou Reed von The Velvet Underground hatte hier gelebt, genau wie Abbie Hoffman, Paul Krassner, Jerry Rubin und Larry »Ratso« Sloman von den Yippies, die in den Redaktionsräumen des *East Village Other* in der Second Avenue ihr Hauptquartier aufschlugen. Allen Ginsberg und William Burroughs hatten das Niemandsland der ehemals jüdischen Lower East Side auf der anderen Seite der Houston Street wieder bewohnbar gemacht. Gleichzeitig zogen die ersten zukünftigen Punkrocker dort hin, unter ihnen Lenny Kaye, Patti Smith, Chris Stein und Andy Shernoff.

Niemand von ihnen hatte erwartet, dass die Gegend derart angesagt oder wohlhabend werden würde, dass sich dort ein Club etablieren könnte – insbesondere einer, der die Art von Musik spielte, die im West Village beliebt war – Country, Bluegrass und Blues – und sich in den späten Sechziger- und frühen Siebzigerjahren ausgebreitet hatte.

Aber Hilly glaubte daran. Als er seinen Treffpunkt für Country (C), Bluegrass (BG) und Blues (B) – das CBGB – eröffnete, nahm er noch einige andere Buchstaben in den Namen auf: OMFUG für »Other Music For Uplifting Gourmandizers« (Andere Musik für erhabene Feinschmecker). Er wollte einen Club, in dem die Kunden alle Formen der städtischen Musik probieren konnten, die vom *Folk* – den gewöhnlichen Leuten der Metropole – geschaffen worden war.

Als die Hell's Angels ins CBGB kamen, um dort abzuhängen, warf Hilly sie nicht hinaus, sondern ließ zu, dass sie sich den außergewöhnlichen Harmonika- oder Geigen-Spieler anschauten, der auftrat, um anschließend seine Zehn-Cent-Stücke in die Jukebox zu werfen und seinen Schnurrbart in die Schaumkrone seines Biers zu tauchen.

Und wenn ein paar unterernährte Kids mit kurzen Haaren und schlechter Haut auftreten wollten, schickte Kristal sie nicht mit der Begründung weg, sie müssten schon C- oder BG- oder B-Musiker sein. Er verlangte nicht einmal, dass sie vorsingen sollten, sondern sagte einfach, dass es okay sei. Es hatte nur eine einzige und wichtige Bedingung.

»Ihr müsst eure eigene Musik spielen. Ihr müsst Originale spielen.«

Eure Musik. Originale. Die Musik der Leute. Neue Musik, die vom *Folk* geschaffen wurde.

Kristal spielt diesen Aspekt herunter, und jahrelang haben nur wenige davon Notiz genommen, aber hierin liegt Hilly Kristals wichtigster und einzigartiger Beitrag zu Punk. Spielt eure eigene Musik, sagte er. Und das hat die picklige Band Television getan.

Und innerhalb von wenigen Wochen auch die Ramones, die Patti Smith Group und Blondie.

Keine dieser Bands hätte irgendwo sonst eine Chance gehabt. Ihre Mitglieder beherrschten kaum ihre Instrumente. Kristal gefiel nicht mal der Sound, den sie hatten. Aber sie schufen ihre eigenen Originale und das reichte ihm.

»Ich fühlte einfach, dass es das war, was ich gerne gemacht hätte«, sagt Kristal. »Ich weiß nicht, ob ich erfolgreich geworden wäre, aber das hätte ich gewollt … Es geht darum, eine Möglichkeit dafür zu bieten, sich selbst auszudrücken und gehört zu werden. Das ist im Prinzip alles. Es ging nur darum, dass sie zu Wort kommen. Und dann mal schauen, was passiert. Ich ermutigte diejenigen, die diesen Wunsch wirklich hatten. Ich meine, viele Leute sagen ›Warum hast du die Ramones auftreten lassen, wenn sie am Anfang nicht so gut waren?‹ Sie wollten es einfach. Sie waren unwiderstehlich, weil sie eine Einheit waren. Ich meine, sie mögen alle aus Queens gewesen sein, aber ich weiß nicht, was sie zusammen geführt hatte. Irgendwie wollten sie das einfach tun und sie bestanden darauf. Und das war für mich Grund genug, zumindest für den Anfang.«

* * *

Kristal gebührt der Verdienst, für den Beginn des Punk buchstäblich die Bühne bereit gestellt zu haben. Und er blieb der D.I.Y.-Manier treu und hielt am CBGB als einem Ort fest, an dem der individuelle Ausdruck an erster Stelle stand. Statt Acts zu engagieren, die Schlagzeilen machten, stellte Kristal weiterhin viel-

Hilly Kristal vor dem CBGB. »Die Geige stand, vielleicht weil man sie wegen ihrer Größe einfach transportieren konnte, immer sinnbildlich für das Judentum, denn wenn man weggejagt wird, kann man sie mitnehmen.«

versprechenden Bands einen Ort zur Verfügung, so dass sie zumindest einen Versuch wagen konnten, das Publikum zu erreichen. Durch Kristal erhielten so seltsame Kreuzungen von hoher Kunst und Populärkultur wie die No-Wave-Künstler Lydia Lunch, James Chance und die Contortions oder Glenn Branca eine Plattform.

Bis zuletzt hatte Kristal D.I.Y. zu einem Inbegriff dieses Clubs gemacht. Neben dem CBGB lag die CBGB's Gallery, in der Bilder und Photographien ausgestellt und verkauft wurden, während mittendrin Solomusiker mit akustischen Gitarren im traditionellen Kaffeehausstil auftraten. Damit kehrte Kristal zu seinen Wurzeln im Greenwich Village zurück, wo er seine Geige gegen eine sechssaitige Gitarre eingetauscht hatte, die er zu Hause zwischen dem Gesangsunterricht spielte. Er blieb schlicht und ergreifend seiner Liebe zur Musik treu, sei es Klassik, Folk oder Pop. Für ihn war alles Musik; Musik, die jedem gefallen konnte, sogar den Zurück-aufs-Land-Farmern aus dem landwirtschaftlichen Traum seines Onkels.

Tatsächlich ähnelte Kristal niemandem so sehr wie dem *Fiedler auf dem Dach*, den Zero Mostel Uptown spielte, als das CBGB eröffnete. Vielleicht war er auch der Fiedler auf der Bowery, der selbst dann noch eine traurige Melodie intonierte, als sein Laden auf Messers Schneide stand. Er war der Fiedler in der Hauptstadt des Punk, der jederzeit mit seinem Instrument hätte davonlaufen können, wenn die Dinge schlimmer geworden wären.

JUIDOS UND KOFFEINFREIE ITALIENER

Ironie, Blasphemie und die jüdische Masche

»Die Dictators wurden meine große Leidenschaft. Zuerst war ich Fan der New York Dolls, dann der Dictators. Ich habe immer nach dieser Art von leidenschaftlicher Intensität gesucht, die diese Bands tatsächlich boten. Und während die New York Dolls mit einer Unmännlichkeit flirteten, waren die Dictators echte Supermacho-Typen. Ihr Rock 'n' Roll haute dich um, sie waren wirklich groß.«
– Camilla Saly, 2003

»I knocked 'em dead in Dallas, and I didn't pay my dues / Yeah, I knocked 'em dead in Dallas, they didn't know we were Jews ...«
– The Dictators, »The next big Thing«

Wo begann Punk? Im Pissloch des CBGB? Im Fadenkreuz der Narben auf Iggy Pops Brust? Im Sturm und Drang von The Velvet Underground, mit Jim Morrisons Schrei oder dem Grinsen von Lenny Bruce? Die meisten würden diese Auszeichnung wohl dem schwachköpfigen Gesichtsausdruck der Ramones und dem Big Bang ihres ersten akustischen Angriffs auf der Bühne des CBGB verleihen. Doch kein Ereignis kommt ohne Vorläufer aus. Und es gibt keinen deutlicheren Vorläufer der Ramones als ein Album, das ein Jahr vor deren Gründung erschien und hinsichtlich der Auswahl der Songs und ihres komischen Gehalts das Debütalbum der Ramones bereits erahnen ließ.

Wer sind diese Helden des Untergrunds, diese Prä-Punk-Punks außerhalb des Radars? Eine Gang harter Jungs aus der Bronx, leidenschaftlich und wütend, die die Trennwände zwischen Insidern und Outsidern einrissen. Repräsentanten einer jüdischen Tradition, die in Lenny Kaye und den »Zehn Geboten des Punk« ihren Ausdruck und in den Ramones ihre Verkörperung fand. Diese unbekümmerten, aber doch ängstlichen Punks sind sogar jüdischer als die Ramones. Sie sind jüdischer als das Management und das Kreativteam hinter ihnen, sie sind sogar jüdischer als der durchschnittliche New Yorker. Sie sind die Dictators.

Ja, die Dictators, eine Band, die den Song »Master Race Rock« für ihr Debütalbum aufnahm und die hinter einem starken Mann, der so komisch wie unerschütterlich war, den Frühling-für-Hitler-Tanz vorführte: ein Jewfro tragender Ringer, Koch und Roadie, ein Stammgast der *Jeschiwa Bochur* Schule, ein Wahnsinniger mit dem Namen Richard Blum – besser bekannt als Handsome Dick Manitoba.

✳ ✳ ✳

Wenn man sich Handsome Dick Manitoba und seine Band in den Anfangstagen anschaut, würde man weniger an Juden als an Italiener denken. Ungeachtet ihrer Namen – Bassist und Texter Andy »Adny« Shernoff, Rhythmusgitarrist Scott »Top Ten« Kempner, Leadgitarrist Ross »The Boss« Funicello und Schlagzeuger Stu »Boy« King – waren sie alle 100 Prozent jüdisch. Aber das hätten die meisten Zuschauer wohl nicht vermutet.

»Ich dachte immer, sie seien Italiener«, sagt Bebe Buell, die legendäre Rocklady und Freundin von Todd Rundgren, Steve Tyler, Elvis Costello, Stiv Bators und anderen.

»Ich fand, dass sie aussahen wie eine Straßengang«, sagt Snooky Bellomo.

»Nicht doch, jüdisch? Das glaube ich nicht«, so Susan Wegzyn, ehemaliger Dauergast des CBGB.

War diese Verwirrung beabsichtigt? Das ist schwierig zu sagen. Als ich Andy Shernoff, den Gründer und Songwriter der Band dazu befragte, lächelte er bloß. »Wir wollten einfach hart sein.«

Es war vor allem dieser Wunsch, hart auszusehen, der sie dazu antrieb, eine Band zu gründen. Deshalb zogen sie die Lederjacken an und ließen zu, dass Dick Manitoba, der Roadie, Koch und Freizeit-Ringer, ihr Leadsänger wurde. Sie wollten mächtig, stylish und vor allem einschüchternd wirken. Die jüdische Hälfte der Ramones und unzählige Juden im ganzen Land teilten diesen Wunsch. Vor allem in New York.

Handsome Dick Manitoba nach einem Besuch im Feinkostladen auf der 2nd Avenue 2003. Noch bevor er den Davidstern auf seiner Yankees-Kappe trug verwies er auf der Bühne durch Improvisationen zwischen den Songs auf seine jüdische Herkunft.

»Hast du jemals das Wort *Juido* gehört?«, fragt der letzte Schlagzeuger der Dictators, J.P. »Thunderbolt« Patterson (nichtjüdisch). »Ich habe gehört, wie Howard Stern es benutzte. Es bezeichnet einen Juden, der wie ein Italiener erscheinen will, wie ein *Guido*. Ich glaube, dass es in Bezug auf die Dictators da auch eine Verbindung gibt. Handsome Dick spricht immer noch den Jargon eines italienischen Straßenkindes, obwohl er einen Davidstern in der Mitte seiner Yankees-Kappe trägt.«

Zwar trug Manitoba den Davidstern in der Mitte seiner Kappe nicht von Anfang an, doch er verwies auf der Bühne durch Improvisationen zwischen den Songs, von denen seine Produzenten viele auf der ersten Platte *The Dictators Go Girl Crazy (1974)* veröffentlichten, indirekt auf seine jüdische Herkunft. Das hier ist Manitoba, nur ein oder zwei Sekunden nach dem kratzigen Start des Albums: »I don't have to do this, you know, I don't have to show up here; with my vast financial holdings I could be basking in the sun of Florida! This is justa hobby for me … a hobby!!!«

Dann folgt der Song, der John Holmstrom und Legs McNeil dazu inspirierte, das *PUNK*-Magazin zu gründen – »The Next Big Thing«:

> *I used to shiver in the wings, but then I was young,*
> *I used to shiver in the wings, till I found my own tongue.*
> *I sock 'em everywhere that I sing,*
> *'cause you know baby,*
> *I'm the next big thing!*

I knocked 'em dead in Dallas, and I didn't pay my dues,
Yeah, I knocked 'em dead in Dallas, they didn't know we were Jews.
I sock 'em everywhere that I sing,
'cause you know baby,
I'm the next big thing!

Dieser Mix aus komischem Getöse und jüdischer Härte ist für den Erfolg des Songs entscheidend. »The Next Big Thing« verbindet den sarkastischen Humor des New Yorker Juden mit dem Macho-Getöse des New Yorker Italieners. Es ist das hybride Ergebnis des matriarchalen, ausdrucksstarken, familienorientierten, aber physisch nicht beeindruckenden Juden und des ebenso matriarchalen, ausdrucksstarken, familienorientierten, aber physisch beeindruckenden Italieners. Der derbe Humor des Songs, aus dem Wunsch geboren, nicht als ausgemergeltes, geschlechtsloses Holocaust-Opfer, sondern als sexy wahrgenommen zu werden, liefert dem *Schmalz* die Würze und dem *Mandelbrot* die Schokolade. Er verwandelt die Dictators von koffeinfreien Italienern in Espresso-Juden, die sich für die Großaufnahme bereithalten.

*   *   *

»Die Dictators sind deswegen großartig, weil sie trotz ihrer jüdischen Herkunft cool sind«, sagte 1978 Miriam Linna, erste Schlagzeugerin der Cramps und heutige Norton-Labelbetreiberin. »Sie machen aus allem ›Uncoolen‹ an ihnen einen durchschlagenden Erfolg und sind deshalb wahre Diktatoren.«

Camilla Saly, ein langjähriger Fan der Band und schließlich auch deren Pressesekretärin, erzählt: »Sie waren so respektlos und so witzig und wollten sich über sich selbst lustig machen. Sie hatten Songs wie ›Master Race Rock‹ und die ganze Sache drum herum, ›We knocked them dead in Dallas, they didn't know we were Jews‹ aus ›The Next Big Thing‹. Sie schienen ständig zu sagen: ›Hier sind wir‹. Es war wie in dem Film von Rob Reiner, es war wie Spinal Tap versetzt mit jüdischem Humor … diese Art von zurückhaltendem, aber sehr direktem Humor. Und es war irgendwie erleichternd; man hörte all das Gerede, alle diese Leute, die vorgeben, nicht jüdisch zu sein, und dann kommt eine Band, die sagt: ›Ha, ha, ich nenne mich selbst *so*, aber in Wirklichkeit bin ich *so*‹.«

Dieser jüdische Humor und das doppelte Gesicht, das er trägt, ist zwar schon so alt wie die Geschichten aus der Bibel, aber seine jüngste Verkörperung waren die Komiker des Borscht Belt, die der früheren Generation der New Yorker so gut gefallen hatten. In den Fünfziger- und Sechzigerjahren

The Dictators. »Yeah, I knocked 'em dead in Dallas, they didn't know we were Jews.«

fuhren Wochenendtouristen wie die Eltern der Dictators in die Hotels der Catskills, um sich *Tumler* wie Jerry Lewis, Alan King und Henry Youngman anzuschauen. Bei Grossinger's und Aladdin and the Pine amüsierten und beleidigten sich diese Komiker gegenseitig. Sie zogen den Zuschauern den Boden unter den Füßen weg und spotteten über deren Anspruch an Seriosität. Doch gleichzeitig wusste das Publikum: Es ist alles nur ein Witz.

Das galt auch für die Dictators. So wie diese komplett jüdische Band ihre lächerlichen Seiten zur Schau stellte – vor allem durch Handsome Dick Manitoba, der, wie der frühere Gefährte Richard Meltzer berichtet, »magische ... Bewegungen« vollführte, indem er »von der linken auf die rechte Seite der Bühne torkelte und auf die Becken schlug« – spotteten sie auch über ihre eigene Zurückhaltung, verleugneten und begrüßten gleichzeitig ihre jüdische Herkunft.

Die Dictators waren die extreme Version einer alten Dynamik. Sie standen für die niedere Kultur der Straße, die sich gegen die Hochkultur der Elite wendete. Und sie gingen ihren Weg mit einer Mischung aus authentischer Erfahrung und bewusster Gestaltung, ausgedacht von den Kritikern Sandy Pearlman und Richard Meltzer, von denen man eigentlich gedacht hätte, dass sie sich über eine solche Band eher lustig machen würden.

Die Dictators unter Lampenschirmen: Mit ihrem Witz, ihrer Respektlosigkeit und einer gehörigen Portion Selbstironie verkörpern sie den jüdischen Humor der Komiker des Borscht Belt, die in den 50ern und 60ern populär waren.

Diese Kritiker, dieselben, die sich für Lenny Kaye von der Patti Smith Group und für Musikjournalisten im Allgemeinen als inspirierend erwiesen hatten, schufen das neue Genre der Rockkritik – oder, wie es am Anfang genannt wurde, des Rock*writing*. Zwischen 1967 und 1968, als sowohl die politische wie auch die musikalische Revolution in der Luft lagen, fühlten sich jüdische Jungs wie Meltzer und Pearlman in der Rockmusik zu Hause. Sie stolzierten zwar nicht auf der Bühne umher wie Mick Jagger oder Rod Stewart, aber modellierten ihre Auftritte durch die Sprache, ihr kulturelles Erbe.

Meltzer berichtet: »Auf meiner High School – wo im Grunde jeder ein Jude war – kannte ich niemanden, der Mitglied einer Band war und auch niemanden, der jemanden aus einer Band kannte … Aber '67 kannte ich plötzlich zwanzig, dreißig, vierzig Leute in Bands. Ich war mit Musikern von Jefferson Airplane per du. Ich lernte Jerry Garcia kennen, blah, blah, blah.«

Und warum? Weil Meltzer Rockkritiker geworden war.

»Ich schrieb für *Crawdaddy*, das ungefähr zwei Jahre vor dem *Rolling Stone* entstand«, erzählt Meltzer. »Niemand wurde bezahlt, also konnten sie einem auch nicht wirklich reinreden, was man schreiben sollte … Es gab drei oder vier Leute, die den Kram schrieben – neben mir Sandy Pearlman, Jon Landau und Paul Williams. Jeder wählte sich seine eigene kleine Nische. Ich erinnere mich noch, dass ich damals etwas über *Between the Buttons* und ›Strawberry Fields‹/›Penny Lane‹ gemacht habe. Zwanzig Seiten Text, der nur von diesen beiden Ereignissen handelte. Aber irgendwie fühlte es sich nicht nach Journalismus an. Es war eher so etwas wie eine Reportage über den Sonnenaufgang, den man vom perfekten Platz aus beobachtet. Ich fühlte mich vom Leben selbst genährt und belebt. Es war wirklich ein Ereignis. Das Menschengeschlecht schien mir einen Moment lang gut zu gedeihen – wenigstens für alle, die aufmerksam hinschauten. ›Psychedelic‹ wurde als Offenbarung des Verstands definiert … plötzlich wurde der Verstand auf unübersehbare Weise offenbart.«

In diesem psychedelischen Moment – dem Jahr, in dem die Beatles starben und als Sergeant Pepper wiedergeboren wurden, als die Stones verschwanden und Their Satanic Majesties wurden – änderte sich alles über Nacht. Es war das Jahr, in dem Jonathan Richman sich weiter in sich selbst zurückzog. Das Jahr, in dem Lou Reed auf *White Heat / White Light* ausflippte. Das Jahr, in dem plötzlich all diese Magazine auftauchten. Und diese Kritiker.

In dieser Atmosphäre konnten die Rockwriter etwas Neues erschaffen. Sie waren Gründer, Wegbereiter, Pioniere, und – vielleicht am wichtigsten – sie waren Mitverschwörer.

»Über dieses Zeug zu schreiben, fühlte sich ganz normal an«, lacht Meltzer. »Es war das Einfachste auf der Welt, man musste nur seine Gedanken schweifen lassen. Jimi Hendrix und andere dankten mir für die Sachen, die ich schrieb. Ebenso Marty Balin von Jefferson Airplane. Diese Leute behandelten mich wie einen Mitverschwörer. Man stelle sich das vor, über Rock 'n' Roll schreiben! Wow, super! Für ungefähr zehn Minuten wurden die Autoren als Mitverschwörer betrachtet. Ab der elften Minute waren sie nur noch ein Dienstleistungsunternehmen. Blitzartig war es vorbei.«

Für diese zehn Minuten jedoch standen die jungen Männer, die über Notizbüchern und Romanen kauernd groß geworden waren, an der Spitze der Bewegung. Lenny Kaye berichtet: »Wenn wir ins Fillmore East gingen, gerieten die Mädchen in Verzückung; Rockwriter waren wie Rockstars! Wer hätte sich davon nicht geschmeichelt gefühlt?«

Die meisten dieser frühen Rockwriter, vor allem die wirklich talentierten, waren jüdischer Herkunft. Die Gründungsväter der Rockkritik wie Richard Meltzer, der sein erstes Buch über die *Ästhetik des Rock* schrieb, Sandy Pearlman, dessen Essays in zahlreichen Sammlungen erschienen sind und Richard Goldstein, der Autor von *Goldstein's Greatest Hits*, hatten viel Gesellschaft, vor allem in New York. Lisa Robinson, Danny Goldberg, Ronnie Finkelstein und Danny Fields (ja, derselbe Danny Fields) waren alle in dieser Szene involviert.

Auch die nicht-jüdischen frühen Rockkritiker teilten ihren Geschmack und einige ihrer Erfahrungen. Zu den Italienern wie Nick Tosches kamen WASPs wie Robert Christgau, der von sich selbst sagte: »Nun, ich bin nicht jüdisch und ich habe auch keine jüdische Frau geheiratet. Aber meine Frau ist die erste nichtjüdische Frau, in die ich jemals verliebt war. Und als ein New Yorker identifiziere ich mich sehr mit der jüdischen Kultur.« Lester Bangs wurde wie Patti Smith als Zeuge Jehovas aufgezogen und war wie Patti in doppelter Hinsicht ein Außenseiter – Rockfan und religiöser Freak. Er war vielleicht äußerlich weiß, aber als ein Kind aus dem unteren Mittelstand war er es nicht wirklich. Außerdem war er ein Denker und ein Intellektueller. Damit konnte er nicht punkten. Kein Wunder, dass er wie Meltzer – der ihn am meisten beeinflusste – nur in New York gedeihen konnte. Genauso wenig kann es verwundern, dass er ein Rockwriter wurde und ein Meister des Punk. Ihm blieb keine andere Wahl.

* * *

Dieser psychedelische Moment endete natürlich in einer Umstrukturierung. Einige Rockwriter wurden Publizisten oder Pressesprecher von Plattenfirmen. Einige wie beispielsweise Greil Marcus wurden professionelle Autoren und wieder andere schafften den Sprung vom Buch zur Bühne, wie Lenny Kaye, der Autor, der sich in einen Performer verwandelt hatte. Meltzer und Pearlman wurden *Rock*writer, das heißt, sie komponierten Wörter, die von Rockern gesungen und vom Publikum gehört werden sollten.

Mit der Metalband Blue Öyster Cult aus den frühen Siebzigerjahren schliffen sie ihre Fähigkeiten und nutzten dabei das, was Pearlman die »faschistischen Möglichkeiten« des Rockkonzerts genannt hatte, für ironische Zwecke. Blue Öyster Cult war eine besonders jüdische Herangehensweise an Nazis, Intrigen und Verschwörungstheorien, die mit einem wissenden, wenn nicht gar humorvollen Augenzwinkern daherkam. Besonders Pearlman ließ hier seiner Beschäftigung mit dem Wahnsinn des 20. Jahrhunderts freien Lauf und verhüllte sie in seinen Texten durch Hinweise auf mittelalterliche Astrologen, Alchemisten und Freimaurer, die als Code für die Eingeweihten funktionierten. Zuhörer, denen der Irrsinn in der Art des Aryan Brotherhood geläufig war, verstanden die Anspielungen auf die mächtigen Eliten, die sich während des Zweiten Weltkriegs und davor durch schändliche »Geheimabkommen« verschworen hatten.

Secret Treaties (1974) war der Titel des dritten und wahrscheinlich besten Albums von Blue Öyster Cult. Er bezieht sich auf Absprachen zwischen

deutschen und amerikanischen Geschäfts-
leuten, die vom Krieg profitieren wollten,
egal welchen moralischen Preis sie dafür
zu zahlen hätten. Hitler hatte ähnliche
Eliten nach dem Ersten Weltkrieg dafür
verantwortlich gemacht, Deutschland ver-
schleudert zu haben. Pearlmans Anspielungen auf Kräfte, die der Idee des Zionist
Occupation Government ähnelten, sind
nicht schwer zu entschlüsseln, wenn man
einmal aufmerksam geworden ist. Sowohl
die deutsche Regierung als auch die Jewish
Defense League protestierten, als *Secret
Treaties* erschien. Sie befürchteten, dass
das Album Neonazis auf beiden Seiten des

Blue Öyster Cult: Secret Treaties, 1974

großen Teichs mobilisieren könnte. Obwohl Pearlman das wohl nicht beabsichtigt hatte – er wollte wahrscheinlich lediglich schockieren – gibt es
keinen Zweifel daran, dass sich seine Beschäftigung damit wie von selbst
ergeben hatte, da er ein jüdisches Kind der Post-Holocaust-Diaspora war.
Wer könnte das Werk des Teufels besser erkennen, als der Sohn eines Volkes, das zu seinen Lebzeiten fast vollständig vernichtet worden war? Sicherlich nicht Allen Lanier, der »Möchtegern-Nazi« und das Kind von Südstaa-
ten-Aristokraten, wie der Blue-Öyster-Cult-Biograph Martin Popoff den
Keyboarder der Band nennt. Sicherlich nicht die Kids aus dem Publikum,
die dachten, dass man Blue Öyster Cult ernst nehmen müsse. Sie kamen
nicht, um Spaß zu haben. Aber Tamás Erdélyi grinste mit Gevatter Tod und
träumte von seiner eigenen zukünftigen Band, den Ramones. Er hatte es verstanden und das taten auch Pearlman, Meltzer, Andy Shernoff und Richard
Blum von den Dictators.

                         ✳   ✳   ✳

Schaut man sich das Cover von *The Dictators Go Girl Crazy* an, erkennt man
eine frühe Inkarnation von Handsome Dick, die für die Ewigkeit eingefro-
ren ist. Er ist mit Muskeln aufgepumpt, trägt das Trikot eines Boxers und
dehnt sein manisches, wütend-glückliches Grinsen über das ganze Gesicht
aus; doch das Auffälligste an ihm ist die Größe seines gewaltigen Jewfros.
Längst war der Jewfro durch Dylan cool geworden. Der Gründer der Dictators Andy Shernoff erinnert sich an ihn als den »Black is beautiful«-
Moment Mitte der Sechzigerjahre, aber Handsome Dicks Haarmopp ist

etwas anderes. Groß, schwarz und buschig, wirkt er wie eine Clownsperücke auf einem machohaften Boxer. Wie hart ist dieser Typ?

Das Backcover treibt die Botschaft noch weiter. Da sehen wir die anderen vier ursprünglichen Mitglieder der Dictators in Schlafzimmern lümmelnd, die wie die Zimmer von jungen Mädchen mit Rockpostern vollgeklebt sind. Man sieht Top Ten (Scott Kempner), der mit heraushängender Zunge verrückt spielt, Stu »Boy« King und Ross »The Boss« FUNicello (Ross Friedman), zurückgelehnt wie Hugh Hefners Mann der Sinnlichkeit; und dann gibt es noch Adny (Andy) Shernoff, der Gründer der Dictators, Songwriter und intellektueller Dreh- und Angelpunkt, der mit seinem eigenen Jewfro fast so stark wie Handsome Dick aussah. Alle vier haben dieselben Schwarz-Weiß-Poster von Handsome Dick Manitoba prominent an ihren Wänden aufgehängt; auf einem ist Handsome Dick zu sehen, wie er seinen Ellbogen wie ein Muskelprotz-Bodybuilder auf seinem Knie abstützt.

Dieses Bild auf der Rückseite drückt das Image aus, das die Band durch ihr Aussehen und ihre Musik entwarf. Songtitel wie »Back to Africa«, »Cars and Girls« und »Master Race Rock« zeichnen sich durch ihre komisch-ironische, jüdische Herangehensweise an die amerikanische Kultur aus. Sie sprechen auch von dunkleren jüdischen Erfahrungen: Nazis, Rassismus und Antisemitismus. Die Songwriter Sandy Pearlman und Richard Meltzer hatten mit den Dictators einen großen Schritt in unerschlossenes Gelände gemacht. Indem sie ihre Talente mit denen von Andy Shernoff verknüpften und Handsome Dick Manitoba als ihr Sprachrohr benutzten, schufen sie mit dem jüdischen, harten Typen, der den Italiener spielte, die Verbindung zwischen Prä-Punk und Punk.

✳   ✳   ✳

Handsome Dick, der 1952 in der Bronx geboren wurde, wuchs in einem größtenteils jüdischen Viertel auf. Im Gegensatz zu den fast vorstädtischen Vierteln Brooklyn und Queens mit den kleinen Wiesen und der Nachbarschaft, die sich sonntags im Delikatessenladen trifft, war die Nachbarschaft von Handsome Dick in der Bronx dem Viertel von Richard Meltzers Großvater ähnlich, einem eingewanderten Juden, der das Land bereiste, um den viel versprechenden Nachwuchs für Ringkämpfe zu motivieren.

Weil Dick von Jeschiwa-Studenten umgeben war und in einem italienischen Viertel lebte, begann er, wie Meltzers Großvater, kämpfen zu lernen, aber *seine* Waffe war die komisch herablassende Art des straßenerfahrenen Besserwissers.

Drüben, in dem Teil von Queens, der uns später die Ramones schenken würde, wurde Andy Shernoff erwachsen und merkte, dass auch er lernen musste, stark zu sein. Er schämte sich ein wenig für seine Herkunft, vor allem in Bezug auf den Holocaust. »Irgendwie machte einen das schwach. Man dachte: Wie konnten deine Vorfahren nur erlauben, dass ihnen so etwas passierte«, sagt er. Umgeben von netten Jungen und Mädchen, die Doktor, Anwalt und Hausfrau werden wollten, reizte Shernoff als Teenager sowohl die Gang- als auch die Rockkultur. »Diese Energie lag in der Luft, und Bands wie The Who erreichten auch die Arbeiterklasse«, berichtet er. Shernoff begann Rocksongs zu schreiben, die denen von The Velvet Underground und The Stooges ähnelten – Songs, die ihm das Gefühl gaben, ein harter Typ zu sein. 1967, als Shernoff gerade 15 war, machte er eine Erfahrung, die ihn darauf stolz werden ließ, Jude zu sein. »Das war der Sommer, in dem Israel die aus sechs Nationen zusammengesetzte arabische Armee besiegte«, erzählt er. »Sie wollten ›die Juden ins Meer treiben‹, aber die kleine israelische Armee besiegte sie nicht nur, sondern schaffte das auch noch in weniger als einer Woche. Das machte einen stark. Und stolz.«

Als Shernoff dann auch noch die Lederjacke und den finsteren Blick anlegte, war er auf dem besten Weg, auf traditionelle Weise ein starker Typ zu werden. Doch zunächst musste er einen anderen Weg einschlagen, der ihn mit einer anderen Tradition in Berührung brachte. Wie so viele jüdische Kids, die später dazu beitrugen, den Punkrock zu erschaffen, musste Shernoff zunächst einen akademischen Grad erwerben – und hoffentlich einen Doktortitel – bevor er ausflippen konnte. Dabei kam er mit einer neuen und irgendwie genauso jüdischen Kultur in Kontakt. Er begann über Rockmusik zu schreiben, auch wenn er sie gar nicht spielte.

An der State University of New York in New Paltz, nicht weit von Woodstock entfernt, schlug Shernoff den gleichen Weg ein, den schon ältere jüdische Kids wie Lenny Kaye und Richard Goldstein vor ihm betreten hatten. Er schrieb Plattenbesprechungen für seine Unizeitung und bekam Honoraraufträge von *Creem* und *Oui*. Außerdem begann er, sein eigenes »Magazin« herauszugeben, zu drucken und zu verteilen, ein Bündel vervielfältigter Blätter, die von Büroklammern zusammengehalten waren, die er aus seinem College gestohlen hatte. *Teenage Wasteland Gazette*, eine Sammlung von Plattenbesprechungen, Comics und Witzen über Klassenkameraden, verkörperte nicht nur den Geist des D.I.Y., sondern war auch eines der ersten Magazine dieser Art. Noch wichtiger war, dass es als Türöffner diente, denn durch die *Gazette* lernte Shernoff Richard Meltzer und durch Meltzer Sandy Pearlman kennen, den Rockjournalisten, der ein Manager und Produzent geworden war.

Eigentlich war es Shernoffs Freund Scott Kempner, der Meltzer zuerst getroffen hatte. Er war während einer Show der Stooges einfach auf ihn zugegangen und hatte ihm an der Bar kühn die Hand geschüttelt. Weil Shernoff die Bedeutung dieses Kontakts bewusst war und er mittlerweile durch *Teenage Wasteland Gazette* ein offizieller Verleger geworden war, lud er Meltzer ein, eine Lesung in New Paltz zu halten; ein Ereignis, das abgebrochen werden musste, weil der Rockwriter nach nur wenigen Sekunden von der Bühne schwankte, um sich hinter den Vorhängen zu übergeben. Es folgte ein Saufgelage mythischen Ausmaßes, in dem die drei Judenjungen sich ihren Weg durch den Rest der Woche tranken, Drogen nahmen und dabei enge Vertraute wurden. Meltzer erinnert sich: »Es war eine der besten Fünf-Tage-Partys, die ich je erlebt habe.«

Kurz danach übergab Shernoff die verlegerischen Aufgaben bei *Teenage Wasteland Gazette* an Richard »Chinacat« Blum – der sie praktisch beendete – und schloss sich Kempner und Ross an, um mit den Fabulous Moolah loszulegen, aus denen bald die Dictators wurden. Er kontaktierte seinen neuen Freund Meltzer, der sich wie die zukünftigen Dictators mit »Borneo Jimmy« einen Spitznamen zugelegt hatte und der seinen alten Blue-Öyster-Cult-Mitstreiter Sandy Pearlman ermunterte, sich die Band anzusehen. Nachdem Pearlman ein paar Demos der Band gehört hatte, zeigte er zwar Interesse, ließ aber nichts offiziell werden. Also begannen die Dictators, um bekannt zu werden, in jedem Club zu spielen, der sie haben wollte. Einer davon hieß Coventry, eine Lounge in Queens, die Auftritte der lokalen Glam-Rock-Band Sniper organisierte, deren Schlagzeuger Joey Starship sich später in Joey Ramone verwandeln sollte. Das Coventry präsentierte später eine weitere, jüdisch dominierte Band der Punk-Epoche, KISS, deren Nazis liebender Gitarrist Ace Freehley hin und wieder mit Scott Kempner jammte. Fast ein Jahr lang spielten die Dictators dort und in anderen schlimmen Spelunken, wie der baufälligen Bar Popeye's in Sheepshead Bay in Brooklyn. Eines Abends, nicht lange, nachdem Richard Blum auf der Bühne des Popeye's eine manische Lesung von »Wild Thing« gegeben hatte, legten die Dictators schließlich den Vorwärtsgang ein. Unter den Augen von Sandy Pearlman und seinem Geschäftspartner Murray Krugman spielten sie am 3. Mai 1974 auf einer Party, wo sie etwas Richtiges taten – sie luden Blum ein, während des ganzen Auftritts auf der Bühne zu bleiben. Dieser Junge mit dem riesigen Jewfro und den vielen Muskeln, der weder singen noch tanzen konnte, haute die Masse einfach um. Er war die Travestie eines Rockstars, ein Witz und doch die Essenz von Rock. Er war rebellisch, stark, unbefangen und verrückt, ein Rowdy mit Chuzpe. Er war irre und auf eine Art lustig, die schon fast beängstigend war.

Pearlman erkannte in Blum die Geheimwaffe der Dictators. Er nahm die Band sofort unter Vertrag, überzeugt davon, dass sie das nächste große Ding würden.

* * *

Obwohl der Kern der Dictators, Ross, Andy und Scott, nicht verstanden, was Pearlman und Krugman an Handsome Dick fanden, stimmten sie der Abmachung mit ihrem neuen Management zu, dass dieser ein ständiges Mitglied werden sollte. Sie hatten die Wahl: zustimmen oder die Tantiemen sausen lassen. Und doch schienen sich ihre Vorbehalte zu bestätigen. Nicht, dass Handsome Dick untalentiert gewesen wäre. Aber Krugman und besonders Pearlman wollten sowohl die lächerlichen Aspekte der Band betonen, wie auch dunkle Untertöne hinzufügen. Pearlman empfahl Dick, seine Bühnentiraden zu übertreiben und der Band, einen härteren Sound zu spielen. Für Pearlman war Dick die Schlüsselfigur der Dictators, und das nicht nur weil er lustig war, sondern weil er Stärke zeigte. Macht. Eine fast schwachsinnige Macht, etwas, das überwältigend wirkte.

In einem Artikel im *PUNK*-Magazin von 1977 erinnerte John Holmstrom daran, dass Richard damals »ein Verrückter« gewesen sei. »Er aß zwanzig Eier am Tag. Restaurants konnten seine Bestellungen fürs Mittagessen nicht erfüllen, weil er so viel haben wollte. Er trug einen gigantischen Afro-Haarschnitt und hatte ein Hautproblem. Wegen ihm flogen sie von Pressepartys, weil er vollgestopft mit Drogen Ärger machte. Er kochte für die Dictators und arbeitete als Roadie, machte das Equipment kaputt, machte die Abrechnungen für die Tourbusse, verlor Verstärker und verpfuschte den Sound.«

Dick brachte die Dictators dazu, andere Bands in der Glamszene zu beleidigen. Beispielsweise war er während Shows von anderen Bands im Coventry der lauteste Zwischenrufer und nannte sie »warme Brüder, Warmduscher und Homos«. Dieses Verhalten während der Wayne-County-Show im CBGB führte dazu, dass die Dictators im Max's Spielverbot erhielten, wo Waynes Manager als Booking-Agent tätig war.

Aber Pearlman war das egal. Eigentlich fand er es großartig. Die Dictators, besonders Handsome Dick, waren Macho-Typen in nichtmachistischen Zeiten. Sie machten den ganzen Transvestitenquatsch nicht mit. Sie waren männliche Männer, die Antithese dessen, was normalerweise als jüdisch gilt.

Mit Handsome Dick, dem Fels in der Brandung, legte Pearlman den Schnellgang ein und verschaffte den neu gegründeten Dictators einen nicht für möglich gehaltenen Vertrag mit Epic, dem danach coolsten Label im Business.

Es waren nicht nur die Blue-Öyster-Cult-Kontakte von Pearlman und Meltzer, die Epic davon überzeugten, die bis dahin unbekannte Band unter Vertrag zu nehmen. »Glam« oder »Glitter«, wie es in den Vereinigte Staaten auch genannt wird, war in New York gerade angesagt und die New York Dolls, zur Hälfte Glam, zur Hälfte Punk, führten die Meute an. Die New York Dolls kämpften mit dem britischen Triumvirat des Glam, das aus David Bowie, Sweet und T. Rex bestand. Sie waren Punk, bevor es so etwas überhaupt gab, ihre Kostüme gingen über den englischen Glam der Scherzbolde und augenzwinkernden Transvestiten hinaus und waren spöttisch und bedrohlich zugleich. Sie wurden angeführt von David Johansen, einem Sohn tschechischer Einwanderer, der sich selbst als »ehrenamtlicher Jude« bezeichnete und von einer Rhythmus-Abteilung unterstützt wurde, die zu einem Drittel jüdisch war (Ronald »Sylvain Sylvain« Mizrahi) und zu einem Drittel italienisch (der wichtigste harte Typ Lothario Johnny »Thunders« Genzale). Die Dolls kreierten eine neue Richtung des Glam, die kantiger und partyorientierter war und zu Gewalt neigte.

Der Glam-Faktor machte den Reiz der Dictators für Epic aus. Deren frecher Humor und der hautenge Turnanzüge tragende Frontmann machten auf Epic den Eindruck, als seien sie eher eine weitere Bande Transvestiten als harte sarkastische New Yorker. Schnell stellte sich heraus, dass es kaum Ähnlichkeiten zwischen den New York Dolls und den Dictators gab. Mal abgesehen von den krypto-italienischen Verbindungen zu dem wirklichen Italiener Johnny Thunders waren die Dictators wahrhafte Juidos. Und zu allem sahen sie nicht mal gut aus.

Sie waren offensichtlich jüdisch und das waren auch ihre Inhalte. Die Dictators führten Themen ein, die, wie auch die Ramones später herausfanden, der durchschnittliche Amerikaner einfach nicht ertragen konnte. Songs wie »Master Race Rock« und »Back to Africa« wurden in New York City als lustig empfunden, aber außerhalb davon liefen sie nicht. Auch Handsome Dicks wirre Ansagen funktionierten dort nicht. Trotzdem bestand Pearlman darauf, sie auf Platte zu pressen und nahm sie heimlich auf, ohne der Band etwas davon zu sagen. Er glaubte nicht, dass die Dictators zu viel für die meisten Amerikaner waren. Zu komisch. Oder auch zu stark. Andy Shernoff sagt heute: »Im Nachhinein glaube ich, dass es ein Fehler war, den Humor derart zentral für das Marketing der Band zu verwenden, aber damals erschien es richtig.«

Am Ende trieb Pearlman die Beschäftigung mit den dunkleren Aspekten der Jewishness zu weit. Der Grund, warum Blue Öyster Cult mit ihrer Betonung der Jewishness, der Ruchlosigkeit und der Nazis davongekommen waren, liegt darin, dass sie ihre Obsessionen maskiert hatten. Trotzdem hatte Pearlman sich gelegentlich verrannt. Er ermutigte Blue Öyster Cult, seinen Song »ME 262« über Hitlers Messerschmitt 262, den ersten einsatzfähigen Düsenjäger, zu spielen, während er bei einem Konzert in Berlin Kriegsbilder an die Wand projizierte. Das Ergebnis war, dass Blue Öyster Cult in Deutschland Auftrittsverbot erhielten, dem Land mit der striktesten Anti-Nazi-Politik der Welt. Das Cover der Single »Hot Rails to Hell« zeigte einen deutschen Soldaten und deutete darauf hin, dass die Opfer auf Bahnschienen in die Todeslager gebracht worden waren. Auf einem Werbefoto trug die Band schwarze Armbinden. Das Logo von Blue Öyster Cult war rot und schwarz, wie das Hakenkreuz-Banner der Nazis. Und dann war da noch der von Meltzer heute mit spöttischer Untertreibung als »gemäßigt antisemitisch« bezeichnete Keyboarder Allen Lanier. Vor den Dictators war all dies in den gespenstischen Rätseln der Geheimorganisationen, dem brüderlichen Händedrücken und den bösen Intrigen von Pearlmans Obsessionen für Freimaurer, Illuminaten und Sekten versteckt. Nur der Eingeweihte konnte den kabbalistischen Code verstehen, der so chiffriert wie die Alchemie oder die Numerologie war.

Die Dictators rückten diese Obsessionen in ein grelles Licht. Ihre Anspielungen auf Herrenrasse, totalitäre Herrscher und Juden waren für jeden deutlich zu erkennen. Andy Shernoff war der Songwriter und schuf dieses Material, aber als Produzent und Manager hätte Pearlman ihn zügeln können. Er hätte die Dictators auch als Italiener verkleiden können. Aber er entschied sich dagegen. Richard Meltzer erzählt: »Wenn Pearlman die Welt regieren könnte, würde er ein ägyptischer Pharao oder Ähnliches sein wollen. Er würde die Kontrolle über die Gottheit, die Codierung und die Hieroglyphen haben wollen. Er war immer jemand, der die Macht und ihre Ikonographie liebte, und er liebte Rommel, wähnte sich selbst als Student der Militärgeschichte. Er war König Rommel und durch Rommel kam er auf all die anderen Sachen.« Albert Bouchard, der Schlagzeuger von Blue Öyster Cult fügt hinzu: »Hat Pearlman je über seine jüdische Herkunft gesprochen? Es war auffällig, wie er versuchte, nicht darüber zu reden. Ich möchte nicht sagen, dass er ein antisemitischer Jude war, aber wenn es so etwas jemals gegeben hat, dann war er es.«

* * *

Was also taten die Dictators? Nachdem ihr Debüt ein Reinfall geworden war und Epic sie gefeuert hatte, begannen sie sofort, sich neu zu erfinden. Ihr Auftritt wurde nicht länger von Handsome Dicks Humor geprägt. Und ihre Songs waren nicht länger derart beleidigend oder beunruhigend. Nein, jetzt sollten die Musik und die Band wirklich härter werden.

Als hätten sie die ironische Seite ihrer Verbindung zu dem jüdischen Horror gekappt, machten die Dictators sich zu einer brutaler und gemeiner aussehenden Band. Sie brachten zuerst *Manifest Destiny* (1977) heraus und dann *Bloodbrothers** (1978), zwei Alben, die Songs wie »Steppin' Out«, »Exposed«, »Faster and Louder« und »Slow Death« enthielten. Sie erlaubten auch Handsome Dick, hin und wieder als Leadsänger aufzutreten, der seine komischen Tiraden und betrunkenen, ungehobelten Possen durch einen kehligen Gesang und Schreie ins Publikum ersetzt hatte. Danach wurde es still um die Band, bis Shernoff sie in den späten Achtzigerjahren als Manitoba's Wild Kingdom wieder zusammenbrachte, zu deren Originalbesetzung der »Fünfte Ramone« Daniel »Rey« Rabinowitz gehörte. Shernoff »fokussierte das Image« der Band, und sie kehrte wieder zu ihrem schwarzen Humor der früheren Tage zurück. *And You* verkaufte sich besser als jedes andere Album der Dictators, wurde bei MTV gespielt und führte zu einer Wiedervereinigung der Dictators, als Ross the Boss sich ihnen anschloss.

Der feine Unterschied zwischen Humor und Horror, Aufklärung und Dunkelheit, Selbstironie und Selbsthass kann leicht verloren gehen. Die Dictators waren deshalb nicht die erste wirkliche Punkband, weil sie die delikate Balance zwischen Aggressivität und Ironie, Gewalt und Komik, Bedrohung und Camp nicht erreichten, die für das neue Genre zentral war. Doch sie bereiteten einer Band den Weg, die diese Balance perfekt beherrschte, einer Band, die auf ihrem ersten Album wie deren Blutsbruder oder Zwilling erschien, bis hin zu der Assoziation mit Italienern oder Latinos, den Wurzeln im Stadtviertel und den Coversongs. Diese Mafiatypen, diese Scherzkekse in Lederjacken, diese gleichberechtigte Kollaboration von Juden und Nichtjuden, waren natürlich die Ramones.

---

* Interessanterweise verbindet sich die Band hier mit dem Erzähler Richard Price, wohl am bekanntesten durch sein erstes Buch *The Wanderers* (1974), einer Geschichte über eine Gang aus der Bronx in den frühen Sechzigerjahren, in dem ein italienischer Erzähler auftritt, der nach dem Vorbild des jüdischen Autors geformt ist. Während die zweite Erzählung von Price, *Bloodbrothers* (1976) die Dictators offensichtlich zu ihrem Titel des zweiten Albums inspirierte.

EINE JÜDISCH-AMERIKANISCHE BAND

Die hebräischen Grundlagen der Ramones

»Er liebt John-Ford-Filme und John Fords irische Mythen von Amerika. Manchmal glaube ich, dass Johnny Amerikanismus mit Irischsein verwechselt, was keinen Sinn macht, vor allem historisch gesehen, aber für ihn ist es ein und dasselbe. Seine Vision von Amerika ist sehr von John Wayne und John Ford geprägt. «
– Tommy Ramone über seinen im September 2004 verstorbenen ehemaligen Bandpartner Johnny

Wenn Leute über die Beatles reden, sagen sie oft, dass es keinem Bandmitglied alleine gelungen wäre, die Magie der Gruppe zu erschaffen, sondern dass es die Kombination war, das Zusammenspiel, die Synergie, die sie zu etwas Besonderem machte.

Fragt man dieselben Leute, wer der Anführer der Band war, ohne den die Gruppe niemals ihre Größe erreicht hätte, kommt wie aus der Pistole geschossen: John Lennon. Er war das Herz und die Seele der Band. Er hat sie geschaffen.

Stellt man den Fans der Ramones, den modernen Beatles aus den Siebzigerjahren, die eine eigene Revolution starteten und ein vollständig neues Musikgenre erschufen, dieselbe Frage, was würden sie sagen? Hm, war nicht Joey der Anführer? Oder Dee Dee? War es überhaupt irgendjemand von ihnen?

Kurz gesagt, sie würden es nicht wissen. Der Mann, der fast im Alleingang die Ramones erschuf, war das geheimnisvollste Mitglied der Gruppe, dessen Vergangenheit größtenteils vage und undeutlich blieb, weil er nie darüber redete. Wer ist das? Es ist nicht Joey Ramone, obwohl dieser, als Jeffry Hyman geboren, der fraglichen Person sehr nahe kommt. Nein, es ist Tommy Erdélyi, in Ungarn als Tamás geboren, den wir heute besser unter dem Namen Tommy Ramone kennen.

Tommy Tamás Erdélyi Ramone dachte sich die Ramones in der Enge seines Kinderzimmers aus, brachte die Idee in ein verdunkeltes Studio in Manhattan, wo er sich die Talente seiner »Freunde« aus Queens zu Nutze machte, um diese Band zu verwirklichen. »[Tommy] entwarf die Band ... Es war Tommy, der uns sagte, wo der Gitarrist stehen sollte, dass der Leadsänger sich nicht bewegen durfte, dass es keine Scheinwerfer geben würde und so weiter. Tommy war der Architekt«, berichtet ihr erster Manager Danny Fields. Monte Melnick, der Tourmanager der Ramones, erklärt, warum die anderen Ramones Tommy so schlecht behandelten: »Sie waren eifersüchtig darauf, dass er sie gegründet hatte. Es war sein Konzept ... er hatte sie zusammengebracht.« Mit der Band erfüllte sich Tommy seinen Traum, sie war für ihn ein Rettungsanker, um in einem Amerika zu überleben, in dem er sich oft als Einwanderer fühlte. Die Band war ein Weg, um sich die Gewalt und das Verlangen nach Romantik aus dem Kopf zu schlagen, ein Weg, sich der Unruhe und der Angst zu entledigen, die ihn als Juden im Exil erfasst hatte.

Tommy, der dem Antisemitismus und der Verfolgung in Osteuropa entflohen war, war bewusst, dass seine jüdische Herkunft einen Ausgestoßenen aus ihm machte. Eine ähnliche Erfahrung sah er wohl beim Leadsänger und bis zu einem gewissen Grad auch bei seinem Gitarristen und Bassisten. Sie alle, Tommy, Joey, Johnny und Dee Dee, stammten aus Forest Hills, Queens, dem jüdisch-amerikanischen Schmelztiegel, dem kleinen Ghetto innerhalb des größeren Ghettos von New York. Dort waren sie groß geworden und versuchten nun, sich über den klassischen Außenseiterweg des Rock'n'Roll nach Manhattan zu schleichen.

Letztlich verstand jedoch nur Tommy die Konflikte, die ihn geprägt und davon abgehalten hatten, seine zentrale Rolle bei den Ramones und seine jüdische Herkunft an die große Glocke zu hängen. Wie sonst hätte er bei unserem ersten Treffen so ruhig bleiben können, als er mir auf die Frage, warum ich nie etwas darüber gehört hatte, dass er Jude ist, mit der unbeabsichtigten Pointe antwortete: »Es hat niemanden je interessiert, danach zu fragen.« Bei unserem zweiten Gespräch unterbrach er mich dagegen plötzlich nervös, fragte: »Versuchst du mit diesem Buch Juden zu outen?«

Angst und sein Cousin, der Humor. Das ist die Antwort. Humor und Angst, diese Zwillingspole der jüdisch-amerikanischen Erfahrung.

*   *   *

Um diese Angst wirklich zu verstehen, müssen wir ein Stück zurückgehen. Die meisten Geschichten der »Bruddahs« richten ihr Augenmerk auf die klassisch amerikanischen Attribute ihrer Kindheit – die Parks und Spielplätze aus Beton, die Maschendrahtzäune und die Treppen – und ignorieren die Fülle an jüdischen Feinkostläden, Gemeinschaftszentren und Synagogen in ihren frühen Tagen. Das waren jüdisch-amerikanische Kindheiten, die ihre Wurzeln in Mittel- und Westeuropa hatten.

Eine Fahrt mit der Subway wird es beweisen. Man steige einfach an der Houston Street in der Bowery – falls man sich dabei verirrt: sie ist nur einen Katzensprung vom CBGB entfernt – in den F-Train ein, fahre über die Brücke und durch den Tunnel, wie es so viele B&Ts jeden Tag tun, bis man auf den G-Train trifft. Mit diesem fährt man bis zur Haltestelle am 63rd Drive auf dem Queens Boulevard in Forest Hills. Dann ist man dort angekommen, wo die frühen Ramones ihre Züge in »die Stadt« genommen haben, wo die Genesis des Punk begann und sein Exodus nach Manhattan folgen sollte.

Man steige aus dem U-Bahnschacht herauf und atme den jüdischen Duft der Bagel- und Knishes-Läden ein, die es in der Gegend massenweise gibt. Durch die hebräischen Buchstaben über der Eingangstür des nahe gelegenen Forest Hills Jewish Center und die fröhlichen Schilder, die Jiddisch-Kurse und Hadassah-Treffen ankündigen, sieht der Ort noch immer genauso aus, wie zu der Zeit, als die vier jugendlichen Ramones hier vorbeikamen. Hier hat Johnny 1967 zum ersten Mal Joeys Bruder und durch diesen auch Joey selbst bei einem Bandwettbewerb kennengelernt, der jedes Wochenende im Keller des Centers stattfand.

Die jüdischen Traditionen bleiben auch dann präsent, wenn man weiter in das Wohngebiet des Viertels vordringt, wo in regelmäßigen Abständen historische Schauplätze auftauchen, als befände man sich auf einer Bustour des B'nai B'rith durch Europa. Zunächst sieht man die Synagoge, in der Joey Ramone 1964 als Jeffry Hyman seine Bar Mitzwa erhielt, kurz darauf folgt die Synagoge, in der sich drei Jahre später sein Bruder Mickey Leigh als Mitchell Hyman der gleichen Zeremonie des »Mannwerdens« unterziehen musste. Gleich nebenan ist das Elternhaus von Tommy Erdélyi und in der Nähe das Haus von Ritchie Stern, einem frühen Ramone, der, noch bevor die Band irgendetwas aufgenommen hatte, gegangen wurde, weil er »uns zu jüdisch gemacht hätte«, wie Tommy witzelt. Diese Orte sprechen von einer

Hier wurde Joey Ramone zum Mann: Yeshivat Binat Chaim, Forest Hills.

Kindheit, die von Jewishness gekennzeichnet war. Sie sind umgeben von Wohnungen, deren Treppenstufen mit Mesusas geschmückt sind, diesen Talismanen der jüdischen Angst, auf denen die ersten zwei Strophen des heiligsten jüdischen Gebets, des Schma Israel, eingeritzt sind und die die Bewohner beschützen sollen. Es ist zutiefst ironisch, dass sich Tommy Erdélyi einst von dieser Gegend entfremdet fühlte, weil die »guten jüdischen Mädchen« Typen wie ihn, die weder Geld noch eine Perspektive hatten, ignorierten. Bevor wir unsere eigene Tour zu diesen Orten unternehmen, erzählt Joeys Bruder Mickey: »Meine Frau Arlene war eine JAP [jüdisch-amerikanische Prinzessin], auch wenn sie es nicht zugeben will. Und sie ist es immer noch. Sie will, dass ich arbeiten gehe.«

Ja, das sind historische Orte, Überreste dessen, was einmal war. Aber obwohl sie interessant sind, wie auch die nahe gelegenen Häuser von Joeys Mutter Charlotte Lesher, Joeys Kinderfreund Ira Nagel und dem Tourdirektor der Ramones, Monte Melnick*, erzählen sie uns nur die halbe Geschichte. Und vielleicht nicht mal das.

Um die ganze Geschichte zu erfahren, müssen wir noch ein bisschen weiter dorthin zurückgehen, wo alles begann und zwar in die Vergangenheit des jungen Einwanderers, des wichtigsten Mitglieds und Gründers der Ramones, Tommy Erdélyi.

---

* Es ist nicht uninteressant, sich anzuschauen, wie viele weitere Schlüsselfiguren in der Geschichte der Ramones jüdisch waren und aus jüdischen Vierteln kamen, unter ihnen Danny Fields (erster Manager; Redwood, Queens), Gary Kurfirst (zweiter Manager; Kew Gardens, Queens), Andy Shernoff (Gründer der Dictators, Gitarrist auf den Alben der Ramones; Flagstone, Queens), George Seminara (Produzent der Ramones-Videos; Lower East Side, Manhattan), Daniel Rey (Daniel Rabinowitz, Gründer von Shrapnel, Gitarrist und Produzent zweier Ramones-Alben und Joeys posthumer Soloveröffentlichung *Don't Worry About Me*; Redbank, New Jersey) und Ida Langsam (Publizistin der Ramones, orthodoxe Jüdin und frühere Herausgeberin des Magazins des New Yorker Beatles-Fanclubs *Apple Juice*; Washington Heights, Manhattan).

»Ich wurde im Januar 1949 in Budapest geboren, kaum drei Jahre nach dem Ende des Zweiten Weltkriegs«, erzählt Tommy, während er im Wohnzimmer seiner schlecht beleuchteten Eigentumswohnung in Forest Hills sitzt, umgeben von hunderten von Alben und dutzenden von Kassetten mit Session-Aufnahmen der Ramones. »Meine Eltern waren professionelle Fotografen und hatten liberale Künstlerfreunde, die sie beschützten. Aber der größte Teil meiner Familie wurde während des Holocaust ermordet. Ich hab's gerade noch so geschafft.«

Tommys Schlusskommentar, dass er »es gerade noch so geschafft« habe, hat eine dunkle Doppelbedeutung. Angesichts der Umstände, so glaubt Tommy, hätten seine Eltern den Krieg gar nicht überleben dürfen, und auch er selbst hätte eigentlich weder in Ungarn geboren werden noch später in Amerika landen dürfen. Für ihn gab es gar keinen Ort, zu dem er gehört.

»In Ungarn war es eine Art Stigma, jüdisch zu sein«, erzählt Tommy. »Es gab nur wenige Juden und sie wussten, wer Jude ist, weil niemand sonst beschnitten war. Man hatte das Gefühl, irgendetwas stimmte nicht mit dir. Die Leute gaben dir dieses Gefühl. Es fühlte sich wie ein Stigma an.«

Als Reaktion auf den Antisemitismus änderte Tommys Vater den Familiennamen aus dem jüdisch klingenden Grunewald in den eher ungarisch klingenden Namen Erdélyi, was ebenfalls grüner Wald bedeutet. Sein Vater habe sich nicht dafür geschämt, Jude zu sein, erzählt Tommy, er sei es nur leid gewesen, ständig diskriminiert zu werden. Indem er sich selbst neu erfand, wollte er die Familie von diesem Fluch befreien.

Doch nach der Niederschlagung des Aufstands 1956 durch die Sowjets und wegen des danach immer repressiver und antisemitischer werdenden politischen Klimas, entschied Tommys Vater, dass es Zeit sei, zu gehen. Sie packten alle Habseligkeiten, die sie mitnehmen konnten und flüchteten über die Grenze nach Österreich, wo sie monatelang auf ihre Ausreisepapiere für die USA warteten. Es war ein unsicherer, beängstigender Schritt, der mit einer einschneidenden kulturellen Umstellung verbunden war, vor allem für Tommy. Er war der Jüngste der Erdélyis, und erst wenige Monate zuvor hatte er seine erste Liebe, den Rock 'n' Roll, kennengelernt. Jetzt kam er in das Land, das diesen hervorgebracht hatte, das Land von Chuck Berry, Little Richard und Elvis.

»Ich erinnere mich, dass ich in Ungarn einen Film über den ›dekadenten Westen‹ gesehen hatte«, erzählt Tommy. »Sie erzählten uns von der ›animalischen‹ Musik aus Amerika, die den Soundtrack lieferte und sobald ich sie hörte, verliebte ich mich. Sie hatte diesen treibenden Beat.«

Nachdem Tommy ein paar Monate mit seinen Eltern als Flüchtling in der Militärbasis Camp Kilmer in New Jersey gelebt hatte, zogen sie in ein

Tommy Ramone mit 13. Prospect Park, Brooklyn 1962.

Appartement in der Bronx. Die Erdélyis waren sich nicht sicher, was sie mit Tommy machen sollten und schickten ihn in die lokale Jeschiwa, was eine riesige Veränderung für einen siebenjährigen Jungen bedeutete, der in einem säkularen, wenn auch kulturell jüdischen Haus erzogen worden war.

»Es war gar nicht so schlecht«, erzählt Tommy. »Aber als meine orthodoxen Verwandten aus Israel in die Vereinigten Staaten kamen, zogen wir von der Bronx nach Brooklyn, und sie bestanden darauf, dass ich in eine chassidische Jeschiwa gehe. Das war eine ganz andere Geschichte. Das war ein viel zu radikaler Wechsel. Für die Kinder dort war ich ein Goj.«

Nachdem er nun zwei Mal aus vollständig entgegengesetzten Gründen geächtet worden war, begann Tommy sich selbst als ewigen Außenseiter zu betrachten. Aber er hatte den Rock'n'Roll und seine Liebe zu Bands wie den Comets und den Crickets. Und er hatte seine wachsende Sammlung von Instrumenten und das selbst zusammengebaute Radio. Die Musik, die er hörte und spielte, war Hobby und Zuflucht zugleich. Schließlich entdeckte er die Beatles und sein Leben sollte sich für immer verändern.

»Ich wusste, was ich machen wollte«, erzählt Tommy. »Ich wollte in einer Band sein. Ich liebte Rock'n'Roll, seit ich sechs war, aber das war etwas ganz Besonderes.«

Tommy untersuchte die Gesichter der Beatles, weil er hoffte, dass einer von ihnen jüdisch sein könnte – »man hätte denken können, Ringo sei es, mit dieser Nase« –, übte weiter Gitarre und verbesserte nach und nach seine Fähigkeiten. Mit den musikalischen Fortschritten änderten sich auch andere Dinge zu seinen Gunsten. Nach einem »unendlichen Jahr« an der orthodoxen Jeschiwa eröffneten ihm die Eltern, dass sie wieder umziehen würden, und nach ein paar Monaten verschwand er aus Brooklyn und steuerte Queens an.

»Ich denke, es war um diese Zeit, als Tommys Familie nach Forest Hills kam«, erzählt der Kinderfreund und Tourdirektor der Ramones, Monte

Melnick. »Ich erinnere mich daran, dass ich ihn dabei beobachtet habe, wie er in der Nachbarschaft auf seinem Fahrrad herumfuhr und dass ich ihn eines Tages zu mir winkte, um mit ihm zu reden. Wir hatten beide ein Interesse für die Wissenschaft. Und wir konnten Kontaktsport nicht leiden. Ich versuchte, ihm Golf beizubringen und er versuchte, mich in die Musik einzuführen.«

Obwohl Monte letztlich drei Jahre vor den Ramones einen Plattenvertrag erhalten und zwei Country-Rock-Alben mit seiner Band Thirty Days Out veröffentlichen sollte, hatte die Musik zu dieser Zeit eine geringe Priorität, sodass Tommy und er in ihren Bemühungen nicht sehr weit kamen. Stattdessen diskutierten sie über Biologie und Chemie und gingen hin und wieder raus, um ein paar Runden zu drehen, während sie mit ihrem gemeinsamen Freund rumhingen, dem Sohn des indonesischen Botschafters in New York, eines der Kinder, die vielleicht noch mehr von der Umgebung entfremdet waren, als sie selbst.

Dann, eines Tages, als die drei zusammen im hinteren Teil des Pausenraums saßen, kam ein Junge namens Bob Rowland auf sie zu und sagte, dass er Tommy jemandem vorstellen wolle. Tommy folgte Rowland zu einem nicht weit entfernten Tisch und sah eine Gruppe von Jungs, die über Bohnen mit Würstchen und Milchkartons saßen. Sie hatten alle diesen skeptischen Blick, den Teenager aufsetzen, wenn sie einem Fremden begegnen, und doch saß einer in ihrer Mitte, der einen besonders distanzierten Eindruck machte.

»Hier ist der Junge, der Gitarre spielt«, sagte Rowland.

»Ach wirklich?«, antwortet darauf der Junge in der Mitte. Und nachdem er Tommy gefragt hatte, ob er an diesem Abend Lust hätte, zu jammen, kehrte er wieder zu seinen Bohnen mit Würstchen zurück.

Als Tommy später an diesem Abend zu Rowlands Haus ging, dachte er nicht viel über die Band nach, die sein neuer Freund Tangerine Puppets genannt hatte. Doch schon als er den Stecker einstöpselte und Gitarre zu spielen begann, änderte sich seine Meinung über mindestens eines der Bandmitglieder ziemlich schnell.

»Der sarkastische Typ vom Mittagessen begann durch die Gegend zu hüpfen und spielte irgendwie verrückt«, erzählt Tommy. »Er war charismatisch und lebendig auf der Bühne. Und ich konnte sehen, dass die Chemie stimmte. «

Tatsächlich stimmte die Chemie derart, dass Tommy nicht nur Teil der Band, sondern der »sarkastische Typ« gleich sein bester Freund wurde. Für den Rest der High School waren die beiden unzertrennlich; war Tommy de facto der Bandleader der Tangerine Puppets, stellte der sarkastische Typ eine

Art symbolischen Rächer von Tommy dar. So wie der unerschütterliche Mann aus Lehm, der von dem Prager Rabbi Juda Löw im 16. Jahrhundert geschaffen worden war, wurde der sarkastische Typ John Cummings aka Johnny Ramone Tamás Erdélyis persönlicher Golem.*

*   *   *

So wie Tommy war auch John Cummings ein Außenseiter unter Außenseitern. Als Sohn eines Bauarbeiters irischer Herkunft war er Mitglied des amerikanischen Mainstreams und hätte sich fast überall in den Vereinigten Staaten zu Hause fühlen sollen.

Aber Johnny befand sich in dem Teil von Amerika, der als New York bekannt ist, auf dieser Insel direkt vor der Küste des Festlands, die so schien, als könne sie jeden Moment nach Europa zurückschwimmen. Schlimmer noch, er war in einem der Teile New Yorks, die den weißen, christlichen Amerikanern teilweise fremd waren. Seine Mutter war litauischer oder ukrainischer Herkunft und sein Vater irischer Katholik. John kam aus dem größtenteils von der Mittelschicht bewohnten, jüdischen und an ein Schtetl erinnernden Forest Hills, wo er die Anomalie, der Außenseiter und die Minderheit war. Wo er als jüdisch galt.

»Als ich die Ramones gründete, war es selbstverständlich, dass Johnny dabei sein würde, nicht nur, weil er mein Freund war, sondern auch, weil er Farbe hineinbrachte«, erzählt Tommy lachend. »Nur in Forest Hills konnte man einen Typen wie Johnny für exotisch halten.«

Es ist kein Wunder, dass Johnny, der republikanische, katholische Junge aus der Arbeiterklasse, der Intellektuelle und Schwächlinge verachtete, aus Forest Hills weg wollte. Und es ist auch kein Wunder, dass Tommy ihn dafür benutzte, um genau das Gleiche zu tun. Es war, als ob Tommy seinen »anderen Schatten« gefunden hätte, dessen Entfremdung sein eigenes Gefühl von Deplatziertheit spiegelte.

Auch wenn Tommy als Außenseiter in einem jüdischen Viertel nicht gerade das war, was einen typischen Juden ausmachte, ist es eine Tatsache,

---

* Nachdem Löw den Golem erschaffen hatte, um die jüdische Gemeinde vor der Vernichtung zu retten, wendet sich das Monster gegen seinen Schöpfer und verbreitet Chaos und Verwüstung. So wie Frankensteins Monster, das aus dem menschlichen Begehren nach Macht entstand, stellt der Golem einen faustischen Handel dar, der letztlich zur Selbstzerstörung führt. Weiteren Einblick kann der deutsche expressionistische Film *Der Golem* von 1921 geben, eine preisgekrönte Nacherzählung dieser Fabel, die jetzt in einer neuen Version mit der Filmmusik des jüdischen Avantgarde-Punks Gary Lucas produziert wurde.

dass Juden geradezu Experten für Ausgestoßensein sind, und dass die authentischsten Produkte dieser Kultur – sozusagen die *echten* Juden – sich oft von ihrem eigenen Volk entfremdet fühlen. Man denke an das alte jüdische Sprichwort: »Zwei Juden, drei Meinungen.« Juden sind derartig analytisch und in der Lage, alle Seiten zu betrachten, dass sie sich oftmals mit keiner davon identifizieren können. Kein geringerer als Franz Kafka, die jüdische Autorität in Sachen Entfremdung, schrieb am 8. Januar 1914 in sein Tagebuch: »Was habe ich mit Juden gemeinsam? Ich habe kaum etwas mit mir gemeinsam und sollte mich ganz still, zufrieden damit, dass ich atmen kann, in einen Winkel stellen.«

Mit seinen langen Haaren und seinem schroffen Benehmen war Johnny der komische Vogel bei den Jam-Sessions in Bob Rowlands Haus. Doch im Vergleich zu einem kleinen, krausköpfigen Typ wie Tommy, verkörperte Johnny eine Alternative zur traditionellen Art, jüdisch zu sein – eine Alternative, die auf Größe und Stärke basierte. So wie andere Juden, darunter Danny Fields, Robert Frank und Bob Dylan, machte sich Tommy, dieser ungarische Einwanderer mit dem lustigen Akzent, auf die Suche nach der »wirklichen« Personifizierung Amerikas.

»Johnny war ein großer Typ, schlank, und er war anders«, erzählt Tommy. »Er sah bäuerlich aus und nicht sehr städtisch. Er wollte mit mir immer Armdrücken und Stickball spielen. Aber ich war nicht sportlich. Es war nicht gerade ein sportliches Viertel. Es war keiner dieser Orte, an denen Kinder normalerweise Faustkämpfe austrugen. Forest Hills war ein intellektueller Ort.«

Obwohl Tommy betont, dass er »nicht so sein wollte wie John« und »Johns Sportkultur und mackerhafte Prahlerei« nicht mochte, gibt er dennoch zu, dass er ihn »faszinierend, charismatisch und exotisch« fand, und es scheint so, als ob die Quelle dafür der Zorn seines neuen Freundes war.

»Als die Tangerine Puppets spielten, legte John mit seiner großartigen Show los«, erzählt Tommy. »Er trug seinen Bass sehr weit oben, wie ein Maschinengewehr, so wie Wilco Johnson [Gitarrist von Dr. Feelgood] es später tat. Er bewegte sich und drehte auf der Bühne einfach durch … Er war wütend, ein sehr wütender Typ. Er war eine wütende Person und viel von dieser Gewalt floss in seine Musik ein.«

Für diesen fast introvertierten und friedlichsten aller Ramones kamen Johnnys Wutexplosionen musikalischen Bombardierungen gleich. Jede davon lieferte Tommy die sehnsüchtig erwartete, emotionale Erlösung.

So stark Tommy auch von Johnnys musikalischem Geschmack und seiner Stärke beeindruckt gewesen sein mochte, so war es trotzdem Johnnys Sinn für Humor, der letztlich den Bund besiegelte. Obwohl Tommy sich heute kaum noch an bestimmte Witze erinnern kann, erzählt er, dass Johnny einen bösartigen, surrealen Sinn für Humor hatte, der, wie die Comedy von Lenny Bruce, die Dunkelheit der Welt erkannte, sie aber durch coole Stärke abzuweisen schien.

Tommy verweist auf einen anderen Strang des jüdisch-amerikanischen Humors aus dieser Zeit und erzählt: »Als ich neun oder zehn Jahre alt war, begann ich das *MAD*-Magazin zu lesen, und es war ein tolles Magazin, weil es eine Menge intellektuellen Humor für Kinder besaß. Possen und, wie nennt man das, Satire. Und ja, es hatte einen großen Einfluss auf meine Wahrnehmung … Ich habe sie tatsächlich immer noch in meinen Regalen stehen. *The Brothers Mad* war eines der ersten Taschenbücher, das ich kaufte und das alles ist von Harvey Kurtzman. Kurtzman war jiddischer Kram, *meschugge* und diese ganze Sensibilität. Aber das *MAD*-Magazin hatte großen Einfluss auf meine Wahrnehmung, mein Denken, meinen Sinn für Humor, vielleicht auch auf meine Lebensanschauung. Und später waren es die Undergroundcomics, Robert Crumb, die *Zap*-Comics und dieses Zeug, das auf eine Art die Fortsetzung und die Hippie-Version davon war.«

Letztlich ist es egal, dass Johnny Tommy niemals physisch verteidigte. Denn der sanfte Ramone liebte es, mit dem gewalttätigsten Mitglied der Band befreundet zu sein, weil dieser ihm ein Ventil für seine Frustrationen bot. Ein stellvertretendes Ventil, aber eines, das ihn trotzdem am Leben hielt.

Wie so viele andere mythische oder reale Juden in der Geschichte – Rabbi Löw mit seinem Golem, Shuster und Siegel mit ihrem Superman, Brian Epstein mit seinen Beatles, Danny Fields mit seinen MC5/Morrison/Stooges –, befreite sich Tommy durch seine Verbindung mit dieser körperlich starken Existenz, dieser starken amerikanischen Existenz, die als sein inoffizieller Rächer diente.

Und so kann es nicht überraschen, dass Tommy, als er seine Musikkarriere in Manhattan begann und zuerst als Techniker bei Record Plant arbeitete und später den Proberaum der Performance Studios gründete, wieder und wieder Johnny anrief und ihn darum bat, dass er in die »Stadt« kommen solle, um mit ihm eine Band zu gründen, die er, Tommy, produzieren würde. Er würde den Sound, den Look und das Image gestalten. Er würde alles tun, wenn Johnny nur kommen und sich ihm anschließen würde.

*   *   *

Als Johnny schließlich fast zwei Jahre später Tommys Ruf folgte, kam er nicht alleine. Er brachte einen weiteren Außenseiter aus dem alten Viertel mit, den Tommy für perfekt hielt – eine Art Jude in deutscher Kleidung, der Tommys eigene Entfremdung widerspiegelte.

Douglas Colvin (Dee Dee Ramone) war in Berlin von einem Vater, der amerikanischer Soldat war und einer blonden, blauäugigen, deutschen Mutter großgezogen worden. Er war auf eine Art der Inbegriff des gespaltenen Bewusstseins, das der Band inne wohnte. Dee Dee wuchs unter den permanenten Auseinandersetzungen

The Ramones: s/t, 1976

zwischen seinen Eltern auf, die aus ihren kulturellen Unterschieden entstanden. Er kam zu der Ansicht, dass er selbst ein Mann ohne Land war, eine entfremdete Seele, der nicht wusste, was ein Zuhause ist oder wie man seine eigene Identität ausbildet. Er fühlte sich innerlich in einen Jude und einen Nazi gespalten. Ein Außenseiter, der in einem Land lebte, das er niemals als sein eigenes begreifen würde. Er liebte und hasste alles, was sein eigenes Selbst ausmachte.

»Dee Dee war ein grundsätzlicher Widerspruch, der mit dem Wind ging«, erzählt Tommy. »Er war links und rechts – er war sehr schizophren, je nachdem welche Laune er gerade hatte. Letztlich war er sehr unreif; seine Persönlichkeit war die eines Kindes.«

Auch wenn Tommy es nicht sagt, scheint es doch so, als ob Dee Dee nicht nur deshalb mit der Band verschmolz, weil er ein Kind war, das mit der Welt haderte, sondern weil er durch seine Beschäftigung mit den Nazis und seinen gemischten, sogar neurotischen Gefühlen gegenüber Deutschland wie ein Jude dachte.

Arturo Vega, der frühere Mitbewohner und Beleuchter der Ramones bemerkt, dass Dee Dees Vater Teil der Besatzungsmacht in Deutschland war und die Einstellung des erobernden Kriegers gegenüber diesem Land auch auf seine Frau und seinen Sohn ausdehnte.

»Dee Dees Mutter wies die gewaltsame Kontrolle von Dee Dees Vater über ihr Leben entschieden zurück, ganz zu schweigen von seinen betrunkenen Tobsuchtsanfällen. Und Dee Dee war genauso«, erzählt Vega. »Um zu rebellieren, begann er, Eiserne Kreuze und Hakenkreuze zu sammeln. Dafür verprügelte ihn sein Vater natürlich heftig, aber das war Dee Dee egal. Er schien zu glauben, dass er dadurch wenigstens etwas Aufmerksamkeit erhielt. All dieser Hass war für ihn wie Liebe.«

So wie einige Opfer des Nazi-Horrors, schien auch Dee Dee an einer Form des Masochismus zu leiden, wenn er von seinem Unterdrücker verlangte, dass er ihm wehtat und dadurch eine Art Anerkennung verspürte. Bei vielen, die den Holocaust überlebt hatten, lässt sich ein ähnlicher Impuls feststellen, der darin besteht, sich selbst eine Freude zu versagen, um die Schuld des Überlebens abzuschwächen. Wohl am deutlichsten wird diese Haltung in dem alten Witz von Groucho Marx ausgedrückt: »Ich möchte keinem Verein angehören, der mich als Mitglied akzeptiert.« Jahrhundertelang wurden sie dazu gezwungen, sich als wertlos zu betrachten, aber niemals war dieses Gefühl so stark wie seit dem Zweiten Weltkrieg. Sie internalisierten diesen Hass, wendeten ihn gegen sich selbst und opferten in diesem Prozess Liebe, Erfolg oder einfache Freude.

Als ein deutsch erzogenes Kind in einem jüdisch-amerikanischen Viertel ähnelte er Alice im Wunderland – er befand sich viel näher an dem, wo er begonnen hatte, als er glaubte. Tommy erzählt, dass sich, obwohl niemand jemals einen antisemitischen Spruch von Dee Dee gehört habe, alle über seine Obsession mit Nazi-Deutschland bewusst gewesen seien – und dies auch niemand wirklich fehl am Platz gefunden habe.

»Das Viertel war fast ausschließlich jüdisch«, erzählt Tommy. »Wir wussten über den Holocaust Bescheid. Wir waren uns darüber bewusst, was passiert war.«

Dee Dee war nicht der einzige in seiner neuen Umgebung, der gegenüber Nazis und Deutschland widerstreitende Gefühle empfand. Tommy selbst drückte seine gemischten Gefühle aus, ohne es überhaupt zu bemerken. Auch wenn er betont, dass er Witze über den Krieg hasst und Nazi-Referenzen nicht für witzig hält, glaubt er rückblickend, dass der Grund, warum er sich von Dee Dee und Johnny damals so angezogen fühlte, darin lag, dass sie etwas komplett Gegensätzliches zu dem verkörperten, mit dem er groß geworden war. Mit anderen Worten, Johnny war nicht einfach nur körperlich und Dee Dee war nicht nur kauzig. Durch ihre Affinität zu Nazi-Symbolik waren sie gefährlich. So wie der Rock 'n' Roll.

»Es ist für mich als europäischer Jude schwer zu sagen, was amerikanische Jungs [wie Johnny und Dee Dee] dachten [wenn sie solche Dinge taten, wie in Argentinien kleine Hitler-Statuen zu kaufen], aber ein Teil des Reizes, den sie für mich ausmachten, bestand in der Faszination an ihrer Gefährlichkeit, wenn sie sich beispielsweise mit den Hell's Angels rumtrieben ... Da ich mit der Angst vor dem Holocaust aufgewachsen bin, empfand ich das Zusammensein mit [ihnen] wie ein Leben unter der

Gefahr … Es könnte sein, dass ich rebellierte, während ich mich mit ihnen herumtrieb.«

So unmöglich es ist, die Frage zu beantworten, ob Tommy rebellierte, indem er sich Dee Dee und Johnny anschloss, oder ob er sich immer tiefer in ihre gemeinsame Vergangenheit des Exils vergrub, so unmöglich ist es, die Frage zu beantworten, ob Dee Dee und Johnny der Inbegriff des Antisemiten waren oder der Inbegriff eines nichtjüdischen Juden. Nur eines ist sicher. Alle drei fühlten sich von der optimistischen, freundlich grinsenden Welt ihrer Zeit getrennt. Und alle drei glaubten, dass es notwendig war, eine dunklere, zornigere Wahrheit an die Oberfläche zu bringen. Sie wollten eine Band erschaffen, die die rosafarbenen Vorstellungen der Hippies und die sentimentalen Heucheleien des »Hab einen schönen Tag« der Siebzigerjahre bekämpfte. Sie wollten eine Band erschaffen, die auf die andere Seite schaute und die unglücklichen Außenseiter umfasste. Sie wollten eine Band für Kinder, wie sie es gewesen waren, Kinder ohne Illusionen. Um so eine Band zu gründen, brauchten sie einen Leadsänger.

Wie Jeffry Hyman (Joey Ramone) der Leadsänger in Tommy Erdélyis Traumband wurde, ist einer der Zufälle, die vom Himmel vorherbestimmt zu sein scheinen.

Seine Mutter Charlotte Lesher, die den Namen ihres zweiten Ehemanns annahm, nachdem sie sich von Joeys Vater hatte scheiden lassen, erzählt: »Der Vater [meines Vaters] war ein Künstler. Und mein Vater konnte zeichnen, er war talentiert … und er hätte wahrscheinlich auch auf die Bühne gehen können. Er war ein lustiger Mann und ein guter Geschichtenerzähler in der Tradition von Sam Levenson oder Myron Cohen. Er war ein Alleinunterhalter. Und mein Bruder und ich waren auch Alleinunterhalter … und später hatte ich eine Kunstgalerie, deshalb denke ich, dass das alles, der Humor, die Performance und die Kunst in unserer Familie liegen. Und vielleicht kann dieser Teil von mir deshalb indirekt genießen, dass meine Kinder diese Gelassenheit auf der Bühne haben.«

Joeys Bruder Mickey fügt hinzu, dass seine Großmutter mütterlicherseits ebenfalls musikalisch war. »Mein Bruder erzählte gerne die Geschichte, dass es in den Tagen bevor [es die Technik gab], so etwas wie Hörkabinen gab. Man ging zu einem Musikladen, der so eine Hörkabine hatte und irgendjemand spielte die Songs von den Notenblättern [so dass man darüber nachdenken konnte, ob man sie kaufen wollte]. Und wahrscheinlich machte Großmutter diesen Job«, erzählt er.

Charlotte weist darauf hin, dass Joeys Großeltern väterlicherseits ganz anders waren. »Sie verkörperten eine andere Art von Einwanderergeschichte«, erzählt sie. »Sie hatten sich dazu entschieden, Geld zu machen, während sie ihre alten Wege und Gewohnheiten beibehielten.«

Schon bald nachdem Joeys Großeltern väterlicherseits in Amerika angekommen waren, machten sie sich daran, ein Geschäft aufzubauen und landeten in der Transportbranche. Als Joeys Vater geboren wurde, hatten sie genug Geld beisammen, um nach Brooklyn ziehen zu können – zu der Zeit ein großer Schritt – und eröffneten dort ein Transportunternehmen, das Waren aus der immer noch jüdisch dominierten Lower East Side in den Garment District im nördlichen Manhattan brachte, wo die von Kinderarbeit profitierenden Ausbeuterbetriebe stetig wuchsen.

»Sie waren sehr erfolgreich«, erzählt Charlotte. »Als mein erster Ehemann Noel ein Teenager war, ging es dem Unternehmen so gut, dass er die Schule abbrach und dort als rechtmäßiger Erbe zu arbeiten begann.«

Der zukünftige Vater von Joey Ramone – der Jude mit dem unpassenden Namen Noel – begann die Tätigkeiten in seinem Geschäft von Grund auf zu lernen. Er schleppte jeden Tag Hosen und Stoffe zwischen Uptown und Downtown hin und her, war manchmal auch auf den Verkehrsstraßen unterwegs und fuhr auf den Highways des Landes wie eine Art jüdische Version von Elvis, bevor dieser berühmt geworden war, ließ seinen muskulösen Arm aus dem Fenster hängen, spitzte seine Lippen und pfiff in den Wind.

Als die 17-jährige Charlotte dem 25-jährigen Noel in einem der sommerlichen Ferienorte in den Catskills zum ersten Mal hinterher spionierte, war sie dermaßen beeindruckt von seinem guten Aussehen und seiner Erfahrenheit, dass sie augenblicklich wusste, dass sie ihn heiraten würde. Sie sollte Recht behalten, denn gegen den Widerstand ihrer Eltern heirateten sie innerhalb eines Jahres und bauten sich ein gemeinsames Leben auf – allerdings bemerkte Charlotte recht bald, dass sie absolut nicht zusammen passten. Zuerst bestand Noel darauf, dass sie ihre Träume, eine Künstlerin zu werden, aufgab – Träume, zu denen ihr Vater sie ermutigt hatte, als er darauf bestand, dass sie sich am Pratt Institute einschrieb, nachdem sie dort ein Stipendium bekommen hatte. Bald darauf begann Noel davon zu reden, dass sie in die Upper West Side von Manhattan ziehen würden und zwar so bald wie möglich, egal was sie davon hielt.

»Als ich in der Schule war, war ich in Greenwich Village unterwegs und ich liebte es«, erzählt Charlotte. »Aber Noel hasste es. Für ihn war es zu ›verrückt‹. Er hatte diesen Wunsch, in der Upper West Side bei all den ›erfolgreichen‹ Leuten zu leben. Mich hat es dort gelangweilt. Während ich mit Joey schwanger war, ging ich raus, um ein bisschen durch die Gegend zu laufen und all die jungen Mütter in meinem Alter redeten darüber, auf welche Schule sie ihre Kinder schicken würden und wo sie einkaufen gingen und was sie heute zum Abendessen machen würden. Ich konnte es nicht glauben.«

Als ob das nicht schon genug gewesen wäre, kündigte Noel, als Charlotte sich gerade an die neue Nachbarschaft zu gewöhnen begann, an, dass ihr Kind unter Bäumen und zwischen Pflanzen aufwachsen sollte. Ein weiteres Mal brachte er sie, ohne zu fragen, in ein neues Haus, das noch weiter vom Village entfernt war. Zu Charlottes tiefstem Kummer war sie plötzlich nur noch ein paar Blocks von dem Ort in Brooklyn entfernt, wo sie aufgewachsen und vor dem sie geflohen war, als sie aufs College ging. »Es schien«, erzählt sie, »als würden wir schnellen Schrittes rückwärts gehen, als würden wir uns immer weiter in den Lebensstil der Alten Welt zurückziehen.«

So sehr sie diese Umzüge auch ärgerten, sie waren nichts im Vergleich zu dem Schock, den Charlotte erlitt, als Jeffry – den selbst sie heute Joey nennt – geboren wurde. Joey »war von Anfang an bestimmten Problemen ausgesetzt; und Noel schien dies für eine Schwäche zu halten, die mit Gewalt eliminiert werden musste.«

Charlotte möchte über die Details von Joeys »Problemen« nicht reden. Sie erzählt nur, dass sein Bein in den ersten acht Monaten seines Lebens vollständig eingegipst war und er mit einer Geschwulst auf dem Rücken zur Welt kam, die sofort entfernt werden musste. Sie berichtet auch davon, dass diese Probleme Joey allerlei Schwierigkeiten bereiteten und unter anderem dazu führten, dass er in extrem schnellem Tempo wuchs – in der dritten Klasse war er schon fast 1,50 Meter groß – er war schlaksig, fast ausgezehrt und hatte schwache, leicht verletzbare Knochen und Muskeln, weswegen er sehr oft ins Krankenhaus musste.

»Die anderen Kinder hänselten ihn gnadenlos und schlugen ihn oft zusammen«, erzählt Joeys Bruder Mickey, der anfangs ein Roadie der Ramones war und später Gitarrist bei Bands wie Lester Bangs Birdland wurde.* »Joey nahm es schweigend hin. So wie er es auch bei meinem Vater tat. Es war sehr traurig, das mit anzusehen. Ich muss zugeben, dass mir das damals peinlich war.«

---

* Lester Bangs wird oft als Vater des Rockjournalismus bezeichnet, doch weniger bekannt ist, dass Bangs auch ein Patient von Joey Ramones zweitem Stiefvater war, dem angesehenen Psychiater Phillip Sapienza. Tatsächlich begleitete Bangs die ganze Hyman/Sapienza-Familie zu ihrem Sommerhaus in den Berkshire Mountains in der Nähe von Northampton, Massachusetts.

Joeys Bruder Mickey vor dem Rego Park Jewish Community Center. Anfangs ein Roadie der Ramones wurde er später Gitarrist bei Bands wie Lester Bangs Birdland.

Aggressiv und passiv, künstlerisch und praktisch, verträumt und handlungsorientiert: das waren die Pole von Joeys Leben. Wenn er seine Eltern betrachtete, die kultivierte Galeriebesitzerin Charlotte und den LKW fahrenden, abgebrühten Noel, musste er sich irgendwie gespalten fühlen, auch wenn es äußerlich so schien, als würde er dem Weg seiner Mutter folgen. Als sein Vater gegen den Willen der Mutter darauf bestand, dass Joey eine Bar Mitzwa erhalten sollte, ließ Joey dieses Ereignis über sich ergehen und begriff es im Wesentlichen als seinen ersten öffentlichen Auftritt.

Ist es möglich, dass Joey durch seine kultivierte, säkulare, der Kunst zugeneigte Mutter die Fähigkeit erlangte, seine Schmerzen in Kunst zu verwandeln? Wenn es so gewesen ist, hat er dann durch seinen praktischen, an Geld orientierten, traditionsgebundenen Vater die Fähigkeit geerbt, seine Kunst einem Publikum vorzuführen und sie zu verkaufen? War Joey zwischen diesen beiden Polen der jüdisch-amerikanischen Erfahrung gespalten, die einerseits aus der Loyalität zur patriarchalischen Tradition und andererseits aus Kultiviertheit und Wissen bestanden und oft zu einer säkularen künstlerischen Karriere führten?

Es ist zwar nicht möglich, diese Fragen wirklich zu beantworten, aber eines ist sicher. Während seiner Kindheit und den frühen Jugendjahren führte Joey zunehmend eine kafkaeske Existenz. Wie Gregor Samsa – dieses künstlerische Kind eines Vaters, dem es nur ums Geld ging, und einer feinfühligen Mutter –, zog sich Joey mehr und mehr in eine neurotische Form von Leblosigkeit zurück. Bevor er ins Bett ging, schaltete er das Licht immer wieder an und aus. Seiner Mutter zufolge lieferte er sich, wegen seiner folternden, alles beherrschenden Gedanken, selbst in eine Anstalt für psychisch Kranke ein. Arturo Vega, Joeys erster Mitbewohner, glaubt allerdings, dass ihn seine Eltern dort gegen seinen Willen eingeliefert hätten.

Auf jeden Fall fand Joey die Welt immer befremdlicher und schwieriger und zog sich beunruhigend weit aus ihr zurück.

Selbst eine kurze Flucht nach San Francisco im Jahre 1967 verschaffte ihm nur eine kleine Pause. Auch wenn Joey beim »Gathering of the Tribes« im Golden Gate Park oberflächlich akzeptiert worden war, fühlte er sich bei seiner Rückkehr nach Forest Hills nur noch weiter von dort entfremdet. Mittlerweile hatte er die Fünfziger-Jahre-Frisur und die eng anliegenden Anzüge abgelegt, die ihn in seiner Jugend gekennzeichnet hatten und schmückte sich mit langem Haar und wilden Farben, die ihn mit der gegenkulturellen Welt des Rock verbanden. Doch seine Verrücktheit schützte ihn nicht mehr. Er war ein Ausgestoßener, ein Verlierer, Mitglied eines »verschwundenen Volkes«, ein Trottel.

Er zog sich in sein Zimmer zurück und die dreckigen Teller, weggeworfenen Verpackungen und halbaufgegessenen Mahlzeiten stapelten sich

Joey Ramone. »Er war die Art von Typ, dem die Leute hinterherschauen, wenn er die Straße entlangläuft. Er war der perfekte Außenseiter für den Andy-Warhol-Film, den ich im Kopf hatte.« (Tommy)

um ihn herum. Als würde er nicht damit rechnen, jemals wieder aufzustehen. Wie Gregor Samsa, der Mann, der sich in einen Käfer verwandelt hatte, erwartete er, alleine in seinem Zimmer wie ein Insekt zu sterben.

*   *   *

Nach vielen Nächten voller beunruhigender Träume wachte Joey auf und hatte sich selbst in einen gigantischen Popstar verwandelt. In diesem Augenblick war ein Plan ausgeheckt worden, den sich nur ein von sich selbst entfremdeter Jude ausdenken konnte; ein Plan, der nicht weniger grandios war als der von Rabbi Löw und seinem Golem. Ein Plan, der letztlich zu einer ihn erlösenden Verwandlung führen sollte.

»Wir alle kannten Joey aus dem alten Viertel«, erzählt Tommy. »Er war jemand, den man einfach nicht übersehen konnte. Und Johnny war mit seinem jüngeren Bruder Mickey befreundet. Wir haben ein oder zwei Mal zusammen gejammt. Er schien in Ordnung zu sein.«

Obwohl Johnny sich weigerte, Joey in der Gruppe aufzunehmen, weil er zu seltsam aussah, beharrte Tommy darauf und erklärte seinem Bandpartner, dass es genau darum ginge.

»Er war einer dieser farbenfrohen Charaktere, an die ich dachte, als ich mir ausmalte, wie ich die Band mit Hilfe meiner Freunde aus Forest Hills zusammenstellen würde«, erzählt Tommy. »Er war die Art von Typ, dem die Leute hinterherschauen, wenn er die Straße entlang läuft. Er war der perfekte Außenseiter für den Andy-Warhol-Film, den ich im Kopf hatte.«

Also erstand Jeffry Hyman virtuell von den Toten auf. Mit Joey an Bord machte sich Tommy daran, das »Kunstkonzept«, das er sich immer vorgestellt hatte, umzusetzen. Tommy entfernte Joeys hohe Absätze und gefärbte Brillengläser, Johnnys funkelnd aufgedonnerte Hosen und Koteletten, Dee Dees lange Haare und Schlaghosen und erschuf eine Uniform für alle. Einfache Lederjacken mit Jeans und Turnschuhen – die Kleidung, die sie als Kinder in Forest Hills getragen hatten. Tommy wusste, dass diese Kleidung sie in Manhattan zu Außenseitern machen würde. Und das war Absicht.

»Teil der ganzen Geschichte war es, dass wir so aussehen sollten, wie wir sind, obwohl wir wussten, dass wir uns dieses Image kalkuliert zugelegt hatten«, erzählt Tommy. »Es war ein ironisches Statement über unsere Herkunft. Wir wurden eine Gruppe in Uniform, die wir für selbstverständlich hielten. Wir wurden eine Band.«

Zur selben Zeit, erzählt Tommy, wurden sie auch symbolisch zu einer »Band von Brüdern«. Jedes Mitglied wurde dazu gezwungen, seinen Namen zu ändern, so wie es Tommy schon längst getan hatte. Von jedem Mitglied wurde verlangt, dass es sich mit der Gruppe identifizierte, ein »Stammesmitglied« wurde.

Obwohl sie behaupteten, ihren Namen von Paul McCartneys Pseudonym übernommen zu haben – während er unterwegs war, checkte der »Nette«, wie er sich selbst in einem Interview genannt hatte, als Paul Ramon ein –, klang der Name wie eine puertoricanische Straßengang, mit anderen Worten: eine Gruppe wütender *ethnischer Außenseiter*. Und das war kein Zufall.

»Es hörte sich hart an. Wie die Straßen der Stadt. Und außerdem hörte es sich lächerlich an, wie ein Witz. Es war etwas Absurdes und zugleich Gefährliches. Es war beeindruckend.«

The Ramones: Der Name klang wie eine puertoricanische Straßengang, mit anderen Worten: eine Gruppe wütender ethnischer Außenseiter. Und das war kein Zufall.
Von links nach rechts: Joey, Tommy, Dee Dee, Johnny.

Und das war auch die Musik, die einzigartige Schöpfung der Ramones, die wiederum größtenteils ein Ergebnis dessen war, was Tommy ausgeheckt hatte. Zuerst holte er Joey hinter den Drums hervor und stellte ihn nach vorne, um die Band anzuführen. Dann produzierte er einen Beat, der unnachgiebig fröhlich und gleichzeitig wütend, feierlich und brutal war. Tommy strich Dee Dees nazibesessene Lyrics und änderte »I'm a Nazi baby« in »I'm a Nazi *Schatze*« und »I'm a German soldier« in »I'm a shock trooper in a stupor«, womit diese möglicherweise glorifizierenden Texte zu Parodien wurden. So wie Mel Brooks in *The Producers* reduzierte Tommy seine »Hotsy-Totsy Nazis« auf Karikaturen, über die man eher lachen konnte, als dass sie Angst machten. Gleichzeitig stahl er ihnen die Bedrohlichkeit und überließ diese dem schreienden Juden an der Spitze der Band, diesem kafkaesken Strichmännchen, der einem Käfer glich, der sich in einen Rockstar verwandelt hatte.

Indem Tommy Joey an die Spitze der Band stellte, machte er nicht nur einen Außenseiter, wie er selbst einer war, zum Repräsentanten der Band. Er kitzelte die jüdische Seite aus Joey heraus »Ich fand immer, dass Joey jüdisch aussah ... Ich meine, die Karikatur oder das Stereotyp – eines der Stereotypen. Es gibt viele Stereotypen. Aber ja, ich glaube, das ist eines von denen, nicht wahr? So wie Fagin, die Figur bei Dickens.« Darüber hinaus wählte er einen Juden, der aus einer säkularen Familie stammte, die ihren Namen geändert hatte – einen Juden, der seinen Namen später ein zweites Mal ändern würde.

Geboren als Jeffry Hyman trat Joey während seines kurzen Aufenthalts bei der Glam-Band Sniper – man beachte die brutale Konnotation – als Jeff Starship auf. So wie David Bowie, der bisexuelle Außenseiter am Ende der klassischen Rockära, versuchte Jeffry-Joey, der gespaltene Jude, der nach dem Holocaust groß wurde, sein Gefühl des Außenseitertums zu reflektieren, indem er es in die Kleidung des verrückten »Starman« hüllte. Erst als Tommy zu ihm kam und ihn erneut taufte, erhielt Jeffry seinen endgültigen Namen. Erst ab diesem Zeitpunkt war er in der Lage, aus seiner bisherigen Unterdrückung auszubrechen und ein spöttischer, sarkastischer Punk zu werden.

Kurz, Tommy erschuf sich wieder neu – und er spannte seine Freunde in diesen Prozess ein. Er machte aus sich selbst eine starke, erschreckende und unabhängige Version von Tommy Erdélyi. Gleichzeitig unterstrich er das Gefühl des Abgetrenntseins, das er als Tamás Grunewald empfunden hatte. Dieser kleine, kraushaarige Jude aus Budapest, dieses verrückte, säkulare Jeschiwa-Kind aus Brooklyn, dieser schwache, wütende Außenseiter unter Außenseitern aus Forest Hills drückte aus, wie es sich anfühlte, am Rande der Gesellschaft zu leben. Er machte mit künstlerischen Mitteln deutlich, was es bedeutete, ein Ausgestoßener, ein Rebell zu sein. Was es bedeutete, sein Leben als ein von der Welt vergessener Junge zu verbringen. Oder besser, ein von der Welt vergessener Judenjunge.

✳ ✳ ✳

Während wir heute im Wohnzimmer von Tommy Erdélyis Apartment sitzen, scheinen diese längst vergangenen Verwandlungen seltsam präsent – so präsent wie die Existenz des Rego Park Jewish Centers um die Ecke und die Mesusas, die an den Türen seiner Nachbarn hängen.

Sie sind die Erinnerungen an die Gerechten, unter denen der Stil, die Haltung und die Musik der Ramones entstanden und die Indikatoren dafür, wo das Erbe der Band in Zukunft weiterleben wird.

»Es gibt nicht viele Leute, die überhaupt wissen, dass ich Jude bin«, sagt Tommy. »Ich gehe damit nicht hausieren. Ich sehe darin keine Bedeutung.«

Und doch sind sich viele Verehrer der Band über Tommys Bedeutung bewusst – genauso wie sie über die Galionsfigur Jeffry Hyman Bescheid wissen.

»Ich liebe Tommy«, gesteht Jed Davis, ein angehender jüdischer Rocker, dessen musikalische Hommage an Joey Ramone, »The Bowery Electric«, von Tommy, Marky, CJ, dem letzten Bassisten der Ramones und Daniel Rey 2002 aufgenommen wurde. »Als ich ihn vergangenen August sah, fragte er mich, was ich an Jom Kippur mache. Er ist ein guter Typ. Und eine Inspiration für jüdische Kinder wie uns, die dachten, dass sie keine Rockstars werden könnten.«

Eine Inspiration. Selbst wenn ihn seine von Unterdrückung gekennzeichnete Vergangenheit in Osteuropa manchmal zu überwältigen scheint und ihn dazu bringt, nervös zu fragen: »Versuchst du mit diesem Buch Juden zu outen?«

Obwohl Tommy in Amerika keiner Gefahr ausgesetzt und von jüdischen und nichtjüdischen Nachbarn umgeben ist, fühlt er sich verunsichert. Er mag zwar sagen, dass er nie über seine jüdische Herkunft gesprochen hat, weil sich niemand dafür interessierte, aber es wird deutlich, dass sie für ihn ein Thema ist – eines, das ihn entweder mit Stolz erfüllt oder beunruhigt.

Selbstverständlich ist das nicht gerade überraschend, wenn man bedenkt, dass Tommy drei Jahre, nachdem die Ramones ihr erstes Album aufgenommen hatten, beinahe aus der Band flog. Es hatte seine Gründe, warum Tommy glaubte, dass er den Verstand verlor, als er mit Johnny, Dee Dee und Joey in einem Bus eingesperrt war. Da er von Johnny physisch bedroht, von Dee Dee mit Geringschätzung behandelt und von Joey fast ignoriert wurde, fühlte er, dass er wieder hinter die Bühne gehen musste, um ihre Platten aufzunehmen, so wie es seine ursprünglich Absicht gewesen war, als er die Band wie in einem Theaterstück zusammengestellt hatte.

Wusste er, dass Johnny regelmäßig seinen Freund Monte Melnick und sogar den früheren Jeffry Hyman mit antisemitischen Bemerkungen folterte? Wusste er, dass Johnny Dee Dee dazu überredete, mit ihm auf Shoppingtour zu gehen, um nach Nazi-Utensilien zu suchen, vor allem dann, wenn sie in berüchtigten, exilantenfreundlichen Ländern wie Argentinien und Brasilien waren? Wusste er, dass Johnny eines Tages ein großes, signiertes Foto von Adolf Hitler an prominenter Stelle über dem Kamin in seiner Wohnung in Los Angeles aufhängen würde, und das offenbar ohne jede Ironie? Er muss es gefühlt und gewusst haben, dass unter der Oberfläche die ganze Zeit etwas brodelte.

Wenn er über diese Situation redet, spiegelt sich in seinem Gesicht eine Mischung aus Rechtfertigung und Bedauern: »Da ich mit der Angst vor dem Holocaust aufgewachsen bin, empfand ich das Zusammensein mit Johnny und Dee Dee als ein Leben unter Gefahr … Es könnte ein Element gewesen sein – so wie es eines in meiner Begeisterung für den Rock ’n’ Roll war. Es könnte sein, dass ich dagegen rebellierte, während ich mich mit ihnen herumtrieb.«

Tommy kann zumindest aus einer Sache Befriedigung ziehen. Indem er seinen Stellvertreter Jeffry Hyman an die Spitze der Band stellte, befreite er eine kafkaeske Figur aus der Isolation. Er ermöglichte es Joey, aufzustehen, laut zu singen und Mitte der Achtzigerjahre gegen seinen Angstgegner Johnny vorzugehen, indem er dessen geliebten Präsidenten Ronald Reagan dafür verurteilte, einen Friedhof in Deutschland besucht zu haben, um dort nicht nur deutschen Soldaten die Ehre zu erweisen, sondern auch den Mitgliedern von Hitlers höchstem Kommando, den treuen Anhängern des Elitekorps, der SS (»Bonzo Goes Bitburg«, *Animal Boy* 1986).

Und war es nicht so, dass Tommy auch in diesem Fall wieder einmal früher zugeschlagen hatte, als er nämlich den Horror mit Humor unterlief und dank seiner Songs dafür sorgte, dass man über die Nazis lachen konnte? Es war nicht nur die Sturmabteilung in »Today Your Love, Tomorrow the World«, die er in betrunkene Idioten im Vollrausch verwandelt hatte. Es waren auch die militaristischen Formen von Dee Dees »Commando«, ein Song, der aus Regeln bestand wie »First ... the laws of Germany / Second ... be nice to mommy / Third ... don't talk to commies« sowie Tommys eigener Beitrag und persönlicher Favorit: »Fourth ... eat kosher salami«.

Gibt es etwas Besseres, um Antisemiten und Nazi-Arschlöcher in die Schranken zu weisen, als sie mit der Absurdität ihrer Ansichten zu konfrontieren? Oder, anders gesagt, gibt es eine bessere Subversion des Faschismus, als diesen in ein Spiel zu verwickeln, in dem koschere Salami versteckt ist, um ihn dadurch ins Knie zu ficken?

10

DER ÜBERMENSCH !!!

Comicbücher, Golems und Super-Juden taufen PUNK

»Vieles spricht dafür, dass ein Großteil des Materials der EC-Comics aus einer Post-Holocaust-Haltung heraus entstanden ist. Es gab einen Haufen jüdischer Schöpfer, die sich der Zerbrechlichkeit des Lebens sehr bewusst waren. Das merkst du an den Themen, die sich dort durchzogen, zum Beispiel, gegen Vorurteile zu sein. Die Leute nicht von ihrer Oberfläche her beurteilen, sondern versuchen, tiefer zu blicken... und nicht nur über die Zerbrechlichkeit des Lebens reden, sondern über den Status quo.«
– Neil Gaiman, 2005

Obwohl die Rock-Bewegung des East Village nun ihre perfekte Band und ihren perfekten Club hatte, fehlte ihr immer noch der Name. Bekannt als »Street Rock«, »New York Rock« oder »Downtown Rock« glich sie einem zweiköpfigen Neugeborenen, dessen Eltern sich weigerten, ihn anzunehmen. Wie sich herausstellen sollte, fiel diese Aufgabe dem Mitglied der sich noch formenden Downtown-Community zu, der am wenigsten bohemehaft – und jüdisch – war, einem Typen aus Cheshire, Connecticut, dessen Name sich sehr skandinavisch anhört (oder wie aus einem Porno): John Holmstrom.

»Ich bin in den frühen Siebzigern in das East Village gezogen, weil ich Comicbücher machen wollte«, sagt der Mitgründer des *PUNK*-Magazins. »Nicht nur, dass die Mieten dort billig waren, es war in der Nähe von dem

Ort, an dem Harvey Kurtzman, Jack Kirby and Will Eisner in den Vierzigerjahren das goldene Zeitalter des Genres geschaffen hatten.«

Holmstrom, der in den Fünfzigerjahren in einem Vorort von Connecticut aufgewachsen war, hatte sich in die zum Teil immer noch brillanten
Comics verliebt. Er hatte gewissenhaft die Titel verschiedener Serien wie
Tales from the Crypt, *Batman* und *Superman* gesammelt. Später, in den Sechzigerjahren, als andere wie *X-Men* und *The Fantastic Four* erschienen, sammelte er sie nicht nur, sondern begann darüber nachzudenken, sich den Comics
ernsthafter zu widmen.

»Das war zu der Zeit als Robert Crumb und andere des sogenannten
New Underground revolutionäre Comics wie *Zap* und *Despair* schufen«, sagt
Holmstrom. »Diese Serien waren gewagter, behandelten nicht nur die Dro-
genkultur, sondern auch Rassismus, Krieg, sexuelle Abweichung und amerikanischen Imperialismus.«

Zur selben Zeit sah er, dass die Altmeister des Genres, vor allem Will
Eisner, die Kunstform auf ein neues Niveau brachten, indem sie Comicstrips
in Buchlänge mit ernsten Geschichten für Erwachsene schufen. Obwohl zu
dieser Zeit der Begriff »Graphic Novel« erst noch erfunden werden musste,
war Holmstrom nicht der Einzige, der erkannte, dass hier etwas Neues und
Aufregendes vor sich ging.

»Eisners Buch *Ein Vertrag mit Gott* war eines der ersten Beispiele und es
ist immer noch eines der aufregendsten«, sagt Holmstrom, der das Buch
von 1978 bereits 1972 in einer frühen Fassung zu sehen bekam. »Es ist das,
vom dem alles abstammt, von *Ghost World* bis *Maus*.«

Die Geschichte eines jüdischen Immigranten, der einen Vertrag mit
Gott abschließt, in dem ihm eine leuchtende Zukunft garantiert wird, wenn
er gute Taten vollbringt, spielt auf demselben Terrain wie Arthur Millers *Tod
eines Handlungsreisenden* und Bernard Malamuds *Das Zauberfass*, beides Klassiker der jüdisch-amerikanischen Literatur, die vom Scheitern des amerikanischen Traums handeln. In *Ein Vertrag mit Gott* zeigt sich Frimm Hersh
nach dem Tod seiner Tochter von der Religion ernüchtert und ersetzt sie
durch den Materialismus, wird von diesem aber genauso desillusioniert und
besticht schließlich seinen Rabbi, um einen neuen, angeblich verbindlichen
Vertrag mit Gott aufzusetzen.

»Dieses Mal wirst du unseren Vertrag nicht verletzen«, schreit Hersh
gen Himmel.

Aber der wilde Sturm, den Eisner über ihm zeichnet, beschwört bereits
Hershs Schicksal herauf.

»Ich wusste, dass ich bei ihm lernen musste«, sagt Holmstrom. »Sein
Werk war revolutionär. Es brach alle Regeln.«

Mit 19 ging Holmstrom nach New York, schrieb sich in der School of Visual Arts ein und überzeugte Eisner, ihn als seinen Schüler anzunehmen. Während Holmstrom tagsüber mit der 55-jährigen Comiczeichner-Legende arbeitete und nachts davon träumte, seine eigene Comic-Zeitschrift zu machen, wurde er sich zunehmend darüber bewusst, dass er in einer Tradition arbeitete, die von Kunsthandwerkern – die Praktiker hätten es als prätentiös betrachtet, sich als »Künstler« zu bezeichnen – an Lehrlinge vermittelt wurde, von denen man erwartete, dass sie diese Tradition am Leben erhielten, indem sie sie an die nächste Generation weitergaben.

Will Eisner: A Contract With God, 1978

Dadurch, dass Holmstrom als Mitglied dieser Zunft ohne Namen aufgenommen wurde, lernte er auch die ökonomischen und kulturellen Umstände kennen, unter denen sie sich entwickelt hatte. Ihm wurde dabei klar, dass er, so wie Eisner und andere, bei dem gelandet war, was abschätzig als »Funnies« bezeichnet wurde, weil ihm der Zugang zu höheren künstlerischen Ausdrücken wie der Malerei, die damals fast ausschließlich in »abgeschlossenen« Universitäten unterrichtet wurden, verwehrt geblieben war.

»Abgesehen von einigen wenigen Ausnahmefällen konnten Juden nicht aufs College gehen, und um das zu tun, mussten sie das Geld dafür haben«, erklärt Eisner – ironischerweise auf einer akademischen Konferenz über Graphic Novels, bei der er der Hauptredner war. »Ich hatte diesen finanziellen Hintergrund nicht, so dass ich bei den Comics landete. Neben mir waren viele jüdische Kids in dem Geschäft. Wir hatten eigentlich größere Ambitionen. Und als Folge davon drückten wir sie in unserer Kunst aus – und verschoben dabei die Grenzen des Genres.«

Indem Eisner und seine jüdischen Künstlerkollegen die Grenzen der Comics erweiterten, änderten sie nicht nur den Stil, sondern auch deren Gegenstand. In der Zusammenarbeit mit innovativen Redakteuren, die wie Harvey Kurtzman und Jack Kirby (Jacob Kurtzberg) Künstler und Autoren waren, schufen sie Szenarien, in denen ihre Superhelden nicht nur mit übernatürlichen Schurken, sondern auch mit wesentlich weltlicheren Übeltätern kämpften, Nazis, Faschisten und Rassisten eingeschlossen – interessanterweise jedoch niemals mit offenen Antisemiten.

Selbst wenn Holmstrom diese Geschichte nicht bekannt gewesen wäre, hätte er sie eine Generation später erfahren können, als der Roman eines jüdisch-amerikanischen Autors die goldene Ära der Comicbücher erforschte und den Pulitzer-Preis des Jahres 2002 gewann. In Michael Chabons *Die unglaublichen Abenteuer von Kavalier und Clay* ist die Geschichte des Aufstiegs der Comics zur Kunstform mit den Geschichten eines realen – zumindest auf der Handlungsebene des Romans – als auch eines fiktiven jüdischen Rächers verwoben. Der »reale« Rächer ist niemand anderes als der Golem, die legendäre, frankensteinartige Figur, die von Rabbi Löw, dem Kabbalisten aus dem 16. Jahrhundert, aus Lehm erschaffen wurde; der fiktive ist Superman, diese mythische Figur, die von einem untergehenden Planeten zu unserem eigenen kommt, um ihn vor dem Bösen zu beschützen.

Wie Chabon verdeutlicht und wie Wissenschaftler lange vorher schon beobachtet hatten, ähnelt die Geschichte von Superman sowohl im Hinblick auf ihre Entstehung als auch im Hinblick auf die letzte Form, die sie annahm, auffällig der Geschichte vom Golem. Von zwei wie Nerds aussehenden jüdischen Kids aus Cleveland am Vorabend des Holocaust entworfen und von diesem Hintergrund beeinflusst, scheint der Mann aus Stahl nicht nur die Träume und Wünsche von machtlosen Teenagern zu verkörpern, sondern auch die des verfolgten Volkes, das sich der Vernichtung ausgesetzt sieht – genau wie es der Golem für Generationen von Juden in Europa getan hatte, nachdem er als Antwort auf eine weitere Vernichtungsdrohung geschaffen worden war.

Tatsächlich kann die Geschichte von Superman im Wesentlichen als die – in einen jüdisch-amerikanischen Kontext versetzte – Geschichte vom Golem betrachtet werden. Aus einer untergehenden alten Welt kommend, die an sich selbst zerbricht (Krypton/Europa) und eine ungestüme, neue Welt betretend (Erde/Amerika), ist Superman in hohem Maße der archetypische Immigrant. Aufgewachsen in einer *echt* amerikanischen Landschaft mit Kornfeldern wie im mittleren Westen und blauem Himmel, zeigt er bald seine besonderen Kräfte, während ihm seine amerikanischen Adoptiveltern einpauken, dass er diese Kräfte hinter der Maske eines Tölpels verstecken soll (einer *Schnook*-Maske, hätten sie sagen können, wenn sie den Ausdruck gekannt hätten), damit er von seinen »Landsleuten« nicht als Monstrum angesehen wird. Zugleich raten ihm seine Adoptiveltern jedoch, dass er seine Kräfte für das Gute einsetzen soll und schicken ihn nach Metropolis, diesem Jew York in gojischem Gewand, wo er Verbrechen, Ungerechtigkeit und internationale Nazi-Spione bekämpfen wird, während er versucht, das Herz – wenn auch nie den Körper – des typisch amerikanischen Mädchens zu erobern.

Es ist eine absurde, wenn auch in absurder Weise berührende Geschichte, die in vielerlei Hinsicht den amerikanischen Traum symbolisiert. Weil wir alle glauben wollen, dass unter unserem Clark-Kent-Äußeren das Herz eines Supermans versteckt ist, eines Mannes aus Stahl, der im Angesicht der Angst unbesiegbar ist und der immer die Sicherheit des Landes – und, vielleicht noch inniger, die der Frau, die er liebt –, im Auge hat.

Es ist ein Traum, der Holmstrom wohl besonders beeindruckt hat, denn während er weiter bei Eisner arbeitete und darüber nachdachte, sein eigenes Magazin zu gründen, wurde er immer besessener von der Idee, eine mythische Figur zu schaffen, die seine Sehnsucht nach Stärke verkörperte und zugleich kompliziert sein würde. Er hatte keine klare Vorstellung davon, wie dieser Mann aussehen oder denken würde, aber er wusste, dass er in der Tradition der Superhelden überlebensgroß sein müsste, während er in der Tradition von Eisner so verletzlich wie Holmstrom oder irgend ein anderer Trottel von der Straße sein sollte, zumindest, was seine Gefühle anbetraf.

Holmstrom wusste wahrscheinlich nicht, dass der jüdische New Yorker Intellektuelle Irving Howe in den Fünfzigerjahren von etwas ganz Ähnlichem geträumt hatte, als er anfing, sich für die disparate oder zumindest vernachlässigte Welt der jiddischen Literatur zu interessieren, die sogar damals schon in einer Sprache verfasst worden war, die so tot wie Krypton selbst war. In seiner Fokussierung auf *dos kleyne menshele* oder »den kleinen Mann« erkannte Howe sein eigenes Bedürfnis, »die Tugend der Machtlosigkeit ... die Heiligkeit der Beleidigten und der Ignorierten« zu illustrieren. Nein, wahrscheinlich kannte Holmstrom das nicht. Aber als er auf Figuren traf, die seiner verletzlich-heldenhaften Vorlage entsprachen, Individuen, die seinen Raum zunächst über seinen Plattenspieler betraten und ihm dann unerschrocken wie Superhelden auf der Bühne des CBGB begegneten, wurde ihm klar, dass er das gefunden hatte, wonach er suchte. Selbst wenn er nicht wusste, wie er es nennen sollte. So lange nicht, bis sein junger Kumpel Eddie »Legs« McNeil ihm betrunken den Namen ins Ohr flüsterte. »Punk«, sagte McNeil, »wir werden es Punk nennen.«

»Wie werden wir es nennen?«, fragte Holmstrom mit weit geöffneten Augen.

So sehr er McNeil auch liebte, diesen Jungen, der den Geist der Bewegung (nein, das ist zu stark; nicht der Bewegung, sondern des Augenblicks) verkörperte, wusste er auch, dass sein jugendlicher Kumpan oft mehr am Klang seiner eigenen Stimme, als an dem, was er sagte, interessiert war. Eddie verwendete Bier als verbales Schmiermittel. Das war der Grund, warum Holmstrom und sein anderer Kumpel, Ged (George E. Dunn, späterer Herausgeber von *PUNK*), sich mit ihm in der High School angefreundet hatten, obwohl er vier Jahre jünger war. Und das war auch der Grund, warum sie mit ihm rumhingen, als sie in jenem Sommer vom College nach Hause kamen und gemeinsam Parodien von den (jüdischen) Three Stooges filmten.

»Weißt du, wie Punkkids, Verlierer, Klugscheißer«, sagte McNeil. »Außerdem sticht es ins Auge.«

Genau das ist es, dachte Holmstrom. Und angesichts dessen, dass er für die neue Zeitschrift mehr Beachtung wollte, sie etwas sein sollte, das auf den Zeitschriftenständern explodierte und fast ein Angriff auf die Sinne war, liebte er den Namen umso mehr. Seine Einfachheit war wie ein Fluch, wie ein »Fick dich« in Richtung Establishment.

»O.K.«, sagte er. »Punk ist es. Wir müssen uns dafür einen Werbeslogan ausdenken.«

»PUNK IS COMING«, sagte McNeil.

»Ja, PUNK IS COMING«, stimmte Holmstrom zu.

Das hieß jetzt selbstverständlich, dass sich Holmstrom überlegen musste, wie *PUNK* auszusehen hätte.

* * *

Wie sich herausstellen sollte, war das gar nicht so schwierig, wie es Holmstrom zunächst befürchtet hatte. Das Erscheinungsbild von *PUNK* hatte sich vor seinem geistigen Auge geformt, seit er nach New York gezogen war, seitdem er begonnen hatte, mit Eisner zu arbeiten, eigentlich schon seitdem er angefangen hatte, Comics zu lesen. Fast von Beginn an wollte Holmstrom einen Comic schaffen, der seine besondere Lebenslage reflektierte – eine Lebenslage, von der er fühlte, dass er sie mit einer Generation von ähnlich denkenden, unzufriedenen Jugendlichen teilte. Er wollte etwas, das die Mischung aus Wut und Hoffnungslosigkeit, aus Langeweile und Unruhe, aus Humor und ironischer Distanz verkörperte, die sie empfanden. Etwas, das ihre Abscheu vor den Lügen und der Heuchelei der lächerlichen Hippie-Bewegung ausdrückte, selbst wenn es die Leser dazu zwingen würde, einen ganz neuen satirischen Ansatz zu schlucken. Es sollte eine Zeitschrift sein, die genauso schockierend wie lustig war. Und sie sollte die Freude eines Kindes aus den Fünfziger- und Sechzigerjahren zurückbringen, als Rock 'n' Roll, Comics und die Verbreitung von Trash-Filmen eine aufregende und lustige Zukunft versprachen.

PUNK-*Gründer John Holmstrom im Interview mit MAD-Gründer Harvey Kurtzman.*

Er dachte an so etwas wie ein *MAD*-Magazin für Ältere, etwas Satirisches, aber vertrottelt und unprätentiös. Sein neues Magazin würde frech und grob, modern und verstörend und einzigartig sein. Es würde sein wie ... wie ...

Was?

Und dann erinnerte sich Holmstrom an die Dictators.

✳ ✳ ✳

Den ganzen Sommer lang hatte er ihre Platte für Legs und Ged gespielt. Vom Nachmittag, wenn sie aufwachten bis zum frühen Morgen, wenn sie zu Bett gingen, lief *The Dictators Go Girl Crazy* auf der Anlage und verbreitete die Botschaft von Bier, Spaß und Sex.

Wie eine Satire über reaktionäre Vorortbewohner, die ihre verrückten Teenager plötzlich nicht mehr verstehen, machte *The Dictators Go Girl Crazy* ein äußerst amüsantes Getöse um das »Punk Dump« auf der Tenth Street, und durch die klapprigen Fenster und schlecht schließenden Scharniere drang der Sound von sechs Klugscheißern, der sich auf die knirschende, grundlegende Form von Rock stützte, der in seiner gewollten Einfachheit und Stärke zugleich komisch und brillant war.

Holmstrom und Legs mochten besonders die Songs »Master Race Rock« und »Back to Africa«, die sich über Tabu-Themen in einer Art lustig machten, die der Undergroundcomic-Legende Robert Crumb würdig gewesen wäre. Gleichzeitig mochten sie Dick Manitobas Tiraden, die den Songs vorausgingen, ganz zu schweigen von dem Klang seiner Stimme und der des Leadgitarristen Andy Schernoff, wenn sie hässliche alte Frauen in Miami und dumme Typen in Dallas, »die nicht wussten, dass wir Juden waren« niederschrieen. Die Erwähnung des Wortes »Juden« auf dem Album war genauso aufregend wie die Songs über Antisemitismus und Rassismus. All das zeugte von der Missachtung akzeptierter Konventionen. Aber vielleicht noch wichtiger – es war lustig. Und am Wichtigsten war, dass es rockte.

Diese Musik zehrte von allem, von höhnischer Yippie-Politik über grinsende, auf den Fugs basierende Sozialkritik bis zu der spöttischen und doch romantischen Wut von Lou Reed aus der Phase der späten Velvet Underground. Es war bedrohlich und aufregend, aber nicht auf gewaltvolle Weise. Man fühlte sich dumm, wenn man es nicht verstand und wenn doch, ziemlich überlegen und clever.

»Es war das Ende von Glam und der Anfang von Punk«, sagt Holmstrom heute. Er ahnte, dass es ein Vorbote von etwas Neuem war. Legs hat ihm den Namen gegeben, aber er schien in keinem Kontext zu stehen. Das änderte sich schnell. Während Holmstrom und McNeil ihr Magazin fertig stellten und die Plakate, die »PUNK IS COMING« verkündeten, aufhängten, verbrachten sie mehr Zeit als jemals zuvor im CBGB, wo sie auf der Bühne und im Publikum nicht nur die Dictators sahen, sondern auch andere Bands, die plötzlich auftauchten, wie die Talking Heads, Television und die Ramones.

Viele dieser Bands hatten etwas von Karikaturen: Richard Hells Mitwirkung an Television als böses Genie, David Byrnes nerdhafte Sensibiliät eines Clark Kent bei den Talking Heads, Gene Simmons' (Chaim Witz') golemhafter Charakter bei den für das CBGB ungewöhnlichen Kiss – er wollte eine Band von Superhelden schaffen, sagte der in Israel geborene und in Brooklyn aufgewachsene Simmons, die die Familie seiner Mutter während des Holocaust hätte beschützen können. Dennoch waren es die Ramones, die Holmstrom am meisten ansprachen und die am ehesten die unfassbaren Eigenschaften verkörperten, nach denen er strebte.

In ihren einheitlichen Lederjacken und mit ihren flotten Haarschnitten, die an Beatles-mit-Lobotomie-Patienten erinnerten, brachten die Ramones das komisch-harte Image der Dictators einen logisch-absurden Schritt weiter. Wenn sie auf der Bühne herumsprangen und dabei verschiedene irre Angriffshaltungen einnahmen, sahen sie aus wie vier lebende, atmende Comicfiguren. Am Besten war das sonderbare Strichmännchen im Mittelpunkt des Geschehens, derjenige, der über seinem Mikrofon zu kauern schien, während er gleichzeitig in Richtung Publikum taumelte, der schüchterne

Mensch, dessen Haare im Gesicht hingen, der ebenfalls eine Sonnenbrille trug und superbleich, supergroß und superdünn war.

Ein supermenschliches Wesen vielleicht?

Ein Superman?

Ein Super-Mensch?

Ein *Übermensch*?

Nein. Eher ein super-abgeschwächter, kafkaesker Anti-Held. Ein Super-Antiheld der alten Will-Eisner-Golem-Schule, der die Schwachen, die Unzufriedenen und die Verlorenen verkörperte.

Die erste Ausgabe von *PUNK* hatte Lou Reed, ein weiteres unheroisches Strichmännchen, auf dem Titel: der Schutzheilige der wütenden Außenseiter einer früheren Ära und geistige Vater für die neuen Punks (obwohl viele behaupten, dass Iggy »Osterberg« Pop der wahre Gewinner des Vater-Wettbewerbs hätte sein müssen) war eher durch einen Zufall auf dem Cover gelandet. Das neue *PUNK*-Trio Holmstrom, Legs und Mary Harron (die spätere Regisseurin von *I shot Andy Warhol* und *American Psycho*) waren eines Nachts fast über ihn gestolpert. Reed saß im Publikum des CBGB und sie hatten sich uneingeladen an seinen Tisch plumpsen lassen, um ihm zu sagen, dass er auf das Cover käme, wenn er sich interviewen ließe.

»Oh, die Auflage muss enorm sein«, spottete der *alte kocker*. Dennoch machte er mit und spielte über zwei Stunden seine Nummer des sarkastischen Typen und lud die Gruppe, die ihn überfallen hatte, zum Essen ein, damit er sie bei Bier und Burgern weiter beschimpfen konnte.

Er war lustig und deprimierend und verwirrend. Seine Präsenz auf dem ersten Titelbild verband ihn auf immer mit der neuen Bewegung und machte ihn zu einem wütend onkelhaften Aushängeschild. Aber es war diese andere Figur, die als erstes die Phantasie von Holmstrom und Legs in Beschlag genommen hatte und die über die Jahre am häufigsten auf den Seiten von *PUNK* zu sehen war. Der bohnenstangenhafte Leadsänger der Band, den Holmstrom fast als Synonym für *PUNK* betrachtete. Joey Ramone.

Joey tauchte in fast jeder Ausgabe der Zeitschrift auf und spielte eine prominente Rolle im Zusammenspiel von Punk und Comic wie »Mutant Monster Beach Party« und »Nick Detroit«. Vielleicht noch wichtiger war, dass man Joey auf Zeichnungen wie auch auf Fotos als eine superdünne und dennoch elegante Mischung aus Dracula und einem obdachlosen Adligen sehen konnte, die ihn zu der perfekten Punk-Noir-Figur in dieser romantisch-dunklen Stunde der Stadt machte.

Über die Jahre am häufigsten auf den Seiten von PUNK zu sehen: Joey Ramone.

In Anbetracht dessen, dass Tommy sich die Ramones ausgedacht und dabei wütende, aus Queens stammende Rächer im Kopf gehabt hatte und dass alle Bandmitglieder mit der regelmäßigen Lektüre von Comics aufgewachsen waren, ist es nicht sonderlich überraschend, dass Joey und *PUNK* so eng miteinander in Verbindung traten. Sowohl die Comics als auch der Punk sprachen unerwünschte, aber reale Gefühle an. Beide nutzten den anspruchslosen Inhalt, um Aufregung, Spaß und Lacher hervorzurufen. Beide zogen zu einem nicht unwesentlichen Teil Vergnügen daraus, dass sie von der Moralpolizei ihrer Zeit als gefährlich, korrupt und verboten angesehen wurden und beide gerieten als Folge davon zu unterschiedlichen Zeiten in Bedrängnis. Kein Wunder, dass Holmstrom beides, Comics und Punk, Comic-Künstler und die Ramones, Eisner und Joey im Besonderen als heroische Figuren betrachtete, die genauso inspirierend wie Superman waren. Kein Wunder, dass die Ramones und andere das Kompliment zurückgaben und nicht nur den Stil der Comics, sondern in vielen Fällen auch die Comics selbst in ihr Image integrierten.

Was die Ramones angeht, so kam es zu einer direkten Zusammenarbeit. Holmstrom sorgte für die Gestaltung des Covers ihres dritten – und laut vielen Kritikern – besten Albums, *Rocket to Russia* (1977). Diesen Einfluss hatte der Comic, wenn auch nicht derart explizit, auf zahlreiche andere Bands. Man muss sich nur die Cover der frühen Alben von Suicide, den Cramps oder den Neon Boys anschauen oder irgendwelche Poster, die Bands aus der damaligen Zeit oder von heute bewerben. Die große Mehrheit griff auf den Einfluss der frühen Comicbücher zurück, der unschuldig war und zugleich die Dekadenz der Ära von Marilyn Monroe heraufbeschwor. In Comics spiegelt sich die Rebellion, die Jugendkriminalität und die reine visuelle Erregung wider, so wie die einfachste Form des Vergnügens im Rock 'n' Roll. Genau wie im Punk.

Will Eisner beschreibt es so: »Ich war immer der Ansicht, dass John [Holmstrom] aus dem, was er gelernt hat, etwas Wundervolles schuf. Er nahm es, gab es den Kids zurück und brachte dabei Rockmusik und Comics zusammen. Schließlich gab es bei Comics immer etwas, was an die Eingeweide ging, genau wie beim Rock 'n' Roll. Beide kamen von der Straße, aus den unteren Klassen – Rock aus den schwarzen Ghettos; die Comics aus den Mietskasernen der Lower East Side meiner Jugend.«

* * *

Oder um es anders zu sagen:

Faster than a blitzkrieg air force
More powerful than a jackboot kick-step!
Look up on the stage!
It's a nerd!
It's a brain!
No, it's ...
JOEY RAMONE!!!

EINE JÜDISCHE HÖLLE

Richard Meyers erschafft den schlimmsten Albtraum einer jüdischen Mutter

>»Mein Vater wurde als Jude geboren, aber er war nicht gläubig … er hat mich kommunistisch und atheistisch erzogen.«
>– Richard »Hell« Meyers

>»Richie Hell hat mich überwältigt, er hat mich überwältigt wie kein anderer Jude, den ich jemals in New York kennengelernt habe … Mit einfach jeder Nuance, jedem Tick, jedem Kichern.«
>– Richard Meltzer

Wenn Joey Ramone ein netter jüdischer Junge gewesen ist, der verlorene Sohn, der zurückkam, um Gutes zu tun, was war dann Richard »Hell« Meyers, dieser gequälte Halbjude aus Lexington, Kentucky? Er schuf das visuelle Image des Punk, das zum Vorbild für England werden sollte, aber war er das, was im Jiddischen mit *Mensch* bezeichnet wird, ein grundanständiger, zutiefst mitfühlender Mensch? So hat ihn nie jemand charakterisiert. Hell wird entweder widerwillig respektiert oder gehasst, einige wenige sehen ihn als Freund, aber für die meisten ist er ein komplizierter, dünnhäutiger Typ, der eher für seine Launenhaftigkeit und seine Tendenz, beleidigt zu sein, bekannt ist, als für Großmut und Mitgefühl.

Am besten beschreibt man ihn wohl als den schlimmsten Albtraum einer jeden jüdischen Mutter. Ein Sohn, der mit flammenden Vorstellungen von literarischem Erfolg vom College abgeht, statt zur Vernunft zu kommen. Hell geriet auf die schiefe Bahn, als er die schlechte Gesellschaft, einen Haufen voller Bohemiens, Beatniks und Rock-'n'-Roll-Musiker, kennenlernte. Bislang zeigte er immer eine gewisse Verbundenheit zu linkem Denken und eine Hingabe an das Wort Gottes, so wie sie durch das Volk des Buches verkörpert wird. Schreiben behandelte er wie etwas Heiliges. Viele jüdische Mütter mögen zwar von seinen Ausflügen in die Welt des Punkrock schockiert gewesen sein, doch genauso vielen dürfte es ein Trost gewesen sein, dass er seine Erfahrungen in seinem späteren Leben nutzte, um eine Laufbahn als Journalist und Schriftsteller einzuschlagen.

Richard Meyers wurde 1949 in Kentucky geboren, als Sohn von Ernest Meyers und Carolyn Hodgson, die sich in New York kennengelernt hatten, als Ernest die Columbia University besuchte und Carolyn das Hunter College. Sie waren jüdischer und methodistischer Herkunft, doch dies war ihnen egal, im Gegensatz zu ihren Eltern. Ernest starb, als Richard acht Jahre alt war, weshalb Carolyn ihm in den Neunzigern eine Reihe seiner Briefe übergab. In einem der Briefe bezieht sich Richards Großmutter mütterlicherseits auf eine Diskussion, die sie und Richards Mutter über ihr »zukünftiges Glück« geführt hatten. Auch wenn es keine Geschichte von Romeo und Julia war, von den Montagues und Capulets, in der die Liebenden unter einem schlechten Stern standen, gab es offenbar doch einige Bedenken, zumindest seitens Richards Großmutter, was die unterschiedliche Herkunft der Eltern betraf. Das ist nicht wirklich überraschend. In den Vierzigerjahren waren gemischte Ehen selten und wurden als so traumatisch wie Scheidungen empfunden. Heute sind Scheidungen etwas ganz normales und mindestens die Hälfte der Juden heiratet »außerhalb des Glaubens«, wie es Rabbis, die diesen Trend beklagen, nennen und vor der »Assimilation bis zum Verschwinden« warnen – oder wie ein Zyniker sagen würde, vor der Bedeutungslosigkeit der Rabbiner.

Ernest und Carol kamen beide aus progressiven Elternhäusern. Sie waren beide College-Absolventen, die die Graduate School beendet hatten und Akademiker wurden. Nach dem Zweiten Weltkrieg unterrichtete Ernest Psychologie an der Universität von Kentucky, während Carol nach seinem Tod 1958 Women's Studies an der Old Dominion Universität in Norfolk, Virginia lehrte, wo sie auch dafür sorgte, dass Richard in den frühen Neunzigerjahren eine Lesung veranstalten konnte.

Ernest und Carol liebten Bücher – vor allem unkonventionelle Literatur, sogar solche, die tabu war. Liest man ihre Briefe, die wie anderes Material aus Hells Sammlung in der Fales Bibliothek archiviert sind, wird man davon überwältigt, wie oft Richards Eltern sich gegenseitig mitteilten, dass sie gerade das Buch lesen, was der andere empfohlen hat oder gerade eins entdeckt haben, was der andere unbedingt lesen sollte. Ihre Lektüre umfasste alles von Psychologie über Philosophie bis zu Prosa. Aber für Richards späteres literarisches Interesse ist wohl die Neigung zu extravaganten, erotischen Titeln wie *Lady Chatterley's Lover* von D.H. Lawrence und *Wendekreis des Krebses* von Henry Miller entscheidend.

Schaut man sich Richards eigenes literarisches Schaffen an – Gedichte und Songs mit Titeln wie »Wanna Go Out« und »Love Comes in Spurts« – kann man darin eine Fortsetzung der Familientradition erkennen. Wenn auch unbewusst oder nicht beabsichtigt, so teilt Richard mit seinen Eltern doch viele Interessen, wurde überaus stark von ihnen beeinflusst. Man kann also fragen, bis zu welchem Grad der jüdische Hintergrund seines Vaters in dieser Beeinflussung eine Rolle gespielt hat.

Bedauerlicherweise lehnte Richard es ab, sich für dieses Buch interviewen zu lassen oder für Informationen zur Verfügung zu stehen. Er begründete es damit, sich nie über seine jüdische Herkunft »definiert« zu haben. Auch als ich ihm versicherte, das auch nicht behaupten zu wollen, sondern dass ich lediglich die Frage nach einer eventuellen Verbindung zu der Kultur seines Vater stellen wolle, blieb er bei seiner Meinung. Ich versuchte ihm zu erklären, dass Identität aus einem breiten Feld von Erfahrungen konstruiert wird, und diese Bedeutungsschichten wie in einem Palimpsest das ausmachen, was wir sind. Doch Richard blieb bei seiner Ablehnung und erklärte wortgewandt: »Ich lasse mich von keiner Gruppe für ihre Zwecke einspannen. Ich mag das nicht und ich möchte kein Teil davon sein.«

Ehrlich gesagt verwirrte mich Richards Weigerung. Sie brachte mich dazu, meine Absichten, die ich mit der Arbeit an diesem Buch verfolgte, noch einmal zu überdenken. Versuchte ich tatsächlich bloß, den Anspruch einer Gruppe auf bestimmte Individuen zu untermauern, die keine anderen Gemeinsamkeiten hatten als eine oberflächlich kulturelle Verbindung? Nutzte ich wirklich die übelste Sorte verkürzten Denkens und reduzierte die Individuen auf zweidimensionale Repräsentationen einer einzigen Sache? Basierte meine komplizierte Argumentation auf der Dichotomie von Schwarz und Weiß, auf der einfachen Trennung zwischen »Jude« und »Christ«?

Mit anderen Worten, beging ich die gleiche Sünde, die ich so oft bei vielen meiner jüdischen Kollegen bemerkt hatte, die unbewusst die jüdischen Namen berühmter Menschen herunter ratterten – Einstein, Freud, Marx, Mahler –, um ihren eigenen besonderen Platz in der Geschichte zu belegen?

Ich konzentriere mich auf das, was ich als die Jewishness bestimmter Individuen erachte, sage aber nicht, dass Jewishness alles ist. Sie spielt auf unterschiedliche Weise eine Rolle. Während Tommy Ramone, Richard Meltzer, Lenny Kaye und Handsome Dick Manitoba die Verbindung zu ihrer jüdischen Herkunft als essentiell betrachten, ist diese bei Richard Hell, Chris Stein und Joey Ramone nur peripher von Interesse. Trotzdem finden sich in den Arbeiten dieser Künstler Elemente, die aus einer gemeinsamen jüdischen Geschichte und Kultur stammen. Und diese Elemente sind es wert, untersucht zu werden.

Mit anderen Worten, man kann diese Musiker nicht gänzlich verstehen, ohne den jüdischen Anteil in ihrem Werk zu untersuchen, woraus auch immer dieser besteht. Ohne diese Untersuchung bliebe ihre Gemeinsamkeit unverständlich.

Richard Hell schuf das visuelle Image des Punk, das zum Vorbild für England werden sollte.

Die ersten Worte, die Richard jemals mit mir gewechselt hatte, enthielten etwas, das mich davon überzeugte, dass seine Geschichte es wert war, weiter verfolgt zu werden. Bei der Eröffnung einer One-Man-Show des Punk-Ära-Künstlers Richard Hambleton – bekannt für seine »Schattenbilder«, lebensgroße Silhouetten, die im Keller des Niagara-Clubs im East Village spukten, der dem ehemaligen Sänger von D Generation, Jessie Malin, gehörte – stellte ich mich vor und sagte: »Seitdem mir erzählt wurde, dass du jüdisch bist, habe ich mich gefragt, ob du daran interessiert sein könntest, dich mit mir für mein Buch zu unterhalten.« In seinem freundlichen Gesicht entstand ein finsterer Blick. Richard antwortete: »Mein Vater wurde als Jude geboren, aber er hat an den Kram nicht geglaubt. Er hatte mit Religion überhaupt nichts zu tun.«

Ich versuchte ihm zu erklären, dass ich jüdisch nicht in einem religiösen, sondern einem kulturellen Sinn meine. Für die jüdisch-amerikanische Geschichte war der Rückgang des religiösen Judentums ein wichtiges kulturelles Charakteristikum. Ich fuhr fort, zu erklären, dass Juden so jüdisch wären, wie Italiener italienisch und Deutsche deutsch und dass, wenn sie denn eine gemeinsame Religion hätten, es säkularer Humanismus sei, der Glaube daran, dass uns die menschliche Ethik und nicht ein unsichtbarer Gott die moralische Lebensführung vorschreibt. Ich war der Meinung, dass Juden über diese Themen reden sollten. War es nicht ein Fehler gewesen, immer andere die jüdische Frage beantworten zu lassen?

»Aber ich wurde überhaupt nicht jüdisch erzogen«, sagte Richard verärgert. »Ich wurde in Lexington, Kentucky geboren und mein Vater erzog mich kommunistisch und atheistisch.« Genau dies träfe meinen Punkt noch besser, lachte ich und versuchte zu erklären, dass viele Juden zu Kommunisten und Atheisten wurden, weil sie vor ihrer Religion zu fliehen versuchten. Dass er in Lexington, Kentucky in den Fünfzigerjahren als Atheist erzogen wurde, mache ihn diesbezüglich nur noch jüdischer. Aber das akzeptierte er nicht. Er ging weg, schaute sich ein weiteres Schattenbild von Richard Hambelton an und sein Gesicht wurde so düster wie die Punk-Ära selbst es war.

Richards junge Frau Pauline (Sheelagh Pauline Bevan) ermutigte mich den ganzen Abend lang, noch einmal mit ihm zu sprechen, und so versuchte ich im Laufe des Jahres noch zwei Mal, ihn von einem Treffen zu überzeugen. Beide Male weigerte sich Richard und beim letzten Mal beschuldigte er mich, ihn für meine Kultur »in Beschlag« nehmen zu wollen.

Trotz dieser Vorwürfe entdeckte ich während dieser Zeit ein Posting auf seiner Webseite, in dem er auf die Frage eines Fans – einem Mädchen, das sich Alexandra nannte – antwortete. Sie schrieb: »Mir ist heute extrem langweilig, ich habe nachgedacht. Bist du jüdisch, Richard? Meyers ist ein jüdischer Name. Ich glaube nicht, dass du es bist. Wenn nicht, wie wirst du die Weihnachtsferien verbringen?« (»R. Hell Site Forum«, 30. November 2000) Richard antwortete am selben Tag: »Für einen Antisemiten bin ich definitiv ein Jude. Mein Vater war ein (deutscher) Jude aus Pittsburgh, meine Mutter war eine Südstaaten-Methodistin aus Birmingham (walisisch und englisch). Die Familie meines Vaters bestand aus linken Intellektuellen, die überhaupt keine Religion praktizierten – obwohl sie sich sicherlich selbst als Juden betrachteten – und er starb als ich sieben war [sic]. Ich weiß überhaupt nichts über diese Religion/Kultur zu sagen. Eines Tages werde ich irgendwas dazu machen.«

Diese Botschaft ist sehr erhellend, vor allem Richards letzter Satz. Trotz seiner gegenteiligen Bekundungen, zeigte er sich also an seinem Erbe interessiert.

Einige Monate später erzählte mir Richards Freundin Roberta Bayley, dass er mich »töten« wolle, weil ich mit Leuten gesprochen hätte, die mit ihm in Verbindung stehen. Ich hatte ihm gesagt, dass ich das tun würde, als ich ihn dazu ermutigen wollte, sich selber zu äußern, um zu verhindern, von anderen »definiert« zu werden. Dann sagte Roberta etwas, über das ich auch schon die ganze Zeit nachgedacht hatte. »Warum ist das so eine große Sache?«, fragte sie. »Warum sollte er sich so darüber aufregen, wenn er nicht irgendwas zu verstecken hat?«

Richards Leugnung seiner Jewishness war so erbittert, so wohlüberlegt, wütend hartnäckig und total, dass ich mir nicht anders helfen konnte, als mir in Anlehnung an Hamlets Mutter Gertrud zu sagen: »Mir scheint, die Herren protestieren zu sehr.« Richard Meyers konnte es nicht ertragen, dass ihn irgendjemand mit seiner jüdischen Herkunft in Verbindung brachte. Vielleicht ist das keine allzu überraschende Reaktion von jemandem, der in den Fünfzigerjahren im Süden groß geworden ist. Als Jude aus Atlanta weiß ich genau, dass Juden dort nicht so selbstverständlich waren wie in New York – und Atlanta ist noch weit kosmopolitischer als Meyers Lexington, Kentucky. Wegen meiner blonden Haare und dem »arischen« Aussehen (so wurde es mir gesagt) bekam ich zahlreiche antisemitische Äußerungen mit, in die ich sonst nicht eingeweiht worden wäre. Zugunsten derer, die diese Bemerkungen machten, muss ich sagen, dass sie immer sehr verlegen waren, wenn ich darauf hinwies, dass ich »vom Stamme« sei. Ich wusste, dass ich ein Außenseiter war. Jeder Südstaatler kennt den Witz über den Ku Klux Klan. Die Buchstaben stehen für Koons (Schwarze), Kikes (Juden) und Katholiken – die drei meistgehassten Gruppen im Süden in absteigender Reihenfolge. Ich kannte also aus eigener Erfahrung, was der Biograf von Television, Tim Mitchell mit seiner eigenen Recherche über Richards Herkunft bestätigt. Lexington war ein Ort, an dem es nur wenige Juden gab, und diese wenigen fielen auf. Mit diesem Wissen im Hinterkopf wenden wir uns jetzt Richard Hell zu, wie er sich in seiner Sammlung offenbart. Dieses Archiv, das er 2003 an die New York University verkauft hat, zeigt einen wahrhaft komplexen Menschen, einen Dichter, Autor und Musiker, sowie einen Südstaatler, einen New Yorker und einen Juden.

Ein Großteil von Hells Sammlung ist mit seiner Karriere als Künstler verbunden. Sie enthält Entwürfe von Gedichten, verschiedene Versionen von Postern, die er für seine Bands, die Neon Boys, Television, die Heartbreakers und die Voidoids gestaltet hat, Buchmanuskripte, Filmdrehbücher und alte Videos. Es hat den Anschein, als habe er nicht nur seine literarischen Werke umgeschrieben, sondern auch sein eigenes Image, das er auf der Bühne der Welt präsentierte.

Als ich dies mit Leif Sorensen, dem Studenten, der für die Katalogisierung von Hells Material zuständig ist, durchging, bemerkte ich, dass meine eigenen Überlegungen überhaupt nicht so falsch waren, wie er es mich hatte glauben machen wollen. Denn es gibt etwas, auf das Hell vom Anfang seiner Karriere bis zum heutigen Tage immer wieder zurückkommt. Es ist das Leben der fiktiven Dichterin Theresa Stern, deren Geschichte er mit seinem Freund Tom Verlaine (Tom Miller) in den frühen Siebzigerjahren entworfen hat.

Unter heutigen Fans von Television oder den Voidoids ist es nicht sonderlich bekannt, dass Theresa Stern Mitte der Siebzigerjahre als dunkle Silhouette über New Yorks Rockszene schwebte, fast so, als wäre sie selbst ein Star aus dem CBGB. Ihre Gedichtsammlung *Wanna Go Out?* (1973) war über Richard Hells Verlag Dot Books erhältlich, Interviews mit ihr konnte man im *PUNK*-Magazin nachlesen, wo »sie« auch gelegentlich Kritiken über Richards Konzerte schrieb. Ihre Worte waren genauso präsent, wie ihre angsteinflößende Erscheinung. Eine stark geschminkte »Frau« mit dichtem Haar, die dem Betrachter direkt ins Gesicht schaute. Sie hatte einige der Eigenschaften jener Figur, die bald die Spitze der Charts stürmen sollte – Frank Zappas »Jewish Princess« (*Sheik Yerbuti*, 1976):

> I want a darling little Jewish Princess
> Who don't know shit about cooking and is arrogant looking
> A vicious little Jewish Princess
> To specifically happen with a pee-pee that's snappin'
> All up inside
> I just want a princess to ride

Als Zappa dies sang, erntete er Gelächter, aber auch Protest. Aber als Theresa Stern auftauchte, in deren Biografie eindeutig stand, dass sie eine halb puertoricanische, halb jüdische Prostituierte war, die »wie Groucho Marx keinen Club ... keinen Typen haben wollte, der sie hätte haben wollen« (*PUNK*, 1976), gab es keine negativen Reaktionen. Warum? Weil Theresa Stern wie die anderen Krypto-Latino-Juden, die damals so populär waren – Juan Epstein, Alan Vega und die Dictators – Teil einer größeren Kultur war, die bis auf Chico Marx zurückging und über Punk bis zur Figur von Andrew »Dice« Clay reichte, dem jüdischen Komiker, der einen »Italiener« in Lederjacke mimt, der auch bei den Ramones hätte spielen können. Theresa war die Jüdin als Zigeunerin, als exotisches, starkes Mädchen. Der Jude als das Fremde, als sexuelle Bedrohung und Rauschmittel.

Dieses »jüdische Andere« war nicht nur ein Stereotyp der Christen. In vielen Fällen war es eine beabsichtigte Selbstdarstellung von Jewishness.

Diese sich als Latinos gebenden Juden waren anders als die fleißigen, anständigen, intellektuellen und kontrollierten Leute vom Volk des Buches. Ihr geschaffener Stereotyp entsprach tatsächlich existierenden Juden, die ursprünglich aus Spanien und Portugal kamen und als Sephardim bekannt sind. Zwar sind sie nicht annähernd so häufig wie die osteuropäischen Juden anzutreffen, die vor allem New York bewohnen, doch sie sind dort immer noch präsent. Eine Gruppe Sephardim wanderte 1654 in die Stadt ein und gehörte bald zu den erfolgreichsten Einwohnern. Als Teil der größeren jüdischen Kultur New Yorks halten sich die Sephardim immer noch für einzigartig und bis zu einem bestimmten Grad unabhängig.

Darüber, ob die Sephardim irgendeine bedeutende Verbindung zur südeuropäischen Kultur unterhalten, lässt sich diskutieren, ist aber eigentlich nebensächlich. Denn eine solche Verbindung spielte in den Köpfen der meisten Darsteller, die diese Charaktere schufen, keine Rolle. Sie waren eine Projektion der Begierde, eine Phantasie, die in Erfüllung ging, ein erzeugtes Image, das für die jüdische Welt wichtiger war als für die nichtjüdische.

Wenn die Dictators bestimmte italienische Ausdrücke benutzten und die *Bruddahs* aus Forest Hills sich einen Namen gaben, der nach einer puertoricanischen Straßengang klang, spielten die südeuropäischen Vorstellungen vielleicht keine bewusste Rolle, aber sie kamen aus der gleichen Quelle. So wie Joey Ramone (Jeffry Hyman) und Ross the Boss Funichello (Ross Friedman), ging es Richard Meyers nicht so sehr darum, seine jüdische Herkunft zu verstecken, als sie vielmehr in eine interessantere Ethnie zu verwandeln. Er legte einen Aspekt der Jewishness offen, der bedrohlicher und verschlüsselter war – einen, der eher das Arschloch als den netten jüdischen Jungen repräsentierte; einen, der von den jüdischen Gangstern verkörpert wurde, die sich so nahtlos mit ihren italienischen Cousins vermischten; einen, der Juden plötzlich sexy machte, glamourös und stark.

Alan Sacks, ein in Brooklyn aufgewachsener Hollywood-Produzent, machte in unserem Gespräch deutlich, dass der Charakter Juan Epstein aus dem von ihm mitproduzierten *Welcome Back, Kotter* aus einem ähnlichen Wunsch heraus entstanden war: »Ich machte die Show mit Gabe Kaplan, der Kotter spielte, und die aus einem routinierten Stand-up über sein altes Viertel bestand. In diesem Programm gab es ein Stück über ein Kind namens Epstein the Animal. Dieses Kind war so stark, dass alle Mütter aus dem Viertel ihre Kinder jeden Tag für eine Stunde von der Straße holten, damit das Kind die Straße für sich alleine haben konnte. Wir waren dazu verpflichtet, ihn in der Show auftreten zu lassen, aber Michael Eisner, der Chef der Programmgestaltung, bestand darauf, dass wir aus ihm einen halben Puertoricaner machen, weil es dann lustiger sei.«

Mit anderen Worten, ein echter, starker Jude wäre zu bedrohlich, zu beängstigend, zu unglaubwürdig gewesen. Er musste mit einem Lateiname-
rikaner kombiniert werden. Zusammen mit Epstein ergeben die beiden
anderen jüdischen Charaktere in *Kotter* – Arnold Horshack, die Parodie
eines unfähigen osteuropäischen Juden, der an einen *feygele* grenzte und
Kotter, ein Straßenkind New Yorks (Sweathog), der zu einem ehrenwerten
Mitglied der Gemeinde wird (ein Lehrer, was die wörtliche Übersetzung
von Rabbi ist) – eine Art Tryptichon. Horshack ist das Gegenteil von
Epstein, und Kotter ist die Mischung aus beiden. Epstein ist das Es, Horshack ist das sehr schwache Ego und Kotter das Superego. Epstein-Horshack-
Kotter sind wie Chico-Harpo-Groucho und Dino-Jerry-Der-verrückte-Profes-
sor. Sie verkörpern die stufenweise Amerikanisierung des sexy jüdischen
Anderen, sozusagen die New Yorkisierung, durch die das klugscheißerische
Straßenkind zu einem grundguten Jungen wird, der etwas tut, worauf die
ganze Gesellschaft stolz sein kann.

Richard Hell hat über die Jahre hinweg immer und immer wieder festgehalten, dass Theresa Stern, die halb puertoricanische, halb jüdische
mythische Kreation, die er zusammen mit seinem Freund Tom Miller
geschaffen hat, für einen der wichtigsten Durchbrüche in seinem Leben verantwortlich war. »Sie« war die Maske, hinter der er seine Gedichte schreiben konnte. Teresa Stern brachte ihm seine »wahre Stimme« zurück.

∗　∗　∗

Diesen Aspekt hat Richard Meyers Hell über die Jahre hinweg in Interviews,
Katalogen, biographischen Angaben und anderswo immer wieder hervorgehoben: Theresa Stern hat ihm zu seiner »wahren Stimme« verholfen, also
zum Kern dessen, was ihn als Autor ausmacht.

Wie auch der Archivar Leif Sorensen betont, ist »Theresa Stern eine
kleine Obsession für Richard. Jahrelang kehrte er immer wieder zu ihr zurück und wollte jahrzehntelang sogar einen Film über sie machen. Es scheint
so, als habe er in ihr etwas sehr Essentielles gefunden. Wenn man sie sich
anschaut, stößt man auf jeden Fall auf etwas ganz Wichtiges.«

Im Laufe von Richards Karriere, während der er vieles aufgegeben hat –
die Musik, die Poesie, die Filme, eine Frau, Geliebte –, ist eine Sache bestän-
dig geblieben: seine Obsession für Theresa Stern. Seit er Anfang 20 war, hat
ihn diese Figur fasziniert, und noch 1999 las er in Frankreich ihre Gedichte
im Club La Maroquinerie. An diesem Abend hat Hell keine Gedichte vorgetragen, die unter seinem Namen veröffentlicht wurden und ließ sich auch
auf dem Programmheft als Stern abbilden. Er benutzte das bekannte alte

Foto Sterns, das viele Jahre zuvor aus einer Doppelbelichtung von ihm und Miller als Drag-Queens entstanden war. Nur Theresa war für die Öffentlichkeit sichtbar. Mit ihr wollte er an diesem Abend identifiziert werden, sie rückte er als eine Projektion von sich selbst in den Mittelpunkt. Von allen Gedichten, die Hell geschrieben hat, sind fast die Hälfte unter dem Namen Theresa Stern erschienen.

Theresa Stern: Wanna Go Out?
Cover der französischen Ausgabe

* * *

Aber Hells Jewishness geht über Theresa Stern und seine »kommunistisch atheistische Erziehung« hinaus. Betrachten wir zunächst die Dynamik zwischen Tom Miller und Richard Meyers. Die beiden schufen ein Bündnis, das im französischen Symbolismus fußte, auf ihrer Liebe zu Verlaine und Rimbaud.* Aber Miller und Meyers – Verlaine und Hell – kamen aus unterschiedlichen kulturellen Hintergründen, was für ihr späteres Zerwürfnis von Bedeutung ist. Meyers Vater wuchs in Pittsburgh auf und war, wie viele nichtreligiöse aber kulturell geprägte Juden zu der Zeit, intellektuell, atheistisch und politisch progressiv. Nach den Erzählungen des Kinderfreundes und Bandmitglieds Billy Ficca, wuchs Miller im klassischen Setting der WASPs auf: »Er kam aus Delaware und schien sehr zurückhaltend zu sein. Er war nicht wie Richard. Das ist sicher.« Nachdem Richard Meyers von der öffentlichen Schule in Lexington geflogen war, weil er geschwänzt und sich schlecht benommen hatte, schickte man ihn aufs Internat, wo er Tom Miller traf, der dort gut aufgehoben war, während Meyers ein Außenseiter blieb. Doch Miller, ein sensibles Kind, das sich für Musik und Literatur interessierte, war selbst ein Einzelgänger. So wie

---

* Millers Verbindung zu dem berühmten Paar durch seinen Künstlernamen Verlaine ist offensichtlich, während die von Meyers nur indirekt ist und sich aus der Erklärung seiner Frisur ergibt, die seitdem immer mit Punk identifiziert wird: »Ich wollte etwas haben, das so aussah wie die berühmte Fotografie von Rimbaud.« Das impliziert nicht, dass es irgendwelche homoerotischen Elemente in dieser Beziehung gab, sondern, dass eine duale Identität existierte, die die beiden miteinander teilen konnten. Diese duale Identität fand schließlich in der Fotografie von Theresa Stern ihren Ausdruck. Das Bild wurde dadurch geschaffen, dass zwei ähnliche Fotos von Miller und Meyers, die sie im Fummel zeigten, übereinander entwickelt wurden.

viele andere auch, sagt Billy Ficca: »Wir waren alle Außenseiter. Nerds. Kinder, die sich für Kunst und derartige Sachen interessieren, sind das immer.« Tom hasste das Internat und wollte weg, und Richard entdeckte in Tom einen Seelenverwandten. Richard floh zuerst aus der Schule und Tom folgte ihm später, nachdem Richard mehrmals in Briefen darauf gedrängt hatte. Richard zog auch als erster nach New York, um ein Autor zu werden, Tom kam später nach, wieder auf Drängen seines Freundes.

Trotzdem traten die aufschlussreichsten Merkmale ihrer Freundschaft erst zu Tage, als die beiden von angehenden Dichtern zu Musikern wurden und eine Band gründeten. Sie offenbarten sich am Experiment Theresa Stern, denn obwohl es Tom war, der die Idee zu dieser Figur hatte, wurde sie von Richard an sich gerissen. Er schrieb schließlich die Gedichte für das Buch *Wanna Go Out?* Die Charakterunterschiede traten erst in den Vordergrund, als ihre erste Band, die Neon Boys, zu Television wurde. Der Hauptkonflikt drehte sich um den Musik- und Auftrittsstil, der ursprünglich sowohl temperamentvoll wie auch philosophisch ausgerichtet war.

Wie schon viele geschrieben haben, waren die Neon Boys viel deutlicher Punk als Television. Ihre Musik war bissiger, schneller und wütender, die Texte waren provokativ und komisch und drückten in Wortspielen und anderen cleveren, sprachlichen Kunstgriffen eine urbane, gewiefte Frivolität aus, die durch *MAD* und andere Comics geschult war. Man betrachte sich beispielsweise die von Richard Hell verfassten Zeilen aus »Love Comes in Spurts«: »I held her waist and her wrist and I kissed her in the air / Forgotten love started pumpin' like a fountain inside there.« Dabei muss man sich vor Augen halten, dass die Musik, die Hell zu seinen Songs schrieb, viel stärker im Geist dessen stand, was bald als Punk bekannt werden sollte, als es Miller/Verlaine für seine eigenen Stücke vorgesehen hatte.

In der Biographie *Sonic Transmission: Richard Hell, Tom Verlaine, Television* schreibt Tim Mitchell:

> Im April 1973 gingen die Neon Boys in ein Vierspur-Aufnahmestudio in einem Keller in Brooklyn, wo sie sechs Songs aufnahmen, drei von Miller und drei, die dieser mit Meyers zusammen geschrieben hatte … Millers Song »Tramp« wurde schon bald aussortiert, während die beiden anderen Titel »Hot Dog« und »Poor Circulation« die frühen Sets von Television überlebten. Die gemeinsam geschriebenen Songs hießen »That's All I Know (Right Now)«, »Love Comes in Spurts« und »High-Heeled Wheels« – jeder davon war eine lebendige Mischung aus den Garage Bands der Sechzigerjahre, den Rolling Stones und den New York Dolls, mit einem Spritzer Velvet Underground. Meyers singt die Songs

wie ein wahrhaft entfremdeter Mick Jagger oder ein noch qualvollerer David Johansen, spottend und kläffend, jugendlich und pathetisch, aber er trifft mühelos die hohen Töne, seine Stimme legt sich um die Songmelodien und dabei hörte er sich an wie ein werdender Star. Seine Songs handeln von den traditionellen Themen des Rock'n'Roll, von Liebe, Sex und Drogen, doch über ihnen liegt ein Filter von französischer Dekadenz und Surrealismus, der ihnen einen frechen originellen Dreh verleiht. Millers musikalische Struktur der Songs baut im

The Neon Boys: ?

Wesentlichen auf den Urpunk auf, steigt aber manchmal überraschend nach oben – manchmal klimatisch und manchmal hysterisch – bevor sie wieder zurück zur Erde gebracht wird.

Die Musik für Millers eigene Songs war bei dieser Session zwar nicht ohne Spannung, beispielsweise das langsame Intro von »High Heeled Wheels« und die überraschende Akkordsteigerung in der Überleitung, aber im Wesentlichen war es kommerzielle Musik. Gleichzeitig überschritt Meyers die textlichen und musikalischen Grenzen des Popsongs. Wenn man sich den Werdegang der beiden Neon Boys nach ihrer Trennung anschaut, sieht man die wachsenden Unterschiede in ihrem Musik- und Textstil, die die grundlegende Verschiedenheit illustrieren, die zwischen den beiden immer bestanden hatte. Die Neon Boys waren provokativ; Television war eher eine vornehme Angelegenheit, eine größtenteils introspektive, instrumentelle Erforschung des inneren Raums, was der Band sogar Vergleiche mit Grateful Dead einbrachte. Television, die so ausgezeichnete Lyrics wie »Venus De Milo« hervorbrachten, war vor allem eine Band geschickter Instrumentalisten und alles andere als Do-it-yourself, dem am meisten geschätzten Aspekt von Punk. Als Tom schließlich Richard dazu zwang, Television zu verlassen, ging es vermutlich um Richards »Mangel an Ernsthaftigkeit«, das Bassspielen zu lernen. »Richard war sicherlich nicht so technisch bewandert wie die klassisch geschulten Musiker, aber er hatte auf jeden Fall seinen eigenen, sehr interessanten Stil. Ohne ihn hätte die Musik der Voidoids niemals diese einzigartig kantige Qualität gehabt«, betont Ivan Julian von Hells späterer, *äußerst* punkiger Band, den Voidoids.

Aber es kam noch mehr hinzu als Richards Mangel an instrumentellen Fähigkeiten. »Richard sprang auf der Bühne herum und sah dabei aus wie Pete Townsend, der während eines Auftritts aus sich heraus geht. Tom sah fast nie vom Boden auf, während er spielte. Ihm ging es nur um die Musik, während es für Richard auch um die Show ging«, erzählt Billy Ficca. Dazu sagte Danny Fields, als er über die einzigartige Qualität der Ramones sprach: »Das ist diese jüdische Tradition des Showbusiness, diese ganze Idee, wie man eine Show auf die Bühne bringt.« Verbirgt sich hinter diesem Auftreten der Drang danach, geliebt zu werden und die Führung zu übernehmen? Ein Außenseiter wie Richard ist fast dazu gezwungen, sich nach außen eine starke Persönlichkeit zuzulegen, sei es, um Anerkennung als Künstler zu finden oder die eigene Identität mittels eines Publikums zu stärken. Richards zahlreiche Tagbebucheinträge und Briefe in der Sammlung, die er 2003 der NYU verkauft hatte, belegen eine beinahe obsessive Beschäftigung mit seiner Identität, ebenso wie seine Romane und Gedichte. Ob als Theresa Stern, als Richard Hell oder als Eric, der Punk aus *Smithereens*, Susan Seidelmans Darstellung der Szene des East Village, immer war Meyers auf der Suche nach einem Weg, sich selber auszudrücken und zu präsentieren, sei es durch Musik, Literatur oder Film.

Tom wollte etwas anderes. Das Kind von zurückhaltenden und privilegierten WASPs sah in Richards Zügellosigkeit das Gegenteil dessen, was er mit Television darstellen wollte. Er wollte etwas, das ernsthafter, beeindruckender und innerlicher war. Er wollte keinen Auftritt im Vaudeville-Stil, sondern ein Quartett, das den Kritikern ernsthaften Jazz-Punkrock vorführte und für seine Hingabe, sein Können und seine Anmut gefeiert wurde.

Richards Hells tiefe Differenz zu seiner Herkunft hatte auch in seinen nächsten beiden Unternehmungen eine wichtige Bedeutung. Er gründete mit dem extravaganten, italienischen »Gypsie«-Gitarristen Johnny Thunders eine Band. Das ging nicht gut, »weil die Songs zu blöd waren«, erklärte Hell und sagte, dass er »Pirate Love« nie wieder singen könne. Dann tat er das Gleiche mit dem jüdischen Nerd und Genie Robert Quine, einer Figur wie aus einem Buch von Kafka oder einem Woody-Allen-Film: ein mit Manhattan verbundener Jude, der Angst vor hohen Gebäuden, vorbeifliegenden Kugeln und Lokomotiven hatte.

Wie Meyers war Quine kein Jude aus New York, sondern ein »Einwanderer« aus Akron, wo seine Familie eine profitable Gummifabrik besaß. Bandkollege Ivan Julian erzählt, dass Quine in einem »sehr säkularen, intellektuellen jüdischen Haus« groß geworden war und von seiner Familie unter Druck gesetzt wurde, einen sicheren Beruf wie den des Anwalts zu ergreifen. Obwohl er die Musik immer geliebt hatte, gab er seinen Eltern

nach und besuchte die juristische Fakultät in der nahe gelegenen Washington
University in St. Louis. Er war am Gericht von Missouri, bevor er alles hin-
warf und nach San Francisco ging, wo er
Live-Auftritte von Velvet Underground
auf Kassette aufnahm und sie dann als
Box-Set verkaufte. Nachdem er am Gericht von Kalifornien mehrmals geschei-
tert war, ging er nach New York. Es sei
gewesen, wie nach Hause zu kommen,
erzählt Julian und erinnert sich daran,
dass Quine ihm mehrmals gesagt hatte,
nirgendwo anders leben zu können. »Als
er ankam und eine billige Wohnung
in Brooklyn gefunden hatte, erzählte er

The Velvet Underground: Bootleg Series Volume
1: The Quine Tapes, *1969*

mir, dass er nicht mal dort leben könne. ›Nur Manhattan‹, hat er gesagt.«

In diesem Kessel der Ethnizität und Diversität wurde die Exzentrik, die
Quine in Akron zum Außenseiter gemacht hatte, zwar noch bemerkt, aber
toleriert. Mehr noch, sie wurde Teil seines Charmes. Und seiner Musik.
Während einer Gedenkfeier in der CBGB Gallery anlässlich seines Todes
2004 erinnerte ein Redner nach dem anderen an sein kompliziertes und
manchmal seltsames Wesen sowie seinen Intellekt und seine Gitarrenküns-
te. Im Besitz einer wahrhaft enzyklopädischen Fülle von Information über
Musik – Quine konnte nach Belieben Veröffentlichungsdaten, Chartposi-
tionen und sogar Seriennummern von Platten aufsagen – war er ein Genie,
das in jedem Beruf alle übertroffen hätte; ein Genie, das eine Serie erdros-
selter, nervös klingender Stakkato-Noten erfunden hatte, die den Eindruck
vermittelten, sie würden jederzeit auseinanderfallen, die aber durch ein
zusammenhängendes Netz miteinander verbunden waren. Ivan Julian betont, dass Bobs Onkel, Willard Van Orman Quine, zwischen 1956 und 2000
den Edgar-Pierce-Stuhl für Philosophie an der Harvard Universität innehat-
te, ein Intellektueller auf dem »Level von Einstein«. Lernen, Aufnehmen
und Produzieren bestimmten Quines Erziehung und lagen ihm wahrscheinlich auch im Blut.

Seine Haltung und der Platz in Richard Hells Band The Voidoids qua-
lifizierten ihn als Punk. »Bob hätte ordentlich Gitarre spielen können, doch
er machte absichtlich ›Fehler‹, wenn er glaubte, dass diese besser klingen
würden«, erzählt Julian. »Er war weniger an Fähigkeiten um der Fähigkeiten
willen interessiert, sondern am Effekt.« Auf dieselbe Art spielte Hell auch

The Voidoids: We are the blank generation! Von links nach rechts: Richard Hell, Ivan Julian, Marc Bell (Marky Ramone), Robert Quine.

Bass. Beide Männer führten eine bestimmte jüdisch-amerikanische Tradition fort, in der »minderwertige« Kunstformen oder -stile mit Respekt behandelt werden: Comicbuch-Künstler, die aus Schund Kunst machten, Klassiker wie Bernstein, Bartók und Bloch, die Folk und Popelemente aufnahmen, um ihre Palette zu erweitern, oder Folkmeister wie Dylan und Ochs, die sich aus dem Rock bedienten, was ihnen den Ruf des »Judas« einbrachte. Auf die gleiche Weise interessierten sich Quine und Richard Hell für einen unbekannten, unkonventionellen Außenseiter-Sound, den sie dem *kleynen menshele* auf der Straße darbieten wollten. Beide setzten eine jüdische Tradition fort, die über Amerika hinausging. Das brachte Quine einen Platz auf den drei Alben ein, die Lou Reed fertig stellte, nachdem er von den Drogen weg gekommen war und sich vorgenommen hatte, auch mit seiner Vergangenheit ins Reine zu kommen. Es sicherte Hell einen Platz außerhalb des Klassizismus von Television. Seine kämpferische Haltung *Fick dich selbst, bevor du mich fickst* kann auch mit der von Reed selbst verglichen werden.

Richard Meyers ist weniger ein Rockmusiker als eine Art halbjüdische, männliche Madonna. Auf dem Weg vom Südstaaten-Rebell zum New Yorker Dichter, Punkmusiker, Schauspieler und Autor, hat Hell viele Gestalten angenommen. So wie Madonna, die bei all ihren Kostüm- und Karrierewechseln den attraktiven Reiz der Tabubrecherin beibehielt, hat Richard in seinen Werken den Intellektuellen, Denker und Autoren nie außen vor gelassen. Ob musizierender Autor, schauspielernder Autor, intellektueller Autor, Filmkritiker oder Punkautor, Hell kehrt immer wieder zum Wort zurück, diesem Element, das so viele der frühen Kritiker zu Punkmusikern machte. Wie Lenny Kaye, Richard Meltzer, Sandy Pearlman und Andy Shernoff folgte auch Richard Hell dem Wort, als er eine Band gründete. Hell trat mit dem großen Plan aller jüdischen Mütter und Väter der Geschichte an – er blieb dem Wort und dem Intellekt treu. Die Leute vom Volk des Buches schweifen selten zu weit ab.

* * *

Um dem Kapitel den letzten Schliff zu geben, ging ich auf Richard Hells Webseite und wollte sicherstellen, dass ich den Gesprächswechsel zwischen ihm und der »gelangweilten Alexandra«, der Forumsteilnehmerin, die gefragt hatte, ob er jüdisch sei, korrekt transkribiert hatte. Was ich fand, überraschte mich einerseits, andererseits aber auch wieder nicht. Als ich das Wort »Jude« in die Suchmaschine der Webseite eintippte, erschienen plötzlich zahlreiche Hinweise. In einem ging es um die Tonaufzeichnung eines Vortrags, den Richard im Jahre 2000 über Nathaniel West, geborener Weinstein, gehalten hatte, einen jüdischen Schriftsteller aus den Dreißigerjahren, der den klassischen Roman *Schreiben Sie Miss Lonelyhearts*, die düstere Erzählung eines Kolumnisten im Stil von Dear Abby, und die noch klassischere und noch düsterere Hollwood-Satire *Tag der Heuschrecke* verfasst hatte. Der Kommentator schrieb, dass Hells Rede über West »interessant gewesen sei, [weil] Richard darin zu bestimmen versuchte, ob er selbst Jude ist oder nicht.« Offensichtlich hat Meyers das Thema, lange bevor ich es ihm unterbreitet habe, entdeckt. Vielleicht war er über die Reaktion, die unsere Unterhaltung auslöste, verärgert. Vielleicht will er darüber auch nur in einem Forum sprechen, das er für angemessen hält. Vielleicht ist bei Richard auch einfach das Gegenteil der Fall. John Zorn wird später in diesem Buch zu Protokoll geben: »Juden sind per definitionem gegensätzlich. Wenn man schwarz sagt, sagen sie weiß. Der alte Witz ist doch bekannt. Treffen sich zwei Juden, gibt es eine Debatte, treffen sich drei, gibt es einen Streit, treffen sich vier, eine Revolution mit Splittergruppen.«

12

DIE SCHICKSENGÖTTIN

Chris Stein erschafft die erste Punkprinzessin

»Mit Debbie war es wie … als würde ich den Lenny [Bruce] Film sehen … Ich fühlte mich definitiv immer an die [Schicksengöttin] erinnert. Es hatte sicher etwas davon. Als ich sie traf, war sie nicht blond. Sie hatte kurzes, dunkles Haar. Es war nicht so aufdringlich. Aber ich erinnere mich immer noch, dass [Lenny] Honey wirklich verfallen war, ihrer *Schicksenhaftigkeit*. Also, ich denke, das spielte eine große Rolle.«
– Chris Stein, 2004

»Chris wusste immer genau, wer er war. Und ich wusste nie, wer ich war. Deshalb passen wir vielleicht so gut zusammen.«
– Debbie Harry, 2004

Wenn Richard Meyers eine Art jüdischer – und auch nichtjüdischer – Albtraum ist, was ist dann mit Blondie? Von der Punkgemeinde wird die Band beschuldigt, sich verkauft und ihr Image verweichlicht zu haben. Zwar mögen Blondie eine sexuelle Komponente gehabt haben, die das Publikum nicht gerade an das brave Mädchen von nebenan denken ließ, aber dennoch war es eine Band, die Mütter tolerieren und Väter, wenn auch nur teilweise, lieben konnten.

Von ihrer frühen Phase mit verschmiertem Lippenstift und zerrissenen T-Shirts bis zum später glamourösen Disco-Rock-Stil war Debbie Harry die Punk-Musikerin, die mit Pop umzugehen wusste. Sie hatte die Fähigkeit, sich wie ein trojanisches Pferd in die neue Musik einzuschleichen; eine gewisse aggressive, weibliche Sexualität, einen Hauch von dekadenter Hingabe an das Versprechen der Stadt und das Wissen über die dichten Arrangements im Stil des Brill Building, die für lange Zeit aus dem Songhandwerk verschwunden waren.

Und was ist mit Chris Stein, der sowohl im romantischen als auch im musikalischen und geschäftlichen Sinn Debbies Partner war? War die Öffentlichkeit für ihn bereit? Was lag der Musik zu Grunde, die er mit Harry schuf? Akzeptierte die Öffentlichkeit seinen düsteren Hang zur Romantik, seine Rebellion gegen die Autorität, sein Flirt mit dem historischen Horror des Nationalsozialismus und das Zusammenleben mit einer Frau, die er nach Hitlers Hund Blondie genannt hatte?

Die Öffentlichkeit sah auf der Bühne nur die Leadsängerin, aber Insider wussten, dass Stein bei der Gründung der Band eine mindestens ebenso wichtige Rolle wie Harry gespielt hatte. Stein war ein relativ kleiner, niedergeschlagener, depressiver Jude und hatte doch diese schöne Frau erobert, diese Traumfrau, dieses coole, smarte, sexy Chick, die einmal ein Playboy-Bunny gewesen war. Er hatte die ultimative Schicksengöttin mit der frechen Nase, der perlweißen Haut, dem eisigen Auftreten und dem blonden, wenn auch gefärbten Haar.

War Stein sich dessen damals bewusst? Nein, aber er bemerkte es später, als er sich den Mann anschaute, von dem er als Jugendlicher stark beeinflusst worden war, den Schutzheiligen der New Yorker Coolness, der New Yorker Juden und der New Yorker Punks, Lenny Bruce.

»Mit Debbie war es wie … als würde ich den Lenny [Bruce] Film sehen … Ich fühlte mich definitiv immer an die [Schicksengöttin] erinnert. Es hatte sicher etwas davon. [Debbie] war nicht blond, als ich sie traf. Sie hatte kurzes, dunkles Haar. Es war nicht so aufdringlich. Aber ich erinnere mich immer noch, dass [Lenny] Honey wirklich verfallen war, ihrer *Schicksenhaftigkeit*. Also, ich denke, das spielte eine große Rolle.«

Als ich Debbie am Telefon darauf anspreche, zieht sie es vor, Steins Aussage unkommentiert zu lassen, lacht für einige Sekunden und sagt: »Ein Mädchen muss doch etwas haben.« Sie räumt ein, dass seine Intelligenz und die Tatsache, dass er sich von ihrer Intelligenz nicht bedroht fühlte, ein ausschlaggebender Grund für seine Anziehungskraft auf sie war. Sie fügt sogar hinzu, dass sie das für ein jüdisches Charakteristikum hält. »[Chris] mag nicht so erscheinen, aber er ist sehr selbstbewusst und seine Sexualität ist vollkommen männlich. Er liebte Frauen und fürchtete sich nicht vor deren Intellekt und das ist eine wunderschöne Kombination, die sehr selten ist, wenn man sich es genau anschaut … Ich glaube nicht, dass viele Männer darauf trainiert werden, sie werden normalerweise auf eine ganz andere Weise geschult. Aber in dieser Beziehung sind die Juden ganz vorne. Mehr kann ich dazu nicht sagen.«

Tish und Snooky Bellomo, die später als Punk-Modeschöpferinnen bekannt wurden und in der Anfangszeit Teil von Blondie waren, erinnern sich: »Chris war ein dunkler, grüblerischer jüdischer Typ und Debbie war blond und leichter.« Snooky fügt hinzu: »Sicher, da war etwas zwischen dem jüdischen Jungen und der Schickse ... Wir sind beide italienische Mädchen, die fast ausschließlich mit jüdischen Typen zusammen waren und ich bin heute mit einem verheiratet. Wir haben immer gesagt, dass wir von dem ›Schicksenappeal‹ besessen waren. Das ist eine alte New Yorker Geschichte. Absolut.«

✳ ✳ ✳

Aber betrachten wir den Beginn von Blondie durch das Prisma von Stein und Harry. Während die anderen Mitglieder der Band für die Entwicklung der Musik zwar wichtig waren, perfektionierten diese beiden das Image und die originellen Songs. Chris Stein war der musikalische Handwerksmeister, der die Tradition des Brill-Building-Pop weiterführte, Debbie Harry war die Texterin und Sängerin, die er dazu ermunterte, ihre Intelligenz zu benutzen, während ihre früheren Freunde sie dazu verdonnert hatten, diese zu verstecken.

Wir fangen mit Chris an, weil in seinem Fall der Einfluss New Yorks – vor allem des jüdischen New York – auf die Band am deutlichsten wird. Stein wurde 1950 in Brooklyn geboren und wuchs dort als Sohn eines osteuropäischen Einwanderers, der Schriftsteller werden wollte, und einer osteuropäischen Mutter, die Künstlerin werden wollte, auf. Er hatte eine klassisch jüdische, bohemistische Kindheit, ganz das »Woody-Allen-Klischee«, wie er es nennt, »mit Drucken von Ben Shahn an der Wand«. Stein erzählt, dass seine Eltern beide »Rote« waren, die sich bei einem Treffen von Kommunisten im Untergrund kennengelernt hatten. Sein Vater ist später Gewerkschaftsfunktionär geworden und hat für radikale Zeitungen geschrieben, die denen von John Reeds *The Masses* ähnelten, und auch seine Mutter hegte lange Zeit große Gefühle für die unterdrückte Unterschicht.

Trotz ihrer politischen Übereinstimmungen passten Steins Eltern nicht zusammen. Seine »neurotische, irgendwie kontrollierende« Mutter sorgte sich um die ökonomische Sicherheit, während sein bohemistischer Vater sich immer weiter von zu Hause entfernte, schließlich ganz auszog und mit einem wesentlich jüngeren, weiblichen »Beatnik« ein Verhältnis begann.

»Ich erinnere mich daran, wie wir in die Catskills fuhren und meine Mutter sich in ein Zimmer einschloss und die ganze Zeit malte«, erzählt Stein. »Nicht dass mein Vater eine Person war, mit der man einfach auskam«, fügt er hinzu. »Er hatte einen äußerst sarkastischen, jiddischen Sinn für Humor, den ich von ihm geerbt habe. Einen, der sehr New York ist.«

Stein erinnert sich daran, wie er in den Straßen des Viertels herumhing und den gleichen Humor wie seine sarkastischen jüdischen Freunde pflegte. »Es war nicht sehr gesund, wirklich. Wir redeten über unsere Mütter. Es war sehr bissig. Sehr punkig.«

Chris Stein: Obwohl auf der Bühne im Hintergrund, spielte er bei der Gründung von Blondie eine ebenso zentrale Rolle wie Debbie Harry.

Es war nicht nur das Dutzend jiddischer Kids, mit denen Stein seine Erfahrung auf der Straße machte. Während er und seine Freunde gegenseitig ihre *Mamales* beleidigten, waren einige soziale Erschütterungen zu spüren. Die Übergangsperiode zwischen der Gangkultur der Fünfzigerjahre und der schnell wachsenden Gegenkultur brachten ihn und seine Freunde unter Druck.

»Wenn wir an der Billardhalle vorbeikamen, schlugen diese Gangster-typen jeden zusammen, der lange Haare hatte«, erzählt Stein. »Ich erinnere mich daran, dass dieses Paar, die Sirico-Brüder [die in den Siebzigerjahren als Mafiosi berühmt wurden] uns Schwuchteln nannten und versuchten, uns zu verprügeln.«

Doch nicht nur die Rocker hatten es auf Stein und seine größtenteils jüdischen Freunde abgesehen. 1965, als Stein 15 Jahre alt war, flog er mit sei-nen Freunden von der Midwood High – derselben Schule, an der Woody Allen zehn Jahre zuvor Schüler gewesen war –, weil sie sich geweigert hat-ten, die Haare abzuschneiden. In seiner neuen Schule war Johnny Thunders ein Klassenkamerad von Stein.

»Es war eine Schule für Verlierer, die nicht in das System passten«, erzählt Stein. »Ich war immer ein wenig exzentrisch … und als mein Vater 1965 starb, wurde ich zurückhaltender und mürrischer.«

Stein war niemals ein unbeschwertes Kind, aber er wurde auf eine Weise depressiv, die seine späteren Partner Tish und Snooky als besonders jüdisch bezeichneten. Er grübelte, las und interessierte sich zunehmend für das Okkulte und die Religion; er studierte alles, von H.P. Lovecraft bis zur jüdischen, mystischen Kabbala-Tradition. 1967, um seinen 17. Geburtstag herum, reiste Stein, genau wie Joey Ramone, zum »Gathering of the Tribes« nach San Francisco. Als er von dort zurückkehrte, verbrachte er, wie zahlreiche andere Acid-Opfer – darunter wiederum Joey Ramone – eine Zeit in der »Klapsmühle«, um dann absichtlich durch den Einberufungstest beim Militär zu fallen: »Ich sagte ihnen, dass sie alles abhaken könnten, dass ich drogenabhängig, schwul und sonst was war.« Dann ging er direkt nach Woodstock.

Als er zurückkam, wollte er endgültig nach Manhattan und zog, wie viele andere, in die Lower East Side, wo es billige Mieten und massenhaft Jugendliche gab und die Luft von einer neuen Musik erfüllt war. Zwei Gruppen erwiesen sich dort als besonders einflussreich – Lou Reeds Velvet Underground und Tuli Kupferbergs Fugs.

»Wir liebten die Fugs, sie waren so komisch. Ich ging zu jedem ihrer Konzerte«, erzählt Stein. »Meine Freunde und ich haben ihre Songs schon damals in Brooklyn gesungen. ›Clara June, Clara June …‹«.

Velvet Underground waren noch viel beliebter. »Sie waren zu der Zeit einfach das große Ding, jeder kannte sie. Tatsächlich bestand einer der Höhepunkte meines Lebens darin, als ihre Vorband spielen zu dürfen. Ich war in einer Band … und wir wurden gefragt, ob wir als Vorgruppe von Underground spielen würden. Natürlich taten wir das. Das war unglaublich.«

Doch als er in die Lower East Side zog, begann Stein, der jetzt keine Band mehr hatte, immer mehr zu vereinsamen. Er überlegte, auf eigene Faust eine neue Band zu gründen, um aus diesem Tief herauszukommen. Als Musiker sah er die Möglichkeit, »eine Identität anzunehmen, so wie es Comicfiguren taten«, so wie es auch Lenny Kaye getan hatte, als er den »Umhang« des glamourösen erfundenen Brit-Rockers Link Cromwell übernommen hatte.

Aber um dorthin zu gelangen, nahm Stein, wie so viele andere auch, zunächst einmal den Weg durch die Hintertür. Über einen Freund von der High School, der schon vor längerer Zeit nach Downtown gezogen war, freundete er sich sowohl mit der Warhol-Clique als auch mit Warhol selbst an. Auf diese Weise lernte er den Factory-Stammgast und lokalen Glam-Psychedelic-Sänger Eric Emerson kennen. Emerson ist heute eine Legende, von der viele glauben, dass er noch ganz große Dinge erreicht hätte, wäre er nicht 1975 bei einem Fahrradunfall gestorben.

Obwohl Emerson niemals den Ruhm erhalten hat, der ihm eigentlich gebührt, lieferte er immerhin in mindestens einer Hinsicht eine wichtige Fußnote des Punk. Als er Stein seiner Freundin Elda Gentile – so hieß sie wirklich – vorstellte, die Stein wiederum einlud, sich ihre neue Band, die Stilettos anzuschauen, war der zukünftige Blondie-Mitverschwörer nur noch einen Hauch von Debbie entfernt, dem zukünftigen Aushängeschild seiner Band, der ultimativen Schicksengöttin.

✶ ✶ ✶

Aber wie konnte Harry überhaupt so nah an Stein herankommen? Psychisch gesehen wuchsen sie, obwohl sie aus verschiedenen Welten kamen, viel ähnlicher auf, als es den Anschein hat.

Während Chris Stein in Brooklyn mit dem Tod seines Vaters und den Beschimpfungen der Goombahs in der Billardhalle beschäftigt war, geschah Debbie Harry auf der anderen Seite des Flusses in New Jersey etwas Ähnliches. Wie viele Adoptivkinder stellte sich auch Debbie – die von einem Geschäftsmann und einer am College ausgebildeten Hausfrau adoptiert worden war – vor, dass ihre biologischen Eltern berühmt seien. In ihrer Phantasie war Marilyn Monroe ihre Mutter. Doch sie fand sich in einer vorstädtischen Gegend gefangen, in der früher hauptsächlich WASPs und Holländer, wie ihre Eltern, gewohnt hatten und die nun zunehmend von Italienern übernommen wurde, während die neureichen Familien nach Brooklyn zogen. Debbie wusste also, was es bedeutete, sowohl innerhalb als auch außerhalb eines Zuhauses anders zu sein. »Ich möchte keine Einzelheiten nennen, aber [meine Eltern] waren mit der Veränderung in unserem Viertel definitiv nicht zufrieden«, erzählt Debbie. »Sie wollten nicht, dass ich mich mit meinen neuen Freunden treffe. Sie waren ganz schön intolerant, wirklich.«

Als gleichermaßen störend empfand Debbie die ständigen Vorhaltungen ihrer Eltern, vor allem ihres Vaters, sich nicht wie ein normales Mädchen zu benehmen. »Ich war ›zu unabhängig‹, so hat er es immer gesagt. Er meinte, ich würde immer nur tun, was ich wollte. Ich war nicht so passiv, wie man es von einem Mädchen erwartete.« Debbie hatte sich mit den Rebellinnen unter den Italienerinnen angefreundet und mit zwei der drei jüdischen Mädchen, die auf ihre Schule gingen. »Ich hatte jüdische Freunde und ich kannte jüdische Familien und ich kannte diese Art von Stolz auf den Intellektualismus… ich denke, es war einfach interessanter. Ich war irgendwie deprimiert und wollte ein wirkliches Leben führen, ein Leben haben, und ich glaube, das alles hat damit zu tun. Es ist alles eure Schuld. Ihr Juden.«

Debbie lacht, als sie das sagt, aber man kann deutlich hören, dass die Entfremdung von ihrer Herkunft und ihre Suche nach etwas Neuem immer noch nachklingen.

Als Debbie 18 Jahre alt wurde, hatte sie genug. Während ihrer High-School-Zeit hatte sie ständig an Flucht gedacht, und da das einzig geeignete Ziel New York war (»Ein Ticket nach Paris konnte ich mir nicht leisten«), ging sie direkt nach ihrem Abschluss dorthin. Zuerst arbeitete sie im Playboy Club, wo man nur vermuten kann, dass sie nicht nur von der zurückhaltenden, passiven Sexualität, die ihr anerzogen worden war, Gebrauch machte. Debbie will diese Zeit nicht kommentieren und lehnt auch ab, dass sie überhaupt bekannt gemacht wird. Bald schon heuerte sie als Kellnerin im Zentrum von Downtowns hipper Bourgeoise, im Max's Kansas City an, dem Club, der in den späten Sechziger- und frühen Siebzigerjahren das war, was später das CBGB werden sollte.

Das Max's wurde 1965 von Mickey Ruskin, einem weiteren jüdischen Bohemien, gegründet und war lange Zeit die Heimat für die Warhol Factory und deren Anhang. Von Lou Reed über Terry Southern bis zu Warhol, sie alle gingen jede Nacht durch die Tür des Max's, um die Szene auszuchecken und gesehen zu werden. Debbie etablierte sich als Mitglied der Gemeinde von Downtown, so wie Chris, Debbies zukünftiger Geliebter, auf seine Weise ganz in der Nähe das Gleiche tat. Sie schaute sich Warhol-Filme an, besuchte gelegentlich die Factory und besuchte regelmäßig Konzerte der New York Dolls. Schließlich beschloss sie, eine Band zu gründen, die gleichzeitig Camp, von Warhol inspirierte Performancekunst, als auch eine musikalische Größe sein sollte: die weibliche Prä-Blondie-Gruppe The Stilettos. Harry war zuvor für kurze Zeit Mitglied in der Hippieband The Wind in the Willows gewesen, aber ihr gefiel weder die Zusammensetzung, noch war sie mit dem Image und dem Sound der Band zufrieden.

Strittig ist, ob Debbie die Stilettos ins Leben gerufen hat. Obwohl sie eine der Gründerinnen war, scheint doch ihre Kollegin Elda Gentile die Ideengeberin und treibende Kraft gewesen zu sein. Elda war schon lange Teil der Factory-Gemeinde und in der Szene wesentlich bekannter als Debbie. Sie war an einer Reihe von Warhol-Produktionen beteiligt gewesen, hatte mit Eric Emerson, dem Factory-Mitglied und damaligen Mitbewohner von Chris Stein, eine Beziehung und seit 1971 ein Kind, einen hübschen, blonden Jungen.

Der Einfluss von Emerson auf die Downtown-Szene und besonders auf Blondie kann gar nicht hoch genug eingeschätzt werden. Er war ein Star in Warhol-Filmen wie *Chelsea Girls* und *Lonesome Cowboys* und auch festes Mitglied bei The Exploding Plastic Inevitable, Warhols Entourage, die in den

frühen Tagen von The Velvet Underground als Teil eines »Multimedia«-
Erlebnisses mit der Band tourte. Während die Band spielte, machten die
Gefährten von Warhol ihre Show. Gerard Malanga knallte mit seiner Peit-
sche, Barbara Rubin pöbelte das Publikum übers Mikrophon an und fragte
es, ob es mit der Größe, Festigkeit und Länge ihrer Ärsche, Titten und
Schwänze zufrieden sei, und Emerson führte einen Ausdruckstanz vor, der
eine Kombination aus Acid und Speedtrips war, fuchtelte mit seinen Armen
und während er manisch lachte, zeigte er seine mit Glitzer bedeckten
Zähne. Später wurde Emerson dafür berühmt, das Erscheinen des ersten
Albums von Velvet Underground zu verzögern, weil er für sein Bild auf dem
Cover Tantiemen verlangte, aber auch dafür, dass er die Band Magic Tramps
gegründet hatte, in der Chris Stein Gitarre spielte, bevor er zu den Stilettos
ging.

Folgendes geschah: Als die Stilettos eines Tages ihren Auftritt probten,
lud Elda Chris ein, in ihre Wohnung zu kommen, wo er Debbie begegnete
und sich sofort verliebte. So erzählt es zumindest Elda. Chris zufolge hat er
Debbie erst getroffen, als Elda und ihr Freund ihn zum ersten Gig der Stilettos einluden. »Ich konnte [von der Bühne aus] nicht mal genau sein Gesicht
erkennen, weil er so saß, dass sein Kopf zurückgelehnt war … Alles was ich
sah, war dieses gewisse Glühen und ich weiß nicht, ob es [Schicksal] war
oder einfach nur offensichtlich, dass wir dafür bestimmt waren, verkuppelt
zu werden. Ich weiß, dass das lächerlich klingt, aber ich widmete ihm die
ganze Show. Ich konnte nirgendwo anders hinschauen«, erzählt Debbie.

Sie begannen auch zusammenzuarbeiten; Chris wurde der erste Gitarrist der Stilettos. Elda hatte ihn in erster Linie deswegen eingeladen, weil sie
es satt hatte, jeden Abend Aushilfsmusiker zu suchen. So sah Chris Debbie
regelmäßig und war zunehmend von ihr angetan. Indessen wuchs auch ihr
»Vertrauen« in ihn, wie Elda es nennt. »Debbie war immer schüchtern und
unsicher, wohingegen ich glaube, dass Chris noch niemals in seinem Leben
einen schüchternen Tag verbracht hat.«

Diese Kombination aus fragiler Schönheit und sexy Chuzpe schien für
die beiden zu funktionieren, und natürlich auch für die Band. Mit Chris an
der Gitarre und Debbie, die mehr und mehr Vertrauen zu ihrer Stimme
fasste, fanden die Stilettos immer mehr zueinander. Anfangs bildete der
Act eine Art Regenbogenkoalition der New Yorker Weiblichkeit: Debbie,
die blonde Amerikanerin, Elda, die selbsternannte »flamboyante Italiene-
rin«, und Amanda, die »schöne, schwarze Frau«, wie Elda sie nennt. Zwar
waren sie zu dritt, aber Debbie begann immer mehr in den Vordergrund zu
rücken. Auf Bildern sieht man, dass sie, als Chris an Bord kam, immer in
der Mitte der drei stand. Und als sie die Gestik und die Bewegungen

Chris Stein und Debbie Harry.

gelernt hatte, die einem Künstler dabei helfen, seiner Stimmung Ausdruck zu verleihen, gewann sie mehr und mehr die Kontrolle über das Publikum und die Band.

Die Band stand kurz vor dem Durchbruch. Und während der Erfolg eintrat, intensivierte sich zwischen Chris und Debbie eine über die Zusammenarbeit in der Band herausreichende Freundschaft.

»Es war nur natürlich«, erzählt Elda. »Zu der Zeit waren sie definitiv ein Paar und verliebt. Sie waren aufeinander angewiesen und fühlten sich in fast allen Dingen verbunden.«

Durch den Plattenvertrag kam es jedoch zu einem Bruch der Band. Nach einer Show im Club 83 im Jahr 1973 kam Paul Fishkin von Bearsville Records auf Elda zu, der Interesse hatte, die Band unter Vertrag zu nehmen. »Er sagte, dass er unseren Act liebe und uns produzieren wolle, aber er sagte auch, er wolle nur die Mädchen haben, nicht aber Chris oder einen der anderen Musiker.«

Hier stockt Elda ein bisschen in ihrer Erzählung und beginnt, ihre Worte mit Bedacht zu wählen. Die Erinnerung nagt noch an ihr.

»Ich dachte, dass ich zumindest Debbie informieren müsste, dass wir darüber sprechen sollten. Aber kaum war Debbie zu Hause, muss sie Chris davon erzählt haben, denn kurz darauf gab es einen Coup d'État.«

»Ich habe bis heute noch nie etwas von der Unterzeichnung eines Plattenvertrags ›ohne die Musiker‹ gehört«, behauptet Chris und glaubt, dass »einfach zu viel Eifersucht zwischen den Mädchen herrschte«. Was auch immer der Grund war: Die Stilettos brachen auseinander und Blondie entstand.

Obwohl es anfänglich aussah, als würde Elda trotzdem zu Ruhm und Reichtum kommen, blieb sie bald auf der Strecke, während Chris und

Debbie nach vorne stürmten. Damals schienen seltsame Umstände zu herrschen, betrachtet man, wie Chris und Debbie ihren neuen Act entwickelten. Sie verwandelten sich nicht nur von den camphaften Stilettos in die bewusst ironischeren Blondie, sondern wechselten auch ihren Auftrittsort. Von diesem Zeitpunkt an war die Basis ihrer Tätigkeiten, bis sie ganz groß rauskamen, das CBGB, dieses Pissloch mit dem klebrigen Boden, wo schwarz gekleidete Bands wie die Ramones und Television für Biker und Hobos spielten, während sie versuchten, nicht in die Exkremente des Hundes von Hilly Kristal zu treten.

Im schweißtreibenden Schmelztiegel CBGB, umgeben vom Geruch von Hundescheiße und schalem Bier, schufen Chris und Debbie ihre neue Band. Am Anfang war es irgendwas zwischen Lärm und Chaos, eine blasse Imitation der Stilettos und der Warhol-Szene, umbenannt in Blondie and the Banzai Babies, mit zwei Backup-Sängerinnen, den italo-amerikanischen Schwestern Tish und Snooky, die einen camphaften Warhol-Vibe lieferten, der Debbies Stimme unterstützte.

Als Debbie mehr Selbstvertrauen gewann und Chris begann, einen neuen Sound zu entwickeln, der sich sowohl beim Brill-Building-Pop wie auch bei Iggy Pop bediente, begannen sich die Dinge zu ändern. Zunächst erhielten Tish und Snooky keine Anrufe mehr, um zu Proben zu erscheinen und verließen auf diese Weise die Band.

Dann bekamen Chris, Debbie und die Bandkollegen Jimmy Destri, Clem Burke und Gary Valentine einen Schock, als Patti Smith, die Königin der Szene, ihren Bassisten Fred Smith, geborener Fred Lefkowitz, »stahl« und ihn ihrem Freund Tom Verlaine übergab, als Ersatz für dessen eigenen Bassisten Richard Hell. Das brachte die Band durcheinander, schweißte die verbliebenen Bandmitglieder aber auch stärker zusammen. Burkes einfallsreiches Schlagzeugspiel (er füllte auf einer Tour der Ramones die Lücke zwischen Marky und Richie), Valentines kantiges Gitarrenspiel und Destris flüssiges Keyboard trafen auf Steins neue Songs und Harrys neue Lyrics und sorgten für eine neue Dichte und Synergie. Die einzigartigen Qualitäten, die Blondie später auf die Bühne brachte, tauchten hier in unausgereifter Form zum ersten Mal auf.

Blondie war nun keine camphafte Antwort auf Warhol und dessen Ablehnung von ordentlicher Kultur mehr. Es war jetzt eine Art postmoderner Kabuki, in dem Debbies kokette Unschuld à la Marilyn Monroe jede Nacht mit ihren ironischen, postfeministischen, sexuellen Anspielungen auf der Bühne kämpfte. Lange bevor Madonna ihren Weg vom Material Girl zur Ester, die der Kabbala verfallen ist, begann, kamen im Schatten der Wohnungen auf der Lower East Side – wo Harry und die Band wohnten und von wo Steins Familie vor langer Zeit weggezogen war – ein jüdischer Sohn aus Brooklyn und eine christliche Tochter aus den Vorstädten als klassisches New Yorker Paar zusammen: Marilyn Monroe als Schicksengöttin mit ihrem Freund Arthur Miller, dem grübelnden Heeb. Von diesem Zeitpunkt an stand das Modell für Blondie fest.

✳ ✳ ✳

Und trotzdem ist die Geschichte hiermit noch nicht ganz zu Ende. Erst als Blondie im CBGB von einem jüdischen Trio, bestehend aus Craig Leon (Produzent der Ramones, von Suicide und anderen), Marty Thau (Manager der New York Dolls, Besitzer des Labels, das Suicides erstes Album veröffentlichte, etc.) und Richard Gottehrer (ein ehemaliger Songwriter aus dem Brill Building) entdeckt wurde, fanden sie endgültig zu dem Sound, der sie an die Spitze der Charts katapultieren sollte. Leon erinnert sich: »Ritchie sagte, dass sie gut aussehe und Marty sagte ›Ja, lass uns weiter machen‹ und das taten wir ... aber niemand traute sich an Blondie ran. Ich meine, wir wurden sogar mit dem Spruch ›Wer braucht diesen alten Scheiß!‹ aus den Büros geworfen ... Wir gingen überall hin und versuchten, die Leute zu überreden. Ritchie nutzte alle seine alten Kontakte ... und die letzte Zuflucht war ... Larry Uttal, der in den Fünfzigerjahren jede Menge Kram auf dem alten Bell-Label gemacht hatte. Er hatte es verkauft, es wurde Arista, und dann ging er zu Private Stock. Larry steckte Geld in die Band, damit sie weitermachen konnte.«

Mit dem altmodischen Uttal, der sich ums Geschäftliche kümmerte, und dem Koproduzenten-Team Leon und Gottehrer besaß Blondie die Besten aus beiden Welten. Während Leon sich durch und durch mit dem neuen Sound anfreundete, wusste Gottehrer mit der Unterstützung von Uttal, wie man den neuen mit dem alten Sound verband. Wie so viele andere, die hier bereits vorgestellt wurden, war auch Gottehrer ein Jude, der Musik liebte und sich bislang trotzdem eher einen Namen als Songwriter denn als Performer gemacht hatte. Als er 1961, im Alter von 20 Jahren, zum Mitarbeiter des Brill Building wurde, war er für Hits wie »My Boyfriend's Back« und »I Want Candy« verantwortlich. Und doch war Gottehrer ein Wegbereiter, denn er war einer der ersten, der hinter dem Vorhang hervorkam und tatsächlich auf der Bühne stand. Im Jahre 1965 gründete er mit zwei weiteren Juden, Bob Feldman und Jerry Goldstein, die Band Strangeloves, mit der er zwei große Hits erzielte.

Die Strangeloves waren wie die Ramones eine sowohl witzige als auch seriöse Band und bezeichneten sich selbst entweder als Australier aus Down

Under oder als Aliens aus dem All. Genauso wie die Ramones produzierten sie wirklich große Songs. Der Beste davon, »I Want Candy«, zehrte stark von der Black Music, in diesem Fall von Bo Diddley, und steht für die jüdisch-schwarze Verbindung, die zu dieser Zeit einen großen Teil der Popmusik ausmachte. Hunderte ähnlicher Songs wurden damals von Juden geschrieben, darunter die Komödie über den jugendlichen Straftäter »Charlie Brown« (Jerry Leiber und Mike Stoller), die existenzielle Bluesnummer »Lonely Avenue« (Doc Pomus) und vielleicht am bekanntesten »The Lion Sleeps Tonight (Wimoweh)«, diese Doo-Wop-Variante eines Zulu-Folksongs von Neil Sedakas ehemaliger Band The Tokens. Die Brill-Building-Legende Jerry Leiber merkte einmal an: »Ich fühlte mich nicht

Debbie Harry: Die von ihr angeführte musikalische Bewegung verhalf Frauen landesweit zu einer neuen Haltung und öffnete ihnen Türen im Musikgeschäft.

nur schwarz. Ich *war* es, davon war ich fast überzeugt.« Gottehrer äußerte sich ähnlich: »Die jüdische Kultur ist sehr gefühlvoll. Sie ist voller Geist. Das Gleiche findet man in der afro-amerikanischen Kultur. Irgendwo in uns ist das Prinzip der Sklaverei tief eingebrannt. Erst wurden wir in Ägypten versklavt, dann wurden wir als Juden aus dem Osten vertrieben und an einen anderen Ort verjagt. Auch die Afro-Amerikaner wurden hierher verschleppt und noch nicht mal in die Gesellschaft integriert. Sie erarbeiteten sich sozusagen durch die Musik ihren Weg in die Gesellschaft. Wir beide haben also dieses Gefühl.« Für einen düsteren Zugang zu diesem Thema muss man sich den Tagebucheintrag von Doc Pamus (Jerome Felder) anschauen, dem Brill-Building-Autoren, der wegen einer Polio-Erkrankung in seiner Kindheit seine Beine nicht mehr bewegen kann: »Für die Welt ist ein fettes, verkrüppeltes, jüdisches Kind ein Nigger, eine Sache, der unsichtbare Mann, wie Ralph Ellison sagt.«

Gottehrer half Blondie dabei, den Sound und den Stil des Brill-Building-Pop zu adaptieren. Er verknüpfte dieses von ihm beschriebene Gefühl mit dem Sachverstand für die Studiozauberei und der Kunst des Songhandwerks. Chris ermutigte er, seine witzigen Texte voller Anspielungen fortzuführen und Debbie, ihre ironische Sexualität und Unschuld zu betonen. Er wollte Songs schreiben und produzieren, in denen Frauen präsentiert werden, denen Anerkennung und Respekt gebühren.

Es war eine Haltung, die Gottehrer mit anderen Komponisten und Produzenten dieser Ära wie Phil Spector, Doc Pomus (dessen Tochter Rachel Felder in Joey Ramones letzten Lebensjahren dessen »Seelenfreundin« war) und später Lenny Kaye teilte. Diese Männer ermöglichten den Aufstieg der großen Girlgroups in den Sechzigerjahren und auch den der späteren Königin des Punk, Patti Smith. In Lawrence Epsteins Buch *The Haunted Smile* wird erörtert, auf welche Weise es jüdische Komiker wie George Burns geschafft haben, die traditionellen und kleinlichen »Dumb-Dora«-Acts (will heißen: dumme Blondine) in etwas Respektvolles und Vornehmes zu verwandeln. Epstein erklärt in seinem Buch: »Burns behielt die Form der Dumb-Dora-Acts bei, aber mittels der idealisierten jüdischen Mama würdigte er die Frau, indem er sie ins Zentrum stellte. Wenn der heterosexuelle Mann diese neue Dumb Dora nicht verstanden hätte, wäre er niemals wütend geworden ... Burns nahm die sozialen Beobachtungen, die im jüdischen Leben eine zentrale Rolle spielten.«

Gottehrer verhalf Debbie Harry zu ihrer ironisch femininen Stärke.* Die musikalische Bewegung, die Debbie anführte, verhalf Frauen landesweit zu einer neuen Haltung und öffnete ihnen Türen im Musikgeschäft.

William Ruhlmann schreibt im *All Music Guide*: »Wenn New Wave die Umgestaltung und Rekontextualisierung des einfachen Poprock der Fünfziger und Sechziger zu neuen, ironischen und aggressiven Formen war, dann passten Blondie, die den Stil der Girl Groups aus den Sechzigerjahren nah-

---

* Gotteher spielte auch für den bösen Jungen Richard Hell den Geburtshelfer, als er dessen Debut-Album *Blank Generation* produzierte. Das hatte er auch für den Rockabilly-Star Robert »Ira« Gordon und dessen Debut *Robert Gordon with Link Wray* getan, der als Jude wiedergeboren und ehemals bei den Poppunks Tuff Darts war. Gottehrer fuhr fort, den Brill-Building-Pop über die CBGB-Szene hinaus auszubreiten und produzierte die Post Punk Girlband The Go Gos und vor kurzem auch The Raveonettes, ein Junge/Mädchen-Duo, das eine Kreuzung aus den Shangri-Las, Jesus and Mary Chain und Phil Spectors Wall of Sound ist.

men und die Schlauheit der Siebziger hinzufügten, genau da rein … Blondies Geheimwaffe war die Spannung in ihrer Musik. So hatten beispielsweise Songs wie ihre erste Single ›X Offender‹, und ihr erster Hit in Australien, ›In the Flesh‹, den für die Shangri-Las typischen Klang des harten Mädchens mit dem weichen Herzen … während sie gleichzeitig einen Schritt zu weit in Richtung schonungsloser Dekadenz gingen, wenn man es so betrachten wollte. Man konnte Blondie auf beide Arten verstehen und die Leadsängerin Debbie Harry, die ihre Leidenschaft für den Rock mit einer Leck-mich-am-Arsch-Haltung verband, verstärkte das noch, so wie es auch der trashige, energetische Sound der Band tat … Er lieferte eine Schablone für die Zukunft.«

Es war kein Zufall, dass der Manager und Schöpfer der Sex Pistols, Malcolm McLaren, einen Hit mit Gottehrers Strangelove-Klassiker »I Want Candy« hatte. McLaren macht ihn 1982 zu einer die Charts stürmenden Single seiner Sex-Pistols-Nachfolgeband Bow Wow Wow. Die 15-jährige Annabella Lwin (geborene Myant Myant Aye, burmesisch für »cool cool groß«), transportierte einen frechen Mix aus Unschuld und Erfahrung, Blinzeln und Schamröte, Annäherung und Rückzug, und war damit eine sehr britische, eines Empires würdige Version von Debbie Harry. Er schuf ein weiteres Update der Ironie, die der Schule des Brill Building innewohnte und verwandelte Blondies blonde Göttin in ein düsteres Idol, das nicht nach Amerika und den Vororten, sondern nach Bangkok und Pornohandel roch und das kaum noch eine Schicksengöttin war.

HOTSY-TOTSY NAZI SCHATZIS

Nazi-Symbole und die Endlösung der Endlösung

»We forgave the Germans
And we were friends
Though they murdered six million«
– Bob Dylan, »With God on Our Side«

Die Ursache für die Blüte der aristokratischen [Camp-]Haltung unter den Homosexuellen scheint ebenfalls ihre Entsprechung bei den Juden zu haben. Denn jede Erlebnisweise dient der Gruppe, die sie fördert. Der jüdische Liberalismus ist eine Geste der Selbstrechtfertigung. Das Gleiche trifft für den Camp-Geschmack zu, der eindeutig propagandistische Züge hat. Man braucht kaum darauf hinzuweisen, dass die Propaganda in genau entgegen gesetzter Richtung wirkt. Die Juden hofften stets, daß eine Stärkung des moralischen Empfindens ihre Integration in die moderne Gesellschaft bringen würde. Die Homosexuellen hoffen, daß die Stärkung des ästhetischen Empfindens ihre gesellschaftliche Integration bringen wird. Im Camp löst sich die Moral auf, wird die moralische Entrüstung neutralisiert. Camp fördert das Spielerische.
– Susan Sontag, Anmerkungen zu »Camp«, 1964

Anmerkung des Autors: Gerüchten zufolge ist die folgende Episode wahr. Ich selbst kann keine endgültige Einschätzung darüber abgeben, sie wurde mir aber von zwei hoch geschätzten Gewährsleuten erzählt, die es vorziehen, anonym zu bleiben. Verständlicherweise.

In einem Schlafzimmer irgendwo im East Village schlafen Chris Stein und Debbie Harry miteinander. Neben ihnen liegt eine Nazifahne, deren roter Hintergrund einen perfekten Kontrast zu Debbies blondem Haar bildet.

Unterdessen machen in einem anderen Appartement ganz in der Nähe der Sänger der Dead Boys, Stiv Bators, und seine jüdische Freundin Cynthia Ross das Gleiche; ihr ebenfalls blondes Haar breitet sich auf dem schwarzen Hakenkreuz in der Mitte aus, dessen gebogene Arme ihr Gesicht einrahmen und wie Hitlergrüße wirken.

Nicht weit davon entfernt beschäftigt sich Stivs Bandkollege Cheetah Chrome mit seiner halbjüdischen Freundin Gyda Gash auf seiner Bettdecke, die aus einer Nazifahne besteht, ihr blond gefärbtes Haar ist von dem klassischen Feldkommandanten-Hut befreit, der so gut zu ihren Tattoos passt, einem Davidstern und dem Wort Stigmata.

Überrascht es, so viele Punks der ersten Stunde mit dieser Fahne zu beobachten, wenn man bedenkt, dass die Punks von der düsteren Seite angezogen waren und es liebten, ihr Publikum zu schockieren? Aber wie geht man mit der Tatsache um, dass in jedem dieser oben genannten Fälle einer der Beteiligten jüdisch ist? Chris Stein und Cynthia Ross hatten jüdische Eltern, Gyda »Braverman« Gash einen jüdischen Vater und eine katholische Mutter.

Was fängt man überdies mit dem Punkpärchen Sid und Nancy an, er im Hakenkreuz-T-Shirt, sie aus einer jüdischen Familie aus den Vororten Philadelphias? Oder mit den fünf jüdischen Dictators, die »Master Race Rock« spielten? Und man darf Genya Ravan nicht vergessen, die frühe Meisterin des Punk und Tochter von Holocaust-Überlebenden, und auch nicht Camilla Saly, die Pressesekretärin der Dictators und ebenfalls Tochter von Holocaust-Überlebenden. Oder Lou Reed und die Eisernen Kreuze, die er in sein Haar rasierte, Jonathan Richman und seinen Song über die Züge, die durch die jüdischen Vororte Scarsdale und New Rochelle fahren und Daniel Rey (Rabinowitz) mit seiner Band Shrapnel. Ist da nicht etwas Unheimliches am Werk? Etwas Schreckliches? Ist das Camp?

Es ist wohl eine Mischung aus all diesen Dingen. Zwar folgen die verschiedenen Antworten von Punk auf den Holocaust – vom Spotten übers Schocken bis zum Die-Welt-Rocken – dem Impuls, sich mit den Unterdrückern zu identifizieren. Jede dieser Antworten ist auf ihre Art ein Versuch,

Sid und Nancy: So eine scheyne punim.

mit der Tragödie umzugehen, die das Leben der Punk-Protagonisten beeinflusste, ob sie es zugeben wollen oder nicht. Kein Holocaust, kein Punk. Wie so viele jüdische Eltern ihren respektlosen Kindern vermittelten, war es egal, ob man religiöser oder kultureller Jude war oder dieser Verbindung völlig gleichgültig gegenüberstand – es war völlig egal, ob man überhaupt jüdisch war: Hatte man eine jüdische Großmutter, reichte das aus, um in Nazideutschland vergast zu werden. Mein Gott, sogar eine Urgroßmutter reichte manchmal aus. Man konnte schreien und weinen, so lange man wollte, aber es änderte nichts. Die rote Fahne mit dem Hakenkreuz in der Mitte würde dich erwischen.

Selbst wenn man sich keine Gedanken darüber machte, was einem in Nazi-Deutschland passiert wäre, wurde man als jüdischer Punk vom Holocaust geprägt. Andy Shernoff von den Dictators fand es beschämend, zu einem Volk zu gehören, das derart zum Opfer werden konnte. Deshalb waren er und so viele andere stolz, als Israel die vereinigten Kräfte der vier arabischen Staaten im Sechs-Tage-Krieg besiegte. Deshalb sammelten Leute wie Chris Stein Nazi-Devotionalien, selbst als sie schon längst Stars geworden waren. Es ging ihnen nicht darum, die Unterdrücker zu verherrlichen, sondern zu zeigen, dass, wie Debbie Harry erklärt, »die Juden gewonnen hatten.«

Natürlich spielte auch der Nervenkitzel des Tabubruchs eine Rolle. Als Chris und sein bester Freund Glenn O'Brien – Redakteur des Magazins *Interview*, der in den späten Siebzigern die lokale, über Kabel gesendete Fernsehshow *TV Party* mitgegründet hatte und zusammen mit Chris ein paar Jahre lang deren Gastgeber gewesen war – einmal vom Flughafen nach Hause fuhren, nachdem Chris dort ein für ihn angeliefertes Schwert von Himmler abgeholt hatte, schlug er vor, bei einer Synagoge vorbeizuschauen, um »zu sehen, wie die Leute reagierten«. O'Brien erzählt: »Er schien das lustig zu finden. Ein seltsamer Schimmer lag in seinen Augen.«

Das war etwas anderes als in *Der Nachtportier.* In diesem Arthausfilm von 1973 mit Dirk Bogarde und Charlotte Rampling wird die sadomasochistische Beziehung einer KZ-Überlebenden zu ihrem ehemaligen SS-Peiniger geschildert. Hier wurden die Rachegefühle sowohl gegen die Nazis als auch gegen die Schrecken dieser Tragödie verhandelt. Aber noch etwas Anderes war am Werk: ein Bekenntnis, ob nun bewusst oder nicht, zur jüdischen Identität. Denn wie Richard Hell verdeutlicht, ist es der Holocaust und nur der Holocaust, der ihn zum Juden macht. Man sollte sich dazu die Bemerkungen anschauen, die er 2002 während einer Rede über den jüdisch-amerikanischen Schriftsteller Nathaniel West machte, der seinen Namen Weinstein geändert hatte, um seine jüdische Herkunft zu verbergen. Hell beschimpfte diejenigen, die ihn trotz seines Widerspruchs als Jude bezeichneten und sagte: »Was ist ein Jude? Nun, ich bin zu dem Ergebnis gekommen, dass derjenige ein Jude ist, den andere als Juden bezeichnen … Einfach gesagt, Hitler war kein Einzelphänomen. Wir wissen, was in Deutschland zur Zeit unserer Eltern vielen Juden widerfahren ist, die sich in erster Linie als Deutsche betrachteten, doch selbst das oberflächlichste Wissen – sogar die Geschichte in diesem Vortrag über Nathaniel West – reicht aus, um zu erkennen, dass es zu jeder Zeit an jedem Ort passieren kann. Das ist es, was es für mich heißt, ein Jude zu sein, denn das ist alles, was ich über das Judesein weiß. Dass Juden das sind, was andere Juden behaupten und das, was Fanatiker ablehnen, angreifen und zu beschädigen versuchen.«

Auch wenn es ein wenig befremdlich ist, dass Hell implizit ausdrückt, die Versuche zeitgenössischer Juden, etwas über ihn zu »behaupten«, seien das Gleiche, was die Nazis getan haben, trifft er den wesentlichen Punkt sehr gut, den auch Sartre in *Überlegungen zur Judenfrage* angesprochen hatte. Juden sind nicht nur diejenigen, die sich selbst als jüdisch definieren, sondern auch diejenigen, die von anderen so definiert werden. Wie Tim Mitchell, der Biograph von Television, bemerkt, traf dies tatsächlich auch auf Richard Hell zu, sogar als er der kleine Richard Meyers war, der in Lexington, Kentucky aufwuchs. »Die jüdische Gemeinde von Lexington entstand Anfang des 20. Jahrhunderts, als Emigranten aus Osteuropa sich dort ansiedelten. Obwohl sich diese Gemeinde in den Fünfzigern – als Richard ein kleiner Junge war – etabliert hatte, war sie immer noch mit Antisemitismus konfrontiert, der sich darin äußerte, dass Juden die Mitgliedschaft in bestimmten Vereinen verweigert wurde und der Schatten des Ku Klux Klans ständig über ihnen lag.«

Zwar war diese Form von Antisemitismus in New York kaum anzutreffen, weil es eine Einwanderer-Stadt war, in der viele Juden lebten. Dennoch überschattete er als historische Tatsache immer das jüdische Leben in Amerika. Auf jedes Kind, dessen Eltern den Holocaust selbst erlebt hatten, kamen tausende andere, die nah genug an diesem Horror aufgewachsen waren, um seine Bedeutung zu verstehen. Selbst wenn er die Leute nicht unbedingt traumatisierte oder paralysierte, hatte er eine Wirkung, eine unmessbare vielleicht, die von Individuum zu Individuum verschieden war, aber schleichend offenbar wurde.

Unter den jüdischen Punks, die für dieses Buch interviewt wurden, erinnerte sich eine erstaunlich hohe Zahl an einen Mann oder eine Frau aus der Nachbarschaft mit der auf den Arm eintätowierten Nummer eines Konzentrationslagerhäftlings. Das mag nicht überraschen, wenn man an die Zahl der Flüchtlinge – oder Displaced Persons, wie man sie ursprünglich nannte – denkt, die in die Stadt kamen. Diese Erinnerungen verbanden sich für die Heranwachsenden stark mit dem schrecklichen urbanen Mythos von New York, denn meist waren die Überlebenden ein stark präsenter Teil der Stadt, häufig als Verkäufer im Süßwarenladen des Viertels. Dieses fast schon ironische Zusammentreffen des äußersten Schreckens mit dem Unschuldigen eines Süßwarenladens hat die jüdischen Kinder stark geprägt. Es ist wie das salzige Wasser und die bitteren Kräuter des Pessach Seder, die zusammen vor der Apfel-Zimt-Nuss-Mischung des Hillel Sandwich eingenommen werden, um die Teilnehmer an die bitteren Zeiten während der Gefangenschaft in Ägypten zu erinnern und sich in dieser speziellen Nacht, in der die Süße der Familie gefeiert wird, mit anderen unterdrückten Gruppen zu identifizieren.

Die Holocaust-Überlebenden, vor denen die Kinder erschraken, wenn sie ihnen Sahnebonbons oder gedrehte Zuckerstangen gaben, zeigen die Allgegenwart des historischen Schreckens, die Kehrseite des lustigen Blitzkrieg Bops der Ramones. Ein Albtraum des Punkrock. *We accept you. One of us.*

Der Horror der Lager ergriff auch Besitz von den Magazinständern, auf denen die Ladenbesitzer ihre Comics auslegten. Dort wurden die Produkte der Post-Holocaust-Mentalität ausgestellt, seien es die »mutierten«, genetisch minderwertigen X-Men, die gegen den unterdrückerischen Polizeistaat kämpfen, oder die Horrorcomics von EC, in denen Monster gegen verängstigte »gute Leute« vorgehen, oder auch das *MAD*-Magazin, das die Lügen und Heucheleien des Nachkriegsamerika aufspießte wie ein Lenny Bruce.

Neil Gaiman, englischer Jude und Schöpfer der Graphic-Novel-Reihe *Darkman* sowie Gründer der Punkband Chaos aus den Siebzigerjahren, erzählt: »Bei den EC-Comics gab es eine Reihe jüdischer Autoren und Zeichner, denen die Fragilität des Lebens äußerst bewusst war. Denn die Ablehnung von Vorurteilen war ein Thema, das sich durch alle Comics zog, sogar durch die Horrorcomics: nicht alles für bare Münze nehmen, der Versuch, unter die Oberfläche zu schauen … über die Zerbrechlichkeit des Status quo reden.« Gaiman, dessen jüdisch-deutsche Familienangehörige während des Krieges vernichtet wurden, betont, dass die Natur des Horrors, so wie die der Komödie darin liegt, den Status quo anzugreifen. »Weder ist die Welt so, wie man glaubt, noch sind Menschen, die scheinbar in Sicherheit leben, wirklich sicher. Es kehren immer seltsame Dinge zurück, die dich verfolgen oder zerstören werden, was auch immer … Die *MAD*-Comics bildeten einen antiautoritären Ausgleich, vermutlich deshalb wurden sie für kommunistisch gehalten. Sie spießten die heiligen Kühe aus dem Amerika der Fünfzigerjahre auf und schnitten sie in Scheiben.«

Diese Nähe von Horror und Satire, die die soziale Ordnung unterhöhlte, war so jüdisch wie New York und Punk. Es waren dieselben Elemente, auf die sich Lenny Bruce bezog, als er sagte, dass es egal sei, ob man katholisch wäre, denn wenn man aus New York komme, sei man automatisch jüdisch. Sowohl im *MAD*-Magazin als auch in der Komödie von Lenny Bruce wurde diese laute, gereizte Spaßigkeit, die sozialen Anstand und Institutionen aufs Korn nahm, von einem großen Misstrauen gegenüber Regierungen, der Rechtsordnung und sogar der Geschichte gefüttert. Bruce hat alles angegriffen, von der katholischen Kirche über die linken Demokraten der Kennedy-Administration bis zu den »autorisierten« Überlieferern der Geschichte des Holocaust, um das Publikum dazu zu bringen, unter die Oberfläche zu schauen, weil er das Gefühl hatte, die Zivilisation würde in Heuchelei ertränkt. Ob Bruce nun versuchte, die Shoah zu verharmlosen, um ihren Horror erträglicher zu machen, oder ob er die attackierte, die damit begonnen hatten, eine politische Agenda aus ihr zu machen – in jedem Fall setzte er den Humor ein und untergrub die akzeptierten Normen; den Humor, der die jüdische Antwort auf das Jahrtausende währende Leben am Rand der Gesellschaft war und in der Zeit nach dem Holocaust umso mehr überspitzt wurde.

Wie bei jedem historischen Ereignis brachte der zeitliche Abstand die psychologische und politische Sicherheit, die es ermöglichte, den Holocaust direkter zu thematisieren. Dabei wurde er auf verschiedene Weise, manchmal auch für konkurrierende Zwecke, interpretiert. Intellektuelle wie Hannah Arendt sahen ihn als Beispiel für die »Banalität des Bösen« – die Fähigkeit geistloser bürokratischer Menschen, gefühllos zu morden, egal ob die Opfer Juden waren oder nicht. Zionisten legitimierten mit dem Holocaust die Gründung und Verteidigung Israels, des jüdischen Staates, der die Sicherheit und Interessen von Juden an erste Stelle setzte. Lenny Bruce betrachtete den Holocaust als eines der vielen Verbrechen gegen die Mensch-

heit, die von Menschen jeglichen Rangs begangen worden sind. In einem seiner kontroversesten Stücke analogisiert er den Holocaust und den Abwurf
der Atombombe über Japan. Den Akzent von Dr. Seltsam imitierend, sagt
er: »Mein Name ist Adolf Eichmann. Die Juden kamen jeden Tag zum
Duschen, weil sie glaubten, dass sie dort Spaß haben würden. Die Leute
sagen, ich sollte gehängt werden. Nein. Erkennen Sie die Hure in sich selbst
– hätten Sie nicht dasselbe getan, wenn Sie dabei gewesen wären? … Haltet
ihr euch für besser, weil ihr eure Feinde in weiter Ferne mit Raketen getötet
habt, ohne jemals zu sehen, was ihr ihnen angetan habt? Auf Wiedersehen
Hiroshima.«*

Sicher war diese Gleichsetzung problematisch, aber für eine Generation, die permanent von den Sünden umgeben war, die den eigenen Leuten
von anderen angetan worden waren, – in Hebräisch-Kursen am Nachmittag,
in Predigten in der Synagoge und Filmen wie *Der Pfandleiher* (1964) – war
dies eine Aussage, mit der auch sie etwas anfangen konnte, die sie fühlte
und bis zu einem bestimmten Grad auch übernahm. Wenn jemand damit
groß wird, die Nazis als die Feinde und die Juden als die Guten oder gar als
Opfer zu betrachten, und die Zeit für die Rebellion gekommen ist, auf welche Seite wird er sich dann stellen? Besonders wenn man bedenkt, dass
Juden sich häufig mit der Position des Außenseiters auseinanderzusetzen
hatten, den verleumdeten Anderen, die vom Status quo als Feinde des Staates abgelehnt werden? Wenn man Jude ist und die jüdischen wie nichtjüdischen herrschenden Mächte erzählen, die Nazis seien schlecht, will man sich
dann nicht mit dieser Dynamik ein wenig anlegen? Will man ihnen diese
Dynamik dann nicht, wie Lenny Bruce, an den Kopf werfen und sei es nur,
um einen Schockeffekt zu erzielen? Will man dann nicht so viel Empörung
wie möglich hervorrufen – so wie es die Generation der älteren Geschwister
getan hatte, als sie die Rhetorik und die Slogans des Kommunismus übernahm, der von allen verachtet wurde, einschließlich der jüdischen Eltern,
die sich häufig für die sozialistische Vergangenheit ihrer eigenen Eltern
schämten? Möchte man nicht angesichts der ehemaligen Radikalen, die
schon längst zu tüchtigen New Age Yuppies geworden waren, etwas viel
Härteres? Wo waren all die Yippies mit ihrer Selbstgerechtigkeit, ihrer
Revolution und ihren Hoffnungen auf eine bessere Zukunft geblieben? Es
gab keine Zukunft. Und die jüngeren Geschwister waren von dem Gerede
über den faschistischen Staat Amerika gelangweilt. Sie waren bereit, *alles*
anzugreifen und kauften sich kugelsichere Westen, um vor der Polizei sicher

---

* Deutsch im Original: »Auf Wiedersehen Hiroshima«

zu sein. Sie waren bereit, den Look und die Haltung der Faschisten zu übernehmen, egal wie verworren, dumm oder fehlgeleitet die Motivation dazu gewesen sein mag.

✳ ✳ ✳

Dieser Trend tauchte in den späten Sechzigerjahren in England auf, wohl ein Ort, an dem ein Hakenkreuz nichtjüdische wie jüdische Eltern gleichermaßen verstörte. Mit den Rolling Stones wurde hier zum ersten Mal das Image des Rockstars in Naziuniform verbreitet. Brian Jones und seine deutsche Freundin Anita Pallenberg waren die Ersten, gefolgt von Keith Richards, dem neuen Geliebten der hübschen Anita, Keith Moon von The Who und Ozzy Osbourne von Black Sabbath, um nur einige zu nennen. All diese schlimmen Jungs der British Invasion teilten denselben historischen Hintergrund, der durch den Krieg auf den Kopf gestellt worden war. Wie jeder Historiker oder Kinobesucher weiß (man schaue sich John Boormans *Hope and Glory – Der Krieg der Kinder* von 1987 an), ging die Sonne im British Empire vor dem Zweiten Weltkrieg nie unter, denn breite Streifen des Globus waren in die königlichste aller Farben, in Pink getaucht. Jedoch zerbröselte das Empire quasi über Nacht, als die Arbeit der Deutschen vollendet war, die sie im Ersten Weltkrieg begonnen hatten, als sie die Kapitalreserven der Briten und den Willen, Aufstände in ihrem Herrschaftsbereich zu bekämpfen, ausgetrocknet hatten. Plötzlich war England auf eine einzelne, hungrige, ausgebombte, graue Insel reduziert, die während der Fünfzigerjahre von kriminellen Jugendlichen und Hooligans beherrscht wurde, von denen viele Juden und noch nicht einmal »wirkliche« Briten waren (mehr darüber erfahren Sie noch). Auf den ungehaltenen Kommentar eines Herrn aus den oberen Schichten: »Ich habe im Krieg für Leute wie euch gekämpft« hatte Ringo Starr, einer der ersten British Invaders, geantwortet: »Ich wette, Sie wünschten, Sie hätten nicht gewonnen.«

Es ist nur ein kleiner Sprung von hier zu Johnny Rottens Geschrei »Belsen Was a Gas«, während sein pöbelnder Bassist Sid Vicious sich Hakenkreuze in seine Brust ritzte. Angesichts der nach zwei Jahrhunderten beendeten Weltherrschaft ist es kaum verwunderlich, dass diese wilden und vielleicht enttäuschten Kinder jener, die »den Krieg gewonnen, aber den Frieden verloren haben«, auf eine Weise gegen ihre Eltern rebellierten, die diesen am meisten weh tat – indem sie sich mit dem Feind identifizierten und in vielen Fällen dessen Philosophie übernahmen.

Anderswo war die Geschichte ein bisschen komplizierter. In Frankreich, einem Land, das unter der Besatzung gelitten und sich in unterschiedlichem

Ausmaß der Kollaboration schuldig gemacht hatte, war der erste Punk, wie in New York, ein Jude. Der nationale Popheld und Provokateur Serge Gainsbourg (Lucien Ginzburg) war jedoch mehr als einfach nur jüdisch. Während der Besatzung wurde er als Kind dazu gezwungen, den Davidstern zu tragen und musste um sein Leben fürchten. Zwar rettete ihm die Flucht seiner Familie aus Paris letztlich das Leben, doch die psychischen Folgen waren schwerwiegend und beeinflussten später seine Entwicklung als Frankreichs Grand-Père des Punk. Gainsbourg machte deutlich, dass er die Lehren seiner Nazischinder, er sei genetisch wertlos, begriffen hatte und war schon früh in seinem Leben dazu gekommen, sein Gesicht als Fratze zu betrachten. Gainsbourg war ein gut verdienender, prominenter Don Juan, der schändlicherweise nicht nur eine, sondern zwei Versionen eines Liedes aufgenommen hatte, das im Wesentlichen die musikalische Variante eines simultanen Orgasmus ist. »Je t'aime. Moi non plus«, in der ersten Version mit der französischen Sexgöttin Brigitte Bardot und in der zweiten mit ihrem englischen Pendant Jane Birkin. Sich selbst bezeichnete Gainsbourg als das Biest, das die Schönen besaß – einen Ausdruck, den die französischen Medien unglücklicherweise viel zu schnell übernahmen.

Hätte Gainsbourg in New York ebenso grotesk gewirkt? Oder in Israel? Wahrscheinlich nicht. Aber in seinem Heimatland war das der Fall. Und das speiste sein ganzes Leben lang den Drang – oder Zwang – zum Skandal. Seine Rolle in dieser Welt war klar vorherbestimmt. Er war das sexualisierte Biest, der aalglatte Popstar mit einem Rock-'n'-Roll-Herz. Auf der Höhe seiner Karriere im Jahr 1975 schockierte er das Publikum erneut, als er die Platte *Rock Around the Bunker* veröffentlichte, auf der Rocknummern im Stil der Fünfzigerjahre zu hören waren, die sich mit dem Vermächtnis der Nazis und des Holocaust beschäftigten. Diese Platte eignete sich perfekt dazu, sein Skandal-Image zu bewahren und ihn in den Status des ersten französischen Punks zu katapultieren. Letzteres scheint Gainsbourgs gar nicht eingeplant zu haben. Die Platte schien den Tiefen seiner Seele entsprungen, wie auch andere, ähnlich verstörende Meisterwerke Gainsbourgs aus dieser Zeit, unter ihnen *L'homme à tête de chou*, eine Art Prog-Rock-Symphonie der Verzweiflung und *Histoire de Melody Nelson,* ein Konzeptalbum, das Blues, Psychedelia und Loungemusik mischte und den alternden Casanova als Leichenschänder seines eigenen Talents porträtierte. Nicht nur die vielen amerikanischen Redewendungen in den Lyrics, sondern auch die musikalische Inspiration für *Rock Around the Bunker* stammten eindeutig aus Amerika. Charakteristisch für diese Platte sind die in ironischer Form vorgetragenen, bissigen Kommentare über den Faschismus:

Put on your black stockings boys
Adjust your clingy pantyhose just right ...
We're gonna dance the Nazi Rock.

Auch die Musik ist satirisch-optimistisch, im Wesentlichen Fünzigerjahre-Rock. So wie die Ramones, die Dictators und zahlreiche andere amerikanische Punkbands, die sich auf den einfacheren Rock der späten Fünfziger- und frühen Sechzigerjahre bezogen, widersprach Gainsbourgs Musik seinen Lyrics, um das Publikum zu schockieren und vielleicht auch den Horror durch Camp erträglicher zu machen, damit er direkt angesprochen werden konnte.

Sylvie Simmons, die bekannte britische Musikjournalistin und Autorin der Biographie über Gainsbourg *Für eine Handvoll Gitanes* erzählt: »Als Gainsbourg aufwuchs, hatte er beträchtliche Komplexe wegen seines ›jüdischen‹ Körpers, der so klein, unmuskulös und unbehaart war, den man für den eines Mädchens halten konnte und der in seiner Jugend von Prostituierten zurückgewiesen wurde etc. Und doch gab Serge diese jüdische Ironie/Humor-Sache auf seinem Nazi-Rockalbum *Rock Around the Bunker* wider. Ich glaube, die Tatsache, dass er sich zum Andenken an seinen ersten großen Hit ›Je t'aime«, dem bekannten Duett mit einer schönen, nicht-jüdischen, jungen Engländerin, einen Davidstern aus Platin kaufte, erklärt sich selbst.«

Etwas lag in der Luft. Gainsbourg wurde sowohl von britischen Punks als auch von experimentellen Außenseitern wie Lou Reed begleitet, dessen Album *Berlin* vom Vermächtnis des Niedergangs handelte und Parallelen zwischen dieser Stadt und New York zog. Ebenso folgten ihm David Bowie, der um diese Zeit als Hitlergruß zeigender Thin White Duke in Berlin lebte, und Iggy Pop, ein weiterer Anhänger des Hakenkreuz-Schicks, den Bowie nach Berlin gebracht hatte, um wegweisende Alben aufzunehmen, die vom Punkpublikum mit offenen Armen begrüßt wurden. Aber es war Amerika, vor allem New York, wo alles begann. Hier kamen die jüdischen Kinder des Holocaust zusammen, um eine neue Rockmusik zu schaffen.

✳   ✳   ✳

Bevor wir uns die Verbindung des New Yorker Punk zur Nazi-Motivik anschauen, blicken wir noch einmal in die Vergangenheit, ins Amerika des Prä-Punk. Die Rolling Stones, die sich als eine der ersten Bands in größerem Ausmaß mit Nazi-Insignien schmückten, wurden hier von weniger bekannten, letztlich aber genauso einflussreichen Bands wie den Stooges imitiert.

Die Stooges wurden von Danny Fields bewundert und später auch von Blue Öyster Cult, die für die wachsende New Yorker Rockszene äußerst wichtig waren.

Im Falle der Stooges waren die Gründe denen in England ähnlich – ökonomische Unzufriedenheit wegen der Schließung von Autofabriken rund um ihre Heimat Detroit. Wie die Dead Boys aus Ohio, eine andere Punkband aus dem Rust Belt, kamen die Stooges aus größtenteils slawischen und deutschen Gemeinden, die durch die schwindende ökonomische Stabilität verwüstet worden waren. Kids ohne Aufstiegschancen, die Stooges (die Strohmänner) der Industrie, die in der postindustriellen Nachkriegsepoche keine Zukunft hatten. Sie waren plötzlich so veraltet wie Henry Fords Model T, während Ford selbst zunehmend seinen Einfluss an Japan verlor. Gleichzeitig sahen sie jüdische Familien in wohlhabenden Vororten von Detroit wie Farmington Hills und West Bloomfield und ihre Wut kochte über. Ron Asheton beschreibt in der überarbeiteten Ausgabe von *Please Kill Me* (1997) die Neigung von Iggy Pop, die später auch seine eigene werden sollte, sich mit jüdischen Mädchen zu treffen: »Er wollte sich unbedingt mit jüdischen Mädchen liieren. Er hatte diese wirklich reiche jüdische Freundin, die Alex hieß. Und Alex hatte eine Kumpanin, die hieß Georgia. Iggy brachte sie mit und war so im Arsch, dass sie begannen, mich anzugraben, weil ich all diesen Nazikram hatte. Sie wurden so was wie psychopathische Nazi-Mädchen, die reich und jüdisch waren. Da verstand ich Iggy ein bisschen besser – wie er diese Leute benutzte … was dazu führte, dass schließlich auch ich sie und ihre Limousinen benutzte.«

Das Aufgreifen von Nazi-Symbolik basierte bei den Stooges auf ökonomischer Verbitterung und dem Verlangen, sich mit den düstersten, am meisten beängstigenden und schockierenden Kräften zu verbünden, und die »psychopathischen«, reichen jüdischen Mädchen, die sich den Stooges hingaben, teilten denselben Impuls. Etwas komplizierter dagegen war es bei Blue Öyster Cult, die an der Stony Brook University von einem Juden (Eric Bloom), einem »Möchtegern-Nazi« (Allen Lanier) und zwei franko-kanadischen Brüdern (Albert und Joe Bouchard) gegründet wurden. BÖC war im Wesentlichen die Schöpfung ihres Managers Sandy Pearlman, einem jüdischen Kid, der, laut dem BÖC-Biographen Martin Popoff, in den »faschistischen Möglichkeiten« des Rockkonzerts »große Potentiale« sah.

Pearlman kombinierte diese Faszination am Faschismus mit einer ähnlichen Faszination am Okkulten, um BÖC, die bis dahin als psychedelische Jamband unter dem Namen Soft White Underbelly unterwegs gewesen war, ein düsteres, geheimnisvolles Image zu verpassen. Gleichzeitig schien

Pearlman Hitler die Position des Hauptschurken streitig machen zu wollen, als er eine vertrackte und komplizierte Verschwörungstheorie entwarf und sich selbst an deren Spitze setzte. Pearlmans Verweise auf die schändlichen Systeme von Magiern, Außerirdischen und Alchemisten – und sein persönliches Interesse an den Freimaurern, den Illuminaten und H.P. Lovecraft – schienen einen unbewussten Selbsthass auf die vermeintlich von Verschwörungen getriebenen Intrigen seiner eigenen Herkunft zu maskieren. Sein Genie lag darin, die Verursacher dieser angeblichen Verschwörung im Nebulösen zu lassen.

So jedenfalls standen die Dinge bis zum dritten Album von BÖC, *Secret Treaties*, das viele für ihr bestes halten. Hier traten Pearlmans Nazi-Obsessionen hervor. Der Albumtitel bezog sich auf die angeblichen geheimen Geschäftsbeziehungen zwischen den Achsenmächten und den Alliierten während des Zweiten Weltkriegs, es enthielt Songs wie »Subhuman« (»Warm weather and a holocaust … Tears of God flow as I bleed«), das Cover zeigte die Band vor einer Messerschmidt 262, und verwirrte damit nicht nur die Hörer. Wie in einem früheren Kapitel erwähnt, zog es sowohl die Aufmerksamkeit der deutschen Regierung auf sich, die das Album verbot, aus Angst, es würde neonazistische Ideologien anstacheln, als auch der Jewish Defense League, die damit drohte, während der BÖC-Konzerte Proteste zu organisieren. Das Album enthielt auch »Career of Evil« (»I'm making a career of evil«), ein Song, den Patti Smith geschrieben hatte, als sie noch ein Verhältnis mit dem »Möchtegern-Nazi« Allen Lanier hatte. Der Song ging direkt in Pearlmans »Subhuman« über, um die Verbindung zwischen den beiden Songs deutlich zu machen.

Es ist gut möglich, dass Gary Lucas, der frühere Gitarrist von Captain Beefheart* und Schöpfer des Soundtracks von *Der Golem*, Recht hat. Lucas glaubt, dass Pearlman lediglich einen gut durchdachten jüdischen Insiderwitz inszenierte, bei dem es ausschließlich um »Provokation« ging, wobei der sogenannte jüdische Selbsthass eine Art Masche war. Dafür würde sprechen, dass Pearlman später die Dictators managte und die ultralinken Clash produzierte (*Give 'Em Enough Rope*). Viele Fans von BÖC, vor allem Juden wie der zukünftige Ramone Tommy Erdélyi, betrachteten sie als die ironi-

---

* Beefheart (Don Van Vliet) wird nicht nur von Johnny Rotten als eine der Schlüsselfiguren des Prä-Punk betrachtet. Laut Gary Lucas arbeitete Beefheart oft mit jüdischen Musikern zusammen, weil »sie den Blues hatten«. Auf seinem legendären Album *Trout Mask Replica* singt Beefheart: »Dachau Blues, those poor Jews … still cryin' 'bout the burnin' back in World War Twos.« Das Album erschien 1969 auf Frank Zappas Bizarre-Label.

sche, humorvolle Version einer Heavy-Metal-Band, eine Art intellektuelle Parodie, fast schon Pop Art und weit davon entfernt, irgendwelche Heavy-Metal-Konventionen naiv zu übernehmen.

✳   ✳   ✳

Während es BÖC und andere frühe Bands zumindest teilweise darauf anlegten, mit ihren bedrohlichen Verweisen auf die Nazi-Vergangenheit zu schockieren, gab es etwas Neues in der Haltung der aufstrebenden Punks. Sie nahmen die beängstigenden Elemente der Geschichte und stellten sie auf den Kopf, so wie es Mel Brooks in dem Stück *Springtime for Hitler* und in *The Producers* getan hatte.

Sie waren Camp.

Susan Sontag, die jüdische New Yorker Feministin und Intellektuelle, erklärt in ihrem Essay »Anmerkungen zu ›Camp‹« von 1964: »Die dritte schließlich unter den großen schöpferischen Erlebnisweisen [neben der tragisch-komischen Ernsthaftigkeit und der Ernsthaftigkeit, die von ›Grausamkeit‹ kennzeichnet ist, wie sie beispielsweise im Werk Kafkas auftritt] ist Camp: die Erlebnisweise der gescheiterten Ernsthaftigkeit, der Theatralisierung der Erfahrung. Camp lehnt sowohl die Harmonien der traditionellen Ernsthaftigkeit als auch die Risiken der rückhaltlosen Identifizierung mit extremen Gefühlslagen ab.«

Demnach wäre die Nazi-Symbolik im Punk alles andere als respektlos – das heißt, nicht respektlos gegenüber Juden, stattdessen respektlos gegenüber den Nazis. Sie ist die Verkörperung jüdischer Rache, die in der Tradition der Komödie steht. Indem die Punkbands Hakenkreuze auf eine camphafte Weise benutzten, machten sie die »gescheiterte Ernsthaftigkeit« dieser Symbole deutlich und die Risiken der »rückhaltlosen Identifizierung mit extremen Gefühlslagen«, wie denen der ultrapatriotischen Nationalsozialisten. Besser, man blieb ironisch und hielt sich abseits, als dass man unzuverlässigen Gefühlen vertraute, die vorgaben, auf objektiver Wahrheit zu beruhen.

Natürlich gab es auch das Element der Rebellion, das vorher diskutiert wurde, so wie es einen Drang zum Schockieren um des Schocks Willen gab. Was hätte mehr Rock 'n' Roll – oder theatralischer – sein können, als den Schock dafür zu nutzen, um die Aufmerksamkeit des Publikums auf sich zu ziehen? Trotzdem kann man das Camp-Element des »Spielerischen«, das sich im Auftreten von Bands wie den Dictators oder den Ramones zeigte, nicht unberücksichtigt lassen. Später benutzte Shrapnel, die Band von Daniel Rey/Rabinowitz, einen deutschen Panzer aus Pappe als Teil ihres

Bühnenauftritts, und die Sic Fucks präsentierten die Italiener Tish und
Snooky, die Russell Wolinsky bei Songs wie »Spanish Bar Mitzvah« begleiteten, während sie Nonnentrachten trugen, die mit Hakenkreuzen verziert
waren. So sehr sie auch erschrecken wollten, so sehr sie es auch genossen
haben mögen, Tabus zu brechen, die ihre Kultur vor langer Zeit etabliert
hatte, so bereitete es ihnen doch auch eine große Freude, die Symbole der
Unterdrückung und die bedrückende Ernsthaftigkeit niederzureißen.
Damit attackierten sie nicht nur die Nazis, sondern auch die moralische
Verpflichtung zur Ernsthaftigkeit, die der Holocaust von ihnen forderte –
wie sie es in ihren jüdischen Gemeinde und Elternhäusern immer wieder
erfahren hatten.

Sontag selbst erkannte, dass die Verbindung zwischen Camp und Judesein – zumindest im Amerika des 20. Jahrhunderts – sehr eng ist, da beides
denselben Ursprung hat. In den »Anmerkungen zu ›Camp‹« schreibt sie:
»Die eigentümliche Beziehung zwischen Camp-Geschmack und Homosexualität muß erklärt werden. Zwar wäre es falsch zu sagen, daß der Camp-
Geschmack mit dem Homosexuellen-Geschmack identisch sei. Zweifellos
aber gibt es zwischen beiden eine eigentümliche Verwandtschaft und man-
cherlei Überschneidungen. Nicht alle Liberalen sind Juden, aber Juden
haben stets eine besondere Neigung zu liberalen und reformistischen Ideen
an den Tag gelegt. Genauso haben nicht alle Homosexuellen Camp-
Geschmack. Aber Homosexuelle bilden im Großen und Ganzen die Vorhut
– und das am deutlichsten hervortretende Publikum – des Camp. (Die
Analogie wurde nicht leichtfertig gewählt. Juden und Homosexuelle stellen
die dominierenden schöpferischen Minderheiten in der zeitgenössischen
urbanen Kultur dar. Sie sind schöpferisch im wahrsten Sinne des Wortes: sie
sind die Schöpfer von Erlebnisweisen. Die beiden bahnbrechenden Kräfte
der modernen Erlebnisweise sind der moralische Ernst der Juden auf der
einen, der Ästhetizismus und die Ironie der Homosexuellen auf der anderen
Seite.)«

Sontag, die das 1964 schrieb, hatte die Umkehrung des »moralischen
Ernsts der Juden«, die schon bald in der aufstrebenden, jüdischen Post-
Holocaust-Generation stattfinden sollte, nicht voraussehen können – die
Umkehrung, die in der Tat zu dem führte, was man fast jüdischen Camp
nennen könnte. Dennoch hat Sontag dies in ihrer Beschreibung der jüdischen und der Camp-Erlebnisweise vorweggenommen: »Die Ursache für
die Blüte der aristokratischen [Camp-]Haltung unter den Homosexuellen
scheint ebenfalls ihre Entsprechung bei den Juden zu haben. Denn jede
Erlebnisweise dient der Gruppe, die sie fördert. Der jüdische Liberalismus
ist eine Geste der Selbstrechtfertigung. Das Gleiche trifft für den Camp-

Geschmack zu, der eindeutig propagandistische Züge hat. Man braucht kaum darauf hinzuweisen, daß die Propaganda in genau entgegengesetzter Richtung wirkt. Die Juden hofften stets, daß eine Stärkung des moralischen Empfindens ihre Integration in die moderne Gesellschaft bringen würde. Die Homosexuellen hoffen, daß die Stärkung des ästhetischen Empfindens ihre gesellschaftliche Integration bringen wird. Im Camp löst sich die Moral auf, wird die moralische Entrüstung neutralisiert. Camp fördert das Spielerische.«

Wieder traf Sontag ins Schwarze – gemessen an der Zeit, in der sie schrieb. Denn zeitgleich mit Sontag drückte eine junge Generation von Juden ein neues Empfinden aus und machte sich in eine neue Richtung auf. Dieses Empfinden, weniger moralisch als komisch, war eine Rebellion gegen den jüdischen Wunsch, durch den Erwerb von Bildung von der vorherrschenden Kultur ernst genommen zu werden. Und es war eine Rebellion von vor allem osteuropäischen Juden, die diesen Wunsch nach Bildung verkörperten, die die Punkbewegung gegen die deutschen Juden aufbaute. Anders als ihre älteren Brüder und Schwestern wollten die punkigen Juden nicht länger auf ernsthafte Art an der Verbesserung der Welt arbeiten. Sie wollten diese Welt genießen und zeigen, dass sie sich in ihr wohl fühlten. Sie wollten dazu in der Lage sein, einen Witz zu machen, auch einen schlechten und naiven; deshalb auch die fragwürdigen Songs vieler Punkbands wie »Master Race Rock« (Dictators) und »Blitzkrieg Bop« (Ramones). Was kann man anderes tun, als darüber zu lachen?

Beide Bands – später auch andere wie die Angry Samoans (»They Saved Hitler's Cock«) – begrüßten den Ästhetizismus und die Ironie des Camp. Dasselbe taten viele, die dem Punk hinter den Kulissen zu seiner Entstehung verhalfen, seien es Danny Fields, Howie Klein oder Seymour Stein, die alle auch homosexuell waren. Legs McNeil und Gillian McCain machen in *Please Kill Me*, der Oral History des New Yorker Punk, deutlich, dass die Auflösung, oder besser die Rekonfiguration der Geschlechterrollen für die Szene unerlässlich war. Dort war man nicht nur in hohem Maße damit beschäftigt, neue Definitionen dafür zu finden, was es bedeuteten konnte, ein Jude zu sein, sondern auch damit, was es bedeuteten konnte, ein Mann oder eine Frau zu sein, insbesondere in einem traditionellen, heterosexuellen Sinn.

Dies ist der letzte Aspekt von Sontags Verständnis von Camp, über das sie schreibt: »Die Camp-Erfahrungen basieren auf der großen Entdeckung, daß die Erlebnisweise der Hochkultur keinen Alleinanspruch auf Kultur hat. Camp erklärt, daß guter Geschmack nicht einfach guter Geschmack ist, ja, daß es einen guten Geschmack des schlechten Geschmacks gibt.« Diese Aussage lässt sich eindeutig auf die Punks beziehen, die den zuvor als unheilvoll angesehenen Drei-Akkord-Rock übernahmen – ganz zu schweigen von der jüdisch-amerikanischen Kultur, die die sogenannten verdorbenen Formen wie Blues und Jazz übernahm, wie es in den Meilensteinen der Verschmelzung von niederer Kultur und Hochkultur wie *Rhapsody in Blue*, *Appalachian Spring* und *West Side Story* zum Ausdruck kommt. Was hier aber auch verborgen liegt, ist die Camp-Entdeckung, dass die Erlebnisweise der Hochkultur mehr tun kann, als nur auszuschließen – sie kann auch unheilvoll sein. Wenn Camp den »guten Geschmack des schlechten Geschmacks« erklärt, erklärt er auch den schlechten Geschmack des sogenannten guten Geschmacks; deshalb auch der spottende Gebrauch von Nazisymbolen wie Hakenkreuzen seitens der Juden. Einst waren diese Symbole des Dritten Reichs der Gipfel der deutschen Kultur, doch das waren sie jetzt nicht mehr. Tatsächlich boten sie eine dunkle Form von Schönheit dar, wenn sie mit regierungsamtlich genehmigter Kultur, einschließlich der amerikanischen während Nixons Vietnam-Ära, in Verbindung gebracht wurden. Dies war natürlich nur dann der Fall, wenn Schönheit mit Offenbarung gleichgesetzt wurde. Oder Wahrheit.

THE NEW JAPS (JEWISH AMERICAN PUNKS)

Jüdisch-amerikanische Frauen und die Geburt des Female Punk

»Ein deutscher Jude zu sein heißt, sich berechtigt und bedroht zu fühlen. Sie wurde als Kathy Alexander geboren, als eine von der Sorte deutscher Juden, die bei echten New Yorkern als »unser Verein« bekannt ist – ihre Familie, die Alexanders, waren neben den Lehmans, Loebs, Ochs usw. die am besten gebildeten, reichsten und feinsten Juden in der Welt. Auf der jüdischen Brandeis-Universität studierte sie Latein und Griechisch, fand ihren Ehemann Bob Acker, traf sich mit John Landau, einem anderen reichen deutschen Juden, der eines Tages den Film *Titanic* produzieren würde, und ihre Mitbewohnerin war Tamar Deisendruck, ebenfalls eine deutsche Jüdin, die eine geachtete Komponistin werden sollte. Sie kam aus einer kleinen ethnischen Gruppe deutscher Juden, aus der die einflussreichsten Theorien des 20. Jahrhunderts hervorgegangen waren: Marxismus, Psychoanalyse, die Relativitätstheorie, die Theorie des Holocaust und die Postmoderne.«
»Sara Schulman diskutiert Kathy Acker«, *Pavement*-Magazin, 2003

Auf der Bühne der Peppermint Lounge fällt eine Gruppe von Frauen über ihre Instrumente her: eine Drummerin, die einen aggressiven Rhythmus schlägt, eine regungslose und wütend knurrende Frau am Bass und eine Rhythmusgitarristin, die ihr blondes Haar schüttelt, während sie auf den Boden schaut und dabei die Stirn runzelt – die Jungs im Publikum starren die Frauen mit einer Mischung aus Schock und Ehrfurcht an.

Aber das wirkliche Zentrum der Aufmerksamkeit bildet die Leadsängerin, das Mädchen mit dem ungewöhnlichen Namen und dem harten sexy Image, ihrem verführerischen Lächeln und stechenden Augen, die die Jungs erregen und nervös machen. Sie wirken, als hätten sie Angst, ihr auf einer dunklen Straße, geschweige denn in einem schummrigen Schlafzimmer zu begegnen.

Diese Mädchen sind mehr als nur eine Merkwürdigkeit, die für einen Abend das Publikum unterhält und dann wieder verschwindet. Sie, vor allem ihre Leadsängerin, sind Vorreiter der späteren Bewegung, in der Frauen in großer Zahl zum ersten Mal als Leader ihrer eigenen Bands auftraten.

Dies war die erste reine Frauen-Rockband, die von einem Majorlabel unter Vertrag genommen wurde. Obwohl sie heute fast vergessen ist, war sie einflussreicher als die Runaways, die oft als Vorläufer des Female Rock bezeichnet werden. Die Runaways waren aber, so wie die Monkees, die Schöpfung einer Gruppe männlicher Autoren und Produzenten, die von einer Rockneuheit profitieren wollten. Bei dieser Band hingegen, Goldie and the Gingerbreads, hatten tatsächlich die Frauen das Sagen.

Goldie and the Gingerbreads! Man fragt sich, was für ein Name das ist? Er hört sich nicht sehr hart an! Oder krass!! Oder Punk!!!

Aber man bedenke Folgendes: Goldie and the Gingerbreads waren nicht nur eine Art weibliche Beatles, Monate bevor die Fab Four zum ersten Mal eine amerikanische Bühne betraten. Sie wurden auch von einem Mädchen angeführt, die der härteste Typ unter harten Typen war, ein Punk im wahrsten Sinne des Wortes, ein Punk, der – worüber wir nicht mehr allzu erstaunt sein dürften – auch sehr jüdisch war.

Goldie Zelkowitz war ein rebellisches Kind aus der Lower East Side und die erste Frau in der Geschichte des Rock, die mit einer elektrischen Gitarre auf die Bühne ging und mit anderen ihres Geschlechts einen Sound erschuf, in dessen Mittelpunkt Themen und Bedürfnisse von Frauen standen. Das entsprach nicht dem, was man im CBGB erwartet hätte. So wie viele jüdische Männer in der vorherigen Musikgeschichte hatte Goldie hinter der Bühne eine wesentlich wichtigere Rolle gespielt als auf ihr. Sie brachte zwar unter dem Namen Genya Ravan – eine weniger amerikanisierte Version ihres richtigen Namens, Genyusha Zelkowitz – Soloaufnahmen heraus

(*Urban Desire*, 1978, und *And I Meant It*, 1979) und hatte Gastauftritte als Sängerin (auf Lou Reeds *Street Hassle*, 1978, und auf *Mirrors* von Blue Öyster Cult, 1979), aber am bekanntesten wurde sie als Produzentin (*Young Loud and Snotty* von den Dead Boys, 1977).

Obwohl die Runaways die ersten gewesen sein mögen, die die Lederjacken übernommen hatten und Patti Smith die erste, die sich einen Namen im East Village gemacht hatte, war Genya Ravan vor ihnen da und hatte sich Macht sowohl auf der Bühne als auch hinter ihr erkämpft. Man kann sie als die Mutter der Riot Grrrls betrachten, ihre Vorbildfunktion für New Yorker Rockmusikerinnen reicht bis in die Gegenwart. In der Ära des Punk allerdings hörte man fast nichts von ihr. Sie war zwar eine Größe, aber nicht präsent, ein Einfluss, aber keine sichtbare Figur. Als abwesende Frau kann sie als Sinnbild für jüdische Frauen im Punk gesehen werden.

Schon Genyas Anfänge in der Alten Welt haben sie auf den Weg des Rock 'n' Roll gebracht. Da sie im polnischen Lodz geboren wurde, also in der Nähe des Ortes, wo der Holocaust begann, ist ihre Geschichte für Hollywood zu düster, ein Abenteuerfilm mit einem bitteren Ende, das alles übertrifft, was im CBGB später an Rauheit und Tiefe auftauchte.

Rockmusikerinnen wie Patti Smith und Debbie Harry erinnern sich daran, dass ihre ersten Jahre von der Langeweile der Vororte, Klassenhass oder den Ermahnungen der Väter bestimmt waren, die sich von der weiblichen Unabhängigkeit bedroht fühlten. In Genyas Fall waren die ersten Jahre von Entscheidungen geprägt, von denen Leben und Tod abhingen. In einer der frühesten Erinnerungen Genyas hält sie sich an ihrer Mutter fest, während diese sich an ihren Vater klammert, der sich wiederum an der Seite eines Zuges festhält, der eine tiefe, dunkle Schlucht überquert. Ihr Vater ruft: »Ich kann dich nicht länger halten!« und Genya malt sich aus, wie sie alle zusammen hunderte von Meter tief in den Tod stürzen. Ihre Großeltern, Tanten, Onkel und zwei Brüder waren zu diesem Zeitpunkt schon in den Konzentrationslagern ermordet worden. So wie Tommy Ramone war sie eine Displaced Person, bevor sie nach Amerika kam. Dort verließen ihre Eltern nur selten das Appartement in der Lower East Side, sie hatten Angst, nach draußen auf die Straße zu gehen.

Vielleicht hat ihre Vergangenheit dazu beigetragen, dass Genya härter als die anderen Heldinnen des Punk wurde, ihre Sichtweise düsterer und ihre Rebellion heftiger. Als Kind und Teenager suchte sie die Gefahren, vor denen ihre Eltern sie gewarnt hatten und ließ sich mit Bikern, Gangmitglie-

dern und bösen Jungs aller Art
ein, solange sich nur ihre Mutter
über sie aufregte und sie das
Gegenteil ihres Vater waren, der
sich zu Hause vor dem Leben
versteckte.

Andere Frauen, die später
eine wesentliche Rolle im CBGB
spielten, hatten einen ähnlichen
Hintergrund. Donna Gaines war
eine Akademikerin der New
School, die zur unzufriedenen
Jugend forschte und eine der
besten Freundinnnen von Joey
Ramone wurde. Sie glich Ravan
in ihrer Zurückweisung der jüdischen »Schwäche« (»die Energie
und Vitalität, die durch die Jahrhunderte auf Europas Schlacht-
feldern verloren gingen«) und in
ihrem Begehren nach schlechten,
meist irischen Jungs, die den falschen Weg eingeschlagen hatten.
Während ihrer Kindheit in Rock-
away Beach in den Fünfzigerjahren fühlte sie sich von diesen

*Helen Wheels entwarf als Semi-Mitglied von Blue Öyster
Cult deren Lederkleidung und verfasste Songs mit, bevor sie
ihre Karriere als CBGB-Performerin begann.*

Jungs angezogen, weil sie »größer und wilder [schienen]. Sie spielten härter
und manchmal waren sie dreckig ... Ständig waren sie *farbiseneh* [stink-
sauer], sie lächelten nie, außer kurz bevor sie dir aufs Ohr hauten ... sie
waren anders, und das bedeutete Verlangen«, wie Gaines erzählt.

Das Gleiche galt für die jüdische CBGB-Performerin Helen Wheels
(Helen Robbins), die wie Patti Smith ihre Karriere als Semi-Mitglied von
Blue Öyster Cult begann, deren Lederkleidung entwarf, an Songs mit-
schrieb. Peter Robbins erinnert sich an seine Schwester, die im Jahr 2000 an
den Folgen eines chirurgischen Eingriffs am Hals starb: »Sie liebte Rebellen
jeder Art, Außenseiter und Schurken ... Ich erinnere mich an einen ihrer
frühen Liebhaber, der mir eine scheiß Angst einjagte ... sie schrieb ihm ins
Gefängnis. Als er raus kam, entschied sie ›Ich werde mich mit diesem Typen
treffen und werde alles dafür tun.‹ Sie hatte eine Fotografie von seinem
Schwanz. Darauf war der Mund der Rolling Stones tätowiert, mit der raus-

hängenden Zunge … je wilder, je verrückter, desto besser. Sie wollte in erster Linie Mama und Papa aufregen, zumindest bis sie wirklich eine gute Performerin wurde.«

Viele Frauen im Publikum waren Kinder von Holocaust-Überlebenden, unter ihnen Camilla Saly, Fan und spätere Pressesekretärin der Dictators, die die meiste Zeit ihrer Pubertät im CBGB verbrachte, von dessen Mischung aus Komödie, Rebellion und Düsterkeit sie sich angezogen fühlte. Es waren nicht nur die Todeslager des Zweiten Weltkriegs, sondern auch die lange Geschichte ähnlicher tragischer Ereignisse, die die Performer und das Publikum in die Welt der harten Typen und Frauen zog, die Leder trugen und nach Kicks suchten. Vor und hinter der Bühne teilten Frauen diese Geschichte und noch etwas mehr – ihre Erziehung als jüdische Mädchen in Amerika.

In den Fünfziger- und Sechzigerjahren neigten jüdische Eltern dazu, ihren Töchtern entweder beizubringen, sich vor der Außenwelt zu fürchten, damit sie zu Hause blieben und vor der Modernität und dem Wandel geschützt wären, oder sie dazu zu ermutigen, stark, aggressiv und unabhängig zu werden. Italo-amerikanische Eltern sahen sich in New York vor die gleiche Entscheidung gestellt – wie auch ihre Töchter. Unter ihnen brachte die Rebellion gegen die Vorbehalte der Eltern starke Frauen wie Holly »Vincent« Cernuto (von Holly and the Italians), Annie Golden (von den Shirts), Tish und Snooky Bellomo und Carmelita Rossanna »Lita« Ford hervor. Sie haben den Frauen-Punkrock mitgegründet und angeführt.

Die jüdischen Mädchen mit einem ähnlichen Hintergrund waren anfangs zu schüchtern, um den italienischen Chicks nachzueifern und das Publikum damit zu konfrontieren. Anders als ihre Brüder, die auf der Bühne so taten, als seien sie italienische Rowdys, waren die jüdischen Mädchen damit zufrieden, im Hintergrund zu agieren, so ruhig und unsichtbar wie Geister. Deshalb waren Acts wie der von Genya so explosiv. Als sie sich mit Goldie and the Gingerbreads bekannt gemacht hatte, machte sie die Bühne für weibliche, jüdische Rockmusiker klar.

Danach war sie als erster weiblicher Bandleader einer ansonsten aus Männern bestehenden Gruppe in der nächsten wegweisenden Position. Anders als Janis Joplin, die ihre Karriere als Sängerin einer Band begann, die zuvor schon von Männern gegründet worden war – Big Brother and the Holding Company –, schuf Genya eine neue Band, eine hybride Jazz-Rock-Verschmelzung, die sie Ten Wheel Drive nannte. Diese vom Rhythmus getriebene Band war berühmt für ihre musikalischen Leistungen und die Tatsache, dass Genya gelegentlich oben ohne auftrat. Warum sollte eine Frau öffentlich nicht sexuell sein? Rock 'n' Roll war keine katholische Messe.

Genya Ravan wurde mit Goldie and the Gingerbreads bekannt und machte die Bühne für weibliche, jüdische Rockmusiker klar.

Als Rebellin geriet Genya selbstverständlich oft in Konflikt mit ihren eigenen Karriereabsichten. Als ihre Plattenfirma die Ähnlichkeiten zu Janis Joplin hervorheben wollte, lehnte sie das unerbittlich ab und forderte, hervorzuheben, dass sie Genya sei und sonst niemand. Das Gleiche tat sie später, als sie Ten Wheel Drive verließ, um einen Weg als Solokünstlerin einzuschlagen und in den frühen Siebzigerjahren eine Reihe von Alben aufnahm, die fernab von den verbreiteten Trends dieser Zeit lagen. Sie war kein Singer/Songwriter, sondern eine draufgängerische Rockmusikerin im wahrsten Sinn, die auf R&B basierende Songs schmetterte, für die der Chitlin' Circuit nicht der falsche Ort gewesen wäre. Und als ihr Act zu Zeiten von Punk fast schon Heavy Metal war, weigerte sie sich, die Musik camphaft oder ironisch zu spielen, weil das einfach nicht dem entsprach, was sie wollte. Auch wenn sie selbst nicht Punk war, hatte sie eine Punkhaltung in ihren Lyrics. Das Albumcover von *Urban Desire* aus dem Jahre 1978 zeigte sie in der perfekten Balance zwischen Patti Smith und Debbie Harry, während ihre nackte Achselhöhle eine Mischung aus ›Komm her!‹ und ›Verpiss dich!‹ ausdrückte.

Diese Punkhaltung reichte jedoch nicht aus, um beim Publikum gut anzukommen. Genya war viel zu sehr »ein Anführer«, wie sie sagt, und niemals ein Mitläufer. Es interessierte sie nicht, was andere, das Publikum eingeschlossen, über sie dachten, und obwohl sie anderen Frauen dabei half, ins Rockgeschäft einzusteigen, war sie selbst für den Rock fast viel zu viel. In ihrem späteren Leben wuchs ihr Einfluss, allerdings hinter den Kulissen, für die Augen des Publikums nicht sichtbar. Bei Hilly Kristals CBGB Records half sie bei der Produktion von Bands, die Hilly unter Vertrag genommen hatte, wie den Dead Boys und den Shirts, die von Annie Golden angeführt wurden. Sie brachte Stiv und seine Dead-Boys-Kollegen dazu, ihre Hakenkreuze zu entfernen, und verhalf den Shirts zu einem gewissen Maß an Berühmtheit. Sie hatte die Ästhetik des Punk verstanden, auch wenn ihre Musik sich nicht genauso anhörte. So wie diese Bands und ihr Geschäftspartner Hilly hatte sie es lange einfach selber gemacht. Dieses DIY-Prinzip hatte ihr die Freiheit verschafft, eine Rockmusikerin zu werden und ihr ermöglicht, die Angst der Eltern aus der Alten Welt zu überwinden und stattdessen eine neue zu betreten. Natürlich war diese neue Welt New York.

Der Holocaust brachte jüdische Frauen wie Genya dazu, mit ihren Ambitionen an die Öffentlichkeit zu gehen, aber seltsamerweise brachte er jüdische Männer dazu, diese Frauen zum Schweigen zu bringen, zumindest versuchten sie es. Der Feminismus trieb jüdische Frauen nach vorne und die männliche Reaktion zog sie zurück.

Starke, auch trotzige Frauen waren immer Teil der jüdischen Geschichte. In der Bibel setzten sich Frauen wie Eva, Rebekka und Miriam in ihrem Streben nach größerer Unabhängigkeit über männliche Autorität hinweg. Mitte des 19. Jahrhunderts eröffneten in New York weibliche, deutsch-jüdische Immigranten Salons, um den Geist und die Künste zu pflegen. An der Wende zum 20. Jahrhundert setzten sich politisch aktive Frauen wie Emma Goldman und Emma Lazarus für die Rechte der Arbeiter und der Frauen ein. Jüdinnen standen immer in vorderster Reihe von Bewegungen, die darauf abzielten, die Unterdrückten zu ermächtigen.

Als die erste Generation von Punks älter wurde, erlebten die Aktivitäten jüdischer Frauen einen wirklichen Wendepunkt, der sich nicht nur auf die Einwohner Manhattans und der anderen Stadtbezirke auswirkte, sondern auf das ganze Land und bis zu einem gewissen Grad auf die ganze Welt. Angefangen bei Betty Friedans Manifest *The Feminine Mystique*, bis zu Gloria Steinem (*Ms*-Magazin), Andrea Dworkin und anderen wie dem New Yorker

Mitglied des Repräsentantenhauses, Bella Abzug, unterstützten jüdische Frauen den Feminismus nicht nur, sondern führten ihn größtenteils an.

Die Geschichte New Yorks ist voller Beispiele starker, nicht traditioneller jüdischer Frauen. Sei es im Theater (Fanny Brice), in der Musik (Florence Greenberg, die Gründerin von Scepter Records) oder in den Künsten (Lee Krasner) – jüdische Frauen aus New York waren ganz erheblich an der Entstehung des Bodens beteiligt, auf dem später der Feminismus gedeihen konnte. Neben den Patinnen des Feminismus, Mary Wollstonecraft und Simone de Beauvoir, waren fast alle an der Entstehung dieser Bewegung Beteiligten jüdisch. Es gab literarische Anführerinnen wie Betty Friedan, Gloria Steinem und Andrea Dworkin und feministisch orientierte Dichterinnen und Schriftstellerinnen wie Tillie Olsen, Marge Piercy und Erica Jong. Die protofeministische Autorin Virginia Woolf, deren Geburtsname Adeline Virginia Stephen lautete, war mit dem jüdischen Verleger Leonard Woolf verheiratet. Zeitgenössische jüdisch-amerikanische Feministinnen wie Susan Faludi und Naomi Wolf verschoben ihre Aufmerksamkeit von den Frauen auf die Männer, um zu zeigen, dass der Feminismus nur triumphieren wird, wenn Männer lernen, offen zu sein und starke, intelligente Frauen zu akzeptieren – genau die Attribute, die Debbie Harry Chris Stein und den jüdischen Männern im Allgemeinen in Kapitel Zwölf zuschrieb.

In der Welt des Punk wird diese Tradition am besten von der schon erwähnten »Hölle auf Rädern« verkörpert, Helen Wheels. 1949 in Queens geboren und 30 Meilen östlich der Stadt, in Rockville Centre im Nassau County, aufgewachsen, war Wheels Teil der jüdischen Emigration aus Manhattan, die auch andere, wie beispielsweise Lou Reed, mitgemacht hatten. Doch als Frau war ihre Jugend mehr vom Feminismus, als der Trauer über den Verlust kosmopolitischer Wurzeln geprägt.

So wie die feministischen Anführerinnen Steinem und Friedan wuchs Wheels – geborene Robbins, die Kurzversion von Robinovitch – in der kulturellen Untergruppe des Reformjudentums auf, das Töchter genauso wie Söhne zum Erfolg zu animieren versuchte. »Helen war ein Bücherwurm, ein ruhiges Kind, das sich für Meereskunde zu interessieren begann«, erzählt ihr Bruder Peter Robbins. »Meine Eltern ermutigten sie genauso wie mich, weiter aufs College zu gehen. Sie schloss die Stony Brook ab, als es noch ein experimentelles College war und ging dann zum Französischen Modeinstitut, um einen Meister als Schneiderin zu machen.«

Während dieser Zeit wurde Wheels von den gleichen Veränderungen erfasst, die auch viele kommende Punks beeinflussten. Die Hingabe an Drogen und Bob Dylan brachte sie dazu, sowohl die Wissenschaft als auch die Mode zugunsten der Musik aufzugeben. Sie begab sich in den Kreis von

Blue Öyster Cult, baute sich schrittweise eine Basis für ihre Verwandlung in eine selbständige Rockmusikerin und wurde vom Bücherwurm, vom ruhigen Kind zum lauten Himmelstürmer, der als Helen Wheels bekannt wurde. Doch auch in ihrem Fall waren die Fundamente dafür bereits in ihrer Kindheit gelegt worden.

»Die Männer in meiner Familie waren wunderbar, weder Macho noch verschlossen, was eindeutig Teil der jüdischen Kultur ist«, erzählt Peter Robbins. »Sie waren höflich, hatten ein freundliches Wesen und waren wirklich liebenswürdig. Es bestand immer eine besondere Verbindung zwischen meinem Vater und Helen. Er ermutigte sie dazu, dass sie alles erreichen konnte, was sie wollte.«

Vielleicht war Wheels Mutter als Vorbild noch viel entscheidender. Die klassische Hausfrau der Fünfzigerjahre, die ihre Kinder nach der Lehre von Dr. Spock erzog, war in den Sechziger- und Siebzigerjahren nicht nur eine leidenschaftliche Anhängerin des feministischen Fortschritts geworden, sondern hatte sich auch schrittweise von der Position einer Sekretärin bei Nikon zu einer ihrer mächtigsten leitenden Angestellten hochgearbeitet.

»Es war verblüffend und ein so wunderbares und ganz klares Vorbild für Helen«, erzählt Peter. »Meine Mutter liebte und verfolgte den Werdegang von Bella Abzug und anderen jüdischen Frauen wie ihr, die kein Blatt vor den Mund nahmen und entsprechend handelten. Und sie war immer so aufgeregt, wenn eine Frau in ein Amt gewählt wurde – und so war auch Helen, 150-prozentig. Über solche Sachen sprachen sie die ganze Zeit.«

So erstaunt es kaum, dass Helen zur gleichen Zeit, zu der ihre Mutter die gläsernen Grenzen durchbrach, *Mazel-Tov-Cocktails* auf die Glashäuser der Punks warf. Obwohl sie langes Haar, ein Babygesicht und kaum musikalische Erfahrung hatte, auf der sie aufbauen konnte, machte sie diese »Nachteile« mehr als wett, indem sie eine der wüstesten und aggressivsten Rockshows dieser Zeit aufführte, die auch die ihr oftmals ablehnend gegenüberstehende Männergruppe nicht einfach ignorieren konnte. Sie trug kurze Lederröcke, hohe Lederstiefel und ein Eisernes Kreuz als Halsband, sprang auf die im Publikum stehenden Tische und stieß, während sie die Getränke zur Seite schmiss, ihr Springmesser in die Tischplatte. Sie trat dem Publikum buchstäblich in den Arsch, wenn sie ihre Bühnenbewegungen aufführte, die der asiatischen Kampfkunst sehr ähnlich waren.

Die Männer im Publikum konnten Wheels Auftritt nicht ignorieren, aber teilweise versuchten sie es. Bei mehr als einer Gelegenheit erntete sie höhnisches Gelächter und Buhrufe. Wheels Weggefährtin bei Flaming Youth, die jüdische Rockmusikerin Deborah Frost, erinnert sich: »Die Männer fühlten sich von den starken jüdischen Frauen bedroht, vor allem jüdische Männer. Ich habe es selbst mehr als einmal erlebt – vor allem in den höheren Etagen der Industrie, wo die Verträge gemacht werden.« Frost – heute eine Rockkritikerin, die Wheels ehemalige Flamme geheiratet hat, den zum Judentum konvertierten Drummer von Blue Öyster Cult Albert Bouchard erzählt, dass jüdische Frauen mit einem weiteren Hindernis auf ihren Wegen konfrontiert waren: »Wenn ein jüdischer Typ wie Eric Bloom [von BÖC] außerhalb New Yorks für exotisch gehalten wurde, war er es in der Stadt sicherlich nicht. Das Gleiche galt für jüdische Frauen. Debbie Harry war exotisch. Eine jüdische Frau wie Helen Wheels war mehr wie eine Cousine oder eine Schwester.«

So wie Genya Ravan reagierte Wheels auf diese Ausreden in reiner Punkmanier und betonte genau die Dinge, die ihr Publikum befremdeten. Zuerst ging sie dazu über, ihre Lyrics nicht mehr zu brüllen, sondern zu kreischen. Dann trainierte sie sich Muskeln an und formte ihren Körper derart, dass sie eine preisgekrönte New Yorker Bodybuilderin wurde. Der judophile Robert Crumb, der dafür bekannt war, fast ausschließlich mit jüdischen Frauen wie seiner späteren Ehegattin, der Comic-Künstlerin Aline Kominsky, auszugehen, zeichnete das Cover für das Album, das letztlich ihr »Best of«-Album wurde (*Archetype* von 1998). Viele andere dagegen waren nicht auf jemanden wie sie vorbereitet. Wheels verkörperte die jüdischen Eigenschaften, die Crumb am liebsten auf die Spitze trieb – die aggressive, direkte, draufgängerische Haltung des Sag-es-wie-es-ist.

Die Personen, die Wheels offen »jüdische« Eigenschaften am deutlichsten ablehnten, waren ihre jüdischen Gefährten, die meisten von ihnen Männer. »Die Dictators waren unter ihren größten Fans, aber ich denke, es gab diese jüdischen Typen, die wahrscheinlich anders dachten«, erzählt Peter Robbins.* Wheels enge Freundin Mariah Aguiar fügt hinzu: »Ich denke, dass sie einfach nicht mit einer so starken Frau wie Helen umgehen konnten. Sie war wie ihre Mutter, eine Pionierin, und gegen so etwas wird es immer Widerstand geben.«

Während dieser Zeit in den späten Siebzigern, in der jüdische Frauen versuchten, den Punk zu erobern, versuchten andere jüdische Frauen im Comedy-Bereich erfolgreich zu sein, mit ähnlich gemischten Ergebnissen. Lawrence J. Epstein stellt in *The Haunted Smile* fest: »Von Frauen, die Stand-

---

* Während die toughen Juden der Dictators die schroffe Helen Wheels liebten, waren viele andere der Szene der halb süßen, halb groben Deerfrance, einer Akteurin hinter den Kulissen, verfallen. Ursprünglich eine Türsteherin beim CBGB, später John Cales Back-Up-Sängerin, hat sie heute ihre eigene Band Extra Virgin Mary. Deerfrance wurde von »einem jüdischen Gangster und einer irischen Bardame« großgezogen, und betrachtet sich selber als eine perfekte Mischung aus diesen beiden Einflüssen.

up-Comedy betrieben … wurde nicht erwartet, dass sie eine [mit den Männern] vergleichbare Macht geltend machen würden. Solche Frauen waren als aggressiv gebrandmarkt, ein Begriff tiefer Missachtung … jüdische Frauen … waren die neuen ›Juden‹, die nicht akzeptierte Minderheit, das nach Macht strebende Volk, dem der Eintritt in die Gesellschaft verboten wurde, in diesem Fall in die Gesellschaft der Komiker.«

Die jüdischen Männer wollten nicht, dass jüdische Frauen ihr Gebiet betraten und es ihnen versauten, indem sie mit ihnen um die Nischen konkurrierten, die sie mit so viel Mühe für sich selbst geschaffen hatten. Deshalb bezeichneten sie die Frauen als »zu jüdisch« und als »zu aggressiv«. Und was sie damit meinten, war, dass sie »zu gut waren für das, was sie taten.«

Das Schlimmste blieb den jüdischen Frauen in Israel vorbehalten. Dort war Gewalt gegen Frauen in Werbeanzeigen für alles Mögliche, von Unterwäsche bis hin zu Soft Drinks, allgegenwärtig; sogar Gewalt in Gestalt von Holocaust-Sadomasochismus, in denen jüdische Männer die Nazis ersetzten und jüdische Frauen deren Opfer. In einer berüchtigten Folge von Anzeigen aus den frühen Achtzigern im linksgerichteten Mainstream-Magazin *Monitin* sah man beispielsweise jüdische Frauen, die, nur in Unterwäsche gekleidet, von einem Güterzug wegrannten, während bedrohliche Militärs im Hintergrund lauerten. Warum?

Vielleicht mussten sich junge israelische Juden vergewissern, dass sie selbst keine Opfer waren und so machten sie Frauen zu Opfern, um dadurch ihre Stärke zu begründen. Vielleicht war es auch ein bisschen komplizierter und die Männer in Israel wollten – so wie die Punks – die Nazi-Symbolik benutzen, um den Horror des Holocaust zu überwinden, sozusagen die Angst verängstigen und den Holocaust in etwas fast Komisches verwandeln. Auf jeden Fall waren die anderen Bilder in den Anzeigen von *Monitin* nicht nur entsetzlich, sondern sie versuchten, clever zu sein und bildeten beispielsweise Frauen ab, die zwischen Feuerlöschern und glühenden Öfen posierten. Das Ergebnis ist weitaus kranker als alles von Lenny Bruce. Aber ist es angesichts des kranken Vermächtnisses des Holocaust und der krankmachenden Aussicht auf die bedrohlichen arabischen Nachbarn um sie herum erstaunlich, dass israelische Männer sich einer solch krassen Drastik bedienten?

Während die psychologischen Auswirkungen des Holocaust für amerikanische Juden nicht so heftig waren, reizten die »aggressiven« weiblichen Performer wie Genya Ravan und Helen Wheels in ähnlicher Weise ihre männlichen jüdischen Gefährten. Sie gingen ihnen unter die Haut, und Ravan wurde schließlich zum Schweigen gebracht, was in doppelter Hinsicht ironisch war.

Neben der Erinnerung an den Ruf ihres Vaters »Ich kann dich nicht mehr länger halten«, kann sich Ravan nur an ein weiteres Erlebnis aus dieser Zeit erinnern. Als sie und ihre Mutter aus dem Lager, in dem sie festgehalten worden waren, flüchteten, war sie derart verängstigt, dass ihre Mutter ihr den Mund zuhalten musste, damit man ihr Wimmern nicht hören konnte; sie musste ihn so lange zuhalten, bis Genya fast erstickt wäre. Fast dreißig Jahre später wurde die kleine Goldie Zelkowitz auf einer künstlerischen Ebene beinahe wieder erstickt und zwar von denen, die die Angst, Wut und Spannung in ihrer Stimme nicht hören wollten. Sie wurde von Männern zum Schweigen gebracht, die nicht als verängstigt oder schreckhaft gelten wollten.

Helen Wheels und Genya Ravan waren während der Punk-Ära zwar keine Performerinnen mehr, aber sie hatten einen großen Einfluss auf die weiblichen Rockmusiker dieser Zeit, so wie auf ihre jüdischen weiblichen Zeitgenossen in der Performancekunst und der Literatur. Annie Sprinkle (Ellen Steinberg) arbeitete später mit der No-Wave-Künstlerin Lydia Lunch zusammen. Die zeitgenössischen Performancekünstler Meredith Monk und Aviva Rahmani sind ebenfalls jüdischer Herkunft. Auch die Fotografin Cindy Sherman, die für Bilder bekannt wurde, in denen sie verschiedene weibliche Stereotype »performte«, und die Künstlerin Judy Chicago, die zwischen 1974 und 1979 ihre berühmte illustrierte Geschichte der Frauen mit dem Titel *The Dinner Party* schuf, in der sie die Arbeit hunderter Künstlerinnen vereinigte. Die »Post-Punk-Autorin« Kathy Acker nahm mit der britischen Punkband The Mekons ein Album auf (»Pussy, King of the Pirates«, *Quarterstick* von 1996) und die Downtown-Autorin Lynne Tillman, die mit John Cale während seiner Jahre bei Velvet Underground ausging, war Teil des ersten Radical Jewish Culture Musikfestivals, das von John Zorn organisiert wurde (mehr darüber im letzten Kapitel). Tatsächlich dauerte es bis in die späten Achtziger- und frühen Neunzigerjahre, als Riot Grrrl entstand, bis Frauen und besonders jüdische Frauen wirklich in den Punk vordrangen.

Vom Inbegriff der italienisch-jüdischen Performerin Madonna »Esther« Ciccone, einer New Yorker Emigrantin, die aus der New-Wave-/Disco-Szene aus Downtown hervorging, bis zu Carrie Brownstein und Janet Weiss von Sleater-Kinney und Kathleen Hanna von Bikini Kill, erlangten Frauen im Rock nach der Punk-Ära sowohl hinter als auch auf der Bühne eine größere Macht. Madonna, die seit ihrer Konversion zum Judentum in den Neunzigern den Namen Esther trägt, hat bei demselben Label wie die Ramones und die Talking Heads angefangen, Seymour Steins Downtown Punkpionier Sire. Stolz erzählt Stein, wie er Madonna unter Vertrag nahm, auch deswegen, weil sie ihn im Krankenhaus besucht hatte, wo er sich von einer Operation am offenen Herzen erholte – welch eine Chuzpe. Er wusste, dass sie es zu etwas bringen würde, weil sie diese Abgebrühtheit hatte, die ebensogut als zutiefst jüdisch beschrieben werden könnte. Steins damalige Ehefrau Linda ermutigte ihn dazu, Madonna einen Vertrag zu geben, so wie sie es auch im Fall der Talking Heads, der Pretenders und der Ramones getan hatte. Linda schätzte den Einfluss der jüdischen Kultur auf ihre eigene Rolle als erste Hebamme des Punk so ein: »Es ist so, als wäre ich ein anonymer Alkoholiker gewesen und hätte endlich die Wahrheit zugeben können. Ich bin ein New Yorker, ich bin ein Jude und ich bin ein Puuuunk.«

Ein Sinnbild dafür waren später die härteren Post-Punk-Archetypen der Neunziger, die genauso oft jüdisch wie nichtjüdisch waren. An der Spitze von ihnen stand Courtney Love, die eigentlich nur am Rand mit der Riot-Grrrl-Szene zu tun hatte, aber damit in der Öffentlichkeit sowohl wegen ihrer Band Hole, als auch wegen ihrer Beziehung zu Kurt Cobain in Verbindung gebracht wurde. Als Tochter einer jüdischen Mutter und eines katholischen Vaters identifizierte sich Love nach Cobains Tod zunehmend mit ihrem jüdischen Hintergrund und sagte einmal: »Ich habe einen verrückten Fimmel für Michael Douglas. Ich liebe Michael Douglas. Er ist älter. Jüdisch. Heiß. Ich möchte wirklich einen jüdischen Prinzen … [Kurt] hatte jede Menge Deutsches in sich. Ein bisschen Irisches. Aber keinen Juden. Ich glaube, wenn er etwas Jüdisches gehabt hätte, hätte er überlebt. Aber das tat er nicht.«

Wenn man auch die Worte von Love mit einer großen Portion koscherem Salz genießen sollte, war ihr Image wie eine Übertreibung des weiblichen jüdischen Punks nach dem Prinzip von Nancy Spungen. Love wurde von den Medien nicht nur für jenes Verhalten angegriffen, das den jüdisch-amerikanischen Prinzessinnen zugeschrieben wurde, einschließlich Widerlichkeit, Schroffheit und Taktlosigkeit (*megushemdikeyt*). Sie war Spungen im Geiste so nahe, dass sie sich ernsthaft um die Rolle in Alex Coxs Film *Sid and Nancy* von 1986 bewarb. Letztlich musste sie die Rolle Chloe Webb überlassen, aber es ist bezeichnend, dass sie sich mit Spungens Freundin Gretchen in New York anfreundete, und beim letzten Versuch, die Hauptrolle zu kriegen, schrie: »Aber ich *bin* Nancy Spungen!«

Love war für den Mainstream das sichtbarste Riot Grrrl und diejenige, die am sichtbarsten jüdisch war. Aber andere, wie Kathleen Hanna (von der einige behaupten, sie sei jüdisch, obwohl sie es selbst verneint), Carrie Brownstein und Janet Weiss, spielten wohl eine wesentlich wichtigere Rolle. Sie standen alle drei im Zentrum der Riot-Grrrl-Bewegung und brach-

Joey Ramone, Linda Stein, Seymour Stein und Dee Dee Ramone.

ten diese einem größeren Publikum nahe, vor allem Brownstein und Weiss, die zusammen mit Corin Tucker sogar einen Mainstream-Erfolg mit Alben wie *All Hands on the Bad One* (2000) und *The Woods* (2005) erzielen konnten.

Die Mitglieder von Sleater-Kinney hatten auf rein musikalischer Ebene einen größeren Erfolg, aber Kathleen Hanna, heute die Anführerin von Le Tigre, ist in vielerlei Hinsicht die Substanz des Riot Grrrl und diejenige, die die Bewegung definierte. Hanna verfasste ein Manifest für die Bewegung in bester anarchistischer Tradition von Emma Goldman. Unter den wichtigsten Forderungen findet sich die wunderschöne erste Zeile im Stil von Thomas Jefferson: »Ich glaube mit meinem ganzen Herzen-Verstand-Körper, dass Mädchen eine revolutionäre Seelenkraft darstellen, die die Welt verändern kann und es auch wirklich tun wird.«

Riot Grrrl war mehr als einfach nur eine Musikbewegung. Sie war sowohl in einem persönlichen als auch in einem kulturellen Sinne politisch, ein organisierter Versuch, die Dinge sowohl für die Performer, als auch für das Publikum zu ändern. So wie Punk hoffte Riot Grrrl, eine Community für die Unzufriedenen zu schaffen und genauso wie Punk verbreitete sich ihre Botschaft teilweise durch Comics über Zines, die Namen wie *Bust* und

On our Backs trugen; beides heutzutage Hochglanzmagazine, die an Kiosken erhältlich sind. Ein spezielles, jüdisch orientiertes Riot Grrrl Zine – *Mazel Tov Cocktail* – wendete sich an diese Untergruppe innerhalb der größeren Bewegung und verwandelte sich schließlich durch ihre Gründerin Jennifer Bleyer in das *Heeb*-Magazin, das Sprachrohr der sogenannten Cool-Jew-Bewegung, die sich derzeit von New York aus in städtischen Zentren wie Los Angeles und San Francisco verbreitet.

Kathleen Hanna, die mit Adam Horovitz vom jüdischen Hip-Hop-Trio Beastie Boys zusammen lebt, ist nur eine unter der wachsenden Zahl weiblicher Bandleader, die Jew York nun ihr Zuhause nennen. Karen O (Orzolek) von den Yeah Yeah Yeahs, Brett Anderson von den Donnas, einer Kreuzung aus den Ramones und den Runaways, und Candace Kucsulain von den Walls of Jericho sind nur die bekanntesten Gesichter, die in der Nachfolge von Riot Grrrl auftauchten. Keine von ihnen ist jüdisch, was vielleicht ein Zeichen dafür ist, dass die Veränderungen, die von dieser Untergruppe vorgenommen wurden, letztlich in der Mitte der Gesellschaft angekommen sind. Nun kann jedes Girl/Grrrl das Mikro und die Gitarre in die Hand nehmen und gegen verkrustete Denkmuster vor Ort rebellieren. Gesittet? Scheiß drauf! Es ist egal, ob wir Nachkommen der Mayflower sind oder halbe Koreaner wie Orzolek. Wir können machen, was uns verdammt noch mal gefällt!

Oder um eine weitere Außenseiter-Punkerin zu zitieren, die halbschwarze Sängerin von X-Ray Spex, Poly »Marion Elliot« Styrene: »Oh Bondage, Up Yours!«

WRITE YIDDISH, CAST BRITISH

Wie England den jüdischen Punk stahl

>Als die Sex Pistols herausfanden, dass ich Jude bin, gaben sie mir jede Menge Spitznamen: Er ist ein alter Fagin … Oder der Svengali, wie die Presse schrieb. Das waren alles Namen von mythischen Juden aus der Literatur … und ich kannte sie alle … Die Sex Pistols waren meine listigen Schlitzohren und ich ihr Fagin. Hätte ich also sagen sollen: ›Nein, das bin ich nicht?‹ Natürlich bin ich es. Und ich bin sogar ziemlich stolz drauf.«
– Malcolm McLaren, Paris 2004

Im hinteren Teil des Klassenzimmers sitzt ein kleiner Junge, der nicht genau weiß, wie sein Name lautet. Heißt er Edwards? Heißt er McLaren? Oder heißt er irgendwie anders, beides zusammen? Selbst heute kann er sich nicht genau daran erinnern – er weiß nur noch, dass der Junge selbstvergessen herumsitzt, als von weit weg eine Stimme ertönt. Eine Stimme, die, wie der Junge plötzlich erkennt, an ihn gerichtet ist.

»Hallo, hör zu junger Mann, Herr … Pass auf!«

Die alte Frau mit dem grauen Haar, das zu einem Knoten zusammengesteckt ist, hat ihren Blick direkt auf Malcolm gerichtet. Und als er von einem der Jungs neben ihm in die Rippen gezwickt wird, bemerkt er, dass sie in seine Richtung spricht, nein schreit.

Verzeihung, denkt er. Aber er antwortet nicht. Stattdessen erinnert er sich an etwas, das seine Großmutter ihm mit auf den Weg gegeben hat, bevor er an diesem Morgen zum ersten Mal zur Schule gegangen ist. Er nimmt zwei Baumwollbällchen aus seiner Tasche und stopft sie sich tief in seine Ohren.

Das Gesicht der Frau, die vorne steht, verzieht sich nun immer mehr, wird böse und puterrot.

Aber das ist ihm egal. Er lächelt, begleitet von seinem dumpfen Schweigen. Er lächelt und erinnert sich an das, was seine Großmutter sagte: »Wenn dich der Lehrer langweilt, schau hier in deine Hand. Das sind Baumwollstückchen. Steck sie in deine Ohren, schau die Wand an, nicht sie. Hör auf gar nichts.«

Insbesondere dann, denkt er, wenn die Lehrerin ihn nicht mal mit einem Namen ansprechen kann, den er kennt. Oder mag.

Dieser Junge – Malcolm Edwards, ein Nachname, der ihm von seiner Mutter und seinem Stiefvater gegeben wurde, weil er »englisch und passend« war; Malcolm Levy, der richtige Nachname seines Stiefvaters; Malcolm McLaren, der Familienname seines biologischen Vaters – sitzt eine Woche später zu Hause bei seiner Großmutter, weit weg vom Klassenzimmer. Nachdem er am Ohr aus der Klasse zum Schulleiter geschleift worden war, wurde er gänzlich von der Schule genommen. Seine Großmutter war so wütend, dass sie ihm nicht mehr erlaubte, wieder dorthin zurückzugehen. Sie war jedoch nicht auf ihn, sondern auf die Schule wütend. »Was wissen die schon?«, sagte sie. »Ich kann dich auch gut selber unterrichten. Ich kann dafür sorgen, dass du etwas über die Dinge erfährst, die wichtig sind.«

Nun sitzt er also im Wohnzimmer, starrt aus dem Fenster, wartet darauf, dass der Postbote kommt und betrachtet dies als einen der Höhepunkte des Tages. Er hat nicht viel Kontakt zur Außenwelt, seit er die ganze Woche zu Hause verbringt. Er kann nicht durch die Straßen laufen, sagt seine Großmutter, denn dort würde er von den Behörden aufgegriffen und zur Schule zurückgebracht. Dorthin, wo Lehrer ihn anschreien, andere Kinder auf ihn zeigen und er sich wie ein Idiot fühlt.

Nein, er muss in der Nähe des Hauses bleiben, im Wohnzimmer, mit ihr und den Büchern, die sie ihm gibt, damit er Lesen lernt. Er muss hier drinnen bleiben und abseits der Welt ein anderes Leben kennenlernen, einen anderen Ort und eine andere Lebensform.

✳   ✳   ✳

In den folgenden zwei Jahre wird dieser kleine Junge mit den zahlreichen Namen immer wieder dieselben zwei Bücher lesen; sein Weg, die Geheimnisse der Literatur zu entdecken. Die beiden Werke von Charles Dickens, die seine Großmutter ausgesucht hatte, prägten seine spätere Weltanschauung, als er in der Außenwelt wesentlich bekannter geworden war als die gesichtslose Masse der Klassenkameraden, die er in der Schule in Lordship Park zurückgelassen hatte. Diese zwei Bücher – *A Christmas Carol* und *Oliver Twist* – würden ihm dabei helfen, seinen ersten großen Erfolg, die Sex Pistols, zu erschaffen.

»Meine Großmutter wählte ihre Lieblingsbücher aus, weil sie dachte, dass sie mir etwas übers Leben beibringen würden«, erzählt McLaren heute, während er in der Küche seiner kleinen Wohnung in der Nähe des L'hôtel des invalides in Paris sitzt. »Natürlich war ihr Zugang zu den Büchern ein wenig unkonventionell und wahrscheinlich völlig anders als das, was ich über

Malcolm McLaren: Der Manager, Produzent und Provokateur verbreitete mit den Sex Pistols Anarchie im Vereinigten Königreich.

sie erfahren hätte, wenn ich sie dort in der regulären Schule gelesen hätte.«

McLarens Großmutter erzählte ihm, dass sowohl Scrooge aus *A Christmas Carol* als auch Fagin aus *Oliver Twist* Helden waren, die man bewundern müsse. Ihr zufolge basierte die Figur Fagin auf einer echten Person, die Dickens aus dem Horseshoe Pub von der Taunton Road kannte. Sein Vorbild sei Abraham Goldsmith gewesen, ein netter jüdischer Mann, der sein Geld außerhalb des Gesetzes verdient habe, dann nach Australien geflüchtet sei, wo er, anders als der arme, gehängte Fagin, durch Grundbesitz reich geworden sei und ein langes, wohltätiges Leben geführt habe. So jedenfalls lautet ihre Version.

»Jeder weiß, dass Fagin ein Jude war, und Kritiker haben lange vermutet, dass Scrooge das auch war«, erzählt McLaren. »Während Dickens sie als antisemitische Karikaturen entworfen hatte, betrachtete meine Großmutter sie als Antihelden, die das wahre Zentrum der Geschichte bildeten. Sie liebte sie, weil sie ihre eigene Lebensanschauung widerspiegelten ... ›Sprich niemals mit einem Polizisten‹ war ihr Motto. ›Ein Jude hat nichts mit der Polizei zu tun.‹ Und sie war nicht die Einzige, die so dachte. Dort, wo ich aufwuchs, war das die Haltung. Wir lebten in einer Welt, die abgesondert, abseits war.«

* * *

Von seinem Vater, einem schottischen Schurken, und seiner auf Abwege geratenen jüdischen Mutter verlassen, wurde der junge Malcolm Edwards von seiner Großmutter mütterlicherseits unter diesem falschen Namen aufgezogen, damit er sich besser seiner englischen Umgebung anpassen konnte. Das Leben Malcolm Edwards war jedoch für diese Zeit nicht so untypisch, wie man denken könnte. So wie andere Figuren aus Erzählungen, in denen Verbrecher und Antihelden eine Rolle spielten, war er eine Art englische Version des Jungen aus der Bowery, der sein Leben am Rande der Gesellschaft führt; ein jüdisches Kind, das das Gesetz des Landes brach, um durch ein höheres Gesetz zu überleben, einem, das mit Witz, Charme, Aufregung und vor allem Unterhaltung lockte.

Um diese Welt zu verstehen, muss man nichts anderes tun, als Bücher dieser Epoche wie Graham Greenes *Brighton Rock* (1938) oder Muriel Sparks *The Girl of Slender Means* (1963) zu lesen. Im Zentrum des ersten steht die Unterwelt der Jugendgangs kurz vor dem Krieg. In dem Roman tritt auch der jüdisch-italienische Gangsterboss Colleoni auf. *The Girl of Slender Means* dreht sich um die Probleme junger Frauen im Nachkriegs-London. Auch Filme wie *Expresso Bongo* (1959) und TV-Serien wie *Dixon of Dock Green* (1955–1976) sind in diesem Kontext interessant, ersterer eine Untersuchung des frühen englischen Rock 'n' Roll – mit Laurence Harvey als jüdischem Geheimagenten – und letztere eine Art englisches *Dragnet*, in der der freundliche Polizist des Viertels, George Dixon, unermüdlich daran arbeitet, die Moral in Londons größtenteils jüdischem East End aufrecht zu erhalten. Was sie alle aus verschiedenen Blickwinkeln zeigen, ist eine Zeit, in der London von Hooligans, Schwarzhändlern und Gangsterbossen beherrscht wurde. Es war »zum ersten Mal seit den Gordon Riots im späten 18. Jahrhundert, dass das Land wirklich anarchische Zustände erlebte«, sagt McLaren heute. Auf dem Höhepunkt des Ruhms der Sex Pistols hätte er es vielleicht eine wahre, auf die Jugend ausgerichtete »Anarchy in the U.K.« genannt.

»Die Leute in Amerika sind sich dessen kaum bewusst und viele in England haben es ebenfalls vergessen, aber die Zeit nach dem Zweiten Weltkrieg war äußerst düster«, erzählt McLaren. »Obwohl das Land am Ende die Deutschen besiegt hatte, war es ökonomisch ziemlich am Boden. Überall wurde rationiert und es gab kaum Unterkünfte, da viele ausgebombte

Gebäude fast zehn Jahre lang nicht wieder aufgebaut wurden. Essen und Kleidung waren größtenteils nur auf dem Schwarzmarkt erhältlich.«

In Muriel Sparks Buch gibt es eine Geschichte, die Malcolms Mutter bekannt vorkommen könnte. Eine Gruppe von Mädchen wird von den ökonomischen Umständen der Zeit gezwungen, in die Stadt zu gehen. Dort werden sie Untermieterinnen in einem als »Hotel« bezeichneten Haus, was hieß, dass es von den deutschen Luftangriffen verschont worden und deshalb zur Aufnahme von Gästen verpflichtet war. Hilflos der strikten Moral ihrer Zeit ausgeliefert und dazu gezwungen, irgendwie über die Runden zu kommen, geraten sie an Männer, die nicht nur fragwürdige Reputation genießen, sondern auch unterschiedliche Formen von Verbrechen begangen haben. Malcolms Mutter hätte wohl am meisten mit der Figur von Jane sympathisiert, einem jüdischen Mädchen, das sich schon in England als Ausgestoßene fühlte und die durch ein genaues Studium der Literatur und des menschlichen Verhaltens einen starken Intellekt und einen starken Willen entwickelte.

So schlimm die Dinge für Mädchen wie Malcolms Mutter auch waren, wesentlich beunruhigender war die Rationierung, die zur Entstehung eines Schwarzmarkts führte. Der Schwarzmarkt wurde, wie in Graham Greenes *Brighton Rock,* von Bandenmitgliedern betrieben, die noch Teenager waren und von denen viele einen jüdischen Hintergrund besaßen.

»Als der Krieg auf seinem Höhepunkt war, wurden die meisten Bandenanführer eingezogen und dazu gezwungen, an die Front zu gehen«, erzählt McLaren. »Als die weg waren, kamen diese jüdischen Jungs und übernahmen deren Plätze. Sie waren nicht bereit, sie wieder aufzugeben, nur weil die älteren Bosse zurückgekehrt waren. Sie beherrschten die Stadt während dieser Zeit und waren dabei skrupellos.«

McLaren erinnert sich genau an die Atmosphäre in dem überwiegend jüdischen Dorf Islington, in dem er aufgewachsen ist. »Man musste vorsichtig sein, wenn man das Haus verließ. Denn überall gab es diese ausgebombten Gebäude, wo sich die Banden der Kids versammelten. Wenn man einer begegnete, konnte man sich in einer 20 Fuß tiefen Grube wieder finden, bevor man richtig verstanden hatte, was passiert war. Das war kein Spiel. Dauernd wurden Kinder getötet. Es war verrückt.«

In dieser Atmosphäre schien es McLaren mit beiden Welten zu halten. Seine Großmutter, die in ihrer Jugend wohl so etwas wie ein Groupie und später eine Diamantenhändlerin gewesen war, brachte ihm, zumindest in der Theorie, die Technik des Taschendiebstahls bei und riet ihm, die Polizei zu meiden.

»Es ist nicht allzu schwierig, den Zusammenhang mit meinem späteren

Werdegang zu sehen«, erzählt er. »Als diese Jungs [die künftigen Pistols Steve Jones und Paul Cook] Klamotten aus meinem Laden auf der Kings Row stahlen, schnappte ich sie mir. Diese Schlitzohren wurden meine Gang, meine Band, die Sex Pistols.«

Und trotzdem war McLaren weder als Teenager noch in den Siebzigern ein Gesetzloser. Er beging keine Verbrechen und verkehrte nicht mit Gangstern. Er verbrachte zwei Jahre zu Hause mit seiner Großmutter, dann sechs Jahre auf der jüdischen Gemeindeschule (Avigdor) in Islington und schließlich, als er und seine Großmutter in einen Vorort gezogen waren, weitere vier in den jüdischen Gemeindezentrum, das an seine Synagoge angeschlossen war, wo er mit den Mädchen des Viertels tanzte. Natürlich erwartete man, dass er sich mit einer von ihnen häuslich einrichten würde.

✳   ✳   ✳

McLarens Interesse an Rockmusik, die bei diesen Tanzveranstaltungen gespielt wurde, führte ihn auf etwas gefährlicheres Terrain – zu den Clubs und Coffeeshops, die zu dieser Zeit entstanden und von der sogenannten »Halbwelt« besucht wurden. Es war eine schäbige Untergrundwelt, die zu gleichen Teilen aus Gangstern, Musikern und Künstlern bestand. Sie unterschied sich nicht allzu sehr von der, die McLaren später in Andy Warhols Factory in New York besichtigen konnte.

Jedoch gab es einen entscheidenden Unterschied. So wie das Viertel, in dem er aufwuchs, war auch die englische Welt der Coffeeshops und Jukeboxen größtenteils jüdisch. Sie entstand zeitgleich mit den Gangs, eine Art Zwischenraum, den die Anführer der Gesetzlosen ganz legal besuchen konnten – zumindest so legal, wie die Behörden es verlangten.

»Die Gangs, die London beherrschten, waren für die meisten Schwarzmarktartikel zuständig, von Lebensmitteln über Kleidung bis zu Alkohol«, erzählt McLaren. »Wie sich herausstellte, waren sie auch für den Import der neuen Maschinen aus Amerika verantwortlich, die den Rock 'n' Roll in Länder wie das unsere brachten. Die Mansey-Familie (deren berühmtes Fisch-Restaurant noch heute auf dem Leicester Square existiert) hatte vor allem die Kontrolle über die Jukeboxen und benutzte sie, um Coffeeshops und Clubs zu eröffnen, in denen einige der ersten Bands auftraten. Das war wie in dem Film *Expresso Bongo*, in dem der jüdische Agent alle ihm zur Verfügung stehenden Mittel nutzt, um der englischen Version von Elvis, gespielt von Cliff Richard, zu einer Karriere zu verhelfen. Unterhaltung und Verbrechen waren in England eng miteinander verknüpft. Genauso wie sie es auch in großem Maße in Amerika waren.«

In der Tat waren diese beiden Welten auch in Amerika verbunden: Dort teilten sich Italiener und Juden den Gewinn, wenn auch die Italiener mächtiger waren. In England dagegen bildeten die Juden die Mehrheit auf diesem Gebiet, hauptsächlich deswegen, weil sie am Rande der Gesellschaft lebten.

McLaren und andere haben darüber berichtet, dass den englischen Juden beigebracht worden war, wie sie zu sein hätten; im besten Fall sollten sie ihre jüdische Herkunft verleugnen, und im schlimmsten Fall über sie beschämt sein und sie verachten. A. Alvarez, ein hoch gelobter jüdisch-englischer Dichter und Schriftsteller, bemerkt in seiner Besprechung von *A Double Thread: Growing Up English and Jewish in London* und *The Jews of Britain, 1656 to 2000*:

> Viele Amerikaner behaupten, auf ihre Wurzeln stolz zu sein und glauben, ethnische Unterschiede seien das Salz in der Suppe. Das ist in England anders, obwohl dort die tolerante Tradition das moderne London so kosmopolitisch und multikulturell wie New York gemacht hat. Die Einwanderer kommen an, sprechen ihre alte Sprache und folgen ihren alten Gewohnheiten, und der große, langsam fließende Fluss von London vermischt sie alle und verwandelt sie in etwas anderes. Dieses Andere beinhaltet die britische Staatsbürgerschaft, das Wahlrecht und einen britischen Pass; aber egal wie lange sie bleiben, kann er niemals vollständig das Gefühl verwischen, fremd zu sein … Die einzige Lösung besteht darin, sich so wie gut verdeckte Spione zu verstellen und zu betrügen. Bei den seltenen Anlässen, zu denen mich meine Eltern, die keine religiösen Leute waren, in die Synagoge mitnahmen, um meinen Großeltern einen Gefallen zu tun, verwirrte mich als Kind der Anblick englischer Herren, die aussahen, als seien sie geradewegs einem Bild von Magritte entsprungen. Sie rezitierten Gebete in einer Sprache, die ich nicht verstand und die in einer Schrift geschrieben waren, die ich nicht lesen konnte. Das englische Judentum repräsentiert die Diaspora in der extremsten Form: keine Assimilierung, sondern beten wie ein Jude und sich benehmen wie ein Goj.

England tolerierte die Juden, aber integrierte sie nicht. Juden wie Malcolm und seine Großmutter waren im Nachkriegsengland »outside of society« – wie Patti Smiths »Rock 'n' Roll Nigger«.

War es ein unangenehmer Ort? McLaren ist sich nicht sicher. Da er mit einem falschen Namen, rotem Haar und heller Haut aufwuchs – was sowohl seinem schottischen Vater als auch seinen sephardischen jüdischen Vorfahren geschuldet ist –, war es für ihn möglich, »Passing« zu praktizieren, und auf diese Weise den sicherlich negativen Folgen seiner jüdischen Herkunft zu entkommen. Im Innern aber spürte er seine Erziehung in einer jüdischen Umgebung.

»In den Fünfzigern habe ich niemals jemanden kennengelernt, der nicht jüdisch war … Als wir dann in die Suburbs zogen und ich auf eine gewöhnliche Grundschule ging, schloss ich mich irgendwie nur den jüdischen Kindern an … Sie machten wahrscheinlich nur etwa zehn Prozent in der Klasse aus, aber sie waren die einzigen Menschen, zu denen ich eine Beziehung hatte … An Wochenenden ging ich in die örtliche Synagoge, wo es im hinteren Teil einen Freizeitraum gab, in dem sich Samstagabends all die jüdischen Mädchen und Jungen versammelten … Das war mein Leben. Ich kann mich ganz deutlich daran erinnern, im Alter von 13 bis zum Alter von ungefähr 15. Dann wagte man sich mit der gleichen Neugier aus den Vororten ins Zentrum der Stadt, aber immer noch in einer kleinen Gang.«

✳ ✳ ✳

Malcolm zufolge ging es mit dieser Gang zu Ende als er 16 war. Von seiner Mutter gegen den Widerstand seiner Großmutter dazu ermutigt, ein Sommelier zu werden (»Sie war zu der Zeit so eine Neureiche!«), verließ Malcolm die Schule und nahm einen Job bei einem Weinhändler in London an, wo er, wie er erzählt, zum ersten Mal mit Nichtjuden zu tun hatte. Die »Welt des Weins war voll wirklich reaktionärer, harter Neokonservativer … ehemaliger Militärs, die fast ausschließlich aus einem sexuellen Blickwinkel über Wein sprachen. ›Dieser Wein ist wie eine Frau mit zu viel Fett unter den Armen. Dieser Wein ist jungfräulich, er ist süß wie eine 16-Jährige.‹ Und ich hatte keine Erfahrung … Es ging nicht um Brombeeren oder Aprikosen, es ging nicht um fruchtig, es ging um Sex. Das waren alles verrückte Ex-Generäle, die als Zivilisten mit Wein handelten, denn es war offensichtlich etwas, über das sie sich freuten und etwas, von dem sie fässerweise getrunken haben mussten, als sie noch beim Militär waren.«

Sie verschanzten sich hinter der herrschenden Ordnung und griffen oft, so wie die Allgemeinheit, auf die profansten und banalsten Glaubenssätze zurück. Sie waren also weit davon entfernt, »outside of society« zu leben, und erschienen McLaren daher so fremd, wie er es für sie offensichtlich war. Wie sich herausstellte, bestand in der Nähe eine alternative, »antisoziale« Welt, eine Schule, auf die McLaren schnell aufmerksam wurde. »Ich beobachtete und sah jede Menge Mädchen, die in diese Schule gingen und ich war neugierig genug, es zu riskieren, und meine Neugier deutete darauf hin, dass diese Welt eine gute Welt war, eine interessante Welt. Ich kam zurück, um meiner Großmutter von der Welt zu erzählen, die ich entdeckt hatte, diese Welt, die Kunsthochschule genannt wurde ... Ich ging auf die Kunsthochschule und sie änderte mein Leben vollständig.«

* * *

Ein Moment, der sein Leben veränderte. Und doch war diese neue Welt McLaren nicht gänzlich unbekannt, da seine Großmutter ihn schon früh mit der englischen Kultur bekannt gemacht hatte.

»Es war dieses Dickens-Element«, erzählt McLaren. »Ich glaube, meine Großmutter wollte, dass ich in die Fußstapfen der großen Schauspieler trete, die sie zu ihrer Zeit bewunderte.« Als McLaren noch ein Junge war, nahm ihn seine Großmutter mit zu einer der letzten verbliebenen Music Halls und ließ ihn draußen »mit dem Mann, der an der Ecke Zeitungen verkaufte« warten, während sie sich die Show anschaute. »Sie lachte mit den Vaudevilles, die schmutzige Geschichten über England erzählten und das, was das Land verkörperte, die Schattenseiten; eine Welt, von der ich glaube, dass George Formby [über sie gesungen hat] ... Und sie kam heraus und sang diese Songs und brachte mir diese Songs bei.«

McLaren ist sich darüber bewusst, dass dieser Start ins Leben ihn nicht ganz unerheblich auf die Welt des Rock 'n' Roll und seine Rolle als Manager, Produzent und Provokateur vorbereitet hat. Er war bereits in der volksnahen politischen Schule der Music-Hall-Künste unterrichtet, einer Welt, die sich über die Jahrhunderte aus spontanen Auftritten in Pubs entwickelt hatte, und aus der jede Menge Sauflieder gegen das Königshaus hervorgegangen sind. Und er wurde mit Außenseiter-Literatur erzogen, die sowohl das oben genannte Duo von Dickens einschloss, als auch später beliebte Werke wie *Trilby* von George du Maurier, in dem der »dünne ... düstere«, in Polen geborene Jude Svengali vorkommt. Aus diesem Grund verstand McLaren die Verbindung zwischen Unterhaltung, Unterwelt und Kunst. Ihm zufolge war es diese Verflechtung, die ihm später, während einer weiteren entscheidenden Phase seiner Karriere, von Nutzen war.

»Zweifellos war es für mich einfach, meine listigen Schlitzohren, meine Sex Pistols zu finden und mich wie Fagin und Svengali zu verhalten. Das kam alles ganz von alleine. Es war meine Kindheit. So bin ich erzogen worden. Das war meine Welt, meine Anti-Welt, wenn man es so sagen will; nicht die wirkliche Außenwelt, sondern die Anti-Welt, die meine Großmutter gezeichnet hatte und von der sie glaubte, dass sie Tugenden und Ansichten hatte, die ich aufgreifen sollte.«

Bevor McLaren durch die Sex Pistols bekannt wurde und Anarchie im Vereinigten Königreich schuf, brauchte er selbstverständlich eine Bühne, auf der er proben konnte. Wo hätte es einen besseren Platz dafür geben können als in Amerika, insbesondere in New York City, dem Zentrum der Unterhaltung und der Selbsterfindung – wo ein origineller, ambitionierter Charakter wie McLaren davon ausgehen konnte, dass er sich dort zu Hause fühlen würde.

Nach einem kurzen Besuch in der Stadt im Jahre 1972, während dem McLaren die berüchtigte Proto-Punkband The New York Dolls sah und eine »Vision der Zukunft des Rock« hatte, kehrte er im Jahr darauf mit einem Plan zurück. Er wollte diese Band aus Crossdressing-Sexfreaks managen. Er wollte an der Verbreitung ihres – und seines – Ruhms beteiligt sein.

»Sie waren buchstäblich wie Puppen, die aus ihrer Kleidung platzten«, erzählt er. »Dieser hübsche, ägyptische Jude Sylvain Mizrahi mit dem Rouge auf seinen Wangen. Er sah aus wie eine Puppe mit zu vielen Hormonen, eine die zu schnell wuchs. So sahen auch die anderen aus, wenn auch nicht so süß und sexy. Aber sie hatten alle etwas und ich dachte, dass ich damit vielleicht arbeiten könnte.«

Aber McLaren kam zu spät, um den Dolls zu helfen. Deren Zeit war fast schon vorbei, als McLaren auftauchte; die Laune der Mode und die verheerenden Auswirkungen des Rauschgifts sorgten für ihren schnellen Sturz. Als er sie in neue, tabuisierte – oder zumindest, was er für tabuisiert hielt – sowjet-kommunistische Uniformen steckte, erlebte er ein Desaster, denn das New Yorker Publikum wollte keine Politik, sondern Spaß haben. McLaren wurde attackiert. Doch während er mit den Dolls arbeitete, hatte er bereits einen anderen Außenseiter mit ähnlichem kulturellen Hintergrund wie dem seinen gründlich beobachtet, einen anderen modebewussten Taschendieb der hohen und niederen Kunst, der vom Weg abgekommen war und gegen den Status quo rebellierte. Dieses verlorene Kind war Richard Hell.

»Seine nihilistische Haltung hat mich gefesselt«, erzählt McLaren. »Die Ansicht, dass er nichts für lohnenswert hielt und dass er dies noch dazu mit Stil und Klasse verkörperte, so dass es fast attraktiv schien. Als die Sex Pistols später ›No Future‹ sangen, war es so, als würden sie davon Gebrauch machen. Es gab keine Zukunft mehr im herkömmlichen Sinne – und Richard Hell schien dafür zu stehen.«

*   *   *

Die New York Dolls: die Laune der Mode und die verheerenden Auswirkungen des Rauschgifts sorgten für ihren schnellen Sturz. Von links nach rechts: Arthur Kane, Sylvain Sylvain, David Johansen, Jerry Nolan, Johnny Thunders

Anfangs sprach McLaren nicht mit Hell. Er war noch zu sehr damit beschäftigt, über seine wachsenden Kontakte in der Modeszene in die Downtown-Szene vorzudringen; er gab Kostümpartys in seinem Zimmer im Chelsea Hotel, um sein Talent über die Dolls hinaus zur Schau zu stellen.

In New York war er für seine »Seltsamkeit«, seine Eigenartigkeit als Engländer, seine »Schlauheit«, wie er es selbst nennt, bekannt und sah in der Stadt einen neuen Geist und eine neue Dynamik, die er aufnehmen wollte – auch wenn er nicht in der Lage war, dies in seine eigenen Begriffe zu übersetzen. Ihm zufolge war New York aggressiv, jeder suchte unbefangen nach Erfolg, Glück und Ruhm. In England trat man für solche Dinge nicht öffentlich ein, auch wenn man sie anstrebte. McLaren musste also einen Weg finden, dieses Streben in seinen eigenen Kontext zu übersetzen.

»Ich weiß, dass New York ein sehr jüdischer Ort ist, aber ich habe damals nie bewusst daran gedacht, dass viele der Leute, die ich traf, Juden waren. Für mich waren sie einfach Amerikaner. Aber wenn ich zurückblicke, erkenne ich, dass ich dieselben Qualitäten, die ich den Juden unterstellte, auch den Amerikanern zuschrieb. Für mich waren alle Amerikaner Juden.

Zumindest in New York waren sie das. Als ich später mit den Dolls Richtung Süden fuhr und selbst andere Teile des Landes bereiste, bemerkte ich auch, dass New York ein einzigartiger Ort ist und dass dort wahrscheinlich mehr *Jewishness* als *Americanness* war, als ich anfangs dachte.«

In einer Erweiterung des Diktums von Lenny Bruce – es ist egal, ob man katholisch ist, wenn man aus New York kommt, ist man jüdisch – verstand McLaren den amerikanischen Charakter zunächst als jüdisch, und wollte ihn zurück in das Vereinigte Königreich exportieren. Der erste Schritt dazu war, dass er sich entschied, einen anderen klassisch jüdischen Weg einzuschlagen – sowohl in London als auch in New York: Er wurde ein Kleiderhändler, beziehungsweise, wie man im Vereinigten Königreich mit gar nicht so subtilem antisemitischen Unterton sagt, ein »ragman«, ein Lumpensammler.

Als McLaren zusammen mit Vivienne Westwood den Laden *Sex* auf der Kings Road in London eröffnete, begann er dort die Art von Tabu-Kleidung zu verkaufen, die er ursprünglich den New York Dolls angezogen hatte, aber dieses Mal entschied er sich bewusst dafür, das politische Element außen vor zu lassen, das sich als so katastrophal erwiesen hatte. In Sex zeigten das Lackleder, die Peitschen, die Ketten und die Korsetts genau das, was der Name des Ladens versprach. Keine Politik – abgesehen vielleicht von sexueller Politik –, sondern Spaß.

Während er dieses Geschäft betrieb, arbeitete er an der Idee, Richard Hell und Sylvain Sylvain über den Teich zu holen und eine Band zu gründen, die sowohl aus Richards, als auch aus Syls Look und Haltung Kapital schlagen würde. Eine Band, die Nihilismus und Sex, Rebellion und Banditentum, Belesenheit und Klugheit und vor allem die Anarchie gegen alles bisher Dagewesene hinausschreien würde. McLaren hatte versucht, die beiden zu überreden, mit ihm zu kommen, kurz bevor er selbst das Land verlassen hatte. Wieder und wieder versprach er ihnen, dass er große Dinge vor hatte und sie im Vereinigten Königreich zu viel größeren Stars machen könnte als sie es jemals in ihrem Heimatland werden würden. »Aber sie hatten Angst«, erzählt er. »Ich glaube, sie konnten sich selbst nicht außerhalb des sicheren Schoßes von New York City vorstellen. So als ob New York ihre jüdische Mutter gewesen wäre, die sie nicht verlassen konnten. Sie kannten die Szene dort und sie wussten, dass sie ein gewisses Prestige hatten und waren nicht bereit oder willens, das aufs Spiel zu setzen, indem sie zu weit gingen. Sie waren in dem Sinn keine verlorenen Söhne. Aber ich war einer. Ich war weggegangen und nun, da ich zurückkam, wusste ich, was ich wollte.«

* * *

Wie man weiß, schuf McLaren trotzdem seine Band, indem er eine englische Version von Außenseitern auf die Bühne schickte, während er seine frühere Rolle als Svengali spielte, der die höllischen Fäden der New York Dolls in den Händen hielt. Er nahm zwei Jungs unter Vertrag, die um seinen Laden gestreunt waren und Klamotten geklaut hatten – Steve Jones und Paul Cook – und ging auf die Suche nach auffälligen Charakteren. Er fand einen irischen Katholiken, John Lydon (Johnny Rotten), und später noch einen Rüpel aus der Arbeiterklasse, Lydons Freund John Ritchie (Sid Vicious), beides Außenseiter der Gesellschaft.

McLaren passte die Bandmitglieder in die Rollen ein, die er eigentlich für Hell und Sylvain vorgesehen hatte. Zunächst ließ er das hippiemäßig lange Haar von Lydon zu dem »Elektroschock«-Look zurechtstutzen, den er an Richard Hell so bewundert hatte – und den unzählige andere später kopiert haben. Dann steckte er Lydon in die gleichen zerrissenen Klamotten, die Hell in New York erfunden hatte und fügte die Sicherheitsnadeln hinzu, das gewalttätig provokative Element, das die Sachen zusammenhalten sollte – ganz zu schweigen von Sexkleidung wie Cockringen, die wie ein Hundehalsband aussahen. Als drittes betonte er Sid Vicious trotteliges und kindisches Auftreten, vor allem als dieser sich in Heroin verliebte und dadurch eine Annäherung an die Dekadenz der Dolls schuf. Und viertens gab er beiden neue Namen, die sie in Comicfiguren verwandelten, Rotten 'n' Vicious, die perfekte Ergänzung zu Hell 'n' Punk.

Auch wenn manche die Bedeutung von McLarens Rolle bei der Entstehung der Sex Pistols in Frage stellen, gibt es keinen Zweifel daran, dass er aus dem New Yorker Image in großem Ausmaß Kapital geschlagen und es so lange promotet hat, bis es nicht nur weitgehend populär – zumindest musikalisch und kulturell –, sondern zu einer revolutionären Kraft wurde. Es war nicht Brian Epstein, der Manager der Beatles, sondern McLaren, der die wichtigste Band dieser Ära erfand.

McLarens Assistent bei Sex, ein Siebdrucktechniker und Künstler mit dem Namen Bernard (besser bekannt als Bernie) Rhodes, machte unter Anleitung von McLaren das Gleiche mit The Clash. »Bernard nahm sehr genau zur Kenntnis, was ich tat und er wollte etwas Ähnliches mit einer anderen Band machen«, erzählt McLaren. »Wenn die Sex Pistols eine revolutionäre Bedrohung für die Kultur dieser Zeit darstellten, dann versuchten The Clash das in einer eher politischen Weise. Das stand im Einklang mit Bernards Überzeugungen und seinen Haltungen und ich glaube, dass es sehr viel mit seinem eigenen Jüdischsein zu tun hatte. Im Gegensatz zu mir war er dunkelhäutig und spielte seine Rolle als Jude überzeugender. Mit diesen Jungs, unter ihnen der nette jüdische Junge Mick Jones [Autor der Zeile

McLaren und die Pistols: Der Fagin und seine Schlitzohren.

›He thinks it's not kosher!‹ aus ›Rock the Casbah‹, die von einem arabischen Granden handelt, der über die westliche Kultur bestürzt ist, vor allem über den Rock 'n' Roll], schuf er die zweite große Band dieser Ära. Und es gibt keinen Zweifel daran, dass er dabei eine Schlüsselrolle spielte.«

Vivien Goldman, eine sehr einflussreiche Kritikerin zu dieser Zeit und Tochter deutscher Flüchtlinge, die den Holocaust nur knapp überlebten (ihre Tanten, Onkel und Cousinen hatten nicht so viel Glück) erzählt: »Malcolm war immer, wie meine Mutter zu sagen pflegte, eine Schande für die Rasse. Denn wenn man sich nach Malcolms Ruf erkundigte, war er fürchterlich … Er war sehr, sehr unjüdisch, so wie Juden auf keinen Fall sein sollten.« Goldman gesteht hinsichtlich der Sex Pistols ein: »Er brachte diese

Jungs rein, die ansonsten nichts gehabt hätten und brachte ihnen das Stehlen bei… Er und Bernie waren diejenigen, die dem Punk die Politik hinzufügten. Und dann, schätze ich, war ich es, weitgehend – das sollten besser andere Leute als ich sagen, es ist peinlich, dass es von mir kommt – aber ich weiß, dass ich einen großen Anteil daran hatte, die Musikpresse zu politisieren, weil ich wirklich darauf drängte – ich wäre dafür in die Hölle gegangen.«

Goldman – eine der ersten, die Siouxsie Sioux (Sue Dallion) mit ihrem Antisemitismus konfrontierte (Sue trug regelmäßig ein Hakenkreuz, während sie mit ihrer Band the Banshees auftrat und in einem ihrer frühen Hits »Love in a Void« gab es die Zeile »Too many Jews …«) – war eine der lautesten Gegnerinnen der faschistischen National Front und verlor schließlich ihren Job bei *Sounds*, als sie sich gegen die zunehmende positive Darstellung der bei der NF beliebten »Oi«-Bands aussprach.

»Ich habe da sehr darauf gedrängt. Als ich nichts mehr tun konnte, ging ich im Streit, worüber viel geschrieben worden ist«, erzählt Goldman. Trotzdem war sie verletzt. Die Erinnerung treibt ihr, fast drei Jahrzehnte später, immer noch Tränen in die Augen. Sie hatte oft antisemitische Vorfälle in England erlebt und wie so viele andere dachte sie, dass Punk anders sein würde. »Grundsätzlich zog mich am Punk dessen Ideologie an … Punk ist eine sehr integrierende Bewegung … Ich meine, die englische und die amerikanische Erfahrung ist sehr unterschiedlich, aber ich würde sagen, dass es kaum Juden im englischen Punk gab und dass die Juden im englischen Punk hauptsächlich bei der Formulierung der Identität des Punk eine Rolle spielten. Sie waren nicht so sehr bei den Bands, auch wenn es Mick Jones gab, ich glaube, wir haben Mick die Zeile ›This is not kosher‹ [sic] zu verdanken, was, so weit ich das sehe, die stärkste jüdische Zeile im Punk ist … Es war radikal, weil man in England nur selten hört, dass jüdische Ausdrücke benutzt werden. Das ist nicht wie in Amerika, wo das jeder tut. Deshalb dachte ich, es sei sehr mutig, jüdische Vibes dort draußen im Mainstream des Punk zu haben.«

Interessanterweise glaubt Goldman nicht nur, dass die Betonung der Politik im englischen Punk zum Teil von den jüdischen Außenseitern herrührte, sondern auch sein anderer, sehr unamerikanischer Aspekt, die Einbindung von Ska und Reggae, die den Sound von The Clash, The Beat, The Specials und zahlreichen anderen Bands so sehr beeinflusste. Und damit steht sie nicht alleine da. Don Letts, der dazu beitrug, dass Reggae in der britischen Punkszene gefeiert und verbreitet wurde, und der das kürzlich in seiner Dokumentation *Punk: Attitude* erörterte, vertritt folgende Position: »Dass im Reggae die ›Kinder Israels‹ ein großes Thema darstellen ist kein Zufall und hatte definitiv große Resonanz«, sagt er. »Sämtliche Metaphern aus dem Alten Testament, die sich auf die Flucht der Juden aus der Sklaverei in Ägypten beziehen, wurden auf die Situation außerhalb von Jamaica übertragen. Wenn der New Yorker Punk ein Schrei der Unzufriedenheit von denen war, die außerhalb des Status quo standen, dann war es auch der von Reggae beeinflusste Punk im Vereinigten Königreich. Im Punk ging es um Außenseiter und beide Gruppen hatten gute Gründe, sich so zu fühlen.« Sowohl Letts als auch Goldman weisen darauf hin, dass englische Juden überdurchschnittlich oft sowohl Reggae-Musik und -Musiker sowie deren Fans unterstützten, als auch als Demonstranten auf Kundgebungen gegen die National Front und deren Heer von Skinheads auftraten.

✻ ✻ ✻

Aber auch die zu trauriger Berühmtheit gelangte Amerikanerin Nancy Spungen war Teil der Verbindung des englischen und amerikanischen Punk.

Spungen, die am 27. Februar 1958 geboren und in den Vororten von Philadelphia groß geworden war, ist ein Opfer psychischer Krankheit. Ihre Mutter verweist in ihrer Biographie *And I Don't Want to Live This Life* darauf, dass Nancy schon seit ihrer Geburt psychische Probleme hatte, die daher zu stammen schienen, dass bei ihrer Geburt die Nabelschnur um ihren Hals gewickelt war und ihr dadurch der Sauerstoff in den ersten entscheidenden Momenten abgeschnitten wurde. Gleichzeitig lässt sich nicht darüber hinwegsehen, dass Spungen in einer klassisch jüdischen Mittelschichtsfamilie der Sechziger- und frühen Siebzigerjahre aufwuchs und – wie Lou Reed – zu Spezialisten und Anstalten gebracht wurde, als ihr Zustand sich verschlimmerte.

Nancys Mutter Deborah argumentiert, ihre Tochter sei von Natur aus verstört gewesen, und beschreibt zahlreiche Szenen, in denen Nancy, noch bevor sie laufen konnte unkontrollierbaren Wutausbrüchen und Schreianfällen ausgesetzt war. Deborah verweist auf einen Moment, den sie als »Starre« bezeichnet und erzählt, dass sich Nancy nach den Vorfällen oftmals nicht daran erinnern konnte, wie sie sich verhalten hatte und dass sie sich darin nicht von anderen Kindern unterschied, die unter ähnlichen Umständen geboren worden waren. Trotzdem versucht Deborah aber vor allem dem imaginierten Leser gleicher Herkunft zu erklären, warum ihre Tochter zu dem werden konnte, was sie geworden ist. Sie erklärt aus einem Schamgefühl heraus, wie es kommen konnte, dass sie eine Tochter erzogen hatte, die … nun, ein Punk geworden war. In Deborahs Beschreibungen der

Familie und ihrer Gewohnheiten, Nancy ausgenommen, findet sich eine Andeutung für diesen Wunsch nach Anerkennung, den Lou Reed in seinem Song »Standing On Ceremony« attackiert hatte. Es scheint fast so, als würde es ihr vor allem darum gehen, wie die Familie davonkommen, ihr Gesicht retten kann. Als wäre ihr der Tod ihrer Tochter peinlich.

Vielleicht ist das hinsichtlich der Gewaltszenen unfair, die Deborah beschreibt und in denen Nancy entweder ihre Geschwister oder ihre Mutter angriff. Allerdings macht sich die Mutter mehr Sorgen um das Ansehen der Familie als um das Wohlergehen ihrer Tochter.

Ist es möglich, dass die Herkunft aus der jüdischen Mittelschicht, die auf Anständigkeit und materiellem Komfort basierte und Ordnung und Stabilität verehrte, eine Rolle in Nancys Rebellion spielte? Natürlich ist Malcolm McLaren dieser Ansicht. Über das Verhältnis von Nancy und Sid sagt er: »Ich dachte, oh mein Gott, was tut er mit ihr?! Sie war die Art Mädchen, mit denen ich seit meiner Kindheit nichts zu tun haben wollte. Sie war wie all diese Prinzessinnen, die ihren Weg gehen wollten und erwarteten, dass ihre Männer sich den Arsch aufreißen, um ihnen das zu geben, was sie wollten und von dem sie glaubten, dass sie es verdienten.« Beziehungsweise wie Danny Fields es ausdrückt, wenn er den Charme dieser *echten* Amerikaner beschreibt, die das Gegenteil von dem *Jüdischen,* das er kannte, waren: »Sie behandelten ihre Frauen wie Dreck. Es war ihnen egal, was sie sagten. In der jüdischen Kultur, mein Gott, kam man nie davon los. Die Frau ist alles. Man ist dazu verpflichtet, sie ständig anzubeten. Alles ist um sie herum aufgebaut. Es macht dich verrückt.«

Wie McLaren darlegt, bot Spungen Vicious den aus Drogen und der Haltung der Mittelschicht kombinierten Charme. »Wie ich bereits sagte, schienen *alle* Amerikaner Juden zu sein, soweit sie aggressiv und getrieben waren und es ihnen nicht peinlich war, ehrgeizig und selbstbewusst zu sein. Aber sie war aus einem ganz anderen Reich. Sie war erstaunlich. Ich habe nie verstanden, was Sid in ihr sah. Vielleicht war es das Exotische.« Spungens Mutter erinnert sich, dass Sid, als sie ihm zum ersten Mal in ihrem Vorort- haus begegnet ist, darüber erstaunt war, welches Gespür für Ordnung und materiellen Wohlstand die Familie Spungen entwickelt hatte. Deborah erzählt, dass er gleichzeitig bemerkte, wie sehr sie ihre Tochter, trotz deren Proteste, liebten. Obwohl Sid Deborah gegenüber wohl nicht erwähnt haben dürfte, dass diese Liebe auch erdrückend sein könnte, bleibt dies trotzdem eine Möglichkeit. Wer weiß? Mit den sich widersprechenden Zeugnissen von Deborah und Malcolm und dem Umstand, dass die beiden Hauptfiguren, die es am besten wissen müssten, tot sind, lässt sich nur mut- maßen.

Trotzdem bleibt es interessant, dass Sid Vicious als das bis heute größte Symbol des englischen Punk nicht nur von der jüdisch-amerikanischen Bewohnerin New Yorks Nancy Spungen angezogen und geformt wurde, sondern auch von dem ebenso jüdischen Malcolm McLaren, der seine eigene Interpretation des jüdischen New York mit nach England gebracht hatte. Man könnte sicherlich auch behaupten, dass Malcolm Sid die trottelige, dekadente Qualität von Syl Sylvain beibrachte, es aber Nancy war, die ihn vollendete, indem sie die selbstzerstörerische, obsessive Qualität eines Rebellen aus den jüdischen Vororten hinzufügte. Nach alledem, wer hält heute Syl Sylvain für den Chef der Dolls? Diese Ehre geht an Johnny Thunders, den Rebellen in der Band, der Vicious bei seinen Solo-Aufnahmen unterstützt hatte und 1991 an einer Überdosis starb. Wer würde sich heute an Vicious erinnern, wenn er nicht an einer Überdosis gestorben, sondern mit seinen dick gewordenen Gefährten auf die Reunion-Tour des schnöden Mammons gegangen wäre? Was wäre wirklich passiert, wenn McLaren das getan hätte, was diese Gefährten, allen voran der ehemalige Johnny Rotten, ihm geraten hatten, als Sid abhängig wurde: ihn aus der Band zu werfen, damit er gezwungen sein würde, clean zu werden? Wie auch Alex Cox in seinem Film *Sid'n'Nancy* behauptete Johnny Rotten, dass McLaren die Selbstzerstörung von Sid zu Unterhaltungszwecken benutzt und ihm eiskalt erlaubt habe, auf der Bühne im Interesse des Publikums langsam Selbstmord zu begehen. Niemand hat jemals behauptet, dass Punk hübsch sein sollte und Happy Ends beinhaltete – wenn man danach sucht, sollte man sich besser an anderer Stelle umschauen. Und niemand – und sicherlich nicht Rotten selbst – behauptete, dass Mitleid eine notwendige Tugend war. Tatsächlich war es Rotten, der die Aggressivität zum neuen Manifest erhoben hatte und der schrie, dass »Wut eine Energie« sei und Liebe dumm. Wenn McLaren diesen Gedanken lebte, aus dem heraus er Punk zur Geburt verhalf, sollte ihn der sogenannte König des Punk dann dafür angreifen? Am Tag nach der berüchtigten Schimpforgie in der Bill-Grundy-Show *Today*, verteidigte Malcolm McLaren seine listigen Schlitzohren vor der Presse: »Jungs bleiben Jungs.«

Und woher hatte er diesen Ausdruck? Natürlich von seiner Großmutter. Dieselbe, die ihn aus der Grundschule genommen hatte, damit sie ihn selbst zu Hause unter der Anleitung von Fagin, Scrooge und Svengali erziehen konnte. »Jungs bleiben Jungs«, hatte sie dem Direktor gesagt, der Malcolm bestrafte, weil dieser sich Baumwollkügelchen in die Ohren gestopft hatte, um die Worte seiner Lehrerin auszublenden. »Jungs bleiben Jungs«, hatte sie Malcolm später zu Hause gesagt, bevor sie hinzufügte: »Ein Jude lässt sich niemals mit der Polizei ein. Ein Jude redet nie. Verhandle nicht mit

ihnen. Sage nichts.« Sie wiederholte das über die Jahre hinweg
immer wieder, um sicher zu gehen, dass er es verstanden hatte,
dass er seinen besonderen Platz in
dieser Welt erkannte und dass er
wusste, dass das Gesetz der Regierung gegen ihn war. Nein, er
konnte ihnen nicht vertrauen,
würde auf sich selbst aufpassen
müssen und die Konsequenzen
riskieren. Das taten am Ende ja
doch alle, auch wenn sie das Gegenteil behaupteten, auch wenn
sie behaupteten, dass sie sich
kümmerten; all die Altruisten in
der Welt waren nur altruistisch,
solange es ihnen passte. Nein, sie
würde ihrem Malcolm nicht erlauben, ein weiterer Sündenbock
zu werden, ein weiterer Schmen-
drick, eine weitere Marionette. Er
würde ihr kleiner Fagin sein. Ihr
kleiner Unterhalter. Ihr kleiner
Svengali. Ihr kleiner Junge.

Johnny Thunders: Der Rebell der New York Dolls starb 1991 an einer Überdosis.

Er würde der weltweit berühmteste Fälscher sein. Denn im Leben drehte sich alles um die Unterhaltung. Und am Ende bleiben Jungs doch Jungs.

DIE POST-PUNK-GESCHICHTE

Wie die Radical-Jewish-Culture-Bewegung den NY-Punk weiter Downtown brachte

»Ich las ein Buch, in dem es um die Jewish Defense League ging und so sehr ich auch deren Praktiken und Haltungen missbilligte, das Wort *radikal* hatte etwas, das ich mochte. Ich hatte daran gedacht, das Festival ›New Jews‹ oder ›New Jewish Music‹ zu nennen und Ribot schlug das ironische ›Loud and Obnoxious Music‹ vor. Aber dann las ich das Wort und ich hatte es – ›Radical Jewish Culture‹. Das war es.«
– John Zorn, 2004

Eine weitere lange Nacht im CBGB, eine weitere Runde von Bands mit ironischen Namen steigt auf die Bühne, um ihr Ding zu machen. Seit Mitte der Siebzigerjahre ist es so gewesen, dass Kids Anfang 20 mit zerbeulten Instrumenten und zerrissenen T-Shirts vorbeikamen, um eine Musik zu schaffen, die sich auf den ursprünglichen Geist von Rock'n'Roll und nicht den prätentiösen Prog Rock oder monotonen Beat des Disco Funk bezog. In diesem Club, der so unterschiedliche, stilprägende Bands wie die Ramones, die Dictators und die Neon Boys gesehen hatte, traten im nächsten Jahrzehnt Bands auf, die das gleichzeitig Künstlerische wie auch Unprätentiöse noch weiter ausbauten. Eine von ihnen nannte sich Sic Fucks, eine zur Komik neigende Gruppe an der Grenze zur Punk-Parodie. Mit dabei waren die ehemaligen Stiletto- beziehungsweise Blondie-Sängerinnen Tish und Snooky, die bei Russel Wolinskys Kompositionen wie »Spanish Bar Mitzvah« (»We'll invite the Garcias and the Schwartzes / drinking Manischevitz and tequila by the quartzes«) und »We Are Jerry's Kids« (»Rickles flies in, he drives us nuts / Richard Belzer tells jokes that make me *platz*«) die Backups sangen. Oder eine andere Band wie X, eine textlich sehr literarische Hardcore-Band, die in Songs wie »Los Angeles« den Antisemitismus der Szene thematisiert (»She stared to hate the niggers and Jews ... she had to get out, get out«). »Los Angeles« könnte genauso von der antisemitischen Punkszene in Boston, San Francisco oder England handeln.

Bands wie die Stranglers aus England buhlten um die Gunst des amerikanischen Publikums, das in gefüllten Konzerthallen brüllte:

P-U-N-K

PUNK!!!

Auch wenn Seymour Stein, der Präsident von Sire Records, seine Schützlinge darin bestärkt hatte, ihre Musik als »New Wave« zu bezeichnen und die Ramones sogar nach Los Angeles schickte, um ihren Sound von dem legendären Produzenten Phil Spector weicher machen zu lassen, waren es eher andere Bands wie XTC und die Go Gos, die eine nervöse, aber weniger lärmend aggressive Version von Punk spielten, für die New Wave die passendere Bezeichnung war.

Die Szene zerfällt und treibt in verschiedene Richtungen. Eine der interessantesten gilt als Antwort auf den Kompromiss des New Wave – No Wave. No Wave, im CBGB und im Kitchen entstanden, ist himmelweit von dem Punk der Ramones und ähnlicher Bands entfernt, hat aber trotzdem ein paar Dinge mit dem Original gemeinsam. Er ist aggressiv. Kompromisslos. Revolutionär. Die Melodie wird zugunsten vorwärts treibender, fast industrieller Beats und hypnotischer Loops aufgegeben. Eine der ersten Bands dieser Szene, Teenage Jesus and the Jerks, präsentiert das Kreischen der als Kind zum Vergewaltigungs- und Inzestopfer gewordenen Lydia Lunch (Lydia Koch), einer deutsch-amerikanischen Schönheit aus Albany, die gemeinsam mit einer wachsenden Legion fast ausschließlich jüdischer »Performance-Künstlerinnen« wie Meredith Monk und Annie Sprinkle (geborene Ellen Steinberg) weibliche Sexualität neu definierte. Lunch wird sich schließlich jüdisch-amerikanischen Schriftstellerinnen wie Kathy Acker und Lynne Tillman anschließen, nachdem sie nicht nur ihre Autobiographie (*Paradoxia*) publiziert hat, sondern auch zahlreiche Gedichtsammlungen und ein Literaturjournal (»Blood and Guts«, nach Ackers *Blood and Guts in High School*), in dem das Thema Sexualität umfassend behandelt wird.

Wahrscheinlich zeigt dieser Sound, der irgendwo an der Schnittstelle der verschiedenen Trends entstand, am besten, in welche Richtung die Musik in New York sich entwickelte. Er kombiniert Komödie, Parodie und

Atonalität und war so kosmopolitisch und jüdisch wie New York selbst. Musiker wie John Lurie und Marc Ribot von den Lounge Lizards, Gary Lucas von Gods & Monsters und Elliott Sharp prägten den neuen Stil, indem sie Elemente des Punk und Dutzender anderer Musikstile in ihm vereinigten – darunter auch jüdischen Klezmer –, um damit die bislang avantgardistischste Downtown-Musik zu schaffen. Eine derart provokante Musik wird wohl anders als Punk niemals wirklich über die Grenzen von New York herauskommen, niemals in größerem Maßstab akzeptiert werden und niemals mehr als eine Kultmusik für ein Insiderpublikum sein.

Im Zentrum dieser Szene stand und steht John Zorn. Er ist der Motor der Musik, die heute mit der Downtown- oder der Radical-Jewish-Culture-Bewegung identifiziert wird. Von Punkrockern, Jazzmusikern und anderen begleitet, etablierte Zorn einen neuen und kontroversen Ableger von Punk, der die Kultur New Yorks neu definierte.

* * *

Ironischerweise war sich Zorn seiner jüdischen Herkunft bis zu seiner frühen Pubertät nicht bewusst. Zorn, 1953 im Beth Israel Hospital in der Nähe des East Village geboren, wurde dazu erzogen, die Konventionen institutionalisierter Religion und Kultur zu missachten. Sowohl seine Mutter, eine jüdische Einwanderin der ersten Generation, die in der Bronx aufgewachsen war, als auch sein Vater, ein Einwanderer aus Osteuropa, glaubten, dass sie als »Freidenker« außerhalb der Zwänge der Geschichte stünden. Und sie sorgten dafür, dass das Gleiche für ihren Sohn galt, der für sie eine Art Tabula Rasa darstellte, eine leere Schiefertafel, auf der eine neue, von der Vergangenheit losgelöste Biografie niedergeschrieben werden könnte.

Zorns Eltern hatten beschlossen, dass seine jüdische Herkunft ihn nicht beeinflussen sollte. Er erinnert sich daran, dass seine Eltern, während er in Flushing, Queens aufwuchs, keinerlei Feiertage begingen und sich für Dinge, die außerhalb der geistigen Sphäre lagen, nicht besonders interessierten. Seine Mutter, die Professorin für Erziehungswissenschaft an der NYU war und sein Vater, ein Friseur, bestärkten ihn darin, sich der Welt rational zu nähern und sie als ein Rätsel zu betrachten, das man lösen könnte.

Trotz ihrer Distanz zum kulturellen und religiösen Judentum, konfrontierten Zorns Eltern ihn seltsamerweise offen mit Religionen anderer Kulturen, wenn dies sich als »vorteilhaft« erwies. Obwohl Zorn sich selbst beigebracht hat, Partituren zu lesen, nachdem er im Alter von acht Jahren in *Das Phantom der Oper* Bach gehört hatte und er im Folgenden Musik an der UN International School in Queens lernte, bestanden seine Eltern darauf,

John Zorn in
seinem Studio,
New York City
1994. Er war
der Motor der
Musik, die
heute mit der
Downtown-
oder der Radical-
Jewish-Culture-
Bewegung iden-
tifiziert
wird

dass er drei Jahre später auf eine protestantische Gemeindeschule gehen
sollte. Dort wurde er über Jesus und die Auferstehung unterrichtet – und
sowohl von seinen Klassenkameraden als auch von seinen jüdischen Nachbarn gehänselt.

»Meine Eltern sagten, dass sich mir, wenn ich dort hinginge, ein ›Aus-
weg‹ böte, aber ich wurde tyrannisiert und wie ›der kleine Jude‹ behandelt«, erzählt Zorn. »Natürlich waren meine jüdischen Freunde nicht viel
besser. ›Was glaubst du, wen du betrügst?‹ fragten sie. Es war schwierig.
Und sehr verwirrend.«

Mit 15 Jahren fühlte sich Zorn zunehmend von seiner Umgebung entfremdet. Er war einer seltsamen Art von Anti-Antisemitismus seitens der
jüdischen Nachbarn und einer traditionelleren Variante dieser historischen
Krankheit seitens der christlichen Klassenkameraden ausgesetzt. Und wenn
er nicht bei seinen Eltern wohnte, pendelte er zwischen seiner Großmutter
im Village und dem Appartement seines jüdischen Freundes David Gio-
vannitti im Central Park West hin und her. Ohne ein wirkliches Zuhause
fühlte er sich gespalten und unsicher, lief alleine die Straßen entlang und
besuchte fast jeden Tag das Museum of Modern Art und an vielen Abenden
die Oper.

Um seine Einsamkeit zu kompensieren, schaute er sich immer wieder Filme an und entdeckte darin das Ausmaß seiner Liebe zur Musik. Zu Bach, den er in *Das Phantom der Oper* gehört hatte, kam über Disneys Klassiker *Fantasia* Strawinsky hinzu und kurz darauf auch Ligeti, als Zorn sich *2001: Odyssee im Weltraum* anschaute. Als er durch *Zwei glorreiche Halunken* auf Ennio Morricone aufmerksam wurde, war er, wie er sagt »weggeblasen«. Nachdem er schon kurze Stücke fürs Klavier komponiert hatte, begann er nun in einer Surfband zu spielen und Captain Beefheart, die Doors und Frank Zappa zu verehren – den »verrückten Scheiß«, wie er im Porträt des *New Yorker* seine frühe musikalische Entwicklung nennt.

Als er New York verließ, um am Webster College, einer kleinen linken Kunsthochschule in St. Louis, Musik zu studieren, war er darauf aus, musikalische Grenzen auszuloten. Durch sein Interesse für avantgardistische Klassik und Jazz wurde er auf die afro-amerikanischen Experimentalisten im Theater, in der Poesie, im Tanz, den bildenden Künsten, im Film und in der Musik aufmerksam. Inspiriert von Jazzkomponisten wie Sun Ra und klassischen Komponisten wie Christian Wolff begann er die »Game Pieces« und auf improvisierten Quietschgeräuschen basierende Stücke zu schaffen, die ihm ein wenig Aufmerksamkeit einbrachten, als er, auf dem Höhepunkt der Punk-Ära, nach New York zurückkehrte.

Meistens trat Zorn außerhalb der offiziellen Clubszene als Teil der wachsenden »Loft«-Bewegung auf, die das East Village und Soho überschwemmte. Doch manchmal gab er auch im CBGB und im Kitchen Vorstellungen und stand zusammen mit Künstlern wie Bill Laswell, Eugene Chadbourne und Fred Frith auf der Bühne. Es war ein geteiltes Leben, eines das sich zwischen der Komplexität seiner klassischen »Game Pieces« und dem Tumult bewegte, der seine Jazz-Punkwelt charakterisierte. Diese Kluft konnte er nur teilweise mit der Rückkehr zu der geliebten Musik seiner Kindheit überbrücken. Mit dieser brachte er es zu wachsender Bekanntheit, als er die Komponisten klassischer Soundtracks, wie Morricone und den Komponisten von Trickfilmmusik Carl Stelling auf einer Reihe von Platten wie *Spillane* und *The Big Gundown* neu interpretierte, die für Zorns Verhältnisse Mainstream waren und von Kritikern gelobt wurden. Letztlich brachte ihn die Zerrissenheit dazu, aus seinem Viertel, in dem er sich so einsam gefühlt hatte, abzuhauen, einmal um den Globus zu fahren und nach Japan zu gehen, wo er, mit Unterbrechungen, zehn Jahre lang lebte, Saxophon spielte und schließlich einen neuen Musikstil erfand, der wie ein Schrei aus ihm hervorbrach.

* * *

Wenn sich Fans von Zorns Musik an Alben aus seiner frühen Phase erinnern, sprechen sie von deren Komplexität, den schnellen Tempowechseln und der Vereinigung verschiedener musikalischer Formen von Jazz bis Punk. Doch was sie am allermeisten bewundern, ist die Energie und die Intensität, sowie die Wut und die Gewalt.

»Ein Stück Avant Acid Noise Jazz ... diese Aufnahme wird dich durch ihre pure Grausamkeit fast zu Tränen rühren. *Naked City* ist schön, reich, herausfordernd und eine Aufzeichnung von Gegensätzen ... denn es ist auch brutal, rau und manchmal atonal. Es gibt eine düstere Bestie, die sich hier versteckt hat – es ist die bestialische Seite dieser Aufnahme, die mir eine Höllenangst macht«, schreibt ein Fan in einer Online-Besprechung zu Naked City.

Das sollte es auch, denn wenn es etwas gibt, das Zorn in dieser Zeit charakterisiert, dann ist es seine Einsamkeit und konsequente Düsterheit. Seine Musik ließ den Spannungen in ihm freien Lauf. Zorn kämpfte mit der Musik gegen den Schmerz, ein Außenseiter zu sein.

»Ich glaube nicht, dass ich mich jemals irgendwo mehr entfremdet gefühlt habe als in Tokyo«, erzählt Zorn. »Es ist eine seltsame Stadt für jeden, der aus dem Westen kommt, aber ich glaube, für mich galt das noch mehr, betrachtet man die Distanz zu meiner eigenen Herkunft und die Art, wie ich mich von meiner jüdischen Herkunft entfremdet hatte.« Es gibt nichts Effektiveres als einen Auslandsaufenthalt, wenn man sich vergewissern will, wer man ist.

In Japan lernte Zorn, dass seine jüdische Herkunft ein Teil von ihm war, ob er es wollte oder nicht. Die Identifizierung war nicht religiöser Natur, sondern etwas, das – mangels eines besseren Wortes – mit »Tribalismus« verwandt ist, ein Gefühl, zu einem bestimmten Volk und an einen bestimmten Ort zu gehören. Zorn merkte, dass er aus Japan weggehen und nach New York zurückkehren musste, um herauszufinden, was es für ihn bedeutete, jüdisch zu sein. Es war etwas, das seit seiner Kindheit ein Teil von ihm war, auch wenn er es ignoriert hatte. Er fühlte, dass er es verstehen und sich letztlich damit arrangieren musste, wenn er jemals die Sicherheit und Ruhe finden wollte, die er suchte.

* * *

Als Zorn in den frühen Neunzigerjahren nach New York zurückgekehrt war, schloss er sich einer Gruppe von Musikern an, die nach etwas Ähnlichem suchten, obwohl sich nur wenige von ihnen darüber im Klaren waren. Unter ihnen war Frank London, ein Trompete spielender *Macher* (»mover and shaker«, um Zorns Beschreibung zu gebrauchen), der 1986 zu den Klezmatics gegangen war, die sich auf die Plasmatics beziehen; Anthony Coleman, ein vielseitiger Keyboarder, der später die Selfhaters gründete, aber zu diesem Zeitpunkt noch ein Mitglied anderer Avantgarde-Bands war, und Joey Baron, ein jüdischer Drummer aus der Arbeiterklasse, der sich selbst das Spielen beigebracht hatte und viele Rock-, Jazz- und Fernsehmelodien aus seiner Jugend kannte. Am wichtigsten war Marc Ribot, ein begnadeter Gitarrist in der Tradition von Richard Hells und Lou Reeds Begleiter Robert Quine. Ribots Stil war wie der von Quine auf punkige Weise schroff.

London, Coleman und die anderen machten zahlreiche Ausflüge in die jüdische Musik. Ähnlich wie Gary Lucas, der ein Album mit jüdischen Kinderliedern und den Soundtrack für den Stummfilm *Der Golem* komponierte und derzeit an einem Songzyklus über den Tod seiner Großeltern im berüchtigten Massaker von Jedwabne arbeitet. Aber es war Ribot – Komponist von »Yo, I Killed Your God« –, der sich am meisten für die Anziehungskraft zwischen jüdischer Herkunft und Punk interessierte und Zorn darin bestärkte, zurück zu seinen jüdischen Wurzen zu finden.

Ribot wurde 1954 in Newark, New Jersey geboren und verbrachte dort eine typische jüdische Kindheit, die aus jährlichen Jom-Kippur-Ausflügen zur Synagoge, zwei Busfahrten pro Woche zur Hebrew School und schließlich der Bar-Mitzwa bestand. Wie auch Lenny Kaye hat er Rock 'n' Roll immer geliebt, auch wenn er fand, nicht wirklich »dafür auserwählt« zu sein.

»Meine Eltern waren nicht sehr davon begeistert, dass ich Musik machte«, erzählt er. »Sie hätten es vorgezogen, dass ich Arzt werde. Aber daran hatte ich als Teenager kein Interesse. Ich wollte Che Guevara sein.«

Trotzdem studierte er schließlich bei einem ungewöhnlichen Lehrer Musik. Frantz Casseus, der Vater der klassischen haitianischen Gitarre, war ein Freund von Ribots Tante.

Diese Offenheit für ungewöhnliche Musikstile prägte den Verlauf seiner Karriere. Als Musiker, der zunächst Blues und Rock, dann Punk und Klezmer und schließlich Rock und karibische Musik verband, verkörpert Ribot die jüdische Dynamik des Austauschs mit der sie umgebenden Kultur. Es ist wahrscheinlich nicht allzu erstaunlich, dass ihn eine gewisse jüdische Neigung in die Lower East Side führte und zu einer, wie er sagt, ironischen Rückkehr zu seinen Wurzeln. Er erzählt: »Diejenigen von uns, die aus den Vororten stammten und in die Lower East Side gezogen waren (Ich hätte fast ›zurückzogen‹ geschrieben), kehrten den vorherrschenden Mythos um, in dem die schäbigen Straßen die ›schmerzvollen Anfänge der Einwanderer‹

darstellten, vor denen uns harte Arbeit, Assimilation und unvermeidlicher Fortschritt bewahren sollten ... Wir versuchten, die Zeit zurückzudrehen, das offenkundige Schicksal abzuwenden und besaßen nicht einmal so viel guten Geschmack, dass wir auf der Upper West Side wohnten. Wir ließen die Finger davon, den Großen Amerikanischen Westen zu erobern.«

Ribot, der 1978 eintraf, als Punk gerade auf dem Weg nach ganz oben war, steckte seine Energie mehr in die traditionelle Black Music und

Gary Lucas während des Live-Soundtracks zum Film Der Golem.

spielte abwechselnd mit dem Jazzorganisten Jack McDuff und der Soul- und R&B-Legende Wilson Pickett. Darin glich Ribot vielen anderen, die später zur Musikszene von Downtown gehörten. Diese Idee erörtert er in dem nicht veröffentlichten Essay »Black Music, 1997«, in dem er über Black Music und dessen Verhältnis zu Radical Jewish Culture schreibt: »Der Blues und seine Abwandlungen beinhalten eine verschlüsselte Lektion, wie man geistig überlebt, wenn man von einer mächtigen Mehrheit gehasst wird, derselben weißen, christlichen Mehrheit, die uns ›toleriert‹.«

Und trotzdem, fährt Ribot fort, bedeutet das nicht, dass jüdische Musiker, die in der Black Music ihre Erfüllung gefunden haben, diese lediglich adaptieren oder gar »stehlen« wollten. Vielmehr sei es wie bei den frühen jüdischen Dichtern und Musikern im arabisch beherrschten, mittelalterlichen Fez und in der christlich dominierten Renaissance-Ära Europas gewesen. Sie bereicherten ihre Kunst, indem sie Einflüsse von außen aufnahmen und synthetisierten, genauso wie es die Mehrheitskultur mit ihrer Kunst tat.

Ob die Behauptung für alle Downtown-Musiker gilt, sei dahingestellt, auf Ribot traf sie jedoch zweifellos zu. Als netter jüdischer Junge aus Jersey, der über die Hintertür einer Außenseitergruppe Eingang in die Musik und die amerikanische Kultur gefunden hatte, erkannte er, dass er verwandte, aber teilweise fremde Musiksprachen benutzte und bemerkte, dass er sie

Yo! I Killed Your God

Marc Ribot: Yo! I Killed your God, *1999*

weniger ändern als vielmehr synthetisieren musste. Als er 1984 zu den Lounge Lizards stieß, entwickelten sie sich von einer ironischen Jazzparodie zu einer hybriden Band mit Einflüssen des Punk wie auch Jazz. Punks hätten die Black Music nicht aufgegeben, sagt Ribot, sondern in etwas übersetzt, das mehr mit ihren Erfahrungen zu tun hatte; etwas, das die späteren Post-Punk-Musiker in Downtown weiter integrieren konnten, indem sie die afro-amerikanischen, auf Blues basierenden, musikalischen Formen mit ihren eigenen, weiß-amerikanisch-jüdischen Formen verschmolzen. Es sei Ausdruck des demokratischen Impulses, sagt Ribot, eine Verkörperung der amerikanischen Vielfalt, die diese Juden näher zu ihren Wurzeln geführt hat.

Ribot schreckte vor keiner musikalischen Analyse oder Adaption zurück und wurde so zu einem der gefragtesten Sidemen der Avantgarde, ein Meister darin, das neue musikalische Vokabular etablierter Künstler wie Tom Waits und Elvis Costello zu bereichern, die beide durch seine großartige Gitarrenbegleitung neue Stimmen und Zuhörer fanden. Zur gleichen Zeit verwandelte er sich selbst in einen Musiker, der offen jüdische Themen in unkonventionellen Formaten ansprach. Nicht nur durch seine Songs mit Titeln wie »Yo, I Killed Your God«, sondern auch durch seine sich ständig weiter entwickelnden Rock-, Punk- und Jazzbands, die Namen trugen wie Rootless Cosmopolitans (Stalins verächtlicher Spitzname für Juden), Shrek (ein jiddisches Wort, das »Terror« bedeutet) und Los Cubanos Postizos (die »falschen« Kubaner).

* * *

Am einflussreichsten, sowohl in musikalischer als auch philosophischer Hinsicht, war wohl Ribots Zusammenarbeit mit Zorn. Sie taten sich in der Erforschung von Musik mit jüdischer Thematik und Klezmer-Einflüssen zusammen, und obwohl Ribot persönlich gar kein so großes Interesse an Klezmer hatte, half er Zorn als Begleitgitarrist, der bekannteste Jazz-Klezmer-Musiker der »Jewish Masada« zu werden. »Ich würde sagen, dass Marc Ribot mir dabei half zu verstehen, was ich innerlich schon längst gefühlt hatte, ohne es in Worte fassen zu können«, sagt Zorn.

Als Zorn eingeladen wurde, einen Teil des Münchner Musikfestivals Art Project im Jahre 1992 zu kuratieren, feuerte das die neue Musikszene an. Während er überlegte, welche Musiker er mit einbeziehen sollte und sich an seine Unterhaltungen mit Ribot erinnerte, kam er auf die Idee, aus seinem Segment ein *jüdisches* Musikfestival zu machen.

Statt sein Festival auf traditionelle Folk-Formen wie Klezmer oder von Kantoren vorgetragene liturgische Musik zu beschränken, stellte Zorn dabei die Frage, ob jede Musik, die von Juden geschaffen ist oder aus der jüdischen Erfahrung stammt, als jüdische Musik bezeichnet werden kann. Zorn nahm auch gleichgesinnte Nichtjuden ins Programm auf, Musiker aus Downtown, die in jüdischen Bands spielten oder fast ausschließlich mit jüdischen Musikern in Verbindung standen. Er nannte das Festival »Radical Jewish Culture«. »Ich las ein Buch, in dem es um die Jewish Defense League ging und so sehr ich auch deren Praktiken und Haltungen missbilligte, das Wort *radikal* hatte etwas, das ich mochte. Ich hatte daran gedacht, das Festival ›New Jews‹ oder ›New Jewish Music‹ zu nennen und Ribot schlug das ironische ›Loud and Obnoxious Music‹ vor. Aber dann las ich das Wort und ich hatte es – ›Radical Jewish Culture‹. Das war es.«

Unter dem Titel »Radical Jewish Culture« führten Zorn und andere wie Lou Reed, Gary Lucas und Marc Ribot eine Reihe von Stücken auf. Einige davon, darunter die von Frank London, waren offen jüdisch, während andere, wie Reeds Zusammenarbeit mit dem Bassisten Greg Cohen, das höchstens am Rande waren, wenn überhaupt. Zorns eigenes Stück, »Kristallnacht«, war das fesselndste, da es die Geschichte des Judentums in der Alten Welt auf eine radikale Weise thematisierte.

Der Erfolg des Festivals und die Fülle an musikalischer Inspiration, die es zweifellos hervorgebracht hat, veranlasste Zorn dazu, das Konzept der »Radical Jewish Music« weiterzuverfolgen. Zurück in New York begann er, andere Shows zu organisieren und bald darauf nutzten er und Michael Dorf die Knitting Factory als Veranstaltungsort, wo sie eine Art alternatives, radikal jüdisches CBGB schufen.

In »klassischer Tradition der Juden«, wie Zorn sagt, kam es sofort zu Meinungsverschiedenheiten. »Du kennst den Witz, treffen sich zwei Juden, gibt es eine Debatte. Treffen sich drei, gibt es einen Streit, und bei vier eine Revolution mit Splittergruppen.« Einige begannen damit, das Konzept in eine andere Richtung zu wenden, als sie Talmud-Studiengruppen bildeten, wodurch sich der Schwerpunkt von der Musik wegbewegte. Andere widersprachen Zorns Definition von jüdischer Musik, da sie darunter nur Musik verstanden, die sich bewusst in eine jüdische Musiktradition stellte und nicht auch solche Musik, die einfach nur von Juden gemacht wurde.

»Der Hintergrund, die ›Radical Jewish Culture‹-Bewegung zu starten, die CD-Reihe und die Konzerte, die wir gemacht haben, war nicht, eine Vielzahl verschiedener Musik zu beanspruchen und zu sagen ›Das gehört uns‹«, erzählt Zorn. »Es ging vielmehr darum, das zu feiern, was wir machen und den Leuten zu zeigen, dass diese Musik, diese Kultur, das neue Jahrhundert feiernd betritt. Es muss nicht immer die Trauer über den Holocaust sein oder Jammer und Geschrei. Wir können sichtbar sein und immer noch überleben.«

Ribot jedoch konnte mit Zorns Gleichsetzung von Juden mit jüdischer Musik nicht viel anfangen. »Ein Jude, der 50 Jahre lang Charlie Parker studiert hat, macht so, ungeachtet dessen, was er zu tun glaubt oder was er tun will, *jüdischen* Jazz. Das würde ja heißen, dass man, wenn man eine ganz normale Rock-, Jazz-, Klassik- oder irgendeine andere Band gründen will, besser keine Juden anstellen sollte, weil es dann unvermeidlich eine *jüdische* Version davon sein würde?« Entsprechend glaubt Ribot auch, dass bei den »Radical Jewish Culture«-Festivals die »jüdische Musik« künstlich eingeengt wurde, weil sie durch stereotypisierte Juden definiert wurde. Jüdische Künstler mit Jazz-, Punk- und Rockhintergrund übernahmen allzu oft die Klezmer-lastigen Stile aus Nostalgie gegenüber der Alten Welt vor dem Holocaust, die sie, wie sie glaubten, dadurch wiederauferstehen lassen könnten. Das bediente nicht nur eine »wachsende Theologie des Holocaust und der Versöhnung«, sondern schuf auch eine falsche Tradition, die die Realität der Juden leugnete, die Klezmer gespielt hatten. Wie Ribot betont, gehörten zu den Klezmer-Musikern der Alten Welt eine Reihe verschiedener Stile, so dass es ursprünglich nie so etwas wie »wahre« jüdische Musik gegeben hat. Darüber hinaus wurden sie als Schwindler kritisiert, die Schmalz als Kunst verkauften; deshalb auch der abschätzige Ausdruck »etwas aufklezmern«. Wenn New Yorker Musiker Klezmermusik als *wirklich* jüdische Musik bezeichnen, ist das so, wie wenn die britische Königsfamilie versuchen würde, die Monarchie durch die Institutionalisierung der sogenannten historischen Rituale aus dem 18. Jahrhundert zu retten; oder wie wenn die erste moderne israelische Regierung »Folksongs« in Auftrag gegeben hätte, um dem Land ein Gefühl für Tradition und nationale Identität zu verleihen.

Die Adaption der Klezmerformen stellte allerdings durch die Beschwörung falscher Traditionen der Vergangenheit das eigene Können der Musiker und die Stärke der Musik der Gegenwart in den Hintergrund. Aus der jüdischen Musik wurde eine wachsweiche Konstruktion, die in einer Zeitschleife existierte und mit der amerikanischen Gegenwart wenig zu tun hatte.

Das war angesichts dessen, wie jüdisch die amerikanische Populärkultur, vor allem die Musik, seit Jahrzehnten war, in doppelter Hinsicht ironisch. Wie Ribot und viele andere betont haben, war vom Brill-Building-Pop über die Broadway-Shows bis zur Zeichentrickmusik von Bugs Bunny und Merrie Melodies vieles von der jüdischen Kultur beeinflusst.* John Zorns Musik war von diesen Traditionen geprägt, insbesondere von den klassischen Zeichentrickfilmen, die er immer wieder als frühesten Einfluss bezeichnet hat. Die »Radical Jewish Cul-

John Zorn: Kristallnacht, 1993

ture« entstand als Ablehnung künstlicher Grenzen, wie es auch das D.I.Y.-Etikett geworden war, das so vielen Punkbands anhing und weswegen sie sich davor fürchteten, ihre Instrumente besser zu beherrschen. Die »Radical Jewish Culture« brachte einen neuen musikalischen Stil hervor, der die falsche Bescheidenheit des Punk auf den sich selbst hassenden und selbst verurteilenden Kopf stellte.

Natürlich fielen nicht alle Bands der falschen jüdischen Geschichte zum Opfer. Ribot nennt die Klezmatics, Zorns Gruppe Masada und die Selfhaters als wichtigste Beispiele für Bands, die Punk, Jazz und Klezmer provokativ nebeneinander stellten. Insbesondere eine Performance auf dem zweiten Jewish Music Festival in New York, bei der der Gitarrist David First sein Ensemble (Saxophon, Bass, Keyboards, Schlagzeug) in eine Extrapolation des Haftorah-Abschnitts seiner Bar-Mitzwa führte und so lange improvisierte, bis es zu einem Crescendo im Stil des Free Jazz von Albert Ayler anwuchs, hebt Ribot hervor. Über die Performance, bei der First und seine Gruppe den Amateurfilm über seine Bar-Mitzwa zeigten, meint Ribot, dass dies nicht nur die klangliche, sondern auch die philosophische Wechsel-

---

* Jesse Hamlin, Autor des *San Francisco Chronicle* schreibt, dass die Soundtracks von Looney Tunes und Merrie Melodies ein »Schwindel erregender Mix aus klassischer Musik, Ellington Jungle Jazz und jüdischem Klezmer« seien. Entsprechend beinhalteten ihre Geschichten, wie die über Betty Boop aus den Fleischer Studios, durchweg jüdische Witze. Als treffendes Beispiel dafür kann die Szene gelten, in der Betty mit dem New Yorker Akzent auf die Samoa-Inseln fährt und von den Einheimischen mit einem stürmischen »Shalom Aleichem« begrüßt wird.

wirkung zwischen den beiden Kulturen verdeutlichte – der jüdischen, in der First groß geworden war, und der afro-amerikanischen, von der er die Inspiration erhalten hatte.

Kurzum, die besten neuen jüdischen Musiker vermischten die Sounds, die Gefühle und die Haltungen verschiedener Kulturen, während sie ihre einzigartigen Positionen und Wahrnehmungen der Welt unterstrichen.

✳ ✳ ✳

Wo steht John Zorn bei all dem, der Mann, mit dem alles angefangen hat und der es noch heute am Leben erhält? Ob er der eigentliche Initiator oder nur derjenige war, der sich darüber am deutlichsten bewusst war, die Offenbarung oder der Prophet des Zeitgeist – Zorn wird immer unauflöslich mit der neuen jüdischen Musik verbunden bleiben. Der große Katalog von Veröffentlichungen, den Tzadiks »Radical Jewish Culture« in den vergangenen zehn Jahren hervorgebracht hat (alles in allem mehr als 100 Veröffentlichungen) stellt die Vielfältigkeit jüdischer Musik – wie auch immer man sie definiert – in der Downtown-Szene unter Beweis. Neben Künstlern wie Marc Ribot und Elliott Sharp stehen andere wie Steven Bernstein (*Diaspora Blues*) und Pharaoh's Daughter (*Out of the Reeds*), ganz zu schweigen von Rabbinical School Dropouts (*Cosmic Tree*) und Charming Hostess (*Sarajevo Blues*). Was diese Bands neben ihrer jüdischen Herkunft gemeinsam haben, ist Sache der Interpretation, auch wenn Zorn einige Gemeinsamkeiten aufzählen könnte, wie das Gefühl des Exils, die Ironie und die Andersartigkeit. Zorn scheint diese Eigenschaften als wirklich jüdisch zu begreifen, einschließlich bestimmter Künstler auf Tzadik, die nicht als Juden geboren, aber nach New York umgesiedelt sins, wie Dion McGregor und Ikue Mori. In dieser Szene scheint sich Zorn dem Diktum von Lenny Bruce verschrieben zu haben, dass man, wenn man katholisch ist, aber in New York lebt, jüdisch ist. Er könnte auch genauso gut sagen, dass die Künstler auf seinem Label dieselben Merkmale wie Kids aus Brooklyn, der Lower East Side und der Bronx haben. Alle diese New Yorker, die über die Stufen des Punk nach oben kamen, sind so jüdisch wie irgendein Jude, weil sie New Yorker sind. Jew York und New York sind Synonyme, ein und dasselbe. Es ist die Stadt der Jiddischkeit. Ein von Heebs wimmelndes Hymietown. Ein Ort für Punk und Punker mit Shpilkes oder Heebie-Jeebies.

ONE OF US

Epilog

Was wurde aus dem Jew York Punk? Hat er sich einfach wie eine gute alte Oma Richtung Miami getrollt, um dort unter der Sonne auszubrennen?

Bis zu einem gewissen Grad sicherlich. Pop-Bewegungen ziehen schnell vorbei, sowohl zeitlich als auch örtlich. Als Punk die Stadt verließ, um erst England und dann andere städtische Vorposten in DC und an der Westküste zu unterwandern, änderte sich seine Gestalt so sehr, dass die frühen Punks ihn befremdlich fanden. Wie wir schon gesehen haben, förderte der englische Punk den Klassenhass, die Herrschaft des Mobs und eine Nähe zur faschistischen Ideologie in Teilen des Publikums, während die Szene der Westküste sich in Richtung Hardcore entwickelte, der antisemitische Tendenzen hatte. Steven Blush, der Autor von *American Hardcore* und ein jüdischer New Yorker, der im Alter von 18 Jahren dem Punk nach San Francisco gefolgt war, beschreibt seine Erfahrung so:

»Ich war über die Rockszene dort schockiert«, erzählt er. »Eines Tages wollte ich nach San Francisco ziehen … Aber ich hörte ›Kike‹ und häufig kamen diese Worte von Hipstern, die ein paar Drinks genommen hatten. Ich hörte es so verdammt oft.«

Blushs Erfahrung haben auch andere in anderen Städten im ganzen Land gemacht. In »Los Angeles«, einem Song der Hardcore-Band X, wird der Antisemitismus direkt thematisiert: »She started to hate the niggers and Jews … she had to get out, get out«.

In Boston, wo schon früh eine eigene Szene entstand, machte Eva Schlapik eine fast ähnliche Erfahrung. »Es schockierte mich, als ich nach Boston kam und als ›sonderbar‹ betrachtet wurde, weil ich aus New York war«, erzählt Schlapik. »Ich sehe nicht klassisch jüdisch aus, deswegen musste ich mir oft anhören: ›Wie findest du es, mit all diesen Juden zu arbeiten?‹

So etwas hatte ich vorher noch nie gehört. Oder das N-Wort. Roy Mental fing damit bei einem Auftritt der Real Kids an, und ich gab ihm eine Lektion über die Geschichte des Rock. ›Diese Musik, die du liebst, wurde von schwarzen Amerikanern geschaffen, du Idiot.‹«

Schlapik und Blush betonen, dass solche Dinge umso schockierender wirkten, weil sie in New York aufgewachsen waren. »Jüdisch zu sein war dort selbstverständlich«, erzählt Schlapik. »Keiner kommentierte das.«

Da England und die Westküste beinahe »judenrein« [im Original deutsch, Anm. d. Ü.] waren, überrascht es vielleicht nicht wirklich, dass sich der New Yorker Punk in der Knitting Factory in eine offenere jüdische Richtung bewegte. Damit verlor er die Aufmerksamkeit im Rest des Landes, die sich zunehmend auf HipHop und schwarze städtische Bedürfnisse richtete. Afro-Amerikaner, die am stärksten unterdrückte Minderheit des Landes, traten in den Vordergrund.

✳   ✳   ✳

Als der jüdische Punk zu jüdischem Jazz und Klezmer wurde und die Popmusik von schwarzem HipHop und seinen verschiedenen Ablegern (Trip Hop, Booty Bass, Metal Rap, etc.) dominiert wurde, fanden an den Übergängen zwischen den beiden Richtungen interessante Entwicklungen statt. Die Zwischenräume, die Amerikas Außenseiter, Schwarze und Juden, trennten, wurden mit einer Mischung gefüllt, die das Beste aus der alten Schule des Punk mit der neueren Schule des Rap kombinierte, um eine einzigartige Form des persönlichen Protests zu schaffen.

Auf diesem Gebiet waren der jüdische HipHop-Produzent Rick Rubin, der in Manhattan geborene und in LA aufgewachsene HipHop-Promoter und -Manager Lyor Cohen, Beck Hansen und vor allem die New Yorker Beastie Boys aktiv. Die Beastie Boys und ihr früherer Produzent Rick Rubin machten sich die Möglichkeiten des Rap zu eigen, lange bevor ihre »weißen« Gefährten es wollten oder konnten. Mit den Folkpuristen, die vorher nach dem »wahren« (oder echten) Amerika gesucht hatten, teilten sie die Liebe zum »authentischen« New York. Die drei jüdischen Mitglieder der Beastie Boys gaben der Unzufriedenheit der Bad-Boy-Rebellen eine Stimme, obwohl sie aus der oberen Mittelschicht New Yorks stammten.

Ihr Produzent Rick Rubin kam aus Long Island und war der Sohn eines Chirurgen. Michael Diamonds (Mike D) Vater war Kunsthändler, Adam Yauchs (MCA) Architekt und Adam Horovitz (Ad Rock) war das einzige Kind des Dramatikers Israel Horovitz. Sie alle hatten sich irgendwie von ihrer Herkunft losgesagt, obwohl sie materiell privilegiert waren. Auch wenn sie das damals nicht so sahen – und es größtenteils auch bis heute nicht tun –, ist die klassische Dynamik des jüdischen New Yorker Punkrock auf ihrem Album *To the Five Boroughs* (2004) deutlich erkennbar.

Dieser an New York gerichtete Liebesbrief beinhaltet wiederkehrende jüdische Verweise (vor allem auf die Hallah) und den Song »Right Right Now Now«, der als offizielle Rap-Juden-Punk-Hymne dienen könnte (»I'm a funky-ass Jew and I'm on my way / and yes I got to say fuck the KKK«). Darüber hinaus verdeutlichte es, was schon auf früheren Alben, wie *Pauls Boutique* von 1989 enthalten war, auf dem der Song »Shadrach« mit dem Refrain »We're just three emcees and we're on the go / Shadrach, Meshach, Abednego« zu hören ist. Wie jeder gute Jeschiwa-Student erkennt, sind mit Schadrach, Meschach und Abed-Nego die drei Juden gemeint, die der Bibel zufolge dem Befehl des babylonischen Königs Nebukadnezar nicht gehorchten und sich zur heiligen Musik nicht vor seine goldene Statue legen. Zur Strafe wurden sie in einen Ofen geworfen, in dem sie bei lebendigem Leibe verbrannt werden sollten. Doch Nebukadnezar war so klug zu merken, dass er sich mit Jahwe besser nicht anlegen sollte und ließ sie frei.

Alan Light, der frühere Verleger der Magazine *Spin* und *Vibe*, der *The Skills to Pay the Bills: The Story of the Beastie Boys* veröffentlicht hat, sagt: »Der Song trennte sie auch vom Rest der Rapgemeinde, die darauf beharrte, dass drei weiße Jungs die Musik nicht wirklich verstehen könnten. Die ›weißen Jungs‹ hätten in vielen Fällen auch genauso gut durch ›Judenjungen‹ ersetzt werden können. Doch trotz des Drucks blieben sich die Beastie Boys treu und beugten sich nicht der Definition von Musik, die andere Leute hatten. Und am Ende ließ man sie laufen und sie zeigten den Weg in neue Gefilde.«

Mit ihrem besserwisserischen Humor, ihrer Liebe zum kosmopolitischen Mischmasch, ihrer Unterstützung linker Politik und ihrem Drang zu schockieren, zu zersetzen und zu zerstören, scheinen die Beasties so fest in der jüdischen Punktradition verwurzelt zu sein, wie jede der Bands, die in der Blütezeit des CBGB auftrat. Selbst Yauchs spätere Hingabe an den Buddhismus berührt eine jüdische Seite. Spätestens seit Allen Ginsberg waren unter den amerikanischen praktizierenden Buddhisten Juden an prominenter Stelle. Die informelle Bezeichnung für diese Gruppe lautet *Jewdhists*.

Natürlich endete der Einfluss des »jüdischen« Punk nicht bei den Beastie Boys. Alles von Riot Grrrl bis New Punk spiegelt eine fortlaufende jüdische Präsenz im Rock, auch wenn es zunehmend unbewusst und verwässert erscheinen mag. So wurde beispielsweise die Indie-Bewegung der Neunzigerjahre mit ihrer *Post*-Post-Punk-Haltung des ungezwungenen Lo-Fi, die von Kill Rock Stars zu Punk, Grunge und Riot Grrrl reichte, von jüdischen Kindern aus der Mittelschicht angeführt, die Autoritäten und offiziell abgesegnete Vorstellungen von dem, was Rock sein durfte, in Frage stellten. Ob Ira Kaplan von Yo La Tengo oder David Berman von den Silver Jews, der Impuls schien aus der intellektuellen Tradition zu stammen, die vor allem auf das Nachfragen besonderen Wert legte. Berman, nicht nur Musiker, sondern auch preisgekrönter Dichter beschrieb seinen Freund und musikalischen Begleiter Stephen Malkmus, folgendermaßen: »Malkmus ist der jüdischste WASP, den ich je kennengelernt habe, er ist ein Ehren-Jude. Was ich damit meine, ist, dass er klug, witzig und kritisch ist. Und das war sehr wichtig.«

Man kann sich darüber wundern, wie Malkmus auf die wunderschöne Pavement-Zeile »What about the voice of Geddy Lee, how did it get so high?« kam. Sie bezieht sich auf einen jüdischen Witz, der nur von wenigen Zuhörern verstanden werden konnte: Gary oder »Geddy« Lee war ein berühmter jüdischer Heavy-Metal-Musiker, der seinen Spitznamen deswegen erhielt, weil er wegen seiner Zeyde-Aussprache seinen Namen nicht deutlich artikulieren konnte.

Berman betont auch die Bedeutung der sogenannten Cool-Jew-Bewegung, die kurz nach dem Ende der Neunzigerjahre entstand: »Das Neue ist die wachsende Zahl von Protestanten, die jüdische Bräuche und Muster des jüdischen Selbstbewusstseins benutzen. Dadurch erscheint Jüdischsein als cool.« Und Berman sollte es wissen, denn auch er ist eine Art Rückkehrer zum jüdischen Bewusstsein, schließlich entschied er sich 2004 dazu, zum orthodoxen Judentum zu »konvertieren«, um zu verstehen »wie es ist, von Anfang an ein Jude zu sein«.

In einem Brief an seine Großeltern erklärte er seine Entscheidung: »Ich schaue mich in der Synagoge um und sehe, dass hier gute und schlechte Leute sind, von denen aber niemand dem anderen seine (spirituellen) Ansichten aufdrängt, dass sie deine guten Taten zählen und nicht deinen Glauben als Maßstab deines Charakters nehmen, dass ihre Tradition sie dazu verpflichtet, nachzufragen, den Zweifel erlaubt und das Lernen über alle anderen menschlichen Aktivitäten stellt ... dass wohlhabende Juden immer gegen ihre eigenen ökonomischen Interessen gehandelt haben, um Fairness und Gerechtigkeit zu unterstützen und dass diese Blutlinie trotz tausend Jahren verdammter Schikanierung Bestand hatte. Ich möchte auch so tapfer, fair, mutig, selbstbewusst und vor allem stark sein. Ich schaue mich in der Synagoge um und möchte das, was diese Leute haben.«

Bermans Beziehung zum religiösen Judentum mag ihn ein wenig von den Indie-Rock-Leuten trennen, jedoch steht er damit nicht alleine da. Er ist

nur einer von vielen jüdischen Rockmusikern – und Jugendlichen im Allgemeinen –, die merken, dass ihre Kultur in ihrer Kunst und in ihrem Leben
ein Maß an Bedeutung erlangt, das sie sich niemals vorgestellt hatten. Ob es
Aktivisten wie Jennifer Bleyer sind, die darauf hofft, dass das Interesse an
der jüdisch-amerikanischen, radikalen, politischen Tradition wieder erwacht,
oder Verleger wie Josh Neuman, dessen *Heeb*-Magazin, das ursprünglich von
Bleyer gegründet worden war, die Cool-Jew-Bewegung fortsetzt – der Fokus
auf das Jüdischsein ist offensichtlich. Er ist ebenso offensichtlich im Aufstieg
des chassidischen Reggaestars Matisyahu und in den semantischen Kämpfen
zwischen der Rock and Roll Hall of Fame und dessen online-Verwandten,
der *jüdischen* Rock and Roll Hall of Fame. Ihre Schöpfer stellen ihr Jüdischsein in einer Art zur Schau, die ihre Großeltern schockiert hätte und die
ihnen wahrscheinlich sogar peinlich gewesen wäre.

Was ist es, was sie antreibt? Was stachelt sie an, dieses letzte Tabu, das
letzte bisschen Scham, diese geheime Identität, mit der die Punks so provokativ gespielt haben, in den Mittelpunkt zu stellen? Ironischerweise ist es
die Wiederauferstehung derjenigen Musik, die die Punks geschätzt haben.
Bands wie die Strokes und die Yeah Yeah Yeahs und weniger bekannte wie
Mensch und die Monk Eastmans (nach einem berüchtigten jüdischen
Gangster benannt) machen im neuen Millenium New York erneut zu einem
wichtigen Zentrum für innovative Musik.

Die Punks der jüdischen CBGB-Ära sprachen tabuisierte jüdische Themen wie Nazis, Schicksen und Degenerierte an und ihre symbolischen Kinder (jung genug, um tatsächlich ihre Kinder zu sein) machen es wieder.
Wenn sie sich an Orten wie dem CBGB treffen, um die ersten Errungen-
schaften des Punk zu würdigen und auf ihnen aufzubauen, tritt die eigentliche Idee des Jüdischseins plötzlich offen zu Tage. Sie wird nicht länger in
Form eines Codes benutzt und wie die verrückte Tante auf dem Dachboden
versteckt. Jetzt wird das Jüdischsein selbst und auch das Jüdischsein des Punk
häufig thematisiert. Seth Abrams, der Bandleader von Mensch, erklärt,
warum er bei seiner Teilnahme am ersten Joey-Ramone-Songwriting-Contest
so aufgeregt war: »Es ist so cool, ein jüdisches Kind aus den Vororten zu sein,
das damit aufwuchs, Joey Ramone zu hören und an etwas wie diesem hier
teilnehmen zu können. Es ist so, als hätte er all das möglich gemacht. Wenn
ich singe ›Don't want to be a schnook with a bone / Want to be a rockin' Jew
like Joey Ramone‹ ist das nicht nur wahr – es ist befreiend, dass ich das überhaupt sagen kann. Und ich denke, dass wir Joey dafür danken müssen.«

Dasselbe könnte man auch mit Joeys eigenen Worten sagen, mit der er
uns von der Bühne begrüßte und uns einlud, sich ihm anzuschließen:
»Gabba gabba, we accept you, we accept you, one of us.«

MY BRAIN IS HANGING UPSIDE DOWN

Nachwort zur deutschen Ausgabe

1978 tourte Bob Dylan zum ersten Mal durch Deutschland. An seiner Seite war sein Sancho Pansa, der Journalist Larry »Ratso« Sloman.

»Und, wie fühlt es sich an, hier zu sein?«, fragte Ratso Dylan bei ihrer Ankunft in Nürnberg.

»In Deutschland werde ich wohl nie gut schlafen«, antwortete Dylan.

Ratso musste nicht nach dem Grund fragen. Denn obwohl Dylan bald darauf zum Christentum konvertierte und zu Beginn seiner Karriere behauptet hatte, ein Gastarbeiter und nicht der Sohn eines jüdischen Laden-besitzers zu sein, hatte der als Robert Zimmerman geborene Dylan 15 Jahre nach seinem Song »With God On Our Side« (»They murdered six million/ In the ovens they fried«) immer noch ein Problem mit Deutschland.

Und damit war er nicht alleine.

Bob Dylans Deutschlandtour fand zu einer Zeit statt, in der Amerika durch eine Reihe kultureller Ereignisse geprägt war, die alle mit Dylans Unbehagen zu tun hatten – und dem Thema dieses Buches. In den Kinos lief *Der Nachtportier* und in den Buchhandlungen verkauften sich immer noch Bücher wie *Portnoys Beschwerden* von Philip Roth, das seit seinem Erscheinen 1969 die Diskussion um jüdische Identität nach Auschwitz mitgeprägt hat. Gleichzeitig wurde im Fernsehen gerade die Miniserie *Holocaust* gestartet und in der Welt der Underground-Comics erschienen die ersten Teile von Art Spiegelmans *Maus*.

Doch wahrscheinlich hallten Dylans Gefühle in keiner Stadt so sehr nach wie in jener, in der er seine Karriere begonnen hatte – New York. Im

East Village, nicht weit von dort, wo Dylans Großeltern ihre ersten Schritte in Amerika getan hatten, waren mit Punk ein neuer Sound und eine neue Haltung entstanden.

Wie Dylan waren viele dieser Musiker Nachfahren jüdischer Einwanderer aus Osteuropa. Und so wie er haben es viele vermieden, diese Tatsache bekannt zu machen, indem sie entweder ihren Namen änderten oder ihre Herkunft herunterspielten, um »amerikanischer« zu scheinen und zu sein.

Selbstverständlich wussten sie wie Dylan genauestens über ihre Herkunft Bescheid und sei es nur in dem Sinne, dass sie sich über die Ablehnung dieser Herkunft definierten. Auch wenn es den »geborenen« Juden nicht gibt (egal was Hitler darüber gedacht haben mag), gibt es definitiv Juden in einem kulturellen Sinne, Menschen, die eine bestimmte Geschichte teilen und deshalb auch bestimmte Haltungen und Sorgen.

Was vereint diese Leute? In vielen Fällen ist es die Religion, aber für diesen Fall ist sie unerheblich. Diese Musiker waren jüdisch, ob sie die jüdische Religion praktizierten oder nicht. Zur Zeit als die Punks erwachsen wurden, war die inoffizielle Religion vieler jüdischer Einwohner New Yorks der säkulare Humanismus.

Was vereinte sie dann?

Sie teilten das Gefühl der Verfolgung, wie Juden seit Jahrhunderten. Jeder wusste, ob aus Erfahrung in der eigenen Familie oder weil man die Nachbarn mit den eintätowierten Nummern gesehen hatte, dass vor ein oder zwei Generationen der Holocaust stattgefunden hatte.

Als seine Nachkommen verhandelten sie den Holocaust sowohl bewusst als auch unbewusst. Am auffälligsten war dabei selbstverständlich die Beschäftigung mit der Nazi-Symbolik, bis hin zu deren Aneignung. Für viele Bands im East Village mag das Unbehagen am Nazismus nicht im Mittelpunkt gestanden haben, dennoch fand es seinen Weg in das Material und das Image dieser Gruppen.

Obwohl mir die Nazi-Symbole und die Nazi-Referenzen im Punk nicht entgangen waren, hatte ich diese Musik nie als jüdisch betrachtet. Ich schreckte vor Zeilen wie »Too many Jews for my liking« von Siouxie and the Banshees zurück, und vor den Hakenkreuz-Shirts von Sid Vicious. Ich hatte nicht verstanden, in welchem Ausmaß das der Ausgangspunkt von Punk war. Und ich hatte definitiv nicht verstanden, wie sehr dieser Ausgangspunkt mit dem Jüdischsein verstrickt war. Wie viele andere auch wuchs ich in dem Glauben auf, Punk habe in England begonnen. Doch irgendwann fand ich heraus, dass vielmehr New York sein Geburtsort war. Und schließlich wurde mir noch etwas anderes bewusst: Zwar war bekannt, dass Joey

Ramone Jude war, aber erst als ich das zusammenfügte, was zunächst wie eine Reihe von Zufällen aussah, verstand ich, wie sehr diese frühe Punkszene durch die Jewishness geprägt war. Alles andere wäre auch fast überraschend, denn das war schließlich New York.

Viele, viele Juden also. Und viele, viele Geschichten hinter ihnen. Doch trotz ihrer unterschiedlichen persönlichen Hintergründe trugen sie alle das Bewusstsein mit sich, lange Zeit verfolgt worden zu sein. Gleichzeitig fanden sie Wege, mit dieser Tatsache umzugehen, die vielleicht nicht jüdisch, aber eindeutig mit dieser Verfolgungserfahrung verknüpft waren.

Als Nachkomme von jüdischen Einwanderern aus Osteuropa kann ich mich dieser Erfahrung ebenfalls nicht entziehen. Ich war zwar für die erste Punk-Welle noch ein wenig zu jung, aber dennoch alt genug, diese Bedeutung der Verfolgungserfahrung zu durchschauen. Ich habe zu meiner eigenen Jewishness keine so große Distanz, als dass ich die Effekte auf meinen Musik- und Literaturgeschmack nicht sehen könnte, ganz zu schweigen von meinen Gefühlen gegenüber den Geburtsorten von Beethoven, Göring, Himmler oder Bach.

Beim Schreiben dieses Nachworts empfinde ich einen Konflikt, bei dem mir die Worte Nervosität, Heebie-Jeebies, Shpilkes in den Sinn kommen. Ich fühle mich zerrissen, weil ich nicht weiß, wie direkt ich dieses Thema ansprechen soll und wie emotional oder vernünftig ich darüber schreiben kann. Denn schließlich ist ein Großteil meiner Familie in Osteuropa ermordet worden. Sie wurden einzeln oder in Gruppen aufgegriffen und, wenn ich auch nicht genau weiß, auf welche Weise, während des Zweiten Weltkriegs vernichtet. Ich bin mir darüber bewusst, dass auch ich zum Verschwinden verurteilt gewesen wäre, wenn meine Großeltern auch nur einen geringfügig anderen Weg gewählt hätten. Meine Eltern wären nie geboren worden, ich wäre nie geboren worden.

Während ich das hier abtippe, und daran denke, welchen Weg mein Leben oder besser das Nichtleben hätte nehmen können, sehe ich fast meine Schrift wie unsichtbare Tinte vom Blatt verschwinden.

Diese Gedanken habe ich im Hinterkopf, diesen Vorwurf, der sich nicht unbedingt an jemanden richtet, sondern eher aus dem Wissen gespeist ist, dass irgendwo irgendwer ist, der auf irgendeine Art und Weise eine Beziehung zu dir, meinem Leser, hat und der in irgendeiner Weise für diese Vergangenheit verantwortlich ist. Und das macht mir ein schlechtes Gefühl. Oder zumindest ein unruhiges. Unruhig deswegen, weil es mich hilflos macht. Das Ergebnis könnte deshalb eine falsche Reaktion von mir sein. Ich könnte dich ungerecht verurteilen. Oder zumindest das Falsche sagen. Ich befürchte, das habe ich gerade schon getan.

War es das, was Dylan fühlte, als er in Deutschland nachts wach lag, ein Jude von Geburt, der sowohl am Anfang seiner Karriere an die Nazis dachte als auch später während seiner Wiederauferstehung?

War es diese Nervosität, die ihn plagte? So wie es die Nervosität gewesen sein mag, die die Punks befiel und sie dazu antrieb, Songs zu schreiben, die schneller waren, als andere vor ihnen?

Es ist schwer zu sagen, aber eines ist sicher: Als Dylan schließlich seine Show auf dem Nürnberger Zeppelinfeld spielte und im selben Stadion stand, in dem Hitler einmal zu den ihn anbetenden Massen gesprochen hatte, stellte er einem seiner Songs den folgenden Kommentar voran:

»Es ist mir eine große Ehre, diesen Song an diesem Ort zu singen.«

Dann spielte er »Masters of War«.

Wie mutig und anstößig von ihm.

Wie jüdisch.

Wie Punk.

Cambridge, Massachusetts, im Juli 2008

DANKSAGUNG

Dieses Buch fertig zu stellen ähnelte ein bisschen der Organisation eines Musikfestivals: es gab die Idee, das Booking und dann die Show. Oder um es anders auszudrücken: Ich musste rausbekommen, mit wem ich reden und wie ich sie kontaktieren konnte, um dann darauf zu hoffen, dass sie mir das liefern würden, was ich brauchte. Und all das, bevor ich überhaupt mit dem Schreiben begann. Dennoch weiß ich, dass ich ohne sie nicht eine verdammte Seite hätte schreiben können.

Und deswegen möchte ich den folgenden Menschen danken, Künstlern, Managern und in einigen Fällen auch Roadies, deren Beitrag unbezahlbar ist. In keiner bestimmten Reihenfolge gehören dazu: Danny Fields, immer noch der coolste Typ im Raum; Tommy Ramone, bei weitem einer der Einflussreichsten; Chris Stein und Debbie Harry, beide auf vielfache Weise inspirierend und unterhaltend; Tish und Snooky Bellomo, echtere Punks hat es niemals gegeben; Lenny Kaye, der Wilde, der Künstler und ein rundum guter Mensch; Andy Shernoff, Richard Blum, Scott Kempner und J.P. Pattersen, die gütigsten Dictators; John Felice, Jerry Harrison, Ernie Brooks, Asa Brebner und Joe Harvard, die Männer, die Jonathan Richman die nötige Rückendeckung gaben; Alan Vega, von Anfang an ein echter Künstler; Hilly Kristal, die Eingangstür, die Garderobe und der Barmann des Punk; Charlotte, die Mutter von Joey Ramone und sein Bruder Mickey, beide so verständnisvoll und hilfsbereit, wie ich es nicht verdient habe; John Holmstrom, der Punk, der PUNK in den Punk brachte; Malcolm McLaren, der Meister des Geschichtenerzählens (und Entdecker der *Cinq à Sept*); John Zorn, Marc Ribot, Anthony Coleman und Gary Lucas, die »Downtown«-Genies; Yuval Taylor, außerordentlicher Verleger; David Dunton, Star-Vermittler; und aus zu vielen Gründen, um sie hier alle einzeln aufzuzählen: Seth Abrams, Mariah Aguiar, Michael Alago, Odile Allard, Jonathan Ames, Johnny Angel, Nina Antonia, Al Aronowitz, Annalee Baker, Mike Barnes, Roberta Bayley, Priscilla Becker, Janette Beckman, Scott Beibin, Ishay Berger, David Berman, Jennifer Bleyer, Thelma Blitz, Steven Blush, Victor Bockris, Albert Bouchard, Joe Bouchard, Cory Brown, Daniel Brown, Kitty Bruce, Bebe Buell, Paul Buhle, Lisa Burns, Curtis Cates, Stephanie Chernikowski, David Chevan, Robert Christgau, Douglas Clubok, Ira Cohen, Rich Cohen, Eli Consilvio, N. C. Christopher Couch, Stuart Cudlitz, David Dalton, Jed Davis, deerfrance, Hector DeJean, Carola Dibbell, Michael Dorf, Mike Edison, Stewart Edwards, Melanie Einzig, Will Eisner, Jon Espinosa, Rachel Felder, Billy Ficca, Eddi Fiegel, Jim Fields, Nat Finkelstein, Rami Fortis, Josh Frank, Nat Friedburg, Myra Friedman, Deborah Frost, Neil Gaiman, Elda

Gentile, Gordon Gerbert, David Godlis, Annie Golden, Vivien Goldman, Toby Goldstein, Richard Gottehrer, Richard Grabel, Michael Gramalgia, Rina Gribovsky, Bob Gruen, Ruben Guzman, John Hagelston, Clinton Heylin, Craig Inciardi, Regina Joskow, Ivan Julian, Theresa Kereakes, Denis Kitchen, Young Kim, Howie Klein, Leah Kowalski, Tuli Kupferberg, Gary Kurfirst, Seth Kushner, Gary »Valentine« Lachman, Elizabeth Lamere, Nomy Lamm, Robin Lane, Ida Langsam, Lisa Law, Aaron Lefkove, Jenny Lens, Jonathan Lethem, Don Letts, William Levay, Alan Light, Lydia Luch, Rhonda Markowitz, Jim Marshall, Bill May, Gillian McCain, Dennis McGuire, Claire Moed, Monte Melnick, Richard Meltzer, Allan Metz, Rebecca Metzger, Sylvia Miles, Steve Miller, Tim Mitchell, Amir Neubach, Molly Neuman, David Nobakht, Liz Nord, Glenn O'Brien, Joshua Olesker, Kevin Patrick, Bart Plantenga, Amos Po, Yonatan Pollak, Martin Popoff, Ron Pownall, Jack Rabid, Maria Raha, Mary Ramone, J. J. Rassler, Genya Ravan, Marcia Resnick, Daniel Rey, Ira Robbins, Peter Robbins, Joel Rose, Charlie Roth, Robin Rothman, Alan Sacks, Camilla Saly, Eve Schlapik, Andy Schwartz, Frank Secich, George Seminara, Sylvie Simmons, James Sliman, Larry »Ratso« Sloman, Leif Sorensen, Rav Shmuel, Kate Simon, Linda Stein, Phil Strongman, Studio Su, Mark Suall, Allan Tannenbaum, Rob Tannenbaum, Marvin Taylor, Seth Tobocman, Lynne Tillman, Everett True, Steven Tyler, Arturo Vega, Arjen Veldt, Holly Vincent, Susan Wegzyn, David Wheeler, Lee Wolfberg, Allison Wolfe, Russell Wolinsky, Jimmy Wynbrandt, Tommy Wynbrandt, Ayelet Yagil, und alle anderen, die ich hier vielleicht übergangen habe. Ihr wisst, wer ihr seid und wie viel ihr für jeden Schritt wert wart. Danke euch allen, danke, danke und danke.

Ich würde gerne hinzufügen, dass es eine Reihe von Leuten gibt, die ich für dieses Buch nicht treffen konnte, aber die Geschichten, an die sich ihre Freunde und Familien erinnerten, mich dazu brachten, sie nur noch mehr kennenlernen zu wollen. Deshalb geht meine letzte Danksagung an Robert Quine und Joey Ramone. Ich kann nur hoffen, dass die Welt nach meinem Ableben über mich genauso gut redet wie über euch.

GLOSSAR

Erstellt von Doris Akrap, Daniela Berner und Jonas Engelmann

Abzug, Bella: Amerikanische jüdische Kongressabgeordnete der 1970er-Jahre, wichtige Figur der Frauenbewegung.

Acker, Kathy: Wichtige amerikanische Underground-Autorin (1947–1997), nahm mit der englischen Punkband Mekons eine CD auf.

Alte kocker: Alter Sack (eigentl. Scheiß).

Aryan Brotherhood: 1967 im Gefängnis San Quentin gegründeter Zusammenschluss, der von dort auch auf andere Gefängnisse übergriff. Nach Erkenntnissen des FBI ist die Aryan Brotherhood verantwortlich für einen großen Anteil der Morde in Gefängnissen. Mitglieder tragen häufig Tätowierungen mit Nazisymbolik. Charles Manson wurde 1973 die Mitgliedschaft verwehrt, weil er sich weigerte, zur Aufnahme einen Schwarzen zu töten.

Babel, Isaak: 1894 in Odessa geborener jüdischer Schriftsteller und Journalist.

Bad Ass: Knallhart.

Bar Mitzwa: Ritus, bei dem Jungen mit Erreichen des 13. Lebensjahres in die Gemeinde aufgenommen werden; entspr. für Mädchen als Bat Mitzwa 1922 vom New Yorker Reformrabbi Modecai Kaplan eingeführt.

Bell Bottom Bummer: Ein langweiliger Poser, Hippie oder Hipster.

B'nai B'rith: Berühmte jüdische Loge.

Borscht Belt: Als Folge der Ausgrenzung entstandener Erholungsort für New Yorker Juden, der bis Ende der Sechzigerjahre ein sehr beliebtes Urlaubsziel war. Die Bezeichnung Borscht Belt ist auf das Gericht Borschtsch zurückzuführen, da sehr viele amerikanische Juden ursprünglich aus Osteuropa stammen.

Borscht Belt Komiker: Komikerszene, die im Borscht Belt entstand und deutlich den jüdischen Humor prägte.

Brill Building: Bürogebäude am Broadway in New York City, in dem über 100 Musikverlage ihren Sitz hatten, die den sogenannten »Brill Building Pop« prägten.

Bruddahs: So hört sich das Wort »brothers« mit einem Dialekt aus Queens an. Die Ramones stammen aus diesem bodenständigen Vorort von New York, daher verweist dieser Ausdruck auf die Band.

B&Ts: Abkürzung für »bridge & tunnel«, Brücke und Tunnel. Der Ausdruck bezieht sich auf Menschen, die von den Vororten nach Manhatten fahren, um die Vorteile des Nachtlebens der Stadt nutzen zu können.

The Catskills: Der Borscht Belt ist eine Region des New Yorker Mittelgebirges Catskill Mountains.

Chassidismus: Sammelbegriff für verschiedene, voneinander unabhängige Bewegungen im Judentum, die eine mystische Ausprägung haben.

Chicago, Judy: Feministische Künstlerin, Schriftstellerin und Erzieherin, die internationale Berühmtheit durch ihre Arbeit »The Dinner Party« erlangte.

Chitlin' Circuit: Name einer Reihe von Musiktheatern im Süden und Osten der USA, die Musikern, Comedians und sonstigen Bühnenkünstlern afroamerikanischer Herkunft während der Rassentrennung sichere Auftritte gewährten.

Chuzpe: Eine Ableitung von dem Hebräischen »Chuzpà«, die »Frechheit, Dreistigkeit, Unverschämtheit« ausdrückt. Chuzpe meint eine Mischung aus zielgerichteter, intelligenter Unverschämtheit, charmanter Penetranz und Dreistigkeit.

Cohen, Myron: 1902-1986, ein jüdischer Komiker, der im Slang New Yorker Juden seine Geschichten erzählte.

County, Wayne: auch Jayne County, geboren als Wayne Rogers, transsexueller Perfomer, Musiker und Schauspieler.

Crawdaddy!: Erstes Rockmusik-Magazin der USA.

Daughters of the American Revolution: Konservative Frauenvereinigung.

Dear Abby: *Dear Abby* ist laut den Herausgebern die weltweit am meisten gelesene Ratgeberkolumne.

DIY: Do it Yourself.

Dos kleyne menschele: Jiddisch für Der kleine Mann (Mensch).

Dragnet: »Polizeibericht« ist der deutsche Titel dieser US-amerikanischen Krimiserie. Der gleichnamige Kinofilm von 1987 erhielt den deutschen Titel »Schlappe Bullen beißen nicht«.

Drones: Extrem lang gehaltene, gleichbleibende Töne, die die Akkordwechsel in einem Song überlagern. John Cale erzeugte die Drones bei Velvet Underground auf einer elektrisch verstärkten Viola.

Dr. Spock: Benjamin McLane Spock war ein amerikanischer Kinderarzt, dessen 1946 veröffentlichtes Buch »Baby and Child Care« einer der erfolgreichsten Bestseller aller Zeiten wurde.

EC-Comics: Entertaining Comics war ein amerikanischer Verlag, der das bahnbrechende Satiremagazin *MAD* herausgab.

Expresso Bongo: Filmversion (1960, Regie: Val Guest) eines Musicals über den frühen britischen Rock'n'Roll, in der ein Manager (Laurence Harvey) den Aufstieg eines unbekannten Barsängers (Cliff Richard) zu einem internationalen Star mit allen Mitteln vorantreibt. Der Film vermittelt ein aufschlussreiches Bild der britischen Musikindustrie.

Farbiseneh: Jiddisch für verbissen, missmutig, stinksauer.

Feygele: Jiddisch für Vögelchen.

Fillmore East: Musiktheater und Rock-Tanzpalast in New York City.

Frühling für Hitler: Deutscher Titel der Filmkomödie »The Producers« von Mel Brooks.

Game Pieces: John Zorns Spielanleitungen für Improvisationen in kleinen Gruppen, die er in den Siebziger Jahren zu schreiben begann.

Garment District: Modeviertel in Manhattan, das bekannt für seine Geschäfte und Bekleidungsunternehmen ist.

Ghost World: Comic von Daniel Clowes (1997), der von Terry Zwigoff verfilmt wurde. Clowes gestaltete auch die Comicanteile im Video zur Tom-Waits-Coverversion »I don't wanna grow up« der Ramones.

Gods & Monsters: Eine Punk-, New Wave-, Experimental-Gruppe, die gerne Songs über jüdische Mythen wie den Golem singt.

Gojim: Ein hebräisches Wort, das Volk oder Nation bedeutet. Es wird als Bezeichnung für Nichtjuden verwendet.

Gonnegtion in de bidness: Geschäftsbeziehungen.

Goombah: Ein Slangausdruck, der hauptsächlich im Gebiet um New York verwendet wird und einen typischen Italo-Amerikaner meint.

Gordon Riots: Protestantischer Aufstand in London 1780 gegen ein katholisches Emanzipationsgesetz.

Green Acres: Amerikanische Screwball-Fernsehserie. Der erfolgreiche New Yorker Anwalt Oliver Wendell Douglas erfüllt sich seinen lang ersehnten Traum: Er zieht sich aus der Großstadt zurück und wird ein Farmer.

Guest, Cornelia: 1963 geborene amerikanische Schauspielerin, Autorin, Dressurreiterin und Gesellschafterin. Entfernte Cousine von Winston Churchill.

Hadassah: Zionistische Frauenbewegung in den USA.

Hallah: Nach dem Freitagsgebet in der Synagoge segnen Eltern ihre Kinder und danken Gott für ihren Lebensunterhalt, indem sie den Segen über einen Leib gedrehtes Eierbrot, das Hallah, sprechen.

Heeb: Heeb ist das absichtlich falsch geschriebene Wort für Heebe, also einer Beleidigung gegenüber Juden, was in dieser Veränderung den Stolz über die eigene jüdische Identität zum Ausdruck bringt.

Heebie-Jeebies: Ein Gefühl von Unruhe oder Nervosität; Bammel.

Hefner, Hugh: Gründer und Chefredakteur des Playboy.

Helen Wheels: Ein Song von Paul McCartney and Wings, der nach Linda und Paul McCartneys Land Rover benannt ist, dem sie den Spitznamen »Hell on Wheels« gaben.

Hymietown: Leitet sich von dem jüdischen Namen Hyme (Chaim) ab, der als ein abwertender Ausdruck für Juden verwendet wird. Hymietown ist somit der negativ besetzte Begriff für New York City.

JAPs: Abkürzung für Jewish American Princess, die eine jüdische Frau abwertend als verwöhnt, materialistisch und egoistisch beschreibt.

Jeschiwa: auch Yeshiva; Talmudhochschule, an der sich die Schüler dem Tora-, sowie dem Talmud-Studium widmen.

Jewish Defense League: Unter dem Motto »Never Again« 1969 in New York gegründete, militant auftretende Gruppe, mit dem Ziel der Bekämpfung des Antisemitismus. Wegen einiger Anschläge wird sie seit längerem vom FBI überwacht.

Jom Kippur: Jüdischer Versöhnungstag, wichtigster Festtag des Judentums.

Kabbala: Mystische Tradition des Judentums; ihre Wurzeln finden sich in der Tora.

Kabuki: Das traditionelle japanische Theater des Bürgertums der Edo-Zeit.

Kikes: Abwertender Ausdruck für Juden, siehe KKK.

The Kitchen: Zentrum für Video, Musik, Tanz, Performance und Film, das aus dem Künstler-Kollektiv um Woody und Steina Vasulka 1971 entstanden ist. Das Kitchen trug maßgeblich zur Verbreitung neuer Kunstformen wie Video-, und Performance-Art bei.

KKK: Abkürzung für Ku Klux Klan. Die drei Ks stehen für Koons, Kikes und Katholiken.

Knish: Osteuropäische jüdische Spezialität.

Knitting Factory: New Yorker Café und Club.

Kol Nidre: An Jom Kippur beginnt der Gottesdienst mit dem Gebet »Kol Nidre« (aramäisch für »Alle Gelübde«), das vor Sonnenuntergang gelesen wird.

Koons: Abwertender Ausdruck für Afro-Amerikaner, siehe KKK.

Koufax, Sandy: Eigentlich Sanford Koufax. Profi-Baseballer, der von 1955 bis 1966 bei den Los Angeles Dodgers spielte. 1965 weigerte er sich, an Jom Kippur aufs Spielfeld zu gehen.

Levenson, Sam: 1911-1980, war ein jüdischer Autor, Journalist und TV-Moderator in New York.

ha-Levi, Jehuda: Spanisch-jüdischer Philosoph und der berühmteste jüdische Dichter des Mittelalters.

Lounge Lizards: Jazz-Parodisten, die sich in Avantgarde-Anführer transformiert haben.

Maimonides, Moses: Geboren 1138 in Spanien, gestorben 1204 in Kairo; jüdischer Philosoph, Arzt und Rechtsgelehrter. Er gilt als bedeutendster jüdischer Gelehrter des Mittelalters.

Mamet, David: Amerikanischer Schriftsteller, Dichter, Drehbuchautor und Filmregisseur, der sich inhaltlich vor allem mit der Verrohung der Gesellschaft und dem kulturellen Niedergang der Gesellschaft beschäftigt. Schnelle Dialoge und eine Sprache der Straße zeichnen seinen Stil aus, der als »Mametspeak« bekannt ist.

Masada: Mit dem Schwur »Masada soll nie wieder fallen« wurden bis vor wenigen Jahren alle israelischen Soldaten in der ehemaligen Festungsanlage Masada am Südwestende des Toten Meeres vereidigt. Sie ist ein Symbol des jüdischen Selbstbehauptungswillens; John Zorn wählte diesen Namen für verschiedene Projekte auf seinem Label Tzadik.

Maus: Art Spiegelmans preisgekrönter autobiographischer Comic (1986/1991) über seinen Vater, einen Auschwitz-Überlebenden.

Megushemdikeyt: Jiddisch für ungehobelt.

Mesusa: Mesusa meint eine Schriftkapsel, die in traditionellen jüdischen Haushalten an jeden Türpfosten gehängt wird. Die in ihr enthaltenen Texte gehen auf mehrere Abschnitte in der Tora zurück.

Mischna: Bezeichnung für das Kernstück des Talmuds.

Monitin: Israelische Zeitschrift.

Monk, Meredith: Jüdische Komponistin, Sängerin, Regisseurin, Choreographin und Performance-Künstlerin.

Mutant Monster Beach Party: Surf-Cartoon-Movie aus Fotografien und Comicelementen, der als *PUNK* Nummer 15 erschienen ist. Verkörpert werden die Figuren unter anderem von Joey Ramone, Debbie Harry und Andy Warhol.

My Brain is Hanging Upside Down:
Ein Song der Ramones, der wohl
stellvertretend für die bandinternen
Konflikte steht. Der von Joey Ramone
geschriebene Text hatte den Titel
»Bonzo Goes to Bitburg« und behan-
delte Reagans berühmten Besuch der
SS-Gräber auf dem Bitburger Friedhof.
Johnny, der Republikaner, der seinen
Präsidenten nicht angreifen wollte,
verlangte eine Umbenennung in »My
Brain is Hanging Upside Down«.

Nick Detroit: Ein Fotocomic, der
von Legs McNeil geschrieben und von
Roberta Bayley fotografiert wurde.
John Holmstrom gab ihn als Nummer 6 (1976) von *PUNK* heraus.
Er handelt von Nick Detroit (Richard
Hell), der als Agent und Killer gegen
die »Nazi Dykes« (u.a. Debbie Harry)
kämpft, die versuchen, die Weltherrschaft an sich zu reißen.

Nickelodeons: Bestuhlte Theater in
den USA, in denen für einen Nickel
die ersten Kinofilme gezeigt wurden.
Das erste Nickelodeon wurde 1896
eröffnet.

Passing: Der Versuch, als Vertreter
einer anderen, helleren Hautfarbe
identifiziert zu werden, in der Hoffnung durch dieses »Wechseln« der
Stigmatisierung oder ökonomischen
Benachteiligung der eigenen Herkunft zu entkommen. Berühmtestes
literarisches Beispiel ist Nella Larsens
Passing von 1929.

Pessach: Eines der höchsten Feste des
Judentums; es erinnert an den Auszug
aus Ägypten, die Befreiung der Israe-
liten von der Sklaverei.

Picklemen: Der Begriff spielt auf zwei
Dinge an: Zum einen auf die Person,
die einst koschere Pickles innerhalb
der jüdischen Gemeinde verkaufte.
Zum anderen auf die Figur »the Pickle
Man« des Films *Crossing Delancey*,
die ein Pickle-Geschäft im Zentrum
von New York betreibt.

Putz: Jiddisches Wort für Idiot
(eigentl. Penis).

Rahmani, Aviva: New Yorker
Künstlerin, die in ihrem Werk
vor allem ökologische und soziale
Belange reflektiert.

Ratner's: Berühmtes koscheres
Restaurant der Lower East Side, das
2004 geschlossen wurde.

The Rat Pack: Frank Sinatra, Sammy
Davis Jr. und Dean Martin, sowie
Joey Bishop, Peter Lawford und Shirley
MacLaine gingen anlässlich ihrer zahlreichen Bühnenshows, die sie vor
allem Ende der Fünfziger bis Mitte der
Sechziger in Las Vegas gegeben haben,
als The Rat Pack in die Musikgeschichte
ein.

Shadrach: Babylonischer Name eines
der drei (die anderen heißen Meschach
und Abed-Nego) hebräischen Kinder
aus dem Buch Daniel, die trotz der
Androhung bei lebendigem Leib in den
Feuerofen geworfen zu werden, wenn
sie nicht vor einer Statue Nebukadne-
zers niederknien, standhaft blieben.
Die Beastie Boys nannten einen Song
»Shadrach«

Schmuck: Jiddisch für Depp, Trottel, Bekloppter (eigentl. Schwanz/Penis).

Schnook: Jiddischer Slangausdruck für eine Person, die sich sehr leicht betrügen lässt.

Schtetl: Bezeichnung für Stadtteile mit relativ hohem jüdischem Bevölkerungsanteil.

Seder: Ein großes Festmahl im Familienkreis nach dem Abendgottesdienst zu Pessach in der Synagoge, bei dem nach einer bestimmten Reihenfolge Speisen und Getränke gereicht werden.

Sharp, Elliott: Erfinder von Instrumenten, Mathematiker, »freischaffender Avantgardist«, dessen Experimente in Geräusch-Collagen alles von Free Jazz bis zu den Soundlandschaften eines Brian Eno miteinander verbinden.

Sherman, Cindy: Filmemacherin und Fotografin, die für ihre zahlreichen Selbstportraits bekannt ist.

Shmendrick: Ein ahungsloses Muttersöhnchen und armer Student einer religösen Schule ist die Hauptfigur der komischen Operette *Shmendrik, oder Die komische Chaseneh.* Seine Mutter, die all seine Fehler nicht wahrnimmt, arrangiert für ihn eine Hochzeit. Im Jiddischen wird Shmendrick auf unterschiedliche Weise verwendet, denn es bedeutet Zuneigung, Spott, Niesen, Geld, aber auch Polizei und steht für Unfähigkeit, Inkompetenz und Idiotie.

Shahn, Ben: Amerikanischer Maler und Grafiker des sozialen Realismus (1898-1969).

Shul: Jiddischer Slangausdruck für Synagoge.

Shpilkes: Jiddisch für auf glühenden Kohlen sitzen, Nervosität.

Shtik: Jiddischer Slangausdruck für Masche.

Sidemen: Begleitmusiker im Jazz.

Smartass: Klugscheißer.

Smithereens: Susan Seidelmans Debütfilm von 1982 mit Richard Hell in einer Hauptrolle.

The Social Register: Verzeichnis der Namen und Adressen prominenter amerikanischer Familien.

Southern, Terry: 1924-1995, einflussreicher Schriftsteller und Drehbuchautor. Besonders seine Arbeit am Drehbuch für *Easy Rider* hatte große Bedeutung für die Entstehung des unabhängigen Films in Amerika.

Sprinkle, Annie (eigentlich Ellen Steinberg): Sprinkle ist eine der bekanntesten Vertreterinnen des Sex-positive feminism und arbeitet als Performance-Künstlerin, Sexualaufklärerin, Herausgeberin eines Pornomagazins, Autorin, Fernsehmoderatorin, Prostituierte, Pornodarstellerin und Stripperin.

Stage-door Johnny: Bezeichnung für einen männlichen Groupie.

Starman: Bezieht sich auf den gleichnamigen Song David Bowies auf
dem Album »Ziggy Stardust and the
Spiders from Mars.« Der Starman ist
der Prototyp des Außenseiters und
stellt mit dieser Referenz eine Parellele
zwischen Bowies Glam-Rock-Periode
und Joey Ramones Zeit in der Band
Sniper als Jeff Starship her.

Stickball: Dieses Spiel ist verwandt
mit Hockey, sowie mit Baseball und
wird vor allem gerne von Stadtkindern
gespielt.

Svengali: Svengali ist der Name eines
Charakters aus George du Mauriers
Roman *Trilby* (1894), der mit ihm das
Stereotyp des bösen Hypnotiseurs
erschuf. Der Ausdruck Svengali ist mit
der Bedeutung eines manipulierenden
Menschen mit üblen Hintergedanken
in die Sprache eingegangen.

Talmud: Nach dem Tanach das bedeu-
tendste Schriftwerk des Judentums;
es umfasst fast 10.00 Seiten.

Tevye: Einer der wichtigsten und
bekanntesten Charaktere der jiddischen Literatur von Sholem Aleichem.
Neben Erzählungen erschien 1894
ein Roman, der 1921 unter dem Titel
Die Geschichten Tewjes, des Milchhändlers
auf deutsch veröffentlicht wurde.

Thin White Duke: David Bowies
Alter Ego 1976, zur Zeit seines *Station
to Station*-Albums.

Tin Pan Alley: Zwischen 1900 und
1930 waren in der 28. Straße zwischen
Fifth Avenue und Broadway im New
Yorker Stadtteil Manhatten die meisten
Musikverlage ansässig, die gemeinsam
das Machtzentrum der amerikanischen
Musikindustrie bildeten.

Tormé, Mel: Einer der wichtigsten
amerikanischen Jazz-Sänger aller Zeiten, der aus einer russisch-jüdischen
Familie stammt.

Toscanini, Arturo: Italienischer
Dirigent.

Tumler: Clown, Anstifter, Alleinunterhalter.

Tzadik; eingedeutscht Zaddik: Vom
hebr. Tzaddiq (»Rechtschaffener«,
»Gerechter«); heute im Chassidismus
benutzt als Bezeichnung für religiöse
Führer und heilige Männer. John Zorn
nannte sein Label ebenfalls Tzadik.

Vaudeville: Ein Genre des amerikanischen Unterhaltungstheaters, das in
seiner Form einem Varieté gleicht.

White Nigger: *The White Negro* (1957)
ist ein Essay von Norman Mailer, in
dem er darstellt, wie weiße Liebhaber
der Jazz,- und Swingmusik von Beginn
der Zwanziger bis in die Vierziger
immer stärker Teil der schwarzen
Kultur wurden.

Wolf, Naomi: Amerikanische Autorin
und Theoretikerin; wurde sehr jung
zur Ikone der Third Wave des Feminismus.

Yeshiva-University: Jüdische Privat-
universität in New York.

Youngman, Henny: Comedian,
der berühmt durch seine Einzeiler
wie »Take my wife - please« wurde.

Zeyde: Jiddisch für Großvater.

Zionist Occupation Government:
Antisemitische Verschwörungstheorie,
die davon ausgeht, dass die amerikanische Regierung lediglich die Marionet-
ten einer jüdischen Verschwörung ist.

QUELLEN

Die folgende Literaturliste orientiert sich an den einzelnen Kapiteln. Beigefügt ist eine allgemeine Quellenangabe, die sich auf das gesamte Buch bezieht. »AI« kennzeichnet Interviews des Autoren. Angaben aus dem Internet für Informationen speziell zu einem Kapitel sind mit »Web« hervorgehoben.

Soweit deutsche Ausgaben der Bücher existieren, sind diese angegeben, ansonsten die Originalquellen.

1 | Die Protokolle der Weisen des Punk

AI: Snooky Bellomo, Richard Blum, Kitty Bruce, Paul Buhle, Tommy Erdélyi, Gyda Gash, Lenny Kaye, Tuli Kupgerberg, Andy Shernoff, James Sliman, Chris Stein, Lee Wolfberg.

Bilski, Emily D., und Emily Braun (Hg.) *Jewish Women and Their Salons: The Power of Conversation.* New York: Jewish Museum. New Haven: Yale University Press, 2005.

Birmingham, Stephen. *»In unseren Kreisen«: Die großen jüdischen Familien New Yorks.* Aus dem Amerikanischen von Joachim A. Frank. Frankfurt am Main/ Wien: Ullstein, 1969.

Birmingham, Stephen. *The Grandees: America's Sephardic Elite.* New York: HarperCollins, 1971.

Birmingham, Stephen. *»The Rest of Us«: The Rise of America's Eastern European Jews.* New York: Berkley, 1985.

Bruce, Lenny. *How to Talk Dirty and Influence People: An Autobiography.* New York: Fireside, 1992.

Buhle, Paul. *From the Lower East Side to Hollywood: Jews in American Popular Culture.* New York: Verso, 2004.

Cohen, Rich. *Murder Inc. oder nicht ganz koschere Geschäfte in Brooklyn.* Aus dem Amerikanischen von Bernhard Robben. Frankfurt am Main: Fischer, 2000.

Gaines, Donna. *Misfit's Manifesto: The Spiritual Journey of a Rock & Roll Heart: A Memoir.* New York: Random House, 2003.

Goldman, Albert. *Ladies and Gentlemen, Lenny Bruce!!* New York: Random House, 1974.

Gramaglia, Michael, und Jim Fields. *End of the Century: The Story of the Ramones.* Documentary. Chinagraph, 2004.

Hoberman, J., und Jeffrey Shandler. *Entertaining America: Jews, Movies, and Broadcasting.* New York: Jewish Museum und Princeton, NJ: Princeton University Press, 2003.

Kite, B. »The Jerriad: A Clown Painting (Part One: Nutty Around the Edges).« *The Believer*, October 2003.

Kite, B. »The Jerriad: A Clown Painting (Part Two: Caught in the Act).« *The Believer*, November 2003.

Mailer, Norman. »The White Negro: Superficial Reflections on the Hipster.« *Dissent*, 1956. Auch in: *Advertisements for Myself.* New York: Putnam's, 1959.

Simmons, Sylvie. *Serge Gainsbourg: Für eine Hand voll Gitanes.* Aus dem Englischen von Jens Seeling. Frankfurt am Main: Seeling, 2007.

Staub, Michael E. (Hg). *The Jewish 1960s: An American Sourcebook.* Waltham, MA: Brandeis University Press, 2004.

Weide, Robert B., Produktion, Drehbuch und Regie. *Lenny Bruce: Swear to Tell the Truth.* Documentary. Whyaduck, 1998.

2 | Der Zeyde des Punk

AI: Victor Bockris, Ira Cohen, Michael Dorf, Danny Fields, Nat Finkelstein, Joe Harvard, Jeff Marshall, Lynne Tillman.

Web: www.robertchristgau.com/xg/rock/reed-96.php

Bellow, Saul. *Humboldts Vermächtnis.* Aus dem Amerikanischen von Walter Hasenclever. München: Deutscher Taschenbuch-Verlag, 1995.

Bockris, Victor. *Lou Reed: eine Biographie.* Aus dem Amerikanischen von Sabine Reinhards und Gerald Jung. Höfen: Hannibal, 2001.

Bockris, Victor und John Cale. *What's Welsh for Zen? The Autobiography of John Cale.* New York: Bloomsbury, 2000.

Bockris, Victor und Gerard Malanga. *Up-Tight: Die Velvet Underground Story.* München: Piper, 1995.

Christgau, Robert. »Professional Pervert.« *Village Voice*, March 19, 1996.

Epstein, Lawrence. *The Haunted Smile: The Story of Jewish Comedians in America.* New York: Public Affairs, 2001.

Harvard, Joe. *Velvet Underground's The Velvet Underground and Nico.* New York: Continuum, 2004.

Heylin, Clinton. *All Yesterday's Parties: The Velvet Underground in Print: 1966–1971.* Cambridge, MA: Da Capo Press, 2005.

McNeil, Legs, und Gillian McCain. *Please Kill Me – Die unzensierte Geschichte des Punk.* Aus dem Englischen von Esther Breger und Udo Breger. Höfen: Hannibal, 2004.

Mitchell, Tim. *Sedition and Alchemy: A Biography of John Cale.* London: Peter Owen, 2003.

Ruskin, Yvonne Sewall. *High on Rebellion: Inside the Underground and Max's Kansas City.* New York: Thunder's Mouth Press, 1998.

Schwartz, Delmore. *Der Traum vom Leben.* Aus dem Amerikanischen von Ilse und Günter Ohnemus. Augsburg: Maro-Verlag, 2002.

Somma, Robert (Hg). *No One Waved Good-bye. A Casualty Report on Rock and Roll.* New York: Outerbridge & Dienstfrey, 1971. (Beinhaltet einen Aufsatz von Lou Reed, »Fallen Knights & Fallen Ladies,« der den Tod von Brian Epstein erörtert.)

Witt, Richard. *Nico: The Life and Lies of an Icon.* London: Virgin Books, 1993.

3 | Ein netter jüdischer Junge

AI: Marc Bell, Thomas Erdélyi, Danny Fields, Linda Stein, Everett True, Arturo Vega.

Bessman, Jim. *Ramones: An American Band.* New York: St. Martin's Press, 1993.

Gabler, Neal. *Ein eigenes Reich: wie jüdische Emigranten Hollywood erfanden.* Aus dem Amerikanischen von Klaus Binder und Bernd Leineweber. Berlin: Berlin-Verlag, 2004.

True, Everett. *Hey Ho Let's Go: The Story of the Ramones.* London: Omnibus Press, 2002.

4 | Suicide is painful

AI: Clinton Heylin, Lydia Lunch, David Nobakht, Martin Rev, Chris Stein, Alan Vega.

Heylin, Clinton. *From the Velvets to the Voidoids: A Pre-Punk History for a Post-Punk World.* New York: Penguin, 1993.

Nobakht, David. *Suicide: No Compromise.* London: SAF, 2005.

5 | I'm straight!

AI: Victor Bockris, Asa Brebner, Ernie Brooks, John Felice, Jerry Harrison, Joe Harvard, Tim Mitchell.

Brooks, Ernie. Liner notes für das Modern Lovers Album *Precise Modern Lovers Order: Live in Berkeley and Boston.* Rounder, 1994.

Miller, Arthur. *Tod eines Handlungsreisenden: gewisse Privatgespräche in zwei Akten und einem Requiem.* Aus dem Amerikanischen von Volker Schlöndorff mit Florian Hopf. Frankfurt am Main: Fischer-Taschenbuch-Verlag, 1994.

Mitchell, Tim. *There's Something About Jonathan: Jonathan Richman and the Modern Lovers.* London: Peter Owen, 1999.

Richman, Jonathan. Zitat aus den Liner Notes für *Twenty-three Great Recordings by Jonathan Richman and the Modern Lovers.* Castle, 1993.

6 | The Ten Nuggets

AI: Roberta Bayley, Victor Bockris, Richard Hell, Lenny Kaye, Howie Klein, Mickey Leigh (Mitchell Hyman), Richard Meltzer, Chris Stein, Mark Suall.

Bangs, Lester. *Psychotic Reactions and Carburetor Dung: The Work of a Legendary Critic: Rock 'n' Roll as Literature and Literature as Rock 'n' Roll.* New York: Anchor, 1988.

Bockris, Victor, und Roberta Bayley. *Patti Smith: die unautorisierte Biographie.* Aus dem Englischen von Ekkehard Rolle. Frankfurt am Main: Fischer-Taschenbuch-Verlag, 2003.

DeRogatis, Jim. *Let It Blurt: The Life and Times of Lester Bangs, America's Greatest Rock Critic.* New York: Broadway, 2000.

Johnstone, Nick. *Patti Smith: die Biographie.* Aus dem Amerikanischen von Michael Schiffmann. Heidelberg: Palmyra, 1999.

Kaye, Lenny. *Nuggets: Original Artyfacts from the First Psychedelic Era (1965–1968).* Elektra, 1972. [Das ursprüngliche Doppelalbum wurde von Rhino Records mit drei Bonustracks auf CD unter dem selben Namen wieder veröffentlicht. Beide Linernotes wurden hierfür verwendet.]

Meltzer, Richard. *A Whore Like the Rest of Us: The Music Writings of Richard Meltzer.* Cambridge, MA: Da Capo Press, 2000.

Pearlman, Sandy. Linernotes für die Wiederveröffentlichung zum dreißigjährigem Jubiläum von Patti Smiths *Horses.* Arista, 2005.

7 | *Der Fiedler in der Bowery*

AI: Daniel Brown, Seyom Brown, deerfrance, Annie Golden, Hilly Kristal, Genya Ravan.

Web: www.cbgb.com, www.scc.rutgers.edu/njh/Homesteads/jersey.htm

Buhle, Paul. *From the Lower East Side to Hollywood: Jews in American Popular Culture.* New York: Verso, 2004.

Brazis, Tamar (Hg). *CBGB & OMFUG: Thirty Years from the Home of Underground Rock.* New York: Harry N. Abrams, 2005.

Kozak, Roman. *This Ain't No Disco: The Story of CBGB.* Boston: Faber & Faber, 1988.

8 | *Judios und koffeinfreie Italiener*

AI: Snooky Bellomo, Richard Blum, Bebe Buell, Scott Kempner, Richard Meltzer, J. P. Patterson, Camilla Saly, Andy Shernoff, Susan Wegzyn.

Web: www.thedictators.com/neworder.html, www.thedictators.com, www.furious.com/perfect/meltzer.html

Antonia, Nina. *The New York Dolls: Too Much Too Soon.* London: Omnibus Press, 2003.

Goldstein, Richard. *Goldstein's Greatest Hits: A Book Mostly About Rock'n'Roll.* New York: Tower, 1970.

Gross, Jason. Interview with Richard Meltzer. *Perfect Sounds Forever,* August 2000 (www.furious.com/perfect/meltzer.html).

Holmstrom, John und Mark Rosenthal. »The Dictators Story.« *PUNK,* 1977 (www.thedictators.com/punkmag.html).

Linna, Miriam. »The Dictators – Science Gone Out the Window.« *New Order* (Issue Two), 1977 (www.thedictators.com/neworder.html).

Meltzer, Richard. *The Aesthetics of Rock.* Cambridge, MA: Da Capo Press, 1987.

Popoff, Martin. *Blue Öyster Cult: Secrets Revealed!* Simi Valley, CA: Metal Blade Records, 2004.

Price, Richard. *Scharfe Zeiten.* Aus dem Amerikanischen von Kai Molvig. Hamburg: Rowohlt, 1979.

Price, Richard. *Bloodbrothers.* New York: Houghton Mifflin, 1976.

9 | Eine jüdisch-amerikanische Band

AI: Marc Bell (Marky Ramone), Thomas Erdélyi (Tommy Ramone), Danny Fields, Mitchell Hyman (Mickey Leigh), Gary Kurfirst, Ida Langsam, Charlotte Lesher, Monte Melnick, Steve Miller, Kevin Patrick, Daniel Rey, George Seminara, Andy Shernoff, Everett True, Arturo Vega.

Web: www.ramones.com

Bessman, Jim. The Ramones: An American Band. New York: St. Martin's Press, 1993.

Gilman, Sander L. Franz Kafka: The Jewish Patient. London: Routledge, 1995.

Kafka, Franz. Tagebücher 1910 - 1923. Frankfurt am Main: S. Fischer, 1967. Eintrag vom 8. Januar 1914.

Melnick, Monte A., und Frank Meyer. On the Road with the Ramones. London: Sanctuary, 2003.

Piccarella, John. »Interview: Tommy and Marky Ramone.« Perfect Sound Forever, February 2005 (http://cc.ms nscache.com/cache.aspx?q=2952139 810221&lan g=en-US&mkt=en-US& FORM=CVRE).

True, Everett. Hey Ho Let's Go: The Story of the Ramones. London: Omnibus Press, 2002.

10 | Der Übermensch!!!

AI: Will Eisner, Neil Gaiman, John Holmstrom, Jonathan Lethem.

Chabon, Michael. Die unglaublichen Abenteuer von Kavalier und Clay. Aus dem Amerikanischen von Andrea Fischer. München: Knaur-Taschenbuch-Verlag, 2004.

Charles, Steve. »Rites of Violence: From King David to David Mamet: An Interview with Men of Blood Author Warren Rosenberg.« Wabash Magazine, Winter 1999. (www.wabash.edu/magazine/1999/ winter/features/ritesofviolence. htm).

Eisner, Will. Ein Vertrag mit Gott: und andere Geschichten. Hamburg: Carlsen, 2008.

Eisner, Will. »The Graphic Novel as Art.« Keynote Address at The Graphic Novel: A 20th Anniversary Conference on an Emerging Literary and Artistic Medium. University of Massachusetts, Amherst, 1996.

Gross, Terry. Interview with Gene Simmons. Fresh Air. National Public Radio, February 4, 2002 (www. maniahill.com/funny/Gene_Simmons_Terry_ Gross_Fresh_Air_ 02_04_2002.htm).

Howe, Irving (Hg). A Treasury of Yiddish Stories. New York: Viking, 1954.

Lethem, Jonathan. Die Festung der Einsamkeit. Aus dem Amerikanischen von Michael Zöllner. München: Goldmann, 2006.

Rosenberg, Warren. Legacy of Rage: Jewish Masculinity, Violence, and Culture. Amherst: University of Massachusetts Press, 2001.

Simmons, Gene. KISS and Make-up. New York: Three Rivers Press, 2001.

11 | Eine jüdische Hölle

AI: Roberta Bayley, Richard Hell, Ivan Julian, Richard Meltzer, Leif E. Sorensen, Marvin Taylor.

Web: www.richardhell.com, dlib.nyu. edu:8083/falesead/servlet/Saxon-Servlet?source=hell.xml&style= saxon01f2002.xsl (Hell Papers at NYU)

Bockris, Victor. »Susan Sontag Meets Richard Hell.« In *Beat Punks*. New York: Da Capo Press, 2000.

Hell, Richard, Papers. Fales Library and Special Collections, Elmer Holmes Bobst Library, New York University.

Hell, Richard (Hg.). *GENESIS: GRASP # 5/6*. New York: Genesis: Grasp Press, 1971.

Hell, Richard und the Voidoids. *Blank Generation*. Sire, 1977.

Hell, Richard. *ARTIFACT: Notebooks from Hell, 1974–1980*. New York: Hanuman, 1992.

Hell, Richard. *The Voidoid*. Hove, UK: Codex, 1996.

Hell, Richard. *Raw Periphery #1*. San Jose, CA: Slave Labor Graphics, 1997.

Hell, Richard. *Go Now*. New York: Scribner, 1997.

Hell, Richard. *WEATHER*. New York: CUZ Editions, 1998.

Hell, Richard. *Hot and Cold: Essays poems lyrics notebooks pictures fiction*. New York: PowerHouse, 2001.

Stern, Theresa [Richard Hell und Tom Verlain (Pseudonym)]. *Wanna Go Out?* New York: Dot Books, 1973.

12 | Die Schicksengöttin

AI: Tish und Snooky Bellomo, Elda Gentile, Richard Gottehrer, Debbie Harry, Gary Lachman (Valentine), Chris Stein.

Web: www.livedaily.com/artists/disco graphy/album/R%20%20%2054991 6.html

Bockris, Victor. *Beat Punks*. New York: Da Capo Press, 2000.

Brazier, David. »Craig Leon: On Blondie.« *Pogues in Print*, 1989 (www.pogues.com/Print/JJones/ CLeon.html).

Epstein, Lawrence. *The Haunted Smile: The Story of Jewish Comedians in America*. New York: Public Affairs, 2001.

Harry, Debbie, Chris Stein und Victor Bockris. *Making Tracks: The Rise of Blondie*. New York: Da Capo Press, 1998.

Hoover, Elizabeth. »The House That Pop Built.« *American Heritage Entertainment*, November 7, 2005.

Lachman, Gary (Valentine). *New York Rocker: My Life in the Blank Generation*. Oxford: Sidgwick & Jackson, 2002.

Metz, Allan. *Blondie, From Punk to the Present*. Springfield, MO: Musical Legacy Publications, 2002.

13 | Hotsy-Totsy Nazi Shatzes

AI: Thomas Erdélyi, Neil Gaiman, Gyda Gash, Debbie Harry, Richard Meltzer, Glenn O'Brien, Martin Popoff, Genya Ravan, Peter Robbins, Camilla Saly, Frank Secich, Andy Shernoff, Sylvie Simmons, Chris Stein.

Web: www.richardhell.com/cgi-bin/
forum/showmessage.asp?message
ID=7492, www.deepleafproduc
tions.com/wilsonlibrary/texts/
krassner-lenny.html

Dylan, Bob, »With God on Our Side.«
The Times They Are A-Changin'.
Columbia, 1963.

Gainsbourg, Serge. *Rock Around the
Bunker*. Universal/Polygram,
1975.

Hell, Richard. »Talk on Jewish-Ameri-
can novelist Nathaniel West at
Teachers & Writers Collaborative,
December 7, 2005«. Verfügbar
auf der CD von Roy Scruggs auf
der Richard Hell Webseite.

Simmons, Sylvie. *Serge Gainsbourg: für
eine Hand voll Gitanes*. Aus dem
Englischen von von Jens Seeling.
Frankfurt am Main: Seeling,
2007.

Sontag, Susan. »Notes on ›Camp.‹«
In: *Kunst und Antikunst. 24 literarische Analysen*. Aus dem Amerikanischen von Mark W. Rien.
Fischer-Taschenbuch-Verlag, 2003.

14 | Die neuen JAPS (Jewish American Punks)

AI: Mariah Aguiar, Judith Antonelli,
Scott Beibin, Tish und Snooky
Bellomo, Jennifer Bleyer, Albert
Bouchard, Deerfrance, Deborah
Frost, Annie Golden, Debbie
Harry, Nomy Lamm, Lydia Lunch,
Richard Meltzer, Molly Neuman,
Mariah Raha, Genya Ravan, Rina,
Peter Robbins, Lynne Tillman,
Holly Vincent, Allison Wolfe.
Web: en.wikipedia.org/wiki/Sidand
Nancy

Antonelli, Judith. »Pornographic Ideo-
logy at Heart of Anti-Semitism.«
Jewish Advocate, February 20, 1986.

Antonelli, Judith. »Analyst Decries
Pornographic Images in Israeli
Mass Media.« *Jewish Advocate*, April
2, 1987. 1.

Bilski, Emily D., und Emily Braun.
*Jewish Women and Their Salons: The
Power of Conversation*. New York:
Jewish Museum und New Haven:
Yale University Press, 2005.

Dworkin, Andre. »Israel: Whose
Country Is It Anyway?« *Ms.* 1,
no. 2 (September/October 1990).

Epstein, Lawrence. *The Haunted Smile:
The Story of Jewish Comedians in
America*. New York: Public Affairs,
2001.

Gaines, Donna. *Misfit's Manifesto:
The Spiritual Journey of a Rock &
Roll Heart: A Memoir*. New York:
Random House, 2003.

Juno, Andrea (Hg.). *Angry Women: die
weibliche Seite der Avantgarde*. Aus
dem Amerikanischen von Kirsten
Borchardt und Patricia Grzonka. St.
Andrä-Wördern: Hannibal, 1997.

Raha, Maria. *Cinderella's Big Score:
Women of the Punk and Indie Underground*. Emeryville, CA: Seal Press,
2005.

Ravan, Genya. *Lollipop Lounge: Memoirs
of a Rock and Roll Refugee*. New
York: Watson-Guptill, 2004.

Rossi, Melissa. *Courtney Love: Queen
of Noise*. New York: Pocket Books,
1996.

Ruttenberg, Danya. *Yentl's Revenge:
The Next Wave of Jewish Feminism*.
Seattle: Seal Press, 2001.

Sessums, Kevin. »Love Child.« *Vanity
Fair*, June 1995.

15 | *Write Yiddish, Cast British*

AI: Vivien Goldman, Don Letts, Malcolm McLaren, Phil Strongman.

Web: www.amazon.com/gp/product/
0688180035/qid=1140020734/
sr=1-2/ ref=sr_1_2/103-5676108-719
6636?s=books&v=glance&n=283155
und www.mtholyoke.edu/courses/
rschwart/hist255/bohem/ttrilby.
html

Alvarez, A. »A Double Bind.« *New York Review of Books* 51, no. 20 (December 16, 2004).

Antonia, Nina. *The New York Dolls: Too Much Too Soon.* London: Omnibus Press, 2003.

Bromberg, Craig. *The Wicked Ways of Malcolm McLaren.* New York: Harper & Row, 1989.

The Clash. »Rock the Casbah.« *Combat Rock.* Epic, 1982.

Geller, Deborah. *The Brian Epstein Story.* London: Faber & Faber, 1999.

Lydon, John, mit Keith Zimmerman und Kent Zimmerman. *Johnny Rotten: no Irish, no Blacks, no Dogs.* Aus dem Englischen von Kai Soltau. St. Andrä-Wördern: Hannibal, 1995.

Savage, Jon. *England's Dreaming.* Aus dem Englischen von Conny Lösch. Berlin: Edition Tiamat, 2001.

Siouxsie and the Banshees. »Love in a Void.« Polydor, 1979. (Erschien auf *Once Upon a Time: The Singles 1980*, wurde aber nicht mehr mit der anstößigen Textzeile »Too many Jews for my liking« veröffentlicht)

Smith, Patti. »Rock 'n' Roll Nigger.« *Easter.* Arista, 1978.

Spark, Muriel. *Mädchen mit begrenzten Möglichkeiten.* Aus dem Englischen von Kyra Stromberg. Zürich: Diogenes, 1986.

Spark, Muriel. *Das Mandelbaumtor.* Aus dem Englischen von Hans Wollschläger. Zürich: Diogenes, 1986.

Spungen, Deborah. *And I Don't Want to Live This Life.* New York: Random House, 1983.

16 | *Die Post-Punk-Geschichte*

AI: Scott Beibin, David Berman, Steven Blush, David Chevan, Anthony Coleman, Michael Dorf, Vivien Goldman, Lisa Law, Alan Light, Gary Lucas, Lydia Lunch, Marc Ribot, Eve Schlapik, Lynne Tillman, Russell Wolinsky, John Zorn.

Web: www.progressiveears.com/
asp/reviews.asp?albumID=2216
&bhcp=1

Blush, Steven. *American Hardcore.* Los Angeles: Feral House, 2001.

Buhle, Paul. *From the Lower East Side to Hollywood: Jews in American Popular Culture.* New York: Verso, 2004.

Kaplan, Fred. »Horn of Plenty – The Composer Who Knows No Boundaries.« *New Yorker*, June 14, 1999. 74–84.

Ribot, Marc. »Black Music 1997«, »The Representation of Jewish Identity in Downtown Music«, und »The Way We Weren't«. Unpublished essays.

Pavement. »Stereo.« *Brighten the Corners.* Matador, 1999.

Allgemeine Literatur

Berrarde, Scott R. *Stars of David: Rock 'n' Roll's Jewish Stories.* Hanover, NH: Brandeis University Press, 2003.

Billig, Michael. *Rock 'n' Roll Jews.* Syracuse, NY: Syracuse University Press, 2001.

Gimarc, George. *Punk Diary: 1970–1979.* New York: St. Martin's Press, 1994.

Lunch, Lydia. *Paradoxia: A Predator's Diary.* New York: Creation Books, 1997.

Moore, Deborah, Dash. *GI Jews: How World War II Changed a Generation.* Cambridge, MA: Belknap Press, 2004.

O'Dair, Barbara (Hg). *Trouble Girls: The Rolling Stone Book of Women in Rock.* New York: Random House, 1997.

Oseary, Guy. *Jews Who Rock.* New York: St. Martin's Press, 2001.

Sloman, Larry »Ratso.« *On the Road with Bob Dylan.* New York: Three Rivers Press, 1978.

Spector, Ronnie mit Vince Waldron. *Be My Baby: How I Survived Mascara, Miniskirts, and Madness; or, My Life as a Fabulous Ronette.* New York: New American Library, 2004.

Spitz, Marc und Brendan Mullen. *We Got the Neutron Bomb: The Untold Story of L.A. Punk.* New York: Three Rivers Press, 2001.

Tabb, George. *Playing Right Field: A Jew Grows in Greenwich.* Brooklyn: Soft Skull Press, 2004.

REGISTER

432 Seiten, mit Abb.,
17,90 € (D)

Mark Andersen / Mark Jenkins

Punk, DC. Dance of Days: Washington-Hardcore von Minor Threat bis Bikini Kill

Washington-Hardcore von Minor Threat bis Bikini Kill Washington, DC – kaum eine andere US-Metropole hat eine so bewegte Punk- und Hardcore-Geschichte wie die amerikanische Hauptstadt. Hier hatten viel diskutierte Bewegungen wie »Straight Edge« und »Riot Grrrls« ihren Ursprung. Mit »Dischord« entstand eines der wichtigsten Independent-Labels, das sich bis heute dem Mainstream verweigert hat. Politischer Aktivismus und Hardcore-Szene waren schon früh miteinander verknüpft.

Die Autoren, beide von Anfang an in der Washington-Szene aktiv, geben einen Insider-Blick in die viel bewegte Geschichte von den ersten Punk-Vorläufern bis in die 1990er-Jahre.

168 Seiten, mit Abb.,
11,90 € (D)

Craig O'Hara

The Philosophy of Punk. Die Geschichte einer Kulturrevolte.

Das US-Standardwerk zur Punk- und Hardcoregeschichte.

Das Buch gibt Newcomern und Kennern einen fundierten Einblick in das Wesen von Punk, in die ›Philosophie‹, die hinter der Bewegung steht. Autor Craig O'Hara, ein genauer Kenner der Szene, behandelt dabei Fragen nach dem Verhältnis von Punk, Politik und Anarchie, geht auf das ambivalente Verhältnis von Punks und Skinheads ein, beschreibt die Fanzine-Szene und widmet den Geschlechterverhältnissen im Punk ein eigenes Kapitel. Natürlich kommt dabei auch die Musik nicht zu kurz. Vor allem die US-amerikanische Szene, von Klassikern wie The Germs und The Dicks bis zur jüngeren Hardcore- und Riot-Grrrl-Bewegung, wird ausführlich vorgestellt.

528 Seiten, mit Abb.,
19,90 € (D)

John Robb

Punk Rock. Die ganze Geschichte.

Nach »Please Kill Me« über die amerikanische Entstehungsgeschichte des Punk und »Verschwende Deine Jugend«, Jürgen Teipels Chronik der deutschen Szene, liegt mit John Robbs Buch nun auch die Geschichte des britischen Punk vor - von den Protagonisten aus erster Hand erzählt.

Robb hat alle in lockerer Atmosphäre vors Mikro gebracht: Musiker, Veranstalter, Fanzine-Autoren und Fans. John Lydon, Malcolm McLaren, Captain Sensible, Ari Up, Siouxsie Sioux und zahlreiche andere berichten, was sie zu Punks hat werden lassen; welche Musik sie vor Punk gehört haben; welches die besten Punkkonzerte waren und was sich auf ihnen abgespielt hat.

176 Seiten,
11,90 € (D)

Bertie Marshall

Berlin Bromley. Roman.

England 1976, das Jahr von Punk. Bertie Marshall ist 15 Jahre alt und beschließt, sich von nun an Berlin Bromley zu nennen. Berlin lernt Siouxsie Sioux und die Sex Pistols kennen. Er wird Teil vom berüchtigten »Bromley Contingent«, das den Sex Pistols auf jedes Konzert nachreist. Für Berlin hat 1976 jedoch noch sehr viel weiter reichende Folgen. Er entdeckt seine Homosexualität, taucht in die schwule Subkultur Londons ein und landet auf dem Straßenstrich. Vollgepumpt mit Speed findet er sich in fremden Betten wieder und nur noch selten den Weg zurück in sein Elternhaus. Gleichzeitig erzählt »Berlin Bromley« aber auch von einem androgynen, schüchternen und wortkargen Jungen, der sich am liebsten in Tagträume und alte Bücher flüchtet.

www.ventil-verlag.de

304 Seiten, mit Abb.,
14,50 € (D)

testcard #16: Extremismus

»testcard«, Anthologie zur Popkultur und Popgeschichte behandelt in dieser Ausgabe den Begriff »Extremismus«. Er ist aus der jüngsten politischen Debatte nicht wegzudenken. Meist bezieht er sich auf die Gefahr des internationalen Terrorismus und dient als Argument für schärfere, umfassendere Überwachungen. Während konservative Werte wie Nation, Familie und Religion Konjunktur haben und nicht selten mittels extremer Positionen verfochten werden, ist es um eine »extreme«, nämlich radikale und kritische Kunst derzeit schlecht bestellt. Neokonservatismus und Neoromantik bestimmen Bildende Kunst, Film und Musik – »testcard« fragt nach, warum das so ist und warum den Feuilletons zu »extremen« Positionen meist nur noch die Namen Christoph Schlingensief und Jonathan Meese einfallen. Haben alte Provokationsstrategien ausgedient? Erleben wir demgegenüber gerade einen »Extremismus der Mitte«?

304 Seiten,
mit Illustrationen,
14,90 € (D)

Sonja Eismann (Hg.)
Hot Topic. Popfeminismus heute.

Seit der konservative Backlash offen in Form von neuem Gebärzwang und alten Hausmütterchen-Doktrinen zutage tritt, besinnt sich sogar der Mainstream wieder auf die Notwendigkeit des Feminismus. Dabei wird gerne übersehen, dass es abseits des gemäßigten Feuilleton-Bekenntnisses zur Geschlechtergleichheit eine Menge junger Frauen gibt, die sich den radikalen »Luxus« eines feministischen Bewusstseins leisten und diesen in verschiedensten Formen leben.

In der »Hot Topic«-Anthologie porträtieren Frauen ihre Lebensrealitäten zwischen Abtreibung, Indie-Mutterschaft, Prekariats-Boheme, queerem Coming-of-Age, Schönheits-Terror und Exotinnendasein im Musik- und Medienbusiness.

240 Seiten, mit Abb.,
14,90 € (D)

kittkritik (Hg.)
Deutschlandwunder. Wunsch und Wahn in der postnazistischen Kultur.

In der gegenwärtigen Auseinandersetzung mit der nationalsozialistischen Vergangenheit konstituiert sich ein neues historisches Selbstverständnis: Neben die fortwährende Stilisierung der Deutschen als Opfer tritt die Integration von Auschwitz in die medialen (Re-)Inszenierungen der deutschen Erinnerungsarbeit.

In Beiträgen zu der Bedeutung von Familie, Generation, Geschlecht, dem Verhältnis von Subjekt und Nation, zur Kritik des Antisemitismus und Opferdiskurs wird die Funktion der Kulturindustrie als gesellschaftlichem Kitt in Literatur, bildender Kunst, Popmusik, Hörspiel, Film und Computerspiel von den 50er Jahren bis in die Gegenwart verfolgt.

144 Seiten,
11,90 € (D)

Martin Büsser
Wie klingt die Neue Mitte? Rechte und reaktionäre Tendenzen in der Popmusik.

Rockmusik war über Jahrzehnte von jedem Verdacht frei, staatstragende oder sogar rechte Inhalte zu vermitteln. Doch die Musik, die einmal als Soundtrack für jugendlichen Protest und kritische Inhalte stand, ist längst in der Mitte der Gesellschaft angekommen und offenbart dort schlimmstenfalls deren reaktionäre Gesinnung. Martin Büsser gibt einen Überblick über bedenkliche politische und ästhetische Tendenzen in der Jugend- und Subkultur, die von den Rändern (Oi-Bewegung, Darkwave) bis in den Mainstream reichen.

www.ventil-verlag.de